高等师范院校教师教育类公共基础课规划教材

New Edition of Pedagogy Foundation

新编教育学基础

主　编：周可桢　吴回生

厦门大学出版社
XIAMEN UNIVERSITY PRESS
国家一级出版社
全国百佳图书出版单位

图书在版编目（CIP）数据

新编教育学基础 / 周可桢，吴回生主编. -- 厦门：
厦门大学出版社，2020.7（2022.7 重印）
高等师范院校教师教育类公共基础课规划教材
ISBN 978-7-5615-4710-6

Ⅰ. ①新… Ⅱ. ①周… ②吴… Ⅲ. ①教育学－高等师范院校－教材 Ⅳ. ①G40

中国版本图书馆CIP数据核字(2020)第114262号

出 版 人	郑文礼
责任编辑	眭 蔚

出版发行 厦门大学出版社

社　　址	厦门市软件园二期望海路 39 号
邮政编码	361008
总　　机	0592-2181111　0592-2181406(传真)
营销中心	0592-2184458　0592-2181365
网　　址	http://www.xmupress.com
邮　　箱	xmup@xmupress.com
印　　刷	厦门集大印刷有限公司

开本	787 mm×1 092 mm　1/16
印张	22.5
字数	535 千字
版次	2020 年 7 月第 1 版
印次	2022 年 7 月第 2 次印刷
定价	58.00 元

本书如有印装质量问题请直接寄承印厂调换

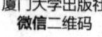
厦门大学出版社
微信二维码

厦门大学出版社
微博二维码

前 言

学科建设是一门学科发展的首要问题,教育学科也不例外。教育学是教育科学体系当中的基础学科,其概念、内涵、范畴及基本观点将随时代的发展而不断丰富和发展。

教育学理论体系的建构是教育学科建设的关键环节,在我国开展前所未有的新师范建设的今天,建构基于问题取向与实践导向的教育学理论体系,既是教育学科建设的需要,也是新师范建设的需要。

教育学应以教育实践为原点,以教育实践中的教育问题和教育现象为研究对象来建构理论体系。教育学是一门正在逐步迈向科学化的新兴学科,它的产生、形成和发展历程不过几百年的历史,虽然其理论体系有了相对稳定的结构,但随着时代的发展,教育新问题的不断涌现,暴露出来的问题也越来越多,因此,构建一个适应时代需要、观点新颖、内容丰富而又相对稳定的学科知识体系很有必要。正是基于这种思考,我们决定重新组织编写一本满足新师范建设需要的教材——《新编教育学基础》。该教材继承了我国传统教育学教材的结构体系,按照"教育基本原理+教学+德育+其他"的框架结构来组织内容,但在章节的安排和内容的写作上有较大的创新。比如,在"教育基本原理"这部分内容中增加了"教师职业理念"与"教师职业道德"两章内容;又比如,在"其他"领域,增加了"班级管理""教育法律法规""教育科学研究"三章内容。这些章节的安排,一是与国家教师资格考试大纲对应起来,帮助学生应对国家教师资格考试。写作过程中,严格按照国家教师资格考试大纲内容重新组织教材,把考试大纲中所涉及的"教育学知识"全部写进去,这样,既克服了现有"公共教育学"教材与国家教师资格考试大纲不匹配的现状,也方便了师范生应对国家教师资格考试。二是按照"实践导向"来突出新师范建设的要求,促进新师范建设。这些章节的安排不仅可提升师范生的职业认同感,丰富他们教育实践的理论基础,而且可提高他们的教育实践技能与教育研究能力。因此,这本教材,既可作为师范院校师范生公共必修课程的教材,也可作为大专院校非师范生参加国家教师资格考试的辅助资料或教材。

该教材为2019年广东省高等教育教学改革项目"教师教育课程思政的改

革与实践"的成果,为此,每一章开始前都设置一个"引子"作为课程思政第一课,并把"学科思政"的教学改革实验贯彻到整个教育学课程的教学当中去。除此以外,我们还积极开展课题研究,比如周可桢老师主持的2019年广东第二师范学院校级教学质量与教学改革项目"师范生教育实践技能考核标准研制与应用"(2019jygg02)、梁运华老师主持的"面向师范生教师资格证考试的教学资源库建设"(2019jygg01),以及朱旭、吴回生老师主持的"教师礼仪规范"(2019jcjs03)等,期望这些工作和努力能不断推动与促进我校新师范建设的深入开展。

  本书由周可桢、吴回生任主编,参加教材编写的作者除了主编以外,大多数是由广东第二师范学院一些年轻的、从事"公共教育学"教学、研究的博士组成。全书共十二章,具体写作分工如下:第一章"教育与教育学概述"、第二章"教育与发展"由周可桢撰写,第三章"教育目的"、第五章"教师职业理念"、第六章"教师职业道德"由吴回生撰写,第四章"教育制度"由邝红军撰写,第七章"课程"由薛国军撰写,第八章"教学"由苏鸿、唐志文撰写,第九章"学校德育"由谈心、徐美元撰写,第十章"班级管理"由王智慧撰写,第十一章"教育法律法规"由刘娟撰写,第十二章"教育科学研究"由朱旭撰写。周可桢负责教材编写的组织与策划、编写提纲、确定体例和最终定稿,吴回生负责全书统稿。我们在教材编写过程中借鉴和采用了全国众多教育学研究者的研究成果,这些成果在每一章参考文献中都有列出,在此,我们对他们表示十分的崇敬和衷心的感谢!另外,在教材编写过程中,我们自始至终得到了广东第二师范学院教师教育学院院长付道明教授的关心、支持和帮助,一同鸣谢!

  由于水平所限,错漏在所难免,敬请各位同行多多批评指正。

周可桢
2020 年 3 月 16 日

目 录

第一章 教育与教育学概述 ... 1
- 第一节 教育的产生与发展 ... 3
- 第二节 教育学的产生与发展 ... 14

第二章 教育与发展 ... 25
- 第一节 教育与社会发展 ... 26
- 第二节 教育与人的发展 ... 33

第三章 教育目的 ... 42
- 第一节 教育目的概述 ... 43
- 第二节 我国全面发展的教育目的 ... 49

第四章 教育制度 ... 57
- 第一节 教育制度概述 ... 59
- 第二节 现代学校教育制度的形成与变革 ... 63
- 第三节 我国的现代学制 ... 69

第五章 教师职业理念 ... 81
- 第一节 教育观 ... 82
- 第二节 学生观 ... 90
- 第三节 教师观 ... 99

第六章 教师职业道德 ... 116
- 第一节 教师职业道德规范 ... 117
- 第二节 教师职业行为 ... 124

第七章 课程 ... 131
- 第一节 课程概述 ... 132
- 第二节 课程组织 ... 139
- 第三节 基础教育课程改革 ... 151

第八章 教　学 ... 158
第一节 教学概述 ... 160
第二节 教学过程 ... 164
第三节 教学原则 ... 173
第四节 教学组织形式 ... 179
第五节 教学方法 ... 182
第六节 教学工作的基本环节 ... 189
第七节 教学评价 ... 193
第八节 我国当前教学改革的主要观点与趋势 ... 200

第九章 学校德育 ... 205
第一节 德育概述 ... 207
第二节 德育的目标与内容 ... 210
第三节 品德发展规律与德育过程 ... 217
第四节 德育原则、途径与方法 ... 227

第十章 班级管理 ... 251
第一节 班集体的建设与管理 ... 254
第二节 课堂管理 ... 264
第三节 课外活动的组织与管理 ... 277
第四节 班主任工作 ... 283

第十一章 教育法律法规 ... 291
第一节 教育法的基本原理 ... 292
第二节 我国主要的教育法律法规 ... 296
第三节 学生、教师与学校的权利和义务 ... 308

第十二章 教育科学研究 ... 316
第一节 教育科学研究概述 ... 318
第二节 教育科学研究的方法 ... 321

第一章　教育与教育学概述

【学习目标】
1. 识记教育、教育学的基本概念。
2. 理解并掌握教育的要素、教育属性及教育功能。
3. 理解并掌握教育起源与教育发展阶段及其特点。
4. 了解教育学的发展阶段，掌握各发展阶段的主要代表人物及其思想。
5. 懂得从教育与教育学发展的视角理解和分析教育现象。

【知识导航】

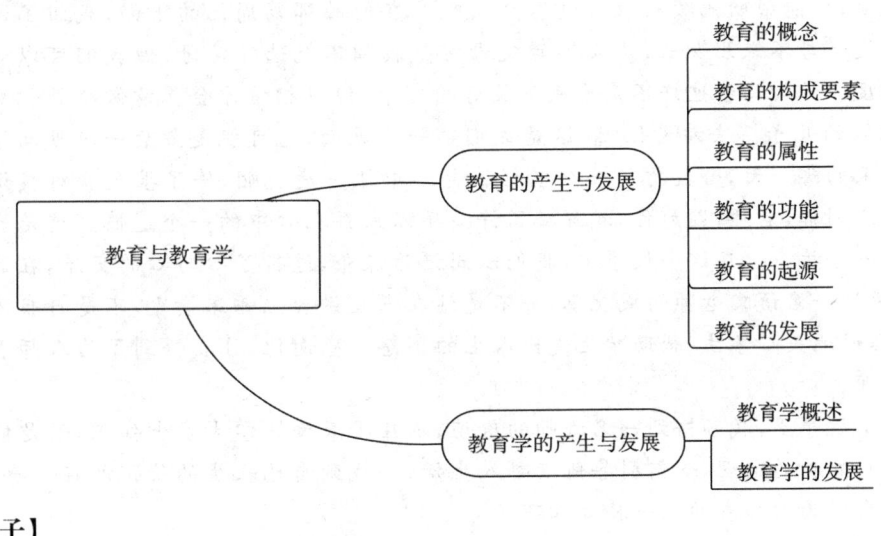

【引子】

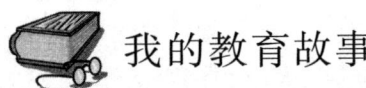

我的教育故事

在人们眼中，教师是辛勤的园丁，是默默燃烧的蜡烛，是学生灵魂的工程师，是传道授业解惑者。这些赞美之词，对平凡普通的我而言，是一种无形的巨大的压力。初为人师的我，顶着这样的压力走上讲台，心中不时冒出一个大大的疑问：我能教给我的学生什么？我该教给我的学生什么？于是，我努力地提高自身的专业素养，把自己最好的一面展现给我的第一批学生们。可是，当我在讲台上唾沫横飞地展示自己的才华时，我发现，下面学生的眼神多数是涣散的。他们的心,并没能与我产生共鸣。是我出现了问题,还是他们?新的疑问又出现了。是他和她,我那些可爱的学生们,解决了我心中的疑团,让我走出工作的迷雾,认清前行的方向。他,是我工作第一年的一个学生。他的语文成绩并不出色,但是他的字写得漂亮,我常常在课堂上表扬他。有一次,他在周记中向我表达了感谢之意,说因为我的表扬使他对学习充满了信心,并且开始对语文学习有了兴趣。读完周记,我讶然。没想到我不经意的一番表扬,竟然有这么大的作用。某一天晚上,我去他们班下晚自习,他趴在桌子上睡觉。第一节下课后,我把他从教室里叫了出来,询问他睡觉的原因。一开始,他什么话也不愿意说,一脸倔强地站着。"老师叫你出来,是关心你,不是要指责你。一直以来,你给老师的印象都很好,今天晚上会趴在桌子上睡觉,肯定是有原因的。老师知道你有心事,如果不方便说,你可以写在周记里和我交流下看法。有事情应该说出来,寻找解决的方法,而不是任它烂在肚子里。"说完这番话,我就让他回教室去了。隔天的语文课上,他把周记交到了我手上。在周记里,他向我敞开了心扉,诉说了晚自习睡觉的原因。原来他是单亲家庭的孩子,是母亲把他和哥哥一手带大的。他在周记里写道:"老师,自从懂事以来,为了不让我妈操心,我一直努力做个乖孩子。可是昨天,我却让我妈伤心了。因为她要我去看望生重病的爸爸,我不愿意去。老师,我想您应该明白,我不是故意让妈妈伤心,我只是没办法去看他——那个我一出生就把我抛弃的所谓的父亲……"看完周记,我的心情久久不能平静。我庆幸,庆幸自己昨天没有用简单粗暴的方式批评他,要是那样做了,该在他年轻脆弱的心灵里埋下怎样危险的种子?同时,我也意识到,这是他人生中一个关键的时刻,如何引导他,才能帮助他顺利地跨过这个坎呢?在他的那篇周记的下面,我回了这样几行字:"俗话说父母不嫌儿女丑,儿女不嫌父母穷。我们不能选择父母,但我们可以选择对待父母的态度。你的父亲也许不是天底下最好的父亲,但我相信你会愿意做个让你妈妈感到幸福和骄傲的儿子。去看看他吧,这是你们第一次见面,也可能是最后一次见面了。"他看望父亲回来的那一天,给我打了一个电话。电话中他一度哽咽,停了很久才对我说出这样一句话:"谢谢你,老师,因为你,我弥补了许多年以来存在心中的一个遗憾。"这是我和我的学生的第一个故事。在这个故事中,我们以周记为媒介,进行了心与心的交流,在这种交流中,我领悟到一名语文老师的成就感,并不是站在三尺讲台上唾沫横飞,不是自我才华的展示,而是真诚地关心学生,帮助学生走出人生的困惑。感谢他,让我悟到了为人师表的第一个朴素真理。

在这个故事里,我领悟到一名教师的价值,不在于灌输给学生多少知识,而是能教给他们怎样为人处世的道理,如何引导他们融入生活,寻找到自己人生的价值所在。感谢他,是他让我明白了为人师表的又一朴素真理。①

---

① 我的教育故事,https://hao.360.com.

第一节 教育的产生与发展

一、教育的概念

什么是教育？如果突然问你这个问题，你能回答吗？假如能回答，你的答案又是什么呢？

（一）从词源来分析教育的含义

在中国，"教"和"育"最初是分开使用的。"教"在甲骨文中为"🀫"，它是一个形声字，右边是一只手拿着一根教鞭（攴）；左下方是个"子"字，表示小孩，"子"上是两个交叉符号（爻），为表声部分，发声为 yao，整个字形"教"是会意一个人手持教鞭在教育小孩。"育"在甲骨文中为"🀫"，它是一个会意字，左边是一个"女"字，右边是一个"子"字，意为女人生小孩，会意为生育或养育。"教"重在养心，"育"重在养生，因此，战国前的古籍中，通常只用"教"来论述与教育相关的问题，而最早把"教"和"育"两个字放在一起的，是战国时期的孟子，他在《孟子·尽心上》中说："得天下英才而教育之，三乐也"，从此才有了把"教"和"育"搭配在一起的"教育"一词。

在西方，教育一词源于拉丁语"educare"一词，"educare"是由前缀"e"与词根"ducare"合成的。前缀"e"有"从……出"的意思，而词根"ducare"则有"带领"或"引导"的意思，二者合起来就有"引导"、"引出"和"启发"之意。

从词源分析可以看出，我国传统文化中对教育的理解侧重外力强加于小孩身上，有人从"教"的字形结构认为，中国人对教育的理解就是不打不成才，并由此得出中国教育就是棍棒教育的结论。汉代许慎《说文解字》对"教"和"育"的解读进一步说明了这一点，他认为"教"即"上所施，下多效也"，"育"即"养子使作善也"。但西方人完全不同，他们认为，教育就是通过"启发"和"引导"把本来潜藏在人身上的东西引出来，所以，苏格拉底把自己的教育方法叫作"知识产婆术"，他的学生柏拉图则把自己的教育方法叫作"回忆说"。

（二）从不同视角来解读教育

由于教育现象的复杂性，不同的人，由于看待教育的视角不同，对教育的理解也就不同。历史上，许多思想家、教育家、哲学家根据自己对教育的理解，分别对教育进行了不同的诠释。

1. 教育是一种合乎目标的行动

德国教育学家鲁道夫·洛赫纳（Rudolf Lochner，1895—1978）认为："教育是一种既有一定计划性，也有一定随意性，但无论如何却是有意识的人类活动。它以青年人或成人为对象，以提供给个人生活帮助，将个人引入团体生活和传播团体文化为目的。"在此，教育被界定为"有意识的活动"。

2. 教育是来源于社会的所有影响的总和

法国教育家迪尔凯姆(Emile Durkheim,1858—1917)认为:"教育是成年一代对社会生活方面尚未成熟的年轻一代所施加的影响。其目的是在孩童时期为青年一代的身体、智力和道德发展创造条件,并使之在上述方面达到政治社会的统一性和以特殊方式而产生的特殊环境所提出的要求。"在迪尔凯姆这里,"影响"一方面被认为是那些有目的、有计划的影响,另一方面又被认为是那些儿童在其与成人共同生活时所经历的各种无意影响。

苏联教育家加里宁也有类似的论述:"在我看来,教育是对受教育者心理上施加的某种确定的、有目的的和有系统的影响,以便使他们养成教育者所期望的品质。"

3. 教育是经验的改造或改组

美国教育家杜威(John Dewey,1859—1952)在《民主主义与教育》中,由"教育即生长"得出"生长的理想归结为这样的观点,即教育是经验的继续不断的改组或改造"。"这样我们就得到一个教育的专门定义:教育是经验的改造或改组。"

4. 教育是人与人之间的一种交流活动

存在主义哲学家卡尔·雅斯贝尔斯(Karl Jaspers,1883—1969)认为:"所谓教育,不过是人对人的主体间灵肉交流活动(尤其是老一代对年轻一代),包括知识内容的传授、生活内涵的领悟、意志行为的规范,并通过文化传递功能,将文化遗产教给年轻一代,使他们自由地生长,并启迪其自由的天性。""简言之,教育是人的灵魂的教育,而非理智知识和认识的堆积。"

5. 教育是为人的完美生活做准备

英国教育家赫伯特·斯宾塞(Herbert Spencer,1820—1903)认为,教育是为我们的完美生活做准备,给各种情况下的各方面行为以正确指导,"即如何修身、如何养心、如何处事、如何立家、如何完成公民义务、如何利用天然的资源来增进福利、如何善用我们的才能,达到最高效用,以求人己皆利,要言之,如何经营完美的生活"。

6. 教育是一种文化过程

精神科学教育学最为著名的代表人物斯普朗格(Spranger,1882—1963)认为,人的发展是在与文化的接触中形成的,人是一种文化的存在。教育是一种文化过程。教育不仅是知识获得和文化传递的过程,更是培养个人人格精神的一种文化活动,是根据社会文化中有价值的内容来进行的,其最终目的是唤醒个人的意识,使其具有主动追求理想价值的意志,并有所创造,为文化的发展做出贡献。教育是一种从社会文化到个人再到社会文化、由客观到主观的无限循环的过程。①

这些不同的教育解读,一方面,可以反映出解读者对教育的不同理解以及隐藏在他们背后不同的教育思想和理念;另一方面,也反映出教育现象的复杂性、多样性和创造性。

(三)教育概念的界定

尽管教育是一种十分复杂的社会现象,但其最终的目的是培养人,因此,凡是有目的地增进人的知识和技能、影响人思想观念的活动,都可称为"教育"。

教育现象不仅广泛存在于人类社会的生产和生活当中,而且与人类社会共始终。自诞生之日起,人类就通过诸如生产、风俗、宗教、图腾、政治、经济、军事等各种形式的活动来影

---

① 卢晓中.新编教育学[M].北京:北京师范大学出版社,2014:3-4.

响人,在这些活动中,人们不仅获得了生产与生活的各种知识和技能,而且懂得各种社会规范、准则及人伦道德等。人类进入阶级社会以后,"教育"逐步分化为家庭教育、社会教育和学校教育,为了讨论方便,我们通常称它为"广义教育"。

学校出现在原始社会末期或奴隶社会初期,是一种专门培养人的教育机关。它有很强的目的性,且有专业人员根据社会的需要和受教育者年龄特征按计划、有组织、有系统地开展人才培养活动。这是一种规范化、制度化、体系化的教育,我们通常称之为"狭义教育"。其目的是为社会培养合格的人才,以促进社会的稳定和发展。随着社会发展,学校教育也越来越丰富,当今,学校教育既包括全日制学校教育、半日制和业余的学校教育,也包括函授教育、广播电视教育和网络教育等。

我国著名教育学者顾明远先生主编的《教育大辞典》对教育的解释是:"广义的教育,泛指影响人们知识、技能、身心健康、思想品德的形成和发展的各种活动。狭义的教育,主要指学校教育,即根据一定的社会要求和受教育者的发展需要,有目的、有计划、有组织地对受教育者施加影响,以培养一定社会(或阶级)所需要的人的活动。"[①]

本书将重点讨论狭义的教育,当然,在部分章节也会根据需要讨论广义教育。

二、构成教育的基本要素

分析构成教育的基本要素,有助于我们更清晰地认识教育现象。关于教育的构成要素,有"三因素说""四因素说""五因素说""六因素说"不同的版本,但作为教育的基本因素,只要有教育者、受教育者(有的叫"学习者")和教育中介(有的叫"教育影响")三个因素就足以形成教育现象了。

(一)教育者

由于"教育"这个概念有广义教育和狭义教育之分,因此,对教育者也有不同的理解。从广义教育来说,在日常生活和生产当中,凡是有目的地教给了人们知识和技能,或影响人们思想品德的人,都可以称为教育者。从狭义教育来说,教育者是指学校里以教师为主体的教职员工。教育者在教育活动中是施教的主体,是构成教育不可或缺的重要因素。

(二)受教育者

受教育者也可从广义和狭义来理解,广义的受教育者就是教育对象,狭义的受教育者就是学生。有人认为,受教育者这个概念不好,有被动之嫌。我们不这样看,因为在儿童成长过程中所接受的教育多数是外面施加的,无论是来自家庭、社会环境潜移默化的影响,还是来自学校有目的、有计划、有组织、有系统的影响,都存在儿童被动接受的成分。诚然,儿童是能动的主体,在教育活动中,如何发挥学生的主体性,调动他们学习的主动性,一直是我们教育工作者探索的课题和追求的目标。

(三)教育中介

教育中介,有的叫教育内容或教育影响,是连接教育者与受教育者之间的桥梁,也是产

---

① 顾明远.教育大辞典(增订合编本·上)[M].上海:上海教育出版社,1998:725.

生教育现象不可缺少的基本因素。从内容上说,教育中介主要是指教育内容、教学材料或教科书;从形式上说,教育中介主要是指教育手段、教育方法、教育组织形式。教育内容只有通过一定的教育组织形式、手段和方法,才能形成教育影响,对他人产生教育作用。对学校教育来说,教育中介既包括文字性教学材料与非文字性教学材料,也包括教师本身的知识、经验、言谈举止、思想品德、人格魅力等,因此,教师本身也是一种很重要的教育资源。

三、教育的属性

（一）教育的本质属性

教育是一种有目的培养人的社会活动,这是它不同于其他事物的根本特征,也是教育的本质属性。

首先,教育是有目的培养人的社会活动。我们不太清楚动物到底有没有思维,但可以肯定的是,动物缺少交流的工具——语言,因此,动物界不存在教育,教育是人类特有的有目的的社会活动。

其次,教育是教育者向受教育者传递经验的活动。人类之所以能成为万物之灵,主宰地球,那是因为人类的生存经验可以代代相传。教育通过有经验的父母、年长的一代或教师有目的地引领年轻一代及其他受教育者学习、传承、践行种族与人类的生存经验,随着这些生存经验所积淀的知识不断丰富,人类的生存能力也越来越强,并不断推动社会向前发展。而动物的生存经验无法传递给年轻一代,所以,动物的生存经验会随着动物个体的死亡而消失。

最后,教育的直接目的是培养人。教育就是通过一定的教育中介来培养人,将年轻一代及其他受教育者培养成为适应与促进社会发展所需要的人,因此,教育的首要任务就是促进年轻一代德、智、体、美等方面都得到发展。

（二）教育的社会属性

1. 永恒性

教育是人类社会特有的现象,有人类就会有教育,与人类社会共始终。教育随着人类的产生而产生,随着社会的发展而发展,是人类社会的永恒范畴。

2. 历史性

教育的历史性是指在不同的社会或同一社会不同的历史阶段,教育的性质、目的、内容等各不相同,每个时期的教育都有自己的特点。教育的性质、目的、内容、方法以及教学手段等都会因社会生产力的发展和社会形态的改变而发生改变。

教育的历史性集中体现在教育的时代性和阶级性两方面。教育的时代性是指教育的发展会受到生产力发展的制约和影响,农业社会、工业社会与信息时代的教育都会有明显的时代特征;教育的阶级性是指在阶级社会中,教育要为统治者服务,谁掌握了政权,谁就掌握了教育的领导权。从奴隶社会、封建社会、资本主义社会到社会主义社会,不同的社会形态和社会制度,会有不同的教育性质、目的和内容等,教育的阶级性十分明显。教育的阶级性会随着阶级的产生而产生,也会随着阶级的消灭而消失。

3. 独立性

尽管教育活动要受到一定社会的政治、经济等因素的制约，但教育活动有其自身的运行规律，具有相对的独立性。教育不是被动地受制于一定社会政治、经济、文化的发展，它对一定社会的政治、经济和文化的发展也具有一定的影响力，促进或阻碍它们的发展。因此，教育发展往往超前或滞后于社会发展。

教育的独立性还表现在其历史继承性上。一个时代的教育都是在继承和发展以往教育的基础上产生的，无论教育思想、制度、内容、方法与手段，都是在对过往教育的扬弃中建构起来的，具有明显的历史继承性，我们要坚决反对历史虚无主义的思想，它不仅是愚蠢的，也是不符合实际的。

四、教育的功能

教育的功能就是教育所具有的作用，教育作为培养人的社会实践活动，它的直接作用是促进人的发展，培养社会所需要的人；间接作用就是通过培养社会所需要的人，满足社会需要，促进社会发展与进步。因此，教育功能就是教育对人的发展和社会发展所能够起到的影响和作用，尤其对人和社会的发展所起到的积极促进作用。[①] 教育功能依据其作用的对象、层次、性质及呈现的形式不同，可以划分为以下几种类型：

（一）个体功能与社会功能

从教育作用的对象看，教育功能可分为个体功能和社会功能。

1. 个体功能

教育的个体功能也称教育的本体功能，是指教育对个体发展的影响和作用。它由教育活动的内部结构特征决定，发生于教育活动内部。教育的个体功能表现为教育促进个体社会化、教育促进个体个性化、教育促进个体谋生和享用功能等。

2. 社会功能

教育的社会功能是教育的本体功能在社会结构中的衍生，是教育的派生功能。教育的社会功能主要体现在教育能推动社会发展变迁和促进社会流动两个方面。

教育的社会变迁功能是指教育通过开发人的潜能、提高人的素质、促进人的社会化、引导人的社会实践，不仅使人适应社会的发展，还能推动社会的改革与发展。教育的社会变迁功能表现在社会生活的各个领域，如教育的经济功能、政治功能、文化功能等。

教育的社会流动功能是指社会成员通过教育的培养、筛选和提高，能够在不同的社会区域、社会层次、职业岗位、科层组织之间转换和流动，以充分发挥其个性特长，展现其智慧才能，实现其人生抱负。

（二）正向功能与负向功能

按教育作用的性质划分，教育功能可分为正向功能和负向功能。

[①] 全国十二所重点师范大学联合编写.教育学基础[M].北京:教育科学出版社,2002:31.

1. 正向功能

教育的正向功能（积极功能）是指教育有助于个体发展和社会进步的积极影响和作用。教育的育人功能、经济功能、政治功能、文化功能等往往指的是教育的正向功能。

2. 负向功能

教育的负向功能（消极功能）是指教育阻碍个体发展和社会进步的消极影响和作用。教育与政治、经济发展不相适应，教育者的价值观与思维方式不正确，教育内部结构不合理等因素，会使教育在不同程度上对社会和个体的发展起阻碍作用。这时，教育就表现为负向功能。

（三）显性功能与隐性功能

根据呈现的形式，教育功能可分为显性功能和隐性功能。

1. 显性功能

教育的显性功能是指教育活动依据教育目的，在实际运行中所出现的与之相吻合的结果。例如促进人的全面和谐发展、促进社会进步等，就是教育的显性功能的表现。显性功能的主要标志是计划性。

2. 隐性功能

教育的隐性功能是指伴随显性教育功能所出现的非预期性的功能。显性功能与隐性功能的区分是相对的，潜在的隐性功能一旦被有意识地开发、利用，就可以转变成显性的教育功能。

五、教育的起源

对教育起源的探究，有助于我们对教育本质、目的和功能等重大问题的理解，历史上有关教育起源的假说主要有以下几种观点。①

（一）上帝起源论

这是宗教人士所持的观点，也是关于教育起源的最古老的观点。这种观点认为，教育与世间万事万物一样都是由上帝创造的，教育的目的就是体现神或上帝的意志，使人皈依于神或顺从于上帝。

这种观点把教育的起源归结为神或上帝，完全是出于宗教需要的一种杜撰，他们认为上帝创造了一切，自然也就创造了教育。这种观点无疑是荒唐的，不科学的。

（二）生物学起源论

生物学起源论的代表人物是法国社会学家、哲学家利托尔诺（C. Letourneau，1831—1902）与英国的教育学家沛西·能（T. P. Nunn，1870—1944）。利托尔诺在《动物之教育》一书中认为："动物尤其是略为高等的动物，完全同人一样，生来就有一种由遗传而得到的潜在的教育。"他认为，在人类出现以前，动物界中已普遍存在教育现象，如母鸡教小鸡、母鸭

---

① 卢晓中. 新编教育学[M]. 北京：北京师范大学出版社，2014：23-24.

教小鸭、母熊教小熊等，从而断言，生存竞争的本能就是教育的基础。英国学者沛西·能在《教育原理》一书中说"教育从它的起源来说，是一个生物学的过程"，并认为教育"是扎根于本能的不可避免的行为"。

这种观点把动物适应环境、求得生存的本能活动当作教育的基础，否定了人的教育与动物本能性生物行为的根本区别，它实际上否定了人与动物的区别。动物既不会自觉地改造自然，也不能将改造自然的经验传递给下一代，所以不可能产生有目的的教育活动。

（三）心理学起源论

心理学起源论的代表人物是美国教育史家孟禄（Paul Monrue，1869—1947）。孟禄在《教育史教科书》一书中认为，原始社会既没有系统的知识和经验，也没有学校、教师和教材，教育便起源于儿童对成人的无意识模仿。他在书中写道：原始社会的教育"普遍采用的方法是简单的无意识的模仿"。这种模仿就是最初级、最原始的教育。

这种观点把模仿看作教育的基础，而且把模仿限定为儿童，一方面，它肯定了人的心理与动物心理的本质区别；另一方面，也在一定程度上承认了教育是人类社会所特有的现象。但我们也应该看到，孟禄所说的"模仿"是无意识的、本能的行为，这又否定了教育的社会属性，并把有目的、有意识的行为排除在教育之外，因而有以偏概全之嫌，同样是片面的、不科学的。

（四）劳动起源论

这是苏联教育学者在20世纪30年代最具代表性的观点，也为我国多数教育学者所接受。他们认为，教育起源于劳动，其理论基础是恩格斯的劳动学说。恩格斯在《劳动在从猿到人的转变过程中的作用》一书认为，劳动"是一切人类生活的第一个基本条件，而且达到这样的程度，以至我们在某种意义上不得不说，劳动创造了人本身"。恩格斯认为，人类在劳动过程中，不仅积累了经验，也产生了语言，发展了人的思维，这为教育的产生提供了条件。不仅如此，劳动过程中，人类需要把生产知识和生活经验传递给年轻一代，使他们避免重复祖先习得经验走过的弯路，这成了推动教育起源的直接动因。因此，劳动创造了人类，也产生了教育，这就是教育的劳动起源说。

这种观点把人的个体发展与人类生存需要结合起来，认为人类生理器官、语言、思维等的客观发展与生产知识和生活经验代代相传的主观要求产生了教育，而劳动恰好发展了人类自身并满足了人类生存的需要，于是教育这种人类独特的社会现象便应运而生了。可问题是：劳动是否为人类所独有？其他动物到底有没有劳动？这是一个至今悬而未决的问题。假如其他动物也有劳动现象，那么，它们的劳动与人类的劳动有何不同？为什么人类的劳动创造了人类自身，而动物的劳动不能使它们进化？只有把这些问题弄清楚了，这种观点才具有不可辩驳的说服力。

六、教育的发展

任何事物的发展，都经历了一个由小到大、从简单到复杂的过程，教育也不例外。我们探讨教育发展的历程，既可了解教育与社会的关系，又可加深我们对教育的理解，并揭示教育发展的某些规律。

(一)原始社会的教育

教育与人类共始终,有了人类,教育就诞生了。原始社会是一个没有阶级,没有压迫和剥削,人人平等,资产共享的原始共产主义社会,这时既没有系统化的知识传授,也没有制度化的学校教育,其教育呈现出以下特点:

1. 教育形式社会化

原始社会时期,由于还没有产生学校这一教育形式,教育活动只在生产劳动与生活活动中进行,生活的地方,就是教育的地方;劳动的场所,就是教育的场所,教育的社会化特征十分显著。

2. 教育权力平等化

原始社会时期,没有私有财产,没有阶级的分化,没有等级的差别,所有氏族公社成员的孩子的照管和教养都是平等的。

3. 教育内容实用化

原始社会的教育内容主要以生活常识、习俗、生产知识与技能为主,还伴随有音乐、舞蹈、祭祀、宗教、政治等方面的教育,教育内容具有明显的生活化、实用化的特征。

4. 教育方法简单化

原始社会的教育没有文字和书本,教育手段只是口耳相传、言传身教和结合实际动作的示范与模仿。教育没有专门的人员、专门的组织形式、专门的机构和场所。

(二)古代社会的教育

古代社会的教育包括奴隶社会和封建社会两个时期的教育。从古代社会生产方式来看,无论是奴隶社会还是封建社会,都属于农业社会。这个时期生产力水平低下,形成了从原始的渔猎采集方式中分化出来的以农耕为主要经济活动的社会形态,生产工具以从旧石器时代转变为手工操作的金属工具为主,经济活动以自给自足的农业经济为主,生产资料和生活资料除了满足人们的日常需要以外,还有一定的剩余;社会日益分化为两个对立的阶级,出现了压迫和剥削,政治上实行等级森严的专制统治,强调皇权的合理性;出现了学校教育,但教育权为少数人所垄断,教育内容多为古典人文知识和神秘的宗教知识。

1. 古代中国的教育

我国史料记载,早在夏代就有了学校教育形态。古籍中有关夏代学校的记载有:"夏后氏之学在上庠","序,夏后氏之序也","夏曰校",等等,可见传说中夏朝已有庠、序、校三种学校。[1] 孟子对古代学校也有自己的解释,他说:夏、商、周"设庠、序、学、校以教之,庠者养也,校者教也,序者射也。夏曰校,殷曰序,周曰庠,学则三代共之,皆所以明人伦也"。[2] 孟子对古代学校的解释多少有些臆想成分,未必符合历史事实,但我们从中至少可以大致了解当时学校的办学情况。西周以后,我国出现了较为完备的学校教育形式,并出现了以"国学"为大学,"乡学"为小学的两级学校系统,形成了"学在官府""官师合一"的官学体系。在教育内容方面,西周采用了以礼乐为中心的"六艺"教育,"六艺"教育包括礼、乐、射、御、书、数六个方面,其中"礼"为思想政治与社会伦常教育,相当于今天的德育;"乐"包含音乐、诗

---

[1] 毛礼锐.中国教育史简编[M].北京:教育科学出版社,1984:19.
[2] 《孟子·滕文公上》。

歌、舞蹈教育,相当于今天的美育;"射"为射箭;"御"为驾车,相当于今天的军事体育;"书"为书写、识字和文化常识教育;"数"为天文历算与计算知识,相当于今天的智育。由此可见,我国周代就开启了德、美、体、智和谐发展的素质教育。到了春秋战国时期,官学衰微,私学兴起,出现了诸子百家争相办学的盛况,其中儒、墨两家最为兴盛,并称"显学"。孔子和墨子都是当时最有名的私学大师,孔子办学规模最大,号称弟子三千,贤者七十二人。他们的办学活动,积累了十分丰富的教育经验,奠定了我国古代的教育思想。

到了汉代,汉武帝为了加强中央集权的专制统治,在文化教育上采取"罢黜百家,独尊儒术"的文教政策和察举制选士制度,实行思想控制;在办学体制上,建立中央设太学、地方设郡国学或郡县学的两级学校制度。魏晋南北朝,由于士族势力的扩大,在选士制度方面采取了强化等级的九品中正制度,并随着儒学的式微,出现了儒、佛、道并存的学术思想繁荣的局面。隋唐时期,为了打破魏晋南北朝时期"上品无寒门,下品无世族"的等级制度,采取了以考试为中心的选士制度——科举制,为广大中小地主阶级子弟进入官场大开了方便之门,并采取"重振儒术"的文教政策。到了宋代,把程朱理学作为官方哲学思想,用理学解读的《论语》《孟子》《大学》《中庸》成为"四书",从此,"四书"与"五经"(《诗》《书》《礼》《易》《春秋》)并存作为教材,并把"四书"作为出题的范围和答题的标准,使得知识分子把毕生的精力放在"四书""五经"的学习上,科学知识和文学艺术渐渐淡出了人们的视野。明朝是中国封建社会由盛而衰的分水岭,这个时期,不仅社会已孕育新的经济因素,而且经世致用的思潮开始涌现,特别是明中叶以后陆王"心学"的影响超过了程朱理学。所有这些表明,封建制度的根基开始动摇,为了配合专制统治,明太祖朱元璋发明了八股取士制度,科举考试不仅出题范围与答题标准限于"四书",而且必须采用八股文的格式来答题,这就造就了一大批只会背"四书"和只会写八股文的知识分子,他们迂腐、保守,缺乏实干精神和能力。到了清末,世界格局发生了巨大的变化,中国遭遇到了前所未有的强敌,面对西方列强对中国的侵略与瓜分,一些有远见的知识分子提出了举办洋务、兴办学堂、振兴实业的口号和举措,在中国推行了1300年之久的科举考试制度终于在一片反对声中于1906年正式废除,从此,中国也就进入了建章立制的近代教育的发展之中。

2. 古代印度的教育

古印度是世界文明古国之一,它不仅有着悠久的教育历史,而且它的教育与宗教有着密切的关系。古印度宗教权威至高无上,教育主要控制在婆罗门教和佛教的手中。婆罗门教具有严格的种姓制度,把人分成四种等级,僧侣祭司处于最高等级,应受到良好的教育;其次是刹帝利种姓,为军事贵族;再次是吠舍种姓,仅能从事农工商业;最低等级的首陀罗种姓,被剥夺了受教育的权利,识字读经被认为违背了神的旨意,可能被判处死刑。婆罗门教的教条是指导思想,婆罗门教的经典《吠陀》是主要的教育内容,婆罗门教的僧侣是唯一的教师,教育活动主要是背诵经典和钻研宗教教义。

佛教与婆罗门教虽然是两大宗教门派,但都敬奉梵天,主张禁欲修行。但佛教比较关心大众,表现在教育上就是广设庙宇,使教育面向普罗大众,形成了寺院学府的特色,一直延续到英国殖民地时代。

3. 古代埃及的教育

古埃及大约在四千年前发展成中王国,那时文化繁荣,教育粗具规模。据史料记载,古埃及王国末期已有宫廷学校,它是法老教育皇子皇孙和贵族子弟的场所。中王国以后,宫廷学校已不能满足培养官吏的需要,因而国家又开设了职官学校。这些学校都是以吏为师和以法为教,招收贵族和官员子弟,也兼负文化训练和业务训练任务。

古埃及设置最多的是文士学校。文士精通文字,能写善书,执掌治事权限,较受尊重,"学为文士"成为一般奴隶主阶级子弟追求的目标。为了满足他们的需要,文士便设立私学,招收门徒,也有传授天文、数学、医学等实用知识的文士学校。当然,农工子弟是无法进学校读书的,奴隶子弟更是与教育无缘。

4. 古代希腊、罗马的教育

古希腊、罗马的教育同样也有严格的等级性,普通民众子弟一般在7~12岁儿童期进入私立学校学习,但贵族子弟不进入私立学校读书,而是聘请家庭教师。中等教育主要是贵族和富人的教育,学校以学习文法为主,兼修拉丁文和修辞。

雅典教育和斯巴达教育是欧洲奴隶社会两种不同的教育体系。雅典教育比较重视儿童身心和谐发展,教育内容丰富,教育方法也较灵活,其目的是培养有文化、有修养,具备多种才能的政治家和商人。斯巴达教育则以军事体育训练和政治道德为主,教育内容单一,教育方法严厉,其主要目的是培养忠于统治阶级的强悍的军人和武士。

5. 中世纪的西欧教育

罗马帝国灭亡后,西欧进入黑暗的中世纪——封建社会时期。西欧进入封建社会后,形成了两种封建教育体系,即教会教育和骑士教育。教会教育的目的是培养教士和僧侣,教育内容是"七艺",包括"三艺"(文法、修辞和辩证法)和"四艺"(算术、几何、天文、音乐),各科都与神学紧密相连。骑士教育的目的是培养封建骑士,教育内容是"骑士七技",即骑马、游泳、击剑、打猎、投枪、下棋、吟诗。骑士教育并无专门的教育机构,主要在骑士的社会生活和社会交往中进行,一方面要求效忠领主,另一方面要学习军事知识、打猎、社交礼仪和附弄风雅的情怀。

6. 文艺复兴时期的西欧教育

文艺复兴大致是从14世纪到16世纪200多年的时间,是西欧由封建社会向资本主义社会过渡的时期。这个时期,西欧一些工商业发达的地区,出现了资本主义的萌芽,新兴资产阶级为了自身利益,以复兴古代希腊、罗马文化为借口,反对封建文化,宣传资产阶级思想。他们以人性反对神性,以科学反对迷信,以个性反对专制,以平等反对等级,重视现实生活,肯定现实生活和快乐,反对禁欲主义。其核心思想就是"人文主义",主张以人为中心,重视人的价值和作用,重视人的世俗生活。在人文主义思想的影响下,增加了许多新的教育内容,如自然、物理、地理、历史等,提高了古典文学和自然科学的地位。他们反对体罚,主张尊重儿童的兴趣。维多利诺、伊拉斯谟、拉伯雷等的教育思想就是这一时期的代表。

(三)近代社会的教育

16世纪以后,世界进入近、现代社会,特别是18世纪蒸汽机的发明,把人类带入了一个崭新的时代,生产工具从手工工具转变为大机器生产,从此人类迈入工业时代。工业革命的发展引起了社会制度、思想观念和生活方式的巨大变化,同时也促使学校教育发生根本的变革。

1. 国家重视并建立公共教育体系

19世纪以前,欧美国家的学校教育基本上为教会组织或行会把持,国家无力干预。19世纪以后,随着资本主义的发展,社会生产对劳动者的素质提出了新的要求,教育为工农开放成为生产的必然要求,资产阶级政府逐步意识到公共教育的重要性,于是,通过立法建立公共教育体系。1804年,法国采纳了康多塞法案的基本思想,建立了中央集权的教育领导体制,私立学校基本被取缔,国家对学年安排和课程设置实行统一管理。17—18世纪,德意志许多公国颁布学校法令,规定学校开办权由教会转移到国家。

2. 普遍实施初等义务教育

随着工业生产知识的增加,生产者的知识水平直接影响社会生产效益。同时,社会经济实力的增强也为初等教育的普及提供了物质基础。因此,西方各资本主义国家纷纷制定义务教育法,面向平民实施义务、免费的初等教育。

3. 教育逐步摆脱宗教的控制,实现教育世俗化

18世纪末到19世纪初,随着西方国家对教育的重视,尤其是公立学校教育系统的建立和发展,各级教育逐步摆脱了教会对教育的控制,实现了教育世俗化的目标,有些国家甚至明确规定宗教、政党不得干预教育。为了适应现代工业的需要,学校教育内容也做出了调整,减少古典文科教育的内容和学时,增加自然、数学、物理、化学、生物等课程,加强教育与社会生产、生活的联系,重视知识的应用。

4. 重视教育立法,以法治教

西方社会十分重视法律在教育发展中的作用,无论是教育的建立还是改革,都通过立法来实现。从教育与宗教的分离,到初等义务教育的普及,以及国家对教育的改革,西方社会都通过立法的形式来推行和提供保障,这极大地促进了教育向前发展。

(四)20世纪以后的教育发展

20世纪以后,科学技术迅速发展,民主浪潮在全世界蔓延,特别是20世纪90年代后出现的信息化社会,随即开启了以知识创新创造财富的新经济时代,所有这些给我们的生产、生活带来了极大变化,知识更新不断加快,人与人之间的距离越来越近,出现了地球村的现象。这些变化,有力地推动世界教育向纵深发展,全民教育、民主教育、终身教育、教育信息化、创造教育等思潮不断涌现,也不断推动着教育的改革与发展。

1. 教育的终身化

由于科技迅速发展和知识技术更新加快,把人的一生分成前期学校学习与后期单位工作已完全不能适应社会需要了。1965年,联合国教科文组织成人教育局局长法国人保罗·朗格朗(Paul Lengrand)在联合国教科文组织召开的国际成人教育会议中首次提出终身教育的概念。国际发展委员会的报告《学会生存》对终身教育的定义认为:终身教育是人们在一生中所受到的教育的总和,它是开始于人的生命之初,终止于人的生命之末,包括人发展的各个阶段及各个方面的教育活动。它既包括纵向的一个人从婴儿期到老年期各个不同阶段受到的各级各类教育,也包括横向的学校、家庭、社会各个不同领域受到的教育,其最终目的在于"维持和改善个人社会生活的质量"。国际21世纪教育委员会在向联合国教科文组织提交的报告中指出:"终身学习是21世纪人的通行证。"

2. 教育的全民化

1993年3月,联合国教科文组织、儿童基金会、开发计划署、世界银行等联合发起,在泰国宗迪恩召开了"世界全民教育大会",并通过了《世界全民教育宣言》和《满足基本学习需要的行动纲领》。大会提出了全民教育思想,并兴起了使所有人都能受到基本教育的运动。

1993年和2001年分别在印度新德里和北京召开的"九个人口大国全民教育首脑会议",进一步引起了人们对全民教育的关注。全民教育是针对各国教育问题而提出来的,如女童教育问题、残疾人教育问题等,因此,如何让所有适龄儿童都进入学校读书并降低辍学率,使所有中青年都摆脱文盲状态,是全人类的责任,也是人类的共同愿望。

3. 教育的民主化

20世纪60年代以来,教育民主化是世界教育改革的主流,是对教育的等级化、特权化和专制化的否定。这种教育思潮主张教育面前人人平等,人人都享有教育权利。教育民主化要求所有人受到同样的教育,包括教育起点机会均等,教育过程享受教育资源的机会均等,甚至包括教育结果的均等。教育民主化还追求教育的自由化,包括教育自主权的扩大,如办学的自主性,根据社会需求设置课程、编写教材的灵活性,价值观念的多样性等,以实现教育的广泛性和平等性。

4. 教育的多元化

信息时代又称"后工业社会"或"知识社会",与工业社会相比,生产工具已从大机器时代进入智能时代,迅猛发展的计算机技术和数字技术使得当代的生产方式、生活方式和管理方式发生了前所未有的变化,世界物质生活和精神生活呈现出多样化的特征,教育多元化则是物质生活和精神生活多元化在教育上的反映。如果说工业化时代重视的是标准化,那么,信息时代则强调个性化和多元化,信息社会要求培养具有创造性和广泛适应性的人才。教育多元化反对教育单一性和统一性,要求教育目标多元化、办学形式多元化、管理模式多元化、教学内容多元化和评价标准多元化。

5. 教育技术的现代化

教育技术的现代化是指现代科学技术,包括工艺、设备、程序、手段等在教育上的运用,并由此带来教育思想、教育观念的变化。①学校教育目的的内涵更加丰富,学校类型更加多样,学校时空更加广阔,教育内容传播渠道更加丰富,教学组织形式更加多元。学校教育观念、管理、课程、教学及师生关系均发生了深刻改变。教育技术现代化,不仅改变了教育的形式、方式和手段,而且还影响着对教育的选择以及教育的公平与公正。

第二节 教育学的产生与发展

一、教育学的概述

(一)教育学的研究对象

1. 词源上分析

在西方,教育学(Pedagogy)一词是从希腊语Pedgogue,即"教仆"派生而来的。古希腊

---

① 余文森,王晞.教育学[M].北京:北京大学出版社,2013:13.

把陪送奴隶主子弟来往于学校,并帮助他们携带学习材料的奴隶称为"教仆"。按其语源,教育学就是照管儿童的学问。在西方,把"教育"理解为引导儿童成长的过程,把"教育学"理解为研究如何培养儿童的学问。

从词源上分析,教育学一词产生于古希腊,但是,教育学作为一种知识体系,作为一门学科,是19世纪的事情了。

2. 教育学的研究对象

关于教育学研究的对象,教育学者有不同的表述。苏联教育家凯洛夫认为,教育学研究的对象是"教育实践与教育规律"。他在1956年出版的《教育学》中指出:"教育学是一门科学,它要研究和总结教育的实践,去认识新生一代的教育规律。"我国著名的教育学者刘佛年认为教育学研究的对象是"教育现象及其规律",他在1963年出版的《教育学》中认为,"教育学的研究对象是教育现象及其规律"。20世纪80年代以后,我国部分教育学者认同日本、英国一些教育学者的观点,他们认为,教育学研究的对象应该是"教育现象"。

综合以上不同学者对教育学研究对象的阐述,可以看出,教育学的研究对象无非是教育实践、教育现象、教育问题与教育规律几个方面,而教育现象与教育问题又蕴含在教育实践当中,所以,我们可以把教育学的研究对象界定为教育现象、教育问题与教育规律三个方面。基于上述分析,我们可给教育学这个概念如此定义:教育学是一门研究教育现象和教育问题,揭示教育规律的科学。

(二)教育学的研究内容

既然教育学的研究对象已经明确,那么教育学的研究内容也就迎刃而解了。

首先,谈谈教育现象。"教育现象"是已经发生过或正在发生的教育实践与教育思想,包括各种形式、各种类型、各种模式的教育事实,从教育历史、教育思想、教育目的、教育制度、教育内容、教育方法、教育政策与法规到具体的教育教学活动等,范围广泛,多种多样;从教育形态看,有家庭教育现象、社会教育现象和学校教育现象;从学校教育内容上看,有学科教学、班团活动、课外活动、管理活动、教研活动等。

其次,谈谈教育规律。所谓"教育规律",是指教育现象与其他社会现象及教育现象内部各个要素之间的、内在的、必然的联系或关系。教育中有许多矛盾与规律,但主要的矛盾与规律只有两个:一是教育与社会发展之间的关系,二是教育与人身心发展之间的关系。它们是教育规律当中最基本的关系,其他关系都是由这两个关系派生出来的,最终又回到这两个关系中。

教育学作为师范生的必修课程,我们不仅要了解什么是教育,教育学的研究对象是什么,而且要厘清教育与社会的关系以及教育与人身心发展的关系;同时,还要学习与掌握由这两大关系所派生出来的素质教育、教育观、学生观、教师观、教育目的、教育制度、课程、教学、德育与教育研究方法等内容。

二、教育学的发展

教育学作为一门学科,它的发展经历了一个较长的历史时期,具体而言,大致经历了萌芽、形成和发展三个阶段。

(一)教育学的萌芽

这个阶段,教育学还没有形成独立的学科,以部分教育家的实践经验总结为主,也有少数思想家的理论探索,但都是零散的、碎片化的,既不完整,也没有体系,而且基本都散落在政治、哲学、宗教等思想当中。

1. 中国古代教育思想

我国古代产生了丰富的教育思想,其中最有影响的是儒家的教育思想。

(1)孔子的教育思想

孔子是我国历史上最伟大的教育家,儒家学派的创始人,从30岁创办私学到72岁老死,从未间断过教育活动,是当时办学规模最大、名气最高的私学大师。

孔子在办学过程中首倡"有教无类"的思想。所谓"有教无类",就是无论你贫还是富,贵还是贱,只要愿意学,都可入学读书。在"学在官府"且等级森严的奴隶社会,"有教无类"的思想打破了奴隶主贵族垄断教育的局面,把教育对象扩大到平民,是孔子教育思想伟大的标志。

孔子在论述教育的作用时,首先谈到了教育与社会的关系,认为教育为立国之本。在孔子看来,立国有三大条件:庶、富、教,即人口众多是立国的基础,经济富足是发展教育的前提,而教育为立国之本。其次,他在谈到教育与人的关系时,认为教育在人的成长中起决定作用,他说:"性相近,习相远也。"

孔子在谈到教育目的时,认为教育目的是培养德才兼备的"士"或"君子",明确要求学生子夏"女(汝)为君子儒,无为小人儒","君子坦荡荡,小人长戚戚"。"士"或"君子"也就是统治者,他的学生子夏说得更明白:"学而优则仕,仕而优则学。"学为官是孔子的基本办学思想。

为了实现"学为官"的办学目的,孔子在教育内容上提出文、行、忠、信四个方面,《述而》中说:"子以四教:文、行、忠、信。"文就是文化常识,行、忠、信属于道德范畴的内容,是为人处世的基本道德原则,可见,孔子在教育活动中,始终把"德"放在非常重要的位置。具体来说,孔子在教育过程中,开设了礼、乐、射、御、书、数(俗称"六艺")六门课程进行教学,并整理了《诗》《书》《礼》《易》《春秋》《乐》(俗称"六经")作为教材。

他在教育教学过程中,重视因材施教,强调启发诱导,"不愤不启,不悱不发";主张学思结合,"学而不思则罔,思而不学则殆";倡导由博反约,"博学于文,约之以礼",开创性地践行了因材施教、启发诱导、学思结合、由博反约的教育教学方法。

孔子在教育实践中所获得的宝贵经验,是我国文化遗产中的瑰宝,许多思想和方法至今仍熠熠生辉,值得我们学习和借鉴。

(2)孟子的教育思想

孟子从"性善论"的思想出发,认为教育的作用就是扩充人的"善性"。他认为人生来就有"恻隐之心""善恶之心""辞让之心""是非之心"四种善端,教育就是要让这种与生俱来的善端发扬光大。

孟子从"学为善"的思想出发,把"仁、义、礼、智"作为教育内容,并把"仁、义、礼、智"贯穿到父子、君臣、夫妇、朋友、长幼这五种关系当中,演变成"父子有亲,君臣有义,夫妇有别,朋友有信,长幼有序"五种伦常规则,表现为忠义孝悌的伦常道德,它们成为古代社会最重要的教育内容。因此,孟子提出"明人伦"的教育目的,对儒学后来之所以成为封建社会的官方哲学起了很大的作用。

孟子为了恢复人的本心"善",在去弊求善的教育中,提出了"存心寡欲、持志养气、反求诸己、改过迁善、磨炼意志"等道德修养方法。

(3)荀子的教育思想

在人性论问题上,荀子与孟子的性善论相反,提出了性恶论。他认为人的本性好逸恶劳,如果人的欲望不加以限制,就容易引发暴力和罪恶。他说,"人之性,恶;其善者,伪也"。教育的作用就是化性起伪,积善成德,即通过教育和学习来改变自己的本性,形成适应社会需要的道德品质。

由于荀子主张教育是化性起伪,不断积累知识,形成品质的过程,所以,与孔子、孟子内省的方法不同,他强调"外铄",特别重视学习中"积"的过程。他说:"可以为尧禹,可以为桀跖。可以为工匠,可以为商贾。在势注错习俗之所积耳。""注错习俗"是指客观环境对人的影响和教育。他还说:"积土成山,风雨兴焉;积水成渊,蛟龙生焉;积善成德,而神明自得,圣心备焉。"荀子的"外积说"在一定程度上丰富了我国古代的教育思想。

(4)墨子的教育思想

墨子是战国后期的一位思想家,是墨家学派的创始人,他创立的墨家学说与儒学在当时并称为"显学"。

墨子代表的是小生产者(即农民与手工业者)的立场和利益,他希望建立一个"强不执弱,富不侮贫,贵不傲贱"的公平合理的大同社会。因此,在政治立场上,主张"兼爱""非攻"。在教育目标上,提出培养有兼爱品德、懂生产技术、有管理能力的"兼士"或"贤士"。在教育内容上,重视包括军事知识、科学知识、生产知识及其技能在内的广博知识的传授,大大突破了儒学的"六艺"教育传统。

墨子还非常重视环境的教育作用。他以染丝为例,把人性看成素丝,环境看成染料,"染于苍则苍,染于黄则黄,所入者变,其色也变,故染不可不慎也"。

(5)《学记》的教育思想

《学记》成书于战国末期,是世界上最早,也是最完整的一部教育专著,因此,被人称为"教育学的雏形"。它主要总结了儒家的教育理论和经验,系统地阐述了教育的作用和任务,教育、教学的制度,教育的原则和方法,以及教师的作用和地位等问题。

《学记》把教育的作用概括为"化民成俗""建国君民":"君子欲化民成俗,其必由学","建国君民,教学为先"。

《学记》设计了一个从地方到中央的完整的学校教育制度,即"古之教者,家有塾,党有庠,术(遂)有序,国有学",并提出了严格的视学和考试制度。

《学记》阐述了教师的教与学的辩证关系。《学记》说:"学然后知不足,教然后知困。知不足,然后能自反也;知困,然后能自强也。故曰:教学相长。"在教师的专业发展中,教与学都是教师成长的重要基础。"师道尊严"则是教师成长的方法,"凡学之道,严师为难,师严然后道尊,道尊然后民知敬学"。通过师严来实现道尊,由道尊而致民知敬学,其既是一种教育方法,也是教师专业成长的过程。

《学记》在教学方面,主张启发式教学。"君子之教,喻也","道而弗牵,强而弗抑,开而弗达。道而弗牵则和,强而弗抑则易,开而弗达则思,和易以思,可谓喻也",引导而不牵着走,督促而不强压,启发而不告知,学生才能和谐、安顺、思考,达到启发式教学的目的。《学记》还提出了豫、时、孙、摩的教育教学原则。"豫"则是预防,防患于未然,"禁于未发之谓豫";"时"则是及时,及时施教,"当其可谓之时";"孙"就是顺序,"不陵节而施之谓孙";"摩"则是相互观摩,取长补短,"相观而善之谓摩"。

2. 西方古代教育思想

(1)苏格拉底的教育思想

苏格拉底(Socrates,前469—前399),古希腊著名的哲学家和教育家。苏格拉底十分重视教育在人成长中的作用,认为人人都有受教育的必要。他提出"知识即美德"的主张,认为"德行可教"。在他看来,人的行为善恶,主要取决于本人是否具有相关的知识,道德不是天生的,只要通过传授知识和发展智慧,就可以培养有道德的人。

为了有效传授知识,培养学生品德,苏格拉底从他的产婆母亲那里得到启示,提出了知识"产婆术"的教学方法,又称"苏格拉底法",即在教学过程中,教师并不将知识直接告诉学生,而是师生通过问答甚至辩论的方式揭露学生认识中的矛盾,逐步引导学生自己得出正确答案的方法。比如,苏格拉底与学生一起讨论"正义"和"非正义"这两个概念,他问学生:"虚伪"属于什么?学生回答:属于"非正义";他又问"偷盗、欺骗、奴役"等属于什么?学生回答:应该属于"非正义"。苏格拉底反驳道:如果将军惩罚了敌人,奴役了敌人,在战争中偷走了敌人的财物,或作战时欺骗了敌人,这些行为是"正义"的还是"非正义"的呢?学生得出结论,认为这些行为是正义的,但如果对朋友这样做,就是非正义的。苏格拉底又问:如果在战争中,将军为了鼓舞士气,以"援军快到了"的谎言欺骗士兵,制止了士气低沉;父亲以欺骗的手段哄自己的孩子吃药,让自己的孩子恢复了健康;一个人因怕朋友自杀,而把朋友的剑偷去,这些行为又属于什么呢?学生又得出结论,这些行为是正义的。他令学生前后矛盾,迫使他们重新思考自己的观点。最后,在苏格拉底的引导下,学生得出了比较恰当的结论。

苏格拉底法预设了学生的知识是本身固有的前提,教师的作用类似于产婆,他只是帮助学生把先天的知识生产下来而已。苏格拉底法是西方世界出现最早的启发式教学法,它有利于激发学生思考的积极性与主动性,但其预设的前提是错误的,是客观唯心主义哲学观的体现。

(2)柏拉图的教育思想

柏拉图(Plato,前427—前347),苏格拉底的学生,古希腊著名的思想家和教育家。其教育思想主要体现在他的代表作《理想国》中。

在柏拉图所设计的理想国中,主张人人生而平等,所以婴儿都归国家所有,他们一起进入幼儿园,6岁后进入普通学校读书,主要学习音乐、体育以及读、写、算等知识。10年后进行第一次筛选考试,淘汰者成为农民和手工业者,合格者进入埃弗比集团进行军事训练;他们在埃弗比集团进行教育,除军事训练外,主要学习几何、天文、算术和音乐四门课程,俗称"四艺"。3年后进行第二次筛选考试,淘汰者成为军人,合格者进入高一级的学校进行教育。在高一级的学校,除"四艺"的学习外,还加强了哲学和辩证法的学习。10年后进行第三次筛选考试,淘汰者成为国家的高级官吏,合格者再进入高深哲学的研究阶段。在这一阶段,个别天赋优异者进行5年的辩证法训练,再经过15年的实践锻炼,到50岁成为哲学王,他也就是国家的"国王"。

我们从柏拉图理想国的建设中可以看出教育的重要作用和价值,它不仅是实现理想国的重要工具,也是成就人的重要手段。

(3)亚里士多德的教育思想

亚里士多德(Aristotle,前384—前322),古希腊著名的"百科全书式"学者,他的学术思想涉及哲学、美学、诗学、伦理学、文法学、逻辑学、天文学、物理学、生物学、解剖学、心理学等内容,被恩格斯称为"古希腊最博学"的思想家。

亚里士多德把人类的灵魂分成植物灵魂、动物灵魂和理性灵魂三种:植物灵魂对应的是身体的营养、生长、发育等,动物灵魂对应的是人的本能、情感、欲望等,理性灵魂对应的是人的思维、理解、判断等。

亚里士多德根据人身心发展的特点,把人从出生到21岁的教育分为三个阶段。第一个阶段0～7岁,属于植物灵魂阶段,主要是发展儿童身体;教育方面注意营养,实施以游戏为主的体育,兼学音乐。第二个阶段7～14岁,属于动物灵魂阶段,是容易出问题的阶段;教育方面,实施以音乐为主的德育,同时兼顾阅读、书写和体育。第三阶段,属于理性灵魂阶段,理智获得发展;教育方面,实施以哲学和思辨学为主的智育,也学习"四艺"(算术、天文、几何、音乐)和"三艺"(文法、修辞、哲学)。在亚里士多德看来,教育要遵循人身心发展的年龄特点,在人的一生中实施体、德、智、美的教育,促进人健康和谐发展,这就是我们常说的"博雅教育"(或称"文雅教育")思想。

(4)昆体良的教育思想

昆体良(Quintilianus,35—100),古罗马最著名的教育思想家,他的代表作《雄辩术原理》(或称《论演说家的培养》)是西方世界第一部专门论述教育问题的专著。

昆体良认为,教育的最终目的就是要培养具有崇高品德、广博知识、雄辩才能的雄辩家。为了培养雄辩家广博的视野和厚实的知识基础,昆体良设置了"四艺"以及哲学、文法、修辞学等学科课程。在家庭教育与学校教育的对比中,他强调了学校教育的优势,并萌生了班级授课的思想。

(二)教育学的创立

随着科学技术的发展及其在生产中的应用,教育权的下移已成必然趋势,教育规模的扩大,需要一种全新的教育模式和方式来承载,教育学研究逐步专门化、体系化,并形成一门独立的学科。

1. 夸美纽斯的教育思想

夸美纽斯(Johann Amos Comenius,1592—1670),17世纪捷克教育家。他在1632年出版的《大教学论》是教育学形成一门独立学科的标志,也被看成是近代第一本教育学著作。《大教学论》提出了普及教育的"泛智教育"思想,并探讨"把一切事物教给一切人类"的方法。他不仅论证了教育适应自然的原则,而且论证了"学年制"和"班级授课制"的必要性和可行性。

2. 卢梭的教育思想

卢梭(Jean-Jacques Rousseau,1712—1778),18世纪法国著名的思想家。他在代表作《爱弥儿》这部教育小说中体现了十分浓郁的自然主义教育思想。卢梭认为:"出自造物主之手的东西都是好的,而一旦到了人的手里就全变坏了。"他推崇自然教育和儿童本位的教育观,认为人的本性是善良的,但被现实环境和教育破坏了。

3. 康德的教育思想

康德(Immanuel Kant,1724—1804),18世纪德国著名的哲学家,唯心主义哲学的主要代表人物。1803年出版的《康德论教育》提出,教育是一门很难的艺术。他推崇人的尊严,肯定人的价值,认为"人是唯一需要教育的动物",教育的根本任务就是发展人的自然禀赋。康德先后四次在哥尼斯堡大学讲授教育学,是最早在大学开设教育学讲座的学者。

4. 裴斯塔洛齐的教育思想

裴斯塔洛齐(Johann Heinrich Pestalozzi,1746—1827),18世纪末19世纪初瑞士著名的教育家。他深受卢梭自然主义教育思想的影响,提出教育的目的在于按照自然的法则促进人的一切天赋能力和力量的全面和谐发展。教育应使受教育者成为有道德、有智慧、有劳动能力和身体健康的人。为了达到此目的,他认为教育必须与生产劳动相结合,必须符合学生的本性。在西方教育史上,他是第一个明确提出"教育心理学化"的教育家,对推动教育活动科学化与教育学的创立都起到了重要作用。

5. 洛克的教育思想

洛克(John Locke,1632—1704),17世纪英国哲学家。在教育对人的作用问题上,他提出了著名的"白板说",认为人的心灵就像一块白板,没有一切特性,没有任何观念。一切知识、思想与观念都是后天获得的。他在其代表作《教育漫话》中说:"我们日常所见的人中,他们之所以或好或坏,或有用或无用,十分之九都是由他们的教育决定的。人之所以千差万别,便是由于教育之故。"

6. 赫尔巴特的教育思想

赫尔巴特(Johann Friedrich Herbart,1776—1841),18世纪末19世纪初德国著名的心理学家和教育学家,在世界教育史上被认为是"现代教育学之父"或"科学教育学的奠基人"。他1806年出版的《普通教育学》被看成是规范教育学建立的标志,也被认为是第一本现代教育学著作。赫尔巴特的主要教育思想可概括为以下几点。

第一,把伦理学和心理学作为建构教育理论体系的理论基础。他把道德教育理论建立在伦理学的基础之上,把教学理论建立在心理学之上,由此奠定了科学教育学的基础。

第二,强调系统科学知识的传授、课堂教学的作用以及教材的重要性。他强调教师的权威作用和中心地位,形成了传统教育"课堂中心""教材中心""教师中心"的三中心教学模式。

第三,提出了教学形式的"四阶段教学"理论。他把教学过程分为明了、联想、系统和方法四个阶段。之后,他的学生席勒将其修改为预备、提示、联系、总结、应用五个阶段,即"五段教学法"。

第四,提出了教育性教学原则。在西方教育史上,赫尔巴特第一次明确地提出了"教育性教学"的原则,他说:"我想不到有任何无教学的教育,正如反过来,我不承认有任何无教育的教学。"

第五,教育的最高目的是道德和性格的完善,具体来说,是要养成内心自由、完善、仁慈、正义和公平五种道德观念。他的最高教育目的也可理解为培养良好的社会公民。

(三)20世纪教育学流派的多元发展

20世纪,在赫尔巴特创立的教育理论基础之上,出现了许多新的教育理论和教育学派别,这些教育学理论相互争鸣,形成不同的派别。

1. 实验教育学

19世纪末20世纪初,受实验心理学发展的影响,欧美一些国家兴起了用自然科学的实验法研究儿童发展及其与教育关系的理论,主要代表人物是德国教育家梅伊曼(E. Meumann,1862—1915)和拉伊(W. A. Lay,1862—1926),代表作有梅伊曼1914年出版的《实验教育学纲要》和拉伊1908年出版的《实验教育学》。实验教育学所强调的定量研究成为20世纪教育学研究的一个基本范式,推动着教育科学的发展。实验教育学的主要观点如下:

第一,反对以赫尔巴特为代表的强调概念思辨的教育学,认为这种教育学对检验教育方法的优劣毫无用途。

第二,提倡把实验心理学的研究成果和方法运用于教育研究,从而使教育研究真正"科学化"。

第三,认为教育实验与心理实验的差别在于心理实验是在实验室独立进行的,而教育实验是在真正的学校环境和教学实践活动中进行的。

第四,主张用实验、统计和比较的方法探索儿童心理发展过程的特点及其智力发展水平,用实验数据作为改革学制、课程和教学方法的依据。

实验教育学把科学的定量研究夸大为教育科学研究唯一有效的方法,是片面的,很快就遭到了文化教育学的批判。

2. 文化教育学

文化教育学又称精神教育学,出现于19世纪的德国,主要代表人物有狄尔泰(W. Dilthey,1833—1911)、斯普朗格(E. Spranger,1882—1963)、利特(T. Litt,1880—1962)等。代表作有狄尔泰的《关于普遍妥当的教育学问题》、斯普朗格的《教育与文化》、利特的《职业陶冶、专业教育、人的陶冶》等。文化教育学的基本观点如下:

第一,人是一种文化存在,因此人类历史是一种文化的历史。

第二,教育的对象是人,教育又是在一定社会历史背景下进行的,因此,教育的过程是一种历史文化过程。

第三,因为教育过程是一种历史文化过程,所以教育的研究既不能采用赫尔巴特纯粹的概念思辨来进行,也不能靠实验教育学的数量统计来进行,而必须采用精神科学或文化科学的方法,即理解与解释的方法来进行。

文化教育学是作为科学主义的实验教育学和理性主义的赫尔巴特式教育学的对立面而存在与发展的,深刻影响着德国乃至世界20世纪教育学的发展,在教育的本质、目的、师生关系以及教育学性质等方面都能给人以启示。

3. 实用主义教育学

实用主义教育学是19世纪末20世纪初在美国兴起的一种教育思潮,主要代表人物是杜威(John Dewey,1859—1952)、克伯屈(W. H. Kilpatrick,1871—1965),代表作有杜威1916年出版的《民本主义与教育》、1938年出版的《经验与教育》,克伯屈1918年出版的《设计教学法》。实用主义教育学是在批判以赫尔巴特为代表的传统教育学的基础上提出来的,杜威提出"儿童中心(学生中心)""活动中心""经验中心"的"新三中心论",成为现代教育理论的代表。杜威的主要教育思想如下:

第一,教育本质观。杜威认为,教育即生活,教育即生长,教育即经验的改组或改造。此外,杜威还提出"学校即社会",这是对"教育即生活"的进一步引申。

第二,论教育目的。杜威从教育即生活引出了"教育无目的论"。他认为,教育的过程,在它自身以外没有目的,它就是它自己的目的。教育过程是一个不断改组、不断改造和不断转化的过程。

第三,"从做中学"。在经验论的基础上,杜威提出"从做中学",要求以活动性、经验性的主动作业取代传统的书本式教材的统治地位。"从做中学"也是一种教学方法,是一种经验的方法、思维的方法和探究的方法。

第四,五步探究教学法。杜威根据思维五步法提出了教学的五步探究法,即创设疑难情境、确定疑难所在、提出解决问题的种种假设、推断哪个假设能解决这个困难、验证这个假设。

杜威的教育思想深刻地影响了20世纪上半叶的教育理论和教育实践。杜威教育学的出现,使赫尔巴特教育学受到了严重的批判,但它走向了另外一个极端,忽视系统知识的学习,忽视教师在教学中的主导作用,忽视学校的特质,导致教学质量严重下滑,同样遭到了人们的批判。

4. 马克思主义教育学

马克思主义教育学是20世纪以来根据马克思主义世界观和方法论来研究教育问题的一种教育流派。其代表人物有克鲁普斯卡娅、凯洛夫、马卡连柯、杨贤江等。克鲁普斯卡娅1917年出版的《国民教育和民主主义》是最早以马克思主义为基础探讨教育问题的著作;凯洛夫1939年出版的《教育学》被公认为是世界上第一部马克思主义的教育学著作,对新中国教育学的发展产生了深刻的影响;马卡连柯在流浪儿童和违法者的教育方面取得了巨大成就,他的《教育诗》《论共产主义教育》的核心是集体主义教育思想;杨贤江1930年出版的《新教育大纲》是我国第一部以马克思主义为指导的教育学著作。马克思主义教育学的观点是:

第一,教育是一种社会历史现象,在阶级社会中具有鲜明的阶级性。

第二,教育起源于生产劳动。

第三,教育的根本目的是促进学生的全面发展。

第四,教育与生产劳动相结合是培养全面发展的人的唯一方法。

第五,马克思主义唯物辩证法和历史唯物主义是教育科学研究的方法论基础。

第六,教育一方面受政治、经济、文化的制约,另一方面又反作用于它们。

马克思主义的产生为教育学的发展奠定了科学方法论基础,但在实际教育学的研究过程中存在一些简单化、机械化的错误。

5. 批判教育学

批判教育学是20世纪70年代以后出现的一种教育思潮,也是当前西方教育理论界占主导地位的教育思潮。代表人物有美国的鲍尔斯(S.Bowles,1939—)、金蒂斯(H.Gintis,1940—),法国的布迪厄(P.Bourdieu,1930—2002)等。代表作有鲍尔斯和金蒂斯1976年出版的《资本主义美国的学校教育》,布迪厄1979年出版的《教育、社会和文化再生产》等。

由于各自的理论基础不同,所以批判教育学存在不同的派系,它们之间关注的问题、发表的观点会有所区别,但也有一些共同的地方,形成了批判教育学的基本理论观点。批判教育学认为,当代资本主义学校教育并没有如其所预期的那样是推进社会公平强有力的手段,相反,它是维护现实社会的不公平和不公正,造成社会差别、歧视和对立的根源。批判教育学的目的就是要采取实践批判的态度和方法,揭示教育事实背后的利益关系。

(四)教育学的理论深化阶段

随着社会的发展和科技的进步,文化交流的不断加强,教育实践的日益丰富和发展,教育学的发展也出现了一些新特征。

1. 布鲁姆的教育思想

布鲁姆(B.Bloom,1913—1999),美国20世纪著名的教育学家和心理学家,代表作是《教育目标分类》。他把教学目标分为认知、情感和动作技能三大领域,认为教学应该以掌握学习为指导思想,以教育目标为导向,以教育评价为调控手段,并提出了掌握学习理论。

2. 布鲁纳的教育思想

布鲁纳(Jerome Seymour Bruner,1915—2016),美国20世纪著名的教育家,著有《教育过程》。他强调知识结构,提出结构主义教学理论,主张应该使学生学习一门学科的知识结构。他说:"无论我们选择什么学科,务必使学生理解该学科的基本结构。"他还认为,学科结构要与儿童的认知结构相适应,提出了"任何学科的基本原理都可以用某种形式,教给任何年龄的儿童"。在教学中,提倡发现法,重视培养学生的直觉思维、科学兴趣和创造力。

3. 赞可夫的教育思想

赞可夫(анков Леонид Владимирович,1901—1977),苏联著名的心理学家、教育家,代表作有《教学与发展》。他的理论核心是"以最好的教学效果使学生达到最理想的发展水平"。赞可夫提出"只有当教学走在学生发展前面的时候才是最好的教学",他以学生的一般发展作为教学的出发点,提出了发展性教学理论的五条原则,即高难度、高速度、理论知识起主导作用、理解学习过程、使所有学生包括差生都得到一般发展的原则。

4. 瓦·根舍因的教育思想

瓦·根舍因(Martin Wagenschein,1896—1988),德国教育实践家,范例教学法创始人。与布鲁纳和赞可夫一起被认为是课程现代化的三大代表人物。范例教学法是指教师在教学中选择真正基础的、本质的知识作为教学内容,通过对"范例"内容进行讲授,使学生达到举一反三、掌握同一类知识的方法。运用此法的目的在于促使学生独立学习,而不是要学生复述式地掌握知识,要使学生学会将所学知识迁移到其他方面去,进一步发展所学的知识,以改变学生的思维方法和行动能力。

5. 皮亚杰的教育思想

皮亚杰(Jean Piaget,1896—1980),瑞士最有名的儿童心理学家,代表作是《教育科学与儿童心理学》。他在该著作中论述了智力发展的阶段,认为教学的主要目的是发展学生的智力。

6. 苏霍姆林斯基的教育思想

苏霍姆林斯基(1918—1970),苏联教育实践家和教育理论家,代表作是《给教师的一百条建议》《把整个心灵献给孩子》《帕夫雷什中学》。在他的著作中系统地论述了全面和谐发展的教育思想。他的著作被称为"活的教育学"。

7. 巴班斯基的教育思想

巴班斯基(1927—1987),苏联教育家,代表作是《教学过程最优化》。巴班斯基提出了教学过程最优化理论,认为应该把教学看作一个系统,从系统的整体与部分之间、部分与部分之间以及系统与环境之间的相互联系、相互作用之中考察教学,以最优处理教育问题。巴班斯基将现代系统论的方法引入教学论的研究,一定程度地推动了教学论的发展。

本章小结

1. "教育"概念的定义可以从不同的视角来解读,本书解读为:凡是有目的地增进人的知识和技能、影响人的思想观念的活动。教育分广义的教育与狭义的教育,广义的教育包括学校教育、家庭教育和社会教育,狭义教育是指学校教育,本书探讨的主要是学校教育。

2. 构成教育的基本要素包括教育者、受教育者和教育中介三个方面。教育的本质属性是有目的地培养人的社会活动,同时它还具有永恒性、历史性和独立性等社会属性。

3. 教育作为培养人的社会实践活动,其直接作用就是培养人,间接作用则是通过培养人来促进社会发展,因此,依教育作用的对象、层次、性质及呈现形式不同,教育功能可划分为不同的类型,这些功能包括个体功能与社会功能、正向功能与负向功能、显性功能与隐性功能。

4. 教育起源问题的探讨对于我们深刻理解"教育"这一现象具有重要意义,但大家应该清楚,无论是上帝起源说、生物学起源说,还是心理学起源说、劳动起源说,都是有关教育起源的假说,未必属实。

5. 教育在发展过程中,不同的历史时期具有不同的特点。从原始社会、古代社会、近代社会到现代社会,每个时期的教育都出现了时代的特点和印记。我们要把这些特点和印记牢牢地记住,因为它们对我们更好地把握教育发展和改革的趋势具有重要的意义。

6. 教育学是一门研究教育现象和教育问题的学问。它的产生和发展大致经历了萌芽、创立、多元发展、理论深化四个历史阶段。每个时期都出现了一批代表人物和著作,熟悉这些人物和著作,掌握他们的代表性的观点,可以大大提升我们的教育素养。

思考与练习

1. 什么是教育?教育的基本要素有哪些?教育有哪些类型?

2. 结合自己成长的经历,谈谈对自己影响最大的事件是什么。这些事件属于教育的正向功能还是负向功能?它们让你明白了什么道理?

3. 分别谈谈原始社会、古代社会、近代社会、现代(信息时代)社会的教育有何特点。

4. 什么是教育学?教育学研究对象是什么?

5. 教育学的发展有哪几个阶段?每一个发展阶段的代表人物及其代表作有哪些?他们的主要教育观是什么?

【参考文献】

1. 全国十二所重点师范大学联合编写.教育学基础[M].北京:教育科学出版社,2002.
2. 余文森,王晞.教育学[M].北京:北京大学出版社,2009.
3. 卢晓中.新编教育学[M].北京:北京师范大学出版社,2014.
4. 中公教育教师资格考试研究院.教育知识与能力·中学[M].北京:世界图书出版公司,2012.

第二章　教育与发展

【学习目标】
1. 理解并掌握教育与生产力、教育与社会政治经济制度、教育与文化之间的关系。
2. 理解并掌握教育与人身心发展的关系。
3. 理解并掌握影响人发展的因素。
4. 理解并掌握人身心发展的规律。

【知识导航】

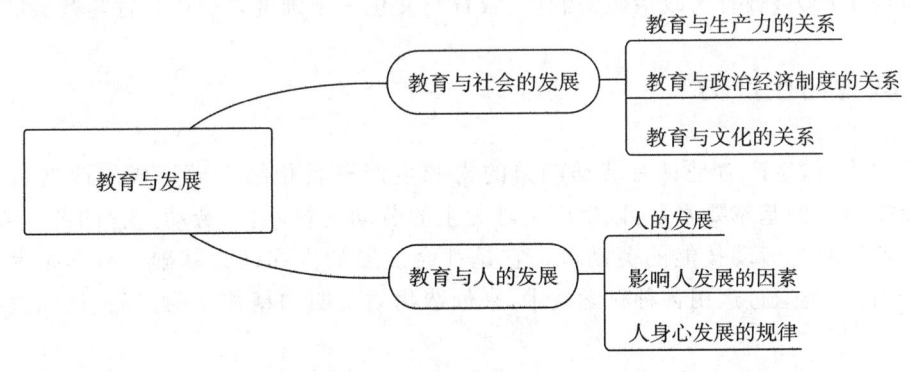

【引子】

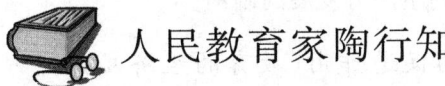

人民教育家陶行知

陶行知先生是一位坚强的民主战士,同时也是一位人民教育家。他经常用对联宣传改革教育的思想主张。1927年,陶行知先生为了推行"改革全国乡村教育"的主张,创办了晓庄师范。3月15日举行开学典礼那天,他为典礼会场撰写了一副对联:和牛马羊鸡犬豕做朋友,对稻粱菽麦稷棉下功夫。这副对联,表达了他一贯主张的"生活即教育""社会即学校"的教育改革宗旨。他不但这样主张,而且身体力行,脱下长袍马褂,穿上布衣草鞋,和师生一起开荒生产,挑粪种地,睡地铺,住牛栏。在此期间,他还写了两副对联:从野人生活出发,向极乐世界进军。这副对联,通过形象的比喻,反映了他将求实精神与远大目标结合起来的教学思想。另一副是他挂在自己办公室的对联:捧着一颗心来,不带半根草去。字里行间,都闪耀着一位人民教育家为了人民的教育事业不谋私利、鞠躬尽瘁的高尚精神的光辉。为了丰富农民的业余学习生活,陶行知先生还在南京某农村办了一个中心茶园,让农民一边喝茶,一边听书、讲时事、放留声机等。他还特地为茶园撰写了三副对联:为农民教育之枢纽,是乡村社会的中心。多谢你来帮助,少了我也不行。嘻嘻哈哈喝茶,叽叽咕咕谈心。

教育有两大基本功能:一是促进人的发展,二是通过培养人促进社会发展。作为一个有担当的教育家,陶行知不仅看到了当时教育存在的问题,而且身体力行地推动教育改革。面对当时教育脱离生产、远离生活,陶行知先生举起了教育改革的大旗,创办晓庄师范,将教育与生产和生活结合起来,打破教育与社会隔离的藩篱,起到了教育服务社会的功能,推动了社会的进步和发展。

第一节　教育与社会发展

教育是培养人的社会活动,是整个社会系统当中的一个重要组成部分,弄清教育与社会的关系,对于我们正确理解教育、树立正确的教育观,具有十分重要的意义。下面我们分别从教育与生产力、教育与政治经济制度、教育与文化三个维度来探讨教育与社会的关系。

一、教育与生产力

从本原上看,生产力是具有劳动能力的人和生产资料相结合而形成的改造自然的能力。构成生产力的基本要素是:以生产工具为主的劳动资料,引入劳动过程的劳动对象,具有一定生产经验与劳动技能的劳动者。它是社会发展的内在动力基础。科学技术也是重要的生产力,人类通过运用各种科学技术,来创造物质文明和精神文明产品,从而改善人类生活。

自教育诞生之日起,教育与生产力就有密切的关系,它们互相依存,相互促进,教育对生产力既有推动作用,又受到生产力发展的制约。

(一)教育对生产力的促进作用(教育的经济功能)

农业经济时代,教育的经济功能并不明显;工业经济时代,教育的经济功能开始显现,资本家愿意投资教育,因为通过投资教育可提高劳动者素质,从而提高社会生产效率;到了知识经济时代,教育的经济功能更加突出,社会经济的发展已从依靠物质、资金的"物力资本"增长模式转化为依靠"人力资本"增长的模式。

1. 教育使潜在的劳动力转变为现实的劳动力,促进经济发展

劳动力是指具有劳动能力的人口,是附在劳动者身上的劳动能力。人作为劳动力最初只具有体力和简单的生产经验,但随着科技发展及其在生产中的运用,这只能看作是潜在的、可能的劳动力。在现代生产中,潜在的劳动力要变为真正生产中起作用的现实劳动力,就需要教育给予其知识、技能,发展其能力。

在现代生产中，先进的生产工具和技术需要高素质、懂科学、技术熟练的劳动者；大生产复杂的流水作业、生产效率的提高需要懂管理的高素质的管理人员来实现；技术的改进、科技的创新、新产品的研制需要高水平的科研人员。因此，现代生产无论是对直接的劳动者，还是管理人员和科研人员，都提出了更高的要求。而他们素质的提高、管理水平和科技创新能力的提高，都需要教育来完成。

各级各类学校在促进劳动力转换中具有不同的作用。中小学教育作为基础教育，虽不能直接培养专门的劳动力，但它为提高劳动者的素质奠定了良好的基础。职业教育和高等教育旨在培养某一方面的专门人才，成为社会生产的直接劳动力。继续教育和岗位培训对提高劳动者的技术熟练程度、提高生产效率、提高技术改进能力和管理能力具有重大意义。教育既能把可能的劳动力转变成现实的劳动力，也能使一个简单的劳动力转变为复杂的劳动力。苏联经济学家研究表明：一个熟练工人接受一年的科技文化教育，比工人在工厂工作一年平均能提高工作效率1.6倍。[①]

2. 教育生产科学知识与技术，促进经济发展

邓小平同志说："科学技术是第一生产力。"这句话道出了现代社会科学技术在发展生产力中的重要作用。随着机器化生产的出现，科技在生产中运用得越来越广泛，可以说"谁掌握了先进的科学技术，谁就掌握了经济的命脉"。如果说科学技术是经济的命脉，那么教育就是生产科学技术的工作母机，是生产科学技术的重要手段与途径。

教育生产科学技术主要通过三种途径进行。第一，教育传播科学文化知识和技术，实现科学文化知识和技术的再生产。首先，教育把人类所积累的科学文化知识和技术进行简约化、典型化的加工改造，成为教育内容，通过教师的传播，使之为少数人所掌握的科学知识和技术在较短时间内为更多的人所掌握，从而实现科学知识和技术的高效率的再生产；其次，科学知识和技术是人类在长期改造自然和改造社会中逐步形成的，在这个过程中，教育通过对科学知识和技术的传承，实现科学知识和技术的再生产。第二，教育生产新的科学文化知识和技术。教育在传承科学知识和技术的同时，还会随着时代的发展，不断创新知识和技术。高等学校拥有一批专家、教授、年轻的学者、大学生和研究生资源，他们都是从事科学研究和技术创新的重要力量，因此，高等学校不仅是传授知识、培养人才的地方，而且是从事科学研究、开展技术创新的场所。事实证明，许多新知识、新技术都来源于高校。一些著名高校成功开创了"教学、科研、生产"一体化的道路，及时把科研成果投入生产当中，转化为生产力，推动经济快速发展。美国的"硅谷"、日本的"筑波"、中国的"中关村"都是成功的典范。第三，教育培养创新型人才，促进经济的发展。传授知识与技术，培养人才，是教育的根本使命。知识经济时代，创新成了推动经济发展的主要引擎，因此，世界各国纷纷进行教育改革，把培养学生的创新意识、创新思维、创新能力、创新精神作为学校教育的首要任务，同时，把培养创新型人才作为学校教育的重要使命。

3. 教育能产生经济效益，是经济发展新的增长点

由于教育投资的周期长，见效慢，所以在人们的传统观念里，往往把教育当成一种消费。但随着科技的发展及其在生产中的广泛运用，人们开始意识到教育的投资价值。20世纪70年代以后，世界各国都很重视教育的发展，大力增加教育投资，许多国家出现了教育投

---

① 全国十二所重点师范大学联合编写.教育学基础[M].北京：教育科学出版社，2002：51.

资的增长速度超过了国民经济的增长速度,即"教育先行"的现象。

教育经济学的研究表明,国民教育程度提高所产生的价值会提高国民收入的比率。美国经济学家、人力资本的提出者舒尔茨(Theodore W. Schultz,1902—1998)的研究表明,教育水平的提高对国民经济增长的贡献率为33%。美国另一位经济学家丹尼森(E. F. Denison)推算教育对经济增长的贡献率为35%。我国学者对1993—2004年我国教育在经济增长中的贡献也进行了分类推算,结果表明:小学、初中、普通高中、中职、高职、本科及以上教育对经济增长的贡献率分别为0.15%、0.643%、0.45%、1.859%、4.03%、1.922%。① 这种推算是否可靠,暂且不论,但有一点很明确,现代教育与经济发展呈正相关,说明教育发展对经济增长具有明显的推动作用,教育已成为经济发展新的增长点。

(二)生产力对教育的制约作用

教育的发展一定会受到经济因素的制约,这种制约主要是通过经济中最活跃的因素——生产力来实现的。生产力是社会发展的最核心要素和根本动力,它直接影响着社会各方面的发展,教育也不例外。

1. 生产力发展水平制约着教育发展的规模和速度

教育事业的发展必须有经济发展作为物质基础。学校教育的产生必须有足够的剩余产品作为条件,同理,学校教育发展的规模和速度也需要以经济的发展为基础。因此,一个国家的经济发展水平与该国的文盲率、入学率、义务教育年限、高等教育发展水平相关。

另外,社会生产对劳动者素质的要求也影响着教育发展的规模和速度。古代社会,由于生产力水平低下,对生产者要求也很低,因此,受教育只是少数人的特权,劳动者被排除在教育之外,没有受教育的权力;第一次工业革命,要求生产者具备小学文化水平,所以提出了普及初等教育的口号;第二次工业革命,对生产者提出了具备初中文化水平的要求,所以提出了普及初级中等教育的口号;第三次工业革命,对生产者提出了具备高中文化水平的要求,所以提出了普及高级中等教育的口号;第四次工业革命,要求生产者不仅具有高中以上文化水平,而且要具备创新能力和实践能力,所以,不仅出现了高等教育大众化,而且各国开展了各种形式的教育改革,提升教育质量。

2. 生产力发展水平制约着教育结构的变化和人才培养规格

教育结构是构成教育总体系的各部分的比例关系及其结合形式,一般是指学校教育结构。它有纵向结构和横向结构之分,纵向结构如小学、中学、大学、专科、本科、研究生之分等;横向结构如职业学校与普通学校之分及其比例等。人才培养规格是学校对培养出的人才质量标准的规定,是指受教育者应达到的综合素质。

生产力发展水平直接影响着社会产业结构的发展,产业结构的变化又会引起社会对人才素质和人才结构的新需求,这种新需求直接导致了各级各类学校人才培养规格和学校结构的变化。不同时代,生产力对学校教育结构以及人才培养的要求有很大不同,生产力水平越高的时代,对学校人才培养的科技水平的要求就越高,教育结构也越复杂。相反,生产力水平低的时代,对学校人才科技水平的要求就低,甚至没有要求;教育结构也很简单,几乎是单一的学校类型。

---

① 杭永宝.中国教育对经济增长的贡献率分类推算及相关分析[J].教育研究,2007(2):41.

3. 生产力发展水平制约着教育内容、方法、手段和组织形式的变革

生产力的发展推动着科学技术的进步和发展,科技的迅速发展不断加速知识和技术的增长与更新,这必然促进教育内容的更新,推动教学方法、手段和教学组织形式的变革。一般而言,在生产力水平较低的农业社会,教育内容以社会性知识为主,而在机器化生产的工业社会,教育内容则以科技知识为主,并且随着科技的发展,信息化社会的出现,知识信息与创新能力已成为经济发展的主要动力。科技发展与知识更新,改变的不只是教育内容,还有教学方法、手段和教学组织形式。今天,新的教学设备、教学实验仪器广泛运用于教学,以多媒体为主要手段的教学正在逐步改变学校的教学方式与组织形式。

因此,生产力发展水平对教育发展的制约,表现在生产力发展水平影响着人们对教育内容的组织与选择,同时也影响着人们对教育方法、手段和教学组织的运用。

4. 教育相对独立于生产力发展水平

尽管生产力对教育有制约作用,然而从教育发展史上看,教育与生产力的发展并非完全同步,表现为落后于或超越于生产力的发展。但教育相对独立于生产力发展水平,并不是说教育的发展可以脱离生产力发展水平,因为教育的发展归根结底要受生产力发展水平以及政治经济制度的制约。

二、教育与社会政治经济制度

(一)教育对政治经济制度的影响作用(教育的政治功能)

教育由一定的政治经济制度决定,教育对它们也有积极的能动作用。主要表现在以下几个方面。

1. 教育为政治经济制度培养所需的人才

教育的政治功能主要是通过培养人来实现的,即培养社会政治精英和普通社会公民。虽然他们在政治上地位不同,但他们都是一定政治经济制度所需要的人。社会政治精英通过控制政治权力来确立与之相呼应的政治模式,推广代表其政治立场的政治纲领,在政治上具有独特的影响力。普通社会公民则通过教育灌输一定的社会意识形态、法律规章制度来认可当时政治经济制度的合理性,成为合法的公民或制度的顺民,从而达到社会稳定。

2. 教育通过思想传播、制造舆论为统治者服务

学校是宣传、灌输、传播一定社会思想、政治、哲学、道德、伦理等的地方。作为统治者,一定会利用学校教育这个阵地,把他们的思想、政治、哲学、伦理、道德等灌输给年轻的一代,让学生接受并相信这些思想,从而维护社会的合法性和稳定性。

学校也是营造社会舆论的场所。学校是知识分子集中的地方,他们有知识、有见解,思想敏锐,通过教学、发表论文、撰写专著等来宣传一定社会的思想、道德、哲学等,来制造一定的社会舆论,影响普通民众,从而为一定的政治经济制度服务。

3. 教育可以促进民主

只有具有民主意识的公民,才能建立民主的社会和民主的政体,而教育的普及和国民受教育的程度会影响国民的民主意识,教育普及程度与国民受教育程度越高,国民的权利意识和民主意识就越强,也越能推动政治改革和进步。一个文盲充斥的社会,是不可能有真正的民主的。

教育可以通过传播科学真理、启迪人的思想意识、提高人的民主观念和政治素质,来推动人们参与政治的热情和能力,也可以通过提高领导阶层的文化素质来促进管理的科学化和民主化。

(二)政治经济制度对教育的制约

政治经济制度决定教育的性质,即政治经济制度决定着教育的思想政治方向和为谁服务的问题,但并非决定教育的一切。具体来说,主要体现在以下几个方面。

1. 政治经济制度决定教育的领导权

社会中占统治地位的阶级,总是通过对教育方针政策的颁布、教育目的的制定、教育经费的分配、教育内容特别是意识形态教育内容的规定、教师和教育行政人员的任命聘用等的管理,实现对教育领导权的控制。统治阶级对教育领导权的掌握主要表现在:第一,通过国家权力机构对教育实现控制或管理。政府、执政党从组织上对教育机构实行直接领导,统治阶级会通过国家机器,以各种不同的手段,颁布政策法令,制定教育的发展规划和发展战略,规定教育方针和路线,直接制定教育法律法规,决定教育者的培养和任用。第二,利用经济力量的控制来达到对教育的领导。国家权力机关通过教育经费的划拨和投放来实现对教育权的控制。第三,以思想宣传上的优势力量来影响或控制教育。统治阶级能够利用国家宣传机器,将其思想价值观传播于社会,并左右教育的发展方向。

2. 政治经济制度决定受教育权

在阶级社会中,统治阶级会利用自己手中对教育领导权的控制,来决定和影响受教育权在社会中的分配。统治者会利用种种方法和手段,决定谁有资格享受学校教育权,享受什么程度的教育;同时,也决定谁没有资格享受学校教育的权利。奴隶社会和封建社会,一般民众的子弟没有资格进官学享受教育,只有统治阶级子弟才有进官学读书的机会,而且在统治集团内部,不同政治地位阶级的子弟所享受的教育权也是不平等的,一般贵族子弟,只能享有初等教育的权利,五品官以上的贵族子弟才享有高等教育的权利。

3. 政治经济制度制约教育目的的性质和思想道德内容

教育的任务是培养人,教育要培养具有什么样政治方向、社会价值和思想品德的人以及实现某种教育目的所传授的政治理念、意识形态和伦理道德方面的教育内容,都要受到一定社会政治经济制度的制约。

原始社会的教育目的,主要是培养能从事社会生产、参与氏族活动、遵守氏族礼仪与生活规范以及英勇善战、保卫氏族生存的氏族成员。奴隶社会的教育主要把奴隶主子弟培养成维护奴隶制度、能征善战的接班人。封建社会教育则把封建地主阶级子弟培养成具有封建社会伦常道德、维护封建等级制的统治者,同时,对广大劳动者采取愚民政策。资本主义社会的教育,一方面,要培养具有自由、民主、博爱等资产阶级思想意识的接班人;另一方面,需要培养大量有知识、懂技术的熟练工人和顺民。社会主义的教育就是要培养又红又专、全面发展的社会主义建设者和接班人。

可见,学校教育所培养的人才,一定会反映一定社会政治经济制度的要求,这种要求主要通过制定教育目的,规定一定的思想政治教育内容来实现。任何一个政治集团,都会通过学校教育向学生灌输其政治理念、社会意识形态和社会伦理道德观念等内容,从而实现学校教育服务于一定政治经济制度的目的。

4. 教育相对独立于政治经济制度

尽管政治经济制度对教育有巨大的影响和制约作用,但并不是说学校教育可以忽视自身的办学规律,完全听从于政治经济制度的要求。教育是一种独立的社会存在,有其自身的运行规律,我们不能把政治经济的运行逻辑直接搬到学校教育中来,这样会丧失教育的独立性,使教育成为政治经济制度的附庸。比如,"文革"期间,学生停课"闹革命",他们放弃自己的学业,直接参与到政治斗争中来,给教育带来了巨大的破坏。改革开放后,有些人推出的教育市场化、商品化的行为,同样也给教育带来了损失。

三、教育与文化

文化是一个很宽泛的概念,教育可看成是文化的一部分,但作为一种独立的社会存在,它们对社会的发展都具有不可替代的重要作用,因此,任何模糊或抹杀它们之间关系的做法都是错误的。文化可影响教育目的、内容、方法和价值取向,教育对文化发展也具有十分重要的促进作用。

(一)教育的文化功能

1. 教育的文化传承功能

教育是传承文化最基本和最有效的方式。在文字出现以前,人类文化的传递、保存主要通过口耳相授的方式进行。文字发明以后,人类文化的传承出现了革命性的变化,文化可通过文字储存、整理和创造,并变得规范、系统和多元,此时的人类文化,只有通过学校教育才能够实现传承。进入现代社会以后,虽然出现了多媒体传播文化的手段,但无论是文化的普及,还是文化的继承与创新,都离不开学校教育的作用。离开了学校教育,任何文化都将走向衰落,甚至失传、消失。

2. 教育的文化选择功能

为了有效地传递文化,教育必须对文化进行选择,发挥其选择功能。文化选择,是教育的应有之意,没有文化选择,就无法产生真正的教育,学校教育更是如此。教育对文化的选择,一般存在吸收、继承和排斥、拒绝两种方式:对文化中有价值的精华进行吸收、继承,对文化中没有价值的糟粕进行排斥、拒绝。作为控制教育的统治者,在文化选择中,还要考虑自身统治的需要,去选择那些与统治思想一致的文化,而排斥那些与统治思想相背的文化。事实上,不同社会形态的主流文化,都会打上深深的阶级烙印。作为学校教育,文化的选择还要考虑学生的年龄特征及其发展的需要,选择那些基本的、系统的、科学的,并且符合真善美的文化内容作为学校课程,来培养年轻一代。教育的文化选择,不只是为了促进文化的发展和变迁,更主要的是为了提高人类文化的选择能力,从而用优秀的人类文化精华促进人类的进步与发展。

3. 教育的文化融合功能

文化具有地域性和封闭性,然而,随着科学技术的发展,社会政治、经济、文化的发展也从地域的封闭性走向了开放,特别是互联网时代的到来和经济全球化的出现,政治的相互影响和经济、文化的相互融合成为必然。

文化的融合，不是不同特质文化的简单相加，也不是一种文化对另一种文化的替代，而是要以某种文化为主，吸收其他文化的有益成分，引起原有文化的变化，从而形成一种新文化的过程。学校教育，特别是现代教育中出现的留学教育，对文化的交流与融合起到了十分重要的促进作用。学校教育中，通过引进外域不同文化的课程、最新学术成果与理论，来改造旧文化，创造新文化，形成不同文化的融合；留学教育中，通过留学人员、访问学者对当地文化的吸收及影响，实现不同文化的融合。现代教育促进了文化的交流与融合，推动了世界文化的发展以及民族文化的繁荣。

4. 教育的文化创造功能

没有文化的更新和创造，就没有文化的发展。教育不仅可以传承文化，而且还能创造文化，因此，教育，特别是学校教育，是文化传递、保存和发展的重要工具。

教育创造文化主要有以下途径：首先，教育在选择、传递、融合文化的过程中，取其精华，去其糟粕，实现古为今用，洋为中用，不断创造出适应时代需要的新文化。其次，教育直接生产新文化。教师在教育活动中，不仅要传授知识文化，而且还要通过课题研究，获得新的研究成果，创造新的文化。最后，教育通过培养创造性人才来创造新文化。学校教育为各行各业培养专门人才，他们在社会实践中创造新知识、新思想、新理论、新技术以及新方法，不断丰富着人类文化，推动文化向前发展。

（二）文化对教育的影响

1. 社会文化影响教育的价值取向

价值取向是文化的核心内容。社会文化所持有的价值观、态度、信念和舆论取向，往往会影响社会成员对教育的认识和态度，影响着社会对教育的重视程度、支持程度以及教育的投入，因此，文化对教育的价值取向既有积极影响，也有消极影响。我国传统文化的尊师重道、经世致用、知行合一、言行一致等价值观要传承，但传统文化中读书做官、墨守成规、轻视劳动、三从四德、尊天立命等思想要进行彻底的批判和剔除。

2. 社会文化影响教育目的的确立

教育目的首先是教育活动中人的价值选择，因此，教育目的的确立除了受诸如政治经济制度、生产力发展水平和儿童年龄特征等客观因素影响外，还受到社会文化当中的哲学思想、人格理想和人性假设等主观因素影响。柏拉图崇尚理性，因此培养理性成为其教育目的的核心；卢梭认为"出自造物主之手的东西，都是好的，而一旦到了人的手里，就全变坏了"[①]，所以卢梭把培养自然人作为他的教育目的；我国儒家学者倡导成仁取义的圣贤人格，因此，儒家学者把修身成贤、成圣作为教育的最高目的。

3. 社会文化影响教育内容的选择

由于文化具有地域性和封闭性，所以，不同地域、不同民族、不同国家就会有不同的文化。教育通过传承和创新文化来培养人，文化作为影响和培养人的重要因子，自然会影响教育内容的选择。

---

① 卢梭.爱弥儿：论教育[M].李平沤，译.北京：人民教育出版社，1985：1.

第二节 教育与人的发展

一、人的发展概念

在这里,人的发展是指人的个体的发展,即随着时间和年龄的递增而发生的个体的身心变化。个体发展是指个体从生命开始到死亡的一生中身心诸方面及其整体结构与特征所发生的一系列变化过程,其变化过程持续于人的一生。

人的发展包括生理发展、心理发展和社会性发展三个方面。生理发展是指机体的正常发育,体质的不断增强,神经、运动、生殖等系统的生理功能的逐步完善;心理发展包括人的认知能力诸如感觉、知觉、注意、记忆、思维、想象、语言等的发展和人的心理倾向或意向诸如需要、兴趣、爱好、情感、意志、性格、气质、能力等的发展;社会性发展是指从自然人向社会人的变化过程,包括社会经验和文化知识的掌握,社会关系和行为习惯的习得,使人不断社会化、提高社会性,发展成为具有社会意识、人生态度和社会实践能力的现实社会个体,能够适应并促进社会发展的人。人的三个方面的发展,既相互独立,又相互影响,相互制约,相辅相成,有机地促进人的德、智、体、美等方面的发展。

二、人的发展理论

(一)内发论(遗传决定论)

内发论者认为,遗传在人的发展中起决定作用,影响人的身心发展的力量主要源自人自身的内在需要,教育过程就是儿童自身主动发展的过程。内发论又称自然成熟论、预成论、遗传决定论。内发论的主要代表人物和观点如下:

早在春秋时期,孔子就认为人的聪明才智、愚劣是天生的,他提出了"唯上智与下愚不移"的论断。孟子主张"性善论",认为人的本性是善的,人性中本来就有恻隐、善恶、美丑、是非之善端,它们就是仁、义、礼、智四种品德的根源,所以孟子说:"仁义礼智,非由外铄我也,我固有之也。"

奥地利精神分析学派的创始人弗洛伊德(S.Freud,1856—1939)认为,人的性本能是最基本的自然本能,它是推动人发展的、无意识的、最根本的动因。美国当代生物社会学家威尔逊(E.O.Wirson,1929—)把"基因复制"看成是决定人的一切行为的本质力量,而美国心理学家格赛尔(A.Gesell,1880—1961)则强调成熟机制对人的发展的决定作用。格赛尔认为,人的发展顺序受基因决定,教育想通过外部训练抢在成熟的时间表前面形成某种能力是低效的,甚至是徒劳的,人的机体机能的发展顺序受生长规律制约,而且"所有其他能力,包括道德都受成长规律支配"。美国心理学家、教育家霍尔(G.S.Hall,1844—1924)认为

"一两的遗传胜过一吨教育"。[①]

内发论者以遗传决定论来否定生理发展与心理发展的区别,认为心理发展是先天因素成熟的结果,因而否定后天学习与努力的作用,是不利于学生发展的,需要我们高度警惕和批判。

(二)外铄论(环境决定论)

外铄论者认为,人的发展主要依靠外在的力量,诸如环境的刺激和要求、他人的影响和学校的教育等,外部力量决定人的发展状况。外铄论又称环境决定论、教育万能论或经验论。外铄论的主要代表人物和观点如下:

我国战国时期的儒家学者荀子认为人性本恶,人的善良行为是靠后天学习获得的。他说:"人之性恶,其善者伪也。"(《荀子·性恶》)伪者,人为也,指后天的努力和学习。荀子要求人们用礼、义、法度等去引导人的自然本性,从而达到"化性起伪"的目的,成就人的良好的品德。

英国17世纪著名哲学家洛克(John Locke,1632—1704)提出"白板论",他认为人生来如同一块洁净的、无任何痕迹的白板,上面没有知识、经验、观念、原则等,人们通过后天的努力与学习获得了这些知识、经验、观念、原则等。

美国20世纪行为主义心理学家华生(John B. Watson,1878—1958)认为,只要有合适的环境和训练,人可以被塑造成任何你想塑造的样子。他在《行为主义》一书中写道:"给我一打健康的婴儿,不管他们祖先的状况如何,我可以任意把他们培养成从领袖到小偷等各种类型的人。"斯金纳继承了华生的观点,认为人的行为乃至复杂的人格都可以通过外在的强化或惩罚手段加以塑造、改变、控制或矫正。

外铄论把人的身心发展看成是外界环境影响的结果,否认心理发展的内因作用,既不符合逻辑,也不符合事实,片面夸大了教育在人发展中的作用。

(三)多因素相互作用论

无论是内发论还是外铄论,都具有一定的片面性。19世纪末20世纪初,关于人的发展出现了多因素相互作用的理论。这种理论认为,人的发展既不是单由遗传决定,也不是单由环境决定,而是遗传和环境共同作用的结果,遗传和环境在人的发展过程中相互作用,相互交织,实现了人的身心发展。

辩证唯物主义认为,人的发展是个体的内在因素(如遗传素质、机体成熟机制)与外部环境(外在的刺激强度、社会发展水平、个体文化背景等)在个体活动中相互作用的结果。在人的发展过程中,人是能动的实践主体,个人的积极参与非常重要,如果没有个人的主动参与,就不会有个人的真正成长。在主客观条件相似的情况下,个体主观能动性发挥的程度,对人的发展有着决定性的意义。

综上所述,人的发展是多种因素综合作用的结果,是遗传因素、个体成熟、环境、学校教育以及个体主观能动性等相互作用的结果。

[①] 余文森,王晞.教育学[M].北京:北京大学出版社,2009:40.

三、影响人的发展的基本因素

人的发展受到多种因素的影响,这些因素包括遗传、环境、学校教育和个体主观能动性,其中学校教育是一种特殊的环境,它对个体的发展具有特殊的意义。

(一)遗传

遗传是与生俱来的生命机体以及解剖上的特点,如机体结构、形态、感官和神经系统及本能、天赋倾向等的特点,这些遗传的生理特点,也叫遗传素质。遗传为人的发展提供了物质基础和生理条件,遗传在人的发展中的作用表现在以下几个方面。

1. 遗传素质为人的发展提供了生理前提,使人的发展成为可能

遗传素质为个体发展提供了物质基础和生理前提,如果没有遗传素质提供的物质基础,就不会有个体相应的发展。一些天生有生理缺陷的人,其发展会受到很多的限制,如盲人不可能培养成为画家,聋人不可能培养成为音乐家,智障儿童不可能培养成为科学家,由于他们没有正常的遗传素质,自然就无法获得相应的发展。当然,遗传素质只是为人的发展提供了可能性,而不能决定人的发展。一个智力素质较好的儿童将来未必能成为科学家,一个有音乐天赋的儿童将来也未必能成为音乐家。一个人将来能否成才,除了受遗传素质影响外,还与他生活的环境、所受的教育和个人努力是分不开的,因此,有些人宣扬的"遗传决定论"是站不住脚的。

2. 遗传素质的成熟程度制约着人的发展过程及年龄特征

遗传素质本身有一个发展与成熟的过程,主要表现为人身体的各种器官的形态、结构及其机能的发展变化与成熟过程,遗传素质的成熟程度制约着身心发展的程度和特点,它为一定年龄阶段身心特点的出现提供了可能,制约着人的发展的年龄特征。例如,婴儿出现的"三翻、六坐、八爬叉"就反映了人的遗传素质的发展过程。如果让一个6个月大的婴儿学走路,不但是徒劳的,而且是有害的。同样,让小学生学高等数学,也是不可能成功的,只有当个体身心发展达到了一定水平,才具有学习一定知识与技能的条件和可能。

3. 遗传素质的差异性对人的发展有一定的影响

人的遗传素质是有差异的,这种差异不仅表现在体态、肤色、感官上,也表现在神经活动的类型上。比如,同是婴儿,有的比较安静,有的比较烦躁;对外界事物的反应,有的快,有的慢,有的敏感,有的迟钝。遗传素质的差异,对人的发展有很大的影响。一个有音乐天赋的人,比较容易培养成音乐家;一个有绘画天赋的人,比较容易培养成画家。同理,如果要把一个没有音乐天赋的人培养成音乐家,几乎是不太可能的;要把一个没有绘画天赋的人培养成画家,也是很困难的。因此,教育如何发挥个人的优势、特长,有针对性地进行培养,一直是教育者努力的方向。

4. 遗传素质具有可塑性

随着环境、教育和个体实践活动的影响,人的遗传素质会逐渐发生变化,这说明人的遗传素质具有可塑性。就遗传基因来说,它决定了个体在生理上的、结构上的甚至行为上的潜在性能,但并非所有的潜在性能都必定在那个正在发育着的个体身上获得实现。人的生活经验证明,人们由于长期进行某些方面的训练,可以使脑的某一方面的反应能力提高。

人的遗传素质的发展,也会因人的生活条件的不同,或提前或推迟。所有这些,都说明了遗传素质具有可塑性。①

(二)环境

环境是指人生活其中并对人的发展产生影响的外在世界,从性质上说,环境分为自然环境和社会环境,自然环境是环绕人们周围的各种自然因素的总和,如大气、水、植物、动物、岩石矿物、太阳辐射等,自然环境是人与生物赖以生存的物质基础。社会环境是指我们所处的政治环境、经济环境、法制环境、科技环境、文化环境等宏观因素的总和,社会环境对人的形成和发展起着重要作用。"狼孩""熊孩"的例子说明,人脱离了社会环境就无法成为一个正常人。墨子提出的"染于苍则苍,染于黄则黄";荀子提出"蓬生麻中,不扶而直;白沙在涅,与之俱黑";孟母三迁的故事,无不说明环境在人的发展中的重要性。具体来说,环境对人发展的影响有以下几个方面。

1. 环境为人的发展提供了可能性

环境是个体发展的资源,人们在环境中,通过对环境资源的占有、利用和吸收,实现自己的发展。人总是在一定的环境中成长起来的,人们在不同的环境里获得了不同的生活经验和知识,形成各种不同的思想意识和行为习惯。在不同的历史时期、不同地域、不同民族、不同社会阶级与阶层中生活的人,他们的思想意识、道德品质、知识才能和行为习惯都有明显的差别,每个人的思想、品行、才能与习惯无不打上历史、地域、民族文化和社会阶级与阶层的烙印,因此,环境为人的发展提供了可能性,脱离了环境,人的发展就成了无源之水、无本之木。即使是一个智商很高的人,如果生活在一个环境闭塞、条件艰苦、教育水平低下的环境中,也很难成为优秀的人才。所以,遗传为人的发展提供了可能性,如果没有环境的影响,这种可能性也无法转化成现实。

2. 环境从总体上制约着人的发展状态

环境作为影响人的外部条件,既为人的发展提供了可能,也制约着人的发展状态。好的环境,有利于人的发展;恶劣的环境,则限制人的发展。不同的生产力发展水平决定着人的发展程度和范围,不同的社会关系,影响着人的发展方向和性质,不同的社会意识形态,影响着人身心发展的内容。

3. 环境对人的发展有不同的作用方式

环境在人的发展过程中起多大作用,起什么性质的作用,在很大程度上取决于个体对环境的态度及其与环境的互动状况。有的人对某种环境抱有消极的态度,因而不能很好地利用这种环境,环境可能会成为他发展的障碍和阻力;有的人对某种环境抱有积极的态度,这种环境会引起他极大的兴趣,环境可能会被他了解和利用,即使遇到困难,也会想尽办法去克服,因而这种环境能激发和促进他的发展和进步。因此,环境对不同的人会产生不同的效果,有的人在逆境中奋起直追,有的人在逆境中消沉;有的人在顺境中顺风顺水,有的人在顺境中虚度光阴。同样的环境对有的人是障碍与限制,对有的人则是发展的挑战和希望。因此,忽视人的主观能动性的"环境决定论"是错误的。

---

① 中公教育教师资格考试研究院.教育知识与能力·中学[M].北京:世界图书出版公司,2012:43.

（三）学校教育

教育，尤其是学校教育，在人的发展中起着主导作用。教育在人发展中的作用曾得到许多思想家、教育家的充分肯定。如荀子说："干越夷貉之子，生而同声，长而异俗，教使之然也。"① 法国思想家卢梭说："植物的形成由于栽培，人的形成由于教育。"② 德国哲学家康德说："人只有通过教育才能成为一个人，人是教育的产物。"③ 英国哲学家洛克说："我敢说我们日常所见的人中，他们之所以或好或坏，或有用或无用，十之八九都是他们的教育所决定的，人类之所以千差万别，便是由于教育之故。"④

1. 学校教育在人的发展中起主导作用的原因

第一，教育是有目的、有计划、有组织地培养人的活动，它规定着人的发展方向。

学校教育是根据一定社会政治经济制度的要求，选择一定的内容，有目的、有计划、有组织地进行培养人的活动，有着十分明确的方向性。

第二，学校教育是由受过专门训练的教师来进行的，相对其他教育而言效果更好。

教师是经过多年专业培养和训练的专业人员，他们不仅有扎实的学科知识，而且懂得教育科学知识、学科教学知识，他们能够运用自己的专业素养更有效地去培养年轻的一代。

第三，学校教育能有效控制和协调影响学生发展的各种因素。

学校教育按照一定社会要求来培养年轻一代，因此，它能够排除和控制一些不良因素的影响，给年轻一代以更多正面的教育，从而把他们培养成社会发展需要的合格人才。

第四，学校教育给人的影响比较全面、系统和深刻。

学校教育是根据一定社会要求和受教育者身心发展的需要，选择一定的内容，采取有效的方法，利用集中的时间，有目的、有计划、有组织、有系统地进行各学科知识的教育，并形成一定的世界观和道德品质，对人的影响全面、系统和深刻。影响人发展的其他因素是自发的、偶然的、碎片化的，是无法与学校教育相比的。

2. 学校教育在人的发展中起主导作用的体现

第一，学校教育根据社会要求引导个体发展方向。

没有接受过学校教育的人，其发展是自然的，但也是盲目的、偶然的和零碎的。学校教育是按照社会发展的要求有目的、有计划、有组织、有系统开展的活动。因此，学校教育不仅可改变人发展的盲目性、偶然性、零碎性，而且对人的发展做出社会性规范，培养社会所需要的人。

第二，学校教育可以加快个体发展的速度。

没有接受过学校教育的人，其发展是自然、自发的，是一个自然成熟的过程。教育的作用就在于改变人的发展方式，让人从自在的发展转变成自觉的发展，以一种科学有效的方式，提升人的发展速度，使人更好、更快地成长。

第三，学校教育，尤其是基础教育，对个体发展的影响具有及时和延时的价值。

---

① 干越，今江苏、浙江一带；夷貉，当时居住在东北和北方的少数民族。
② 张焕庭.西方资产阶级教育论著选[M].北京：人民教育出版社，1979：95.
③ 阿尔森·古留加.康德传[M].贾泽林，等译.北京：商务印书馆，1981：86.
④ 洛克.教育漫话[M].北京：人民教育出版社，1979：4.

学校教育内容，大部分具有普遍性和基础性，即使是大专院校的教育内容，也属于该领域普遍和基础的内容，因而为人今后的发展和学习奠定了坚实的基础。另外，学校教育也提升了人的需求水平和自我教育能力，对人的长远发展来说，具有更加重要的意义。

第四，学校教育具有开发个体特殊才能和发展个性的功能。

人生而不同，每个人都有其独特的个性，都作为无可替代的独立个体而存在。学校教育虽采取班级授课形式，但它可依据不同个体的兴趣、特长和发展需求，有针对性地提供适合每个人的教育，发展其个性特长，促进人的个性化发展。

3. 学校教育在人的发展中起主导作用的条件

学校教育如果要在人的发展中起主导作用，首先，教育过程中要遵循人的身心发展规律。人的身心发展是有规律的，教育作为以促进人身心发展为直接目的的活动，必须遵循人身心发展的规律，才能促进人的发展，否则，则会损害人的发展；其次，要处理内因和外因的关系，教育过程中要发挥学生学习的主体性，充分调动学生学习的积极性；最后，要处理好教育与遗传素质、环境、个体主观能动性的关系，发挥各项因素在人发展中的作用，使教育效果达到最大化。

（四）个体主观能动性

主观能动性也称"自觉能动性"，是指人的主观意识和实践活动对客观世界的反作用或能动作用。主观能动性是人发展的内在动力，对人的发展起决定作用。在同样的环境和教育条件下，人发展的特点和成就主要取决于他自身的态度，取决于他自己的意向，自觉地、有目的地开展自我控制和自我调节的活动，取决于他在学习、工作和科研活动中付出的精力。因此，只有唤醒人发展的自觉性，人的发展才会有真正的动力。

四、人的发展的规律

人身心发展的规律主要表现为人的发展的顺序性、阶段性、不平衡性、个别差异性、互补性和整体性。这些规律具有重要的教育学价值，是我们在教育活动中必须遵循的规律。

（一）顺序性

人的发展在整体上具有一定的顺序性，身心发展的过程和特点的出现也具有一定的顺序，既不能逾越，也不能逆向发展。人的身心发展是一个由低级到高级、由量变到质变的连续不断的发展过程。比如：人的身体的发展遵循从上到下、从中间到四肢、从骨骼到肌肉的顺序发展；心理一般也是按从机械记忆到意义记忆，从形象思维到抽象思维，从喜、怒、哀、乐等简单情感到理智感、道德感、美感等复杂情感的顺序发展。

我们在教育过程中，要遵循由具体到抽象、由浅入深、由简到繁、由低级向高级的顺序，循序渐进地进行，不能"拔苗助长"，"陵节而施"。

（二）阶段性

身心发展的阶段性是指个体在不同的年龄阶段会表现出身心发展的总体特征及主要矛盾，面临着不同的发展任务。综合来看，人生发展阶段可大致分为婴儿期（0～1岁）、幼儿期(1~4岁)、童年期(5~11岁)、少年期(12~18岁)、青年期(19~35岁)、中年期(36~59岁)、老年期(60岁以后)。个体身心发展的阶段性主要表现为前后相邻的阶段会有规律地更替。在一段时期内,发展主要表现为数量的变化,经过一段时间,发生由量变到质变,从而使发展水平达到一个新的阶段。因此,无论在生理上、心理上,还是行为方式上,每个阶段都有很大的差异。比如,童年期学生的思维特点具有较大的具体性和形象性,抽象思维能力还比较弱,对抽象的道理不易理解;少年期的学生,抽象思维已经有了很大的发展,但经常需要具体的感性经验支持。再如,根据少年期儿童的总体性阶段特征,心理学家把少年期称为"心理断乳期"或"危险期"。青少年身心发展的不同阶段之间是相互关联的,上一阶段影响着下一阶段的发展方向,所以,对人的发展来说,人生的每一阶段不仅具有阶段性意义,而且具有人生的全程性意义。

人生发展的阶段性要求教育要有针对性,不能搞"一刀切"、"一锅煮",把儿童和青少年教育"成人化"。在教育过程中,我们要从教育对象的实际出发,针对不同的年龄,提出不同的具体教育任务,采用不同的教育内容和方法。

(三)不平衡性

人的发展并不是匀速向前的,在不同阶段,同一方面或不同方面的发展速度是不均衡的。首先,人的身心同一方面的发展速度,在不同的年龄阶段的变化是不平衡的。例如,青少年的身高、体重有两个生长高峰,第一个高峰出现在出生后的第一年,第二个高峰则在青春发育期。又如,人的大脑发展最迅速的时期是出生后的第五个月到第十个月之间,其后,脑的发展又经历了两个显著的加速期,一个是在五六岁之间,另一个是在十三四岁之间。其次,人身心不同方面的发展速度是不平衡的。有的方面在较早的年龄阶段就已达到较高的发展水平,有的则在较晚的年龄阶段才能达到成熟的水平。比如,就生理发展而言,神经系统、淋巴系统要先于生殖系统成熟;就心理发展而言,感知成熟在前,思维成熟在后,情感成熟在最后。生理成熟以性机能的成熟为标志,心理成熟则以独立思考的能力、较稳定的自我意识和个性的形成为标志,一般情况下,生理成熟早于心理成熟。男孩20岁左右、女孩18岁左右生理发展基本成熟,但心理成熟往往会晚一些,有的人甚至40多岁了,心理还没有真正成熟。

针对身心不同方面发展存在不同发展期的现象,心理学家提出了发展关键期或最佳期的概念。所谓"关键期"是指身体或心理的某方面的机能和能力最适宜形成的时期,这是一个比较短暂的时期,在此期间,个体对某种刺激特别敏感,过了这一时期,同样的刺激则影响很小或没有影响。在关键期内施加教育影响,可以起到事半功倍的效果;如错过了关键期,训练的效果就会降低,甚至永远无法补偿。

身心发展的不平衡性,要求我们在教育过程中要抓住儿童身心发展的关键期,以期在最短的时间内取得最好的教育效果。许多心理学家、教育家都认为,在智力发展的关键期内,环境和教育对智力发展一年的影响,超过其他时期八年至十年的影响。

(四)个别差异性

个别差异性是指个体之间的身心发展以及个体身心发展的不同方面之间,存在着发展程度和速度的不同。

从群体的角度看，个别差异性表现为男女性别的差异，它不仅是自然性上的差异，还包括由性别带来的生理机能和社会地位、角色、交往群体的差异。

从个体的角度看，个别差异是指个体之间身心发展以及个体身心发展的不同方面之间，存在着发展程度和速度的不同。人的遗传素质、环境和教育以及自身的主观能动性不同，决定了人的身心发展存在着个别差异。比如，不同儿童同一方面发展速度和水平不同，如有的人"少年得志"，有的人"大器晚成"。不同儿童不同方面的发展存在差异。如有的儿童数学能力很强，但绘画却很差；有的儿童可能恰恰相反，等等。不同儿童具有不同的个性心理倾向，如同龄儿童具有不同的兴趣、爱好和性格等。

根据儿童的个别差异性规律，教育必须因材施教，充分发挥每个学生的潜能和积极因素，有的放矢地选择适宜、有效的教育途径和方法，使每个学生都能得到最大的发展。

（五）互补性

互补性反映个体身心发展各组成部分的相互关系。身心发展的互补性是对某方面生理功能缺失的人而言的，某一方面的机能受损甚至缺失，可以通过另一方面机能的超常发展得到补偿，正是身心发展的互补性，使得缺陷儿童的教育具有可能。如失明者通过听觉、触觉、嗅觉等方面的超常发展来弥补视力方面的缺陷。互补性也存在于心理机能与生理机能之间。人的精神力量、意志、情绪状态对整个机体能起到调节作用，帮助人战胜疾病和残缺，使人身心继续得到发展。相反，如果一个人的心理承受能力太差，缺乏自我调节能力和坚强的意志，那么，即使不是很严重的疾病或磨难也会把他击倒。

身心发展的互补性要求我们要帮生理或心理机能存在障碍、学业成绩落后的学生树立起坚定的信心，相信他们能够通过其他方面的补偿性发展达到与正常人一样或相似的水平；同时，我们还要善于发现他们的优势和特长，长善救失，激发他们自我发展的信心和积极性，通过他们自己的精神力量来促进他们身心的协调发展。

（六）整体性

人是整体的人，人的生理、心理和社会性等方面的发展是密切联系在一起的，并在人的发展过程中相互作用，使人的发展表现出明显的整体性。整体中任何一个方面的变化，都会引起其他方面乃至人的整体发生变化；相反，人的整体变化也必然影响各方面的变化。

人身心发展的整体性要求我们在教育过程中，要把学生看成是复杂的整体，促进学生在德、智、体、美等方面全面和谐发展，把他们培养成完整和完善的人。

 本章小结

1. 教育与社会的关系主要从教育与生产力的关系、教育与政治经济制度的关系、教育与文化的关系这三大关系来理解。教育对生产力既有推动作用，又受到生产力发展的制约；教育由一定的政治经济制度所决定，但教育对它也有积极的能动作用；文化可影响教育的目的、内容、方法和价值取向，但教育对文化发展也具有十分重要的促进作用。

2. 人的发展包括生理发展、心理发展和社会性发展三个方面。关于人的发展有内发论（遗传决定论）、外铄论（环境决定论）和多因素相互作用论三种观点。

3. 人的发展受到多种因素的影响,这些因素包括遗传、环境、学校教育和个体主观能动性,其中学校教育是一种特殊的环境,它对个体的发展具有特殊的意义。遗传为人的发展提供了物质基础和生理条件;环境对人的形成和发展起着重要作用;教育,尤其是学校教育,在人的发展中起着主导作用;主观能动性是人发展的内在动力,对人的发展起决定作用。

4. 人身心发展规律主要表现为人发展的顺序性、阶段性、不平衡性、个别差异性、互补性和整体性。

思考与练习

1. 教育有哪些经济功能、政治功能和文化功能?
2. 谈谈教育的社会经济、政治和文化制约。
3. 简述遗传、环境与教育在人发展中的作用。
4. 为什么教育对人的发展起主导作用?
5. 个体身心发展的规律有哪些?
6. 材料分析题

(1)学校究竟应该是一个怎样的地方?有人说"学校应该关怀个体生命","关怀生命是学校的神圣职责";有人说"学校应该为社会服务","学校是优秀公民的摇篮";还有人说"读书改变命运","没有学校就没有人的幸福生活"。

问题:请你站在教育者的立场上,对(学校)教育与社会发展、人的发展之间的关系发表自己的看法。

(2)宋朝王安石写过一篇《伤仲永》的短文,说金溪有一个叫方仲永的少年,五岁时就能作诗,但后来由于他父亲没有及时教育,他到十二三岁时写的诗就不如以前了,到二十岁左右,则"泯然众人矣"。

问题:用遗传、环境、教育在人的身心发展中的作用理论来分析导致此种情况的原因。

(3)尼克·胡哲天生没有四肢,从小很自卑和孤独,随着他的成长,在老师和父母的指导下,他有了很大成就。

问题:请结合材料分析影响人身心发展的主要因素及其作用。

【参考文献】

1. 全国十二所重点师范大学联合编写.教育学基础[M].北京:教育科学出版社,2002.
2. 余文森,王晞.教育学[M].北京:北京大学出版社,2009.
3. 中公教育教师资格考试研究院.教育知识与能力·中学[M].北京:世界图书出版公司,2012.
4. 王道俊,郭文安.教育学[M].北京:人民教育出版社,2016.
5. 李朝辉,姚玉香.教育学基础[M].北京:科学出版社,2018.
6. 卢晓中.新编教育学[M].北京:北京师范大学出版社,2014.
7. 冯建军.现代教育学基础[M].南京:南京大学出版社,2003.

第三章　教育目的

【学习目标】
1. 了解教育目的的含义和作用。
2. 掌握教育目的的理论；
3. 了解新中国成立后颁布的教育方针；
4. 熟悉国家当前的教育方针、教育目的及实现教育目的的要求；
5. 了解全面发展教育的组成部分（德育、智育、体育、美育、劳动技术教育）及其相互关系。

【知识导航】

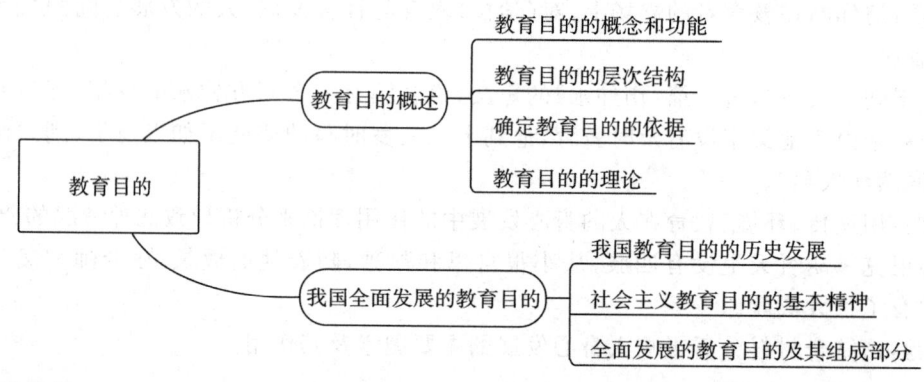

【引子】

 培养什么人是教育的首要问题

2018 年 9 月 10 日，习近平总书记在全国教育工作会议重要讲话中指出，培养什么人，是教育的首要问题。我国是中国共产党领导的社会主义国家，这就决定了教育必须把培养社会主义建设者和接班人作为根本任务，培养一代又一代拥护中国共产党领导和我国社会主义制度、立志为中国特色社会主义奋斗终生的有用人才。习近平总书记发表的重要讲话，全面阐释了培养德智体美劳全面发展的社会主义建设者和接班人的内涵、要求和举措。

第一节 教育目的概述

一、教育目的的概念和功能

人类的社会实践活动具有意识性、目的性。也就是说，人们开展社会生产和社会生活，是为了达到主体预设的状态和结果，从而实施特定的行为。所以，所谓目的，通常是指行为主体根据自身的需要，借助意识、观念的中介作用，预先设想的行为目标和结果。作为观念形态，目的反映了人对客观事物的实践关系。

（一）教育目的的概念

教育是培养人的社会活动，和其他社会实践活动一样，具有明确的目的性。同时，教育活动是培养人的特殊社会实践活动，其目的存在特定性。由于社会历史的不断发展，不同历史时期的教育活动主体不同，所处的社会条件也不一样，对教育的追求有所不同，这就使得对培养什么人的预期和设想不尽相同，导致不同社会和国家的教育目的存在差别，也就是对"培养什么样的人"有着不同的要求。因此，从根本上说，教育目的就是培养什么样的人的问题。所以，对于教育目的的概念，可以从两个层面进行理解，即把教育作为社会实践活动的目的性进行把握，而形成的广义教育目的；另一层面则是把教育作为特定社会和国家培养人的活动，形成的狭义教育目的。所以，广义的教育目的是指教育意欲达到的归宿所在和预期实现的结果，[①]即人们希望受教育者通过教育在身心诸方面发生什么样的变化，或者产生怎样的结果。狭义教育目的是指一定社会培养的人的总要求，[②]也就是一定社会（国家或地区）为所属各级各类教育的人才培养所确立的总体要求。教育目的是根据不同社会的政治、经济、文化、科学、技术发展的要求和受教育者身心发展的状况确定的。它反映了一定社会对受教育者的要求，是教育工作的出发点和最终目标，也是制定教育目标、确定教育内容、选择教育方法、评价教育效果的根本依据。

（二）教育目的的功能

教育目的是一切教育工作的出发点，它贯穿于教育活动的全过程，是教育的根本性问题（或者说是核心问题），教育目的的实现则是教育活动的归宿，对一切教育工作具有指导意义。教育目的在教育实践中具有导向、选择、激励和评价的功能。

1. 教育目的的导向功能

教育目的是一切教育活动的出发点，任何教育活动都要以教育目的为总的目标导向，以便把受教育者培养成一定社会和时代所需要的合格人才。所谓"教育无目的"是根本不

[①] 全国十二所重点师范大学联合编写.教育学基础[M].北京:教育科学出版社,2014:66.
[②] 辞海(教育学·心理学分册)[M].上海:上海辞书出版社,1987:1.

存在的。如果不以教育目的为导向，教育活动就有可能偏离正确方向，达不到应当追求的目标。古今中外，任何时代的教育，尤其官办的、公费的学校教育，都坚持以一定社会或阶级的教育目的指引所有教育活动，指引所有的受教育者的发展方向。教育目的的导向功能既通过教育者对教育目的的认同，并转化为实际的教育行为得到体现，又必须转化为受教育者自我追求的目标才能真正实现。人类的教育活动因学生个性差异的不同而始终是丰富多彩的，但又是在一定的规律支配下进行的。教育目的作为一个国家、阶级或政党人才利益的集中体现，它把通过教育投资欲获得的符合社会发展需要的人才浓缩在教育目的上。有了教育目的，就全方位地规范教育方方面面的活动都必须有利于教育目的的实现。

(1) 教育目的规范了人才培养目标和学校的教育方向。任何一个层次和类别的教育活动在开展之前、在进行之中都时时刻刻围绕教育目的去修正自己的培养目标。

(2) 教育目的规范了课程的设置和教学内容。课程是学校教育实践的实体，教学内容是课程的具体化和实践上的展开。学校开设什么课程，讲授什么内容，这是由学校的培养目标和教育目的决定的。

(3) 教育目的规范了教师的教学行为。教师要保质保量地完成社会赋予他们的使命，完成人才培养的重任，就必须按照教育目的开展各项教育活动。

(4) 教育目的规范了学校管理。学校管理是为教育教学活动服务的，实质则是为人才成长服务的。学校的科学管理是根据人才培养需要做好相应的服务工作。

2. 教育目的的选择功能

教育目的的选择功能集中体现在教育活动与教育内容的选择上。人类在长期的社会实践中积累的经验浩如烟海，各类社会文化繁杂多样。应该说，人类经验和社会文化是学校教育内容的重要源泉，是丰富学生知识结构、扩展个体经验的重要内容。但是，学校又是引导人们健康向上，促进人格完美的特殊场所，它要求教育的内容必须具有积极、进步、科学、健康、有益等方面的特点和价值，其衡量和取舍的依据就是教育目的。任何一个国家的学校和教师都会无一例外地根据教育目的的要求，决定哪些研究成果和社会文化可以作为教育内容，哪些则应受到批判和抵制。

3. 教育目的的激励功能

教育活动因为有可以达成的最终目标，最终目标就成为教育活动主体的一种激励力量。教育者因为有目标的存在，便可动用自己的智慧力量，发挥创造能力，设计活动的计划、组织、过程、方法、保证条件，在竞争心理的驱使下更好更快地达成目标。因而，人类的教育活动，目的越是明确，越是具体，达成的可能性就越大，就能更好地调动教育主体的积极性。所以，教育目的深刻地影响着教师的教育观和学生观，激励着教育工作者按照教育目的培养人才。

4. 教育目的的评价功能

教育目的既是一个国家人才培养的质量规格和标准，也是衡量教育质量和效益的重要依据。教育目的的评价功能集中体现在现代教育评估或教育督导行为中。具体而言，在对学校办学行为进行评价时，人们总是依据教育目的，评价学校的办学方向、办学思想、办学行为是否符合社会的发展方向和需要；依据教育目的，评价教育质量是否达到了教育目的的要求，是否达到了教育目的规定的规格和标准；依据教育目的，评价学校的管理是否科学有效，是否符合教育目的的要求，是否遵循了教育规律和人的身心发展规律，促进了学生的健康发展和成长。

二、教育目的的层次结构

教育目的是各级各类教育培养人的总的质量标准和总的规格要求,是各级各类学校工作遵循的总方针,但它不能代替各级各类学校对所培养的人的特殊要求。各级各类学校还有各自的具体工作方针,这便决定了教育目的的层次性。

教育目的的层次包括:(1)国家教育目的。国家教育目的是国家对培养人的总的要求,它规定着各级各类教育培养人的总的质量规格和标准要求。(2)学校培养目标。学校培养目标是教育目的的具体化,是结合教育目的、社会要求和受教育者的特点而制定的各级各类教育的培养要求。培养目标指各级各类学校、各专业的具体培养要求,它是在教育目的的指导下,根据各级各类学校、各专业所担负的任务和学生年龄、文化知识水平而提出来的。(3)教师的教学目标。教学目标是教育者在教育教学过程中,在完成某一阶段(如一节课、一个单元或一个学期)工作时,希望受教育者达到的要求或产生的预期变化。教学目标是预期教学结束时所达成的学习结果或终点行为,是教学活动的指导思想,实际上是课程目标的具体化或细化。教学目标是整个教学过程实施的依据,教学活动的全过程都是为了达成教学目标而进行的,教学内容、原则、程序、途径、方法、手段等的选择,都是以教学目标设定与达成情况为依据的。实施有效教学,前提是明确课堂教学目标。课堂教学目标通常是可观察、可明确界定、可测量、可评价、可操作的。

教育目的与培养目标之间是普遍与特殊的关系。教育目的是针对所有受教育者提出的,而培养目标是针对特定的教育对象提出的,各级各类学校的教育对象有各自不同的特点,制定培养目标需要考虑各自学校学生的特点。教学目标与教育目的、培养目标之间的关系是具体与抽象的关系。教育目的是最高层次的概念,它是培养各级各类人才的总的规定,各级各类学校的培养目标、教学目标都要依据教育目的制定。培养目标是指不同类型、不同层次的学校培养人的具体要求。教学目标是三者中最低层次的概念,更为具体,微观到每堂课甚至是每个知识内容,教育目的和学校的培养目标是制定教学目标的依据。

三、确立教育目的的依据

通过教育培养什么样的人,怎样为社会培养人,一直是古今中外开展教育活动的前提。教育作为培养人的社会活动,既能对社会和人产生多方面影响,又受多方面制约。在选择确立教育目的时,常常以下列方面作为依据。

(一)社会依据

教育产生于社会需要,与一定社会的现实及其发展有着密切联系,要更好地服务于社会,必须依据社会现实和发展需要来选择和确立教育目的。

从社会关系现实和发展的需要来看,社会关系是建立在物质资料生产基础上的各种关系的总和,是社会生产关系、政治关系、经济关系、文化关系、道德关系等各种关系的总称。在特定社会里,社会关系是否和谐、有序,关系到社会的稳定。因此,任何社会都十分注意社会关系问题,并建立相应的政治机构、组织制度和经济制度等对社会关系予以调控和管理。在社会发展中,社会生产方式的变革,总要带来社会关系结构及其制度的变革,适应新的社会关系结构及其制度,就会对培养人提出相应的要求。

从社会生产和科学技术发展的需要来看,人不仅是社会的成员(或阶级的成员),而且也是社会物质和精神财富的创造者。因而,培养什么样的人,不仅要反映社会关系和政治经济的要求,也受社会生产力和科学技术发展水平的制约。特别是现代社会,生产力发展及其产业结构的变化,科学技术的作用日益显著,已经成为制定教育目的不可忽视的重要因素。当今,知识经济和信息化已经成为社会的重要特征,社会生产、管理越来越走向科学化、知识化、信息化和智能化,对劳动者的质量规格提出了前所未有的要求,世界上很多国家都根据这种要求重新选择确立教育目的,以培养能够适应社会发展的人才。

(二)人的依据

教育目的含有对人的素质发展的要求,这种要求不仅要依据社会现实及其发展来确定,也要依据人的身心发展和需要来确定。

从人的身心发展特点来看,它是确定各级各类教育目的(或目标)不可忽视的重要依据。如果不考虑这一点,就会导致实际教育活动脱离学生的身心发展水平,难以有效地促进学生发展。因为,人的不同年龄阶段,其身心发展特点和水平有所不同。在把教育目的转化为各级各类教育的培养目标时,就必须以此为依据,这样才能使实际教育活动对学生的要求符合学生身心发展的特点和水平,具有针对性,而不至于过低或过高、过易或过难。我们知道,人的身心发展具有阶段性和顺序性、稳定性和可变性、不平衡性和差异性等特点,这是各级各类教育选择确立教育目的(或培养目标)时,应予很好地把握的。依据学生身心发展的特点,才能将各级各类教育目的(或培养目标)整合为循序渐进的、相互联系、相互衔接的培养目标,为不同教育阶段的实际教育活动提供指导,这样的目标不仅具有实际可行性,也能对学生身心发展起到强有力的推动作用。

从人的需要来说,人的发展需要是教育目的选择和确立的重要因素之一。人的发展具有各方面的需要,包括物质和精神的需要、现实和未来的需要、生存和发展的需要等。这些需要不只是产生于"自我生长"过程,也与个人在"生长"过程中对社会发展变化要求的意识密切相关。人对社会发展变化要求的认识,会使社会要求转化为自我发展的需要,使其围绕社会要求来设计、建构自我发展的素质。人的这种需要满足,常常包括对教育的要求,这是选择和确立教育目的(或目标)时必须予以考虑的。如果不考虑人的发展需要,就不能唤起受教育者在教育活动中的主动性和自觉性,就不能很好地培养和造就具有积极主动精神和富有创造性的社会主体。

事实上,任何社会的教育目的,对人所应具备素质的要求、所预期形成的素质结构,不仅体现着社会规定性,而且总是不同程度地体现对人的生理、心理、智慧才能、人格品行及生活能力、技能等方面理想化发展的追求。人是社会的主体,正视人的主体性需求,满足人的主体性需要的教育目的,才更有利于人的价值提升和人的本质力量增强,才能对培养人的实际教育赋予根本的活动宗旨。

四、教育目的理论

在教育活动中,人们从各自的利益和需求出发,选择不同的教育价值追求,确立不同的教育目的。因此,不同的教育目的主张,实质上是教育价值取向的体现。所谓教育价值取向,是指教育目的的提出者或从事教育活动的主体,依据自身的需要,对教育价值选择所持的一种倾向。在教育实践活动中,人们按照一定的教育价值取向,通过主体的能动作用,可以创造出具有特定价值模式的教育。人们期望教育发挥什么功效,希望受教育者向什么方向发展,即创建什么类型的教育和培养什么类型的人,无不受教育价值观的影响。在教育发展的历史过程中,有着许多的教育价值取向,形成了特定价值模式的教育目的主张。

(一)宗教本位论

宗教本位的教育目的论将教育为神学服务,以神压抑人道推到了极端的地步。在中世纪漫长的时间里,宗教本位占据西方教育的统治地位,并对近现代西方教育思想的发展产生了重要影响。所谓教育目的宗教本位论,就是主张使人在宗教的影响下,以皈依上帝为其生活理想,把人培养成虔诚的宗教人士。宗教本位论的重要代表人物是圣奥古斯丁、圣托马斯·阿奎那等。圣奥古斯丁是古罗马帝国时期天主教思想家,欧洲中世纪基督教神学、教父哲学的重要代表人物。奥古斯丁相信,只有神能恢复罪人自由意志的自由,就是更新及重生。唯有人的意志得到释放,人才会渴望与神结合。托马斯·阿奎纳生于意大利的洛卡塞卡堡,该城堡是阿奎那家庭的领地。阿奎纳年轻的时候就是巴黎大学的神学教授,是中世纪最有名的神学家和经院哲学家。他的《神学大全》被认为是神学和法律的权威。他被称为"神学界之王",认为天主神学美德的目标是天主本身,天主是所有事物的尽头,超越了人们的理性所能取得的知识。另一方面,智慧和道德的目标则可以为人类理性所理解,神学美德也因此与道德和智慧相当不同。

教育目的宗教本位论强调教育对人精神世界的作用,认为教育需要净化人们的心灵,使得人的灵魂与神结合,成为皈依神的子民。

(二)社会本位论

社会本位论主张教育目的应根据社会要求来确立。19世纪下半叶,社会学派主要代表人物有古希腊的柏拉图、法国的孔德、德国的那托尔卜、法国涂尔干、德国凯兴斯泰纳等。他们认为,个人的发展依赖于社会,受社会制约。真正的个人是不存在的,只有人类才存在;人之所以为人,只因他生活于人群之中,参与社会生活。人的身心发展的各个方面都靠社会提供营养,人的一切都从社会得来。教育的目的就是使个人社会化。个人不过是教育的原料,教育目的在于使个人适应社会生活,成为公民,为社会做贡献。教育过程就是把社会的价值观念或集体意识强加于个人,把儿童从不具有社会特征的人,改造成为具有社会所需要的个人品质的"社会的新人"。例如,古希腊哲学家柏拉图在其著作《理想国》中提出,一个完美的理想的国家必须由三部分人组成:哲学家、军人和劳动者,教育的目的就是培养和选拔这些人,使其各司其职。孔德认为,真正的个人是不存在的,只有人类才存在,因为不管从哪方面看,个人的一切发展,都有赖于社会。那笃尔普认为,个人是不存在的,人之所以为人,只是因为他生活在人群之中,并且参加社会生活。德国教育家凯兴斯泰纳的社会本位论比较极端,认为国家的教育只有一个目的,那就是造就公民。

社会本位论强调教育目的从社会出发,满足社会的需要,具有一定的合理性。但是过分强调人对社会的依赖,把教育的社会目的绝对化、唯一化,这种极端的主张完全割裂了人与社会的关系,极易造成对人本性的束缚和压抑。

(三)个人本位论

个人本位论主张教育目的应以个人价值为中心,应根据个人自身完善和发展的精神需要,制定教育目的和建构教育活动,具有强烈的人道主义特色。个人本位论的全盛时期出现在18、19世纪,突出人的本性需要和自由发展,反对神学等观点。个人本位论的价值取向主要反映在自然主义和人文主义的教育思想中,其主要的代表人物是法国思想家卢梭、英国的洛克、美国的罗杰斯、德国的福禄贝尔、捷克的夸美纽斯、瑞士的裴斯泰洛齐、德国的康德、美国的马斯洛和法国的萨特等。个人本位论的主要观点包括:(1)重视人的价值、个性的发展及其需要,把人的个性发展及需要的满足视为教育的价值所在;(2)认为教育目的的根本在于使人的本性、本能得到自然发展,使其需要得到满足;(3)主张应根据人的本性发展和自身完善这种"天然的需要"选择和确立教育目的,按照人的本性和发展需要来规定教育目的。例如,卢梭认为,人生下来是好的,可是进入光怪陆离的社会以后就变坏了。因此,儿童的教育要远离腐化的上层社会生活,远离充满罪恶的城市,主张把儿童带到乡村大自然的淳朴环境中,把他们从社会的不良影响下挽救出来,在教育中保护儿童善良的天性。裴斯泰洛齐认为,教育的目的就在于全面和谐地发展人的一切天赋力量和才能,使人的各项能力得到自然的进步与均衡的发展。永恒主义者赫钦斯说:"一个公民或一个国民的职能……在不同社会之间可能各不相同……但是作为人的职能,在每一个时代和每一个社会中都是一样的,教育制度的目的就是提高作为人的人。"马利坦说:"教育的主要目的,在最广泛的意义上就是'塑造人',或者更确切地说,帮助儿童成为充分成型和完善发展的人。其他目的如传递特定文明区域的文化遗产,为参与社会生活和成为优良的公民做好准备,以及履行整个社会的特定职能,完成家庭责任和谋生所需要的精神准备,乃是一些推论,它们是重要的,但属于第二位的目的。"

个人本位主义的教育目的论具有强烈的人道主义特色,强调人的本性需要,强调个人的自由发展,具有积极的意义。但是它在探讨过程中不免带有唯心主义色彩,在社会发展过程中也有明显的片面性。

(四)教育无目的论

教育无目的论是美国教育家杜威提出的观点。他主张教育即生长,教育即生活,教育本身除生长以外没有其他目的。认为教育就是人的天赋本能的一种自发的、自然生长的过程,与植物生长一样,不是为了一定目的而生长。反对家长和学校为儿童确定教育目的,认为强加给教育活动过程的目的是固定的、呆板的,不能在特定情境下激发智慧;它脱离生活实际,是遥远的,与用以达到目的的手段无关。认为教育不仅要使个人能维持生活,还应尽其所能为社会服务,把儿童培养成为美国社会的合格公民。杜威在《民主主义与教育》中指出:"教育的过程,在它自身以外没有目的,它就是它自己的目的。"杜威所否定的是教育的一般的、抽象的目的,强调的是教育过程内有的目的,即每一次教育活动的具体目的,并非主张教育完全无目的。在杜威看来,教育的外在、虚构的目的具有静止的性质,始终是一种固定的、欲达到和占有的东西。它存在于教育活动之外,使教师和学生所从事的活动变成了为获得某个东西而采取的不可避免的手段,活动失去了自身的意义,变得无关紧要。这种外部的目的观将手段和目的进行了分离,"和目的比较起来,活动只是不得不做的苦事"。相反,从活动内部产生的目的作为指导活动的计划,既是目的又是手段,其间的区别只是为了方便。"每一个手段在我们没有做到以前,都是暂时的目的。每一个目的一旦达到,就变成了进一步活动的手段。当它标示我们所从事的活动的未来方向时,我们称它为目的;当它标示活动的现在方向时,我们称它为手段。"在活动的内部目的里,手段和目的实现了有机统一,活动也相应地成为一件令人愉悦之事。

杜威在其"教育目的论"中,指出了教育的外在目的的缺陷,并阐释了其必然带来的危害。他说:"如果家长或教师提出他们'自己的'目的作为儿童生长的正当目标,这和农民不顾环境情况提出一个农事理想一样,是荒谬可笑的。"如果教师将这种外在的教育目的强加于儿童,其必然导致:一方面,教师由于受各种外在因素的支配,他的思想不能和学生的思想以及教材紧密相连,同时,他的智慧亦得不到自由运用;另一方面,学生常常会处于两种目的冲突之中,即符合他们当时自己经验的目的和别人要他们默认的目的,因而会感到无所适从。

杜威主张教育的内在目的而反对教育的外部目的,他的这一"教育目的论"具有理论和实践上的双重性。在反对教师给年幼儿童树立空洞而遥远的教育目的方面,杜威的"教育无目的论"是十分有益的。他对教育的外部目的的缺陷和其可能带来的危害的阐释,以及对良好教育目的特征的论述,丰富了教育目的的理论,为认识、制定教育目的提供了全新的视角和可资借鉴的依据。但是,杜威只讲过程,硬说教育没有目的,这不仅是一种理论错误,而且是一种理论遮掩。事实上,杜威的"教育无目的论"只是对脱离儿童而由成人决定教育目的的纠正,并非根本放弃教育目的。

总之,杜威的"教育无目的"论并非指教育过程中不存在任何目标,而是他用来反对教育的外部目的,借以提倡教育的内在目的的代名词。他对"教育目的"有关理论的阐释,虽然提供了一定程度的理论和实践指导,展现一个认识教育目的的新视角,但其理论论证的自相矛盾以及实践指导价值的缺乏,足以使人们对其理论的正确性和可行性产生怀疑。

第二节 我国全面发展的教育目的

一、我国教育目的的历史发展

中华民族在发展的历史长河中,历经了不同的社会阶段,因社会经济、政治、文化、科技等发展的需求不同,体现教育价值取向的教育目的不断变化发展,不同时期的教育目的不尽相同。特别是新中国成立以后,为适应社会主义事业发展的需要,党和国家适时确立和调整了教育目的。

(一)我国古代的教育目的

从教育发展角度看,我国的教育目的有着复杂的演变过程。自先秦以来,以孔子为代表的儒家教育思想是我国传统教育思想的主流。从反映社会要求上看,我国古代的教育目的就是培养统治阶级所需要的统治人才。孔子曾经说过:"学也,禄在其中矣。"孔子的学生子夏也说:"仕而优则学,学而优则仕。"在这种价值导向下,我国古代的教育内容主要是研读儒家经典,即所谓的"四书""五经"。从隋唐开始,历代封建统治者选择官吏都是通过科举考试选拔,并根据考试结果授予相应的官爵,进一步强化了"读书做官"的教育目的。自此以后的一千三百多年封建社会,科举考试一直是我国古代知识分子求得功名的最主要途径,以致产生了一些知识分子皓首穷经以求得功名的悲惨景象。从我国传统教育目的观对个人发展的影响来看,主要是培养个人良好的德行,养成儒家所追求的理想人格,通过修身养性,然后达到齐家、治国、平天下的目的。如孔子的教育目的就是培养所谓"君子""贤人",以便能够担当治理国家的重任。就个人的发展而言,儒家教育追求的最高理想就是"圣人"。不过,在孔子的心目中,圣人是很少有的,比较现实的目的是培养"君子"。君子是通过"文、行、忠、信"四教培养出来的具有伦理道德之人。他要求学生能够以"仁"为核心,以"礼"为形式;能够"入则孝,出则悌,谨而信,泛爱众,而亲仁。行有余力,则以学文";能够"志于道,据于德,依于仁,游于艺",做到了这些,就称得上是君子了。孟子继承并发展了孔子的教育目的观,但更注重普通人的道德水准的提高。孟子认为,教育的最高目的是"明人伦"。在孟子看来,"人伦"就是为人之道,主要包含五种伦理关系,即父子有亲、君臣有义、夫妇有别、长幼有序、朋友有信,亦称"五伦"。孟子认为,"孝"是一切伦理道德的基础,只有在"孝悌"的基础上才能形成人更高尚的品质,再经过进一步的锻炼,便能养成顶天立地的"大丈夫",即"富贵不能淫,贫贱不能移,威武不能屈,此之谓大丈夫"。我国古代的这种内则"修身",外则"治国"的教育目的价值取向,在儒家经典《大学》中表述得非常清楚。《大学》开篇即言:"大学之道,在明明德,在亲民,在止于至善。"如何才能达到至善?《大学》指出:格物、致知、诚意、正心、修身、齐家、治国而平天下,经过这样的修炼,一个人才能养成儒家所期望的"内圣外王"的理想人格。

由以上可见,我国古代教育目的的价值取向在不同的历史时期虽然有不同的表述,但其基本精神是一致的,那就是:通过教育塑造理想人格,并以个人的个人魅力和德行修养服务并服从于统治阶级的需要,成为统治阶级所需要的人。

(二)清末与民国时期的教育目的

近代史上由国家制定的教育目的,始于1904年的《奏定学堂章程》。它规定了"中体西用"的方针,中学以忠孝为本,以中国经史为基础;西学以西方近代科学知识和技能为主,以造就国家所需要的各种实用的通才为目的。1906年,当时的学部正式规定教育宗旨为"忠君、尊孔、尚公、尚武、尚实"。1912年,当时任教育总长的蔡元培在《新教育意见》一文中,主张教育应以军国民教育、实利主义教育、公民道德教育、世界观教育、美感教育五项为教育目的。同年9月,教育部公布了民国教育宗旨,即"注重道德教育,以实利教育、军国民教育辅之,更以美感教育完成其道德"。1936年,国民党政府公布了《中华民国宪法草案》,规定:

"中华民国之教育宗旨,在于发扬民族精神,培养国民道德,训练自治能力,增进生活智能,以造就健全国民。"1940年,在《新民主主义论》中,毛泽东又提出了建立自己的"民族的、科学的、人民大众的新文化和新教育"的新民主主义教育方针,这个方针一直沿用到新中国成立初期。

(三)新中国成立后教育目的的沿革

新中国成立以来,与政治、经济、文化等变化发展相适应,我国在不同时期提出了不同的教育目的。1949年12月,我国确定了全国教育工作的总方针,中华人民共和国的教育是新民主主义的教育,它的主要任务是提高人民文化水平,培养国家建设人才,肃清封建的、买办的、法西斯的思想,发展为人民服务的思想。这种新教育是民族的、科学的、大众的教育,其目的是为人民服务,首先为工农兵服务,为当前的革命斗争服务。

1957年,毛泽东在《关于正确处理人民内部矛盾的问题》中提出:"我们的教育方针,应该使受教育者在德育、智育、体育几方面都得到发展,成为有社会主义觉悟的、有文化的劳动者。"这一教育目的对我国教育事业的发展和人才培养起了非常大的指导作用,对以后的教育目的的演变也产生了很大影响。

1978年,我国的教育目的在第五届人大会议上通过的宪法中被表述为:"我国的教育方针是教育必须为无产阶级政治服务,教育必须同生产劳动相结合,使受教育者在德育、智育、体育几方面都得到发展,成为有社会主义觉悟的、有文化的劳动者。"

1981年,《关于建国以来党的若干历史问题的决议》对教育目的有新的表述:"坚持德智体全面发展、又红又专、知识分子和工人农民相结合、脑力劳动和体力劳动相结合的教育方针。"

1982年,第五届全国人民代表大会第五次会议通过的《中华人民共和国宪法》规定:"国家培养青年、少年、儿童在品德、智力、体质等方面全面发展。"

1985年,《中共中央关于教育体制改革的决定》提出:教育要为"90年代以至下世纪初叶我国经济和社会的发展,大规模地准备新的能够坚持社会主义方向的各级各类合格人才",并明确指出:"所有这些人才,都应该有理想、有道德、有文化、有纪律,热爱社会主义祖国和社会主义事业,具有为国家富强和人民富裕而艰苦奋斗的献身精神,都应该不断追求新知,具有实事求是、独立思考、勇于创造的科学精神。"

1986年,《中华人民共和国义务教育法》规定:"义务教育必须贯彻国家的教育方针,努力提高教育质量,使儿童、少年在品德、智力、体质等方面全面发展,为提高全民族素质,培养有理想、有道德、有文化、有纪律的社会主义的建设人才奠定基础。"这里,首次把提高全民族素质纳入教育目的。

1990年,《中共中央关于制定国民经济和社会发展十年规划和"八五"计划的建议》把教育方针和教育目的明确表述为:"教育必须为社会主义现代化建设服务,必须与生产劳动相结合,培养德、智、体全面发展的建设者和接班人。"

1993年,《中国教育改革和发展纲要》提出:"教育改革和发展的根本目的是提高民族素质,多出人才,出好人才。各级各类学校要认真贯彻'教育必须为社会主义现代化建设服务,必须与生产劳动相结合,培养德、智、体全面发展的建设者和接班人'的方针,努力使教育质量在90年代上一个新台阶。"

1995年,《中华人民共和国教育法》规定:"教育必须为社会主义现代化建设服务,必须与生产劳动相结合,培养德、智、体等方面全面发展的社会主义事业的建设者和接班人。"

1999年,《中共中央国务院关于深化教育改革全面推进素质教育的决定》把教育目的表述为:"以提高国民素质为根本宗旨,以培养学生的创新精神和实践能力为重点,造就'有理想、有道德、有文化、有纪律'的、德智体美等全面发展的社会主义事业建设者和接班人。"

2001年,《国务院关于基础教育改革与发展的决定》明确提出:"坚持教育必须为社会主义现代化建设服务,为人民服务,必须与生产劳动和社会实践相结合,培养德智体美等全面发展的社会主义事业建设者和接班人。"

2006年,第十届全国人民代表大会常务委员会第二十二次会议修订的《中华人民共和国义务教育法》规定:"义务教育必须贯彻国家的教育方针,实施素质教育,提高教育质量,使适龄儿童、少年在品德、智力、体质等方面全面发展,为培养有理想、有道德、有文化、有纪律的社会主义建设者和接班人奠定基础。"

2010年7月颁布的《国家中长期教育改革和发展规划纲要(2010—2020年)》强调:"促进德育、智育、体育、美育有机融合,提高学生综合素质,使学生成为德智体美全面发展的社会主义建设者和接班人。"

2015年12月,根据第十二届全国人民代表大会常务委员会第十八次会议修正的《中华人民共和国教育法》第五条规定,教育必须为社会主义现代化建设服务,必须与生产劳动相结合,培养德、智、体等方面全面发展的社会主义事业的建设者和接班人。

二、社会主义教育目的的基本精神

新中国成立以后,随着社会主义建设事业的不断发展,培养各级各类社会主义的建设者和接班人,成为社会主义教育的根本任务。社会主义人才的培养需要促进德智体美劳等方面全面发展,成为社会主义的建设者和接班人。因此,在教育活动中,需要深刻把握社会主义教育目的的基本精神,全面实现社会主义教育目的。

(一)社会主义是我国教育性质的根本所在

我国教育目的所反映出来的这一基本精神,明确了我国教育的社会主义方向。新中国成立以来,我国教育目的是为巩固和发展社会主义服务的,维护社会主义利益。为社会主义服务,是我国教育目的的根本所在。我国教育目的所确定的社会主义性质的规定性,根本上保证了我国教育发展的社会主义方向,指引着教育为社会主义事业的全面发展和进步培养各方面的人才。

教育目的的方向性是教育性质的根本体现。阶级社会的教育从来都具有阶级性,教育的阶级性首先反映在教育目的上。一切剥削阶级的教育目的,从来都极力掩饰其阶级实质,表述上一贯笼统抽象,尽量把他们的教育目的说成是为整体社会利益服务的。我国社会主义的教育目的不同于一切剥削阶级,毫不掩饰自己的真实意图,明确培养的是社会主义事业的建设者和接班人,是新型的劳动者。培养的是既能从事体力劳动,又能从事脑力劳动的人才。

(二)使受教育者德、智、体、美、劳等方面全面发展

马克思主义认为,全面发展首要的是智力和体力的广泛、充分、统一、自由的发展。因此,社会主义的教育就必须广泛、充分地发展受教育者的智力和体力,使他们不仅具有现代文化科学知识和从事社会主义现代化建设的真正本领,同时还要具有健康的体魄和良好的身体素质。智力和体力是劳动能力的基础,是同自然交往的主要条件。只有智力和体力得到广泛而充分的统一发展,才能成为一个全面发展的新型劳动者。

培养全面发展的社会主义建设者和接班人,就是要促进受教育者的德智体美劳全面发展。要在坚定理想信念上下功夫,教育引导学生树立共产主义远大理想和中国特色社会主义共同理想,增强学生的中国特色社会主义道路自信、理论自信、制度自信、文化自信,立志肩负起民族复兴的时代重任。要在厚植爱国主义情怀上下功夫,让爱国主义精神在学生心中牢牢扎根,教育引导学生热爱和拥护中国共产党,立志听党话、跟党走,立志扎根人民、奉献国家。要在加强品德修养上下功夫,教育引导学生培育和践行社会主义核心价值观,踏踏实实修好品德,成为有大爱大德大情怀的人。要在增长知识见识上下功夫,教育引导学生珍惜学习时光,心无旁骛地求知问学,增长见识,丰富学识,沿着求真理、悟道理、明事理的方向前进。要在培养奋斗精神上下功夫,教育引导学生树立高远志向,历练敢于担当、不懈奋斗的精神,具有勇于奋斗的精神状态、乐观向上的人生态度,做到刚健有为、自强不息。要在增强综合素质上下功夫,教育引导学生培养综合能力,培养创新思维。要树立健康第一的教育理念,开齐开足体育课,帮助学生在体育锻炼中享受乐趣、增强体质、健全人格、锤炼意志。要全面加强和改进学校美育,坚持以美育人、以文化人,提高学生审美和人文素养。要在学生中弘扬劳动精神,教育引导学生崇尚劳动、尊重劳动,懂得劳动最光荣、劳动最崇高、劳动最伟大、劳动最美丽的道理,长大后能够辛勤劳动、诚实劳动、创造性劳动。

(三)培养社会主义的建设者和接班人

社会主义社会是要消灭阶级的社会。社会主义社会要求每一个人都应成为劳动者,都是国家的主人。所以,把每个人都培养成为劳动者,这是社会主义教育目的的根本标志和总要求。社会主义教育培养出来的新人,绝不应是剥削者和寄生虫,人人都应以劳动为荣。马克思曾指出:在理想的社会里,"任何个人都不能把自己在生产劳动这个人类生存的自然条件中所应参加的部分推到别人身上"。列宁也明确告诉我们:"无产阶级的目的是建成社会主义,消灭社会的阶级划分,使社会全体成员成为劳动者。"毛泽东在提出社会主义教育目的的同时也指出:"社会主义制度的建立给我们开辟了一条到达理想境界的道路,而理想境界的实现还要靠我们的辛勤劳动。"这一切都指明,社会主义社会只存在分工的不同,但人人都应该是劳动者,劳动是每一个有劳动能力的公民的光荣职责。社会主义的教育培养每一个社会成员都成为劳动者,这是社会主义教育同一切剥削阶级教育的本质区别。

社会主义的教育目的要培养劳动者,但这里所说的劳动者既包括以体力劳动为主的劳动者,也包括以脑力劳动为主的劳动者。在社会主义条件下,体力劳动者和脑力劳动者都是劳动者。把劳动者仅仅理解为体力劳动者是一种片面的理解,社会主义的劳动者应该是一种新型的劳动者。"劳动人民要知识化,知识分子要劳动化",社会主义理想的劳动者是脑力劳动与体力劳动相结合的劳动者,是"全面发展的一代生产者"。造就这种新型劳动者

是社会主义教育的理想要求。

我国现行教育方针提出的是培养"建设者"和"接班人",其实这也只是对"劳动者"的具体提法。社会主义事业的建设者和接班人都是劳动者,分别来提只是从不同角度要求的具体化。"建设者"和"接班人",不应理解为培养两种人,而是对社会主义劳动者两种职能的统一要求。就是说社会主义劳动者,在社会主义物质文明和精神文明建设上,是合格的"建设者",在社会主义革命事业上又应当是革命"接班人"。这是对社会主义新人的统一要求,而不应把二者分割开来,对立起来。把培养"建设者"和"接班人"的要求分割开来,就从根本上违背了社会主义教育目的的基本精神。

(四)强调教育与生产劳动相结合

马克思和恩格斯根据辩证唯物主义和历史唯物主义原理,剖析现代教育与现代社会的关系,指出教育与生产劳动相结合是现代社会和现代教育发展的普遍规律,指出让儿童参加力所能及的定量生产劳动,同时对他们进行智育、体育和综合技术教育,不仅是提高生产的一种方法,而且也是改造旧社会,培养全面发展的人的方法。列宁在电气化时代和苏联社会主义社会的条件下,继承和发展马克思主义关于教育与生产劳动相结合的思想,提出无论是普通学校还是职业技术学校,都应实施综合技术教育,使学生掌握现代生产的基本原理和基本技术。毛泽东在中国新民主主义革命和社会主义建设的条件下,从政治、经济、文化和思想教育的意义上阐述教育与生产劳动相结合的重要性,提出从中国实际出发实施教育与生产劳动相结合的一系列主张,开展大规模的实验和探索。邓小平在中国社会主义现代化建设的条件下,总结过去在实施教育与生产劳动相结合的过程中出现过的简单化和劳动过多的教训,指出教育同生产劳动相结合,重要的是整个教育事业要同国民经济发展的要求相适应,要从实际出发,在教育与生产劳动结合的内容和方法上不断有所创新。中华人民共和国成立后,一直把教育与生产劳动相结合作为教育方针的重要内容。

2018年9月10日,习近平在全国教育大会上提出要把劳动教育纳入培养社会主义建设者和接班人的要求之中,强调要坚持中国特色社会主义教育发展道路,努力建构德智体美劳全面培养的教育体系。讲话强调,要在学生中弘扬劳动精神,教育引导学生崇尚劳动、尊重劳动,懂得劳动最光荣、劳动最崇高、劳动最伟大的道理,长大后能够辛勤劳动、诚实劳动、创造性劳动;进一步将劳动教育确定为全面发展教育的重要组成部分。

当前,要把服从和服务于中国特色社会主义建设、中华民族伟大复兴作为出发点与归宿,循序渐进,因材施教,借助社会、产业平台,大力开展合作教育,通过劳动教育强化劳动意识与态度,磨砺意志品质,引导青年学生形成正确的价值观,树立正确的审美观,使"教育与生产劳动相结合"在培养中国特色社会主义建设者和接班人方面的基础作用得以充分彰显。

三、全面发展的教育目的及其组成部分

社会主义教育是培养全面发展的人才,实施全面发展教育。全面发展教育的内涵、构成及各组成部分之间的关系如下。

（一）全面发展教育的内涵

全面发展教育是对含有各方面的素质培养功能的整体教育的一种概括,是对为使受教育者多方面得到发展而实施的多种素质培养的教育活动的总称,是由多种相互联系而又各具特点的教育所组成的。所以,全面发展教育是指为促使人的身心得到全面发展而实施的教育。所谓个人全面发展,根据马克思、恩格斯的观点,就是每个社会成员的智力和体力都获得尽可能多方面的、充分的、自由的和统一的发展。

（二）全面发展教育的构成部分

在古今中外历史上,对全面发展教育所包含的内容的认识不尽相同。全面发展教育的内容有着不断丰富、不断发展的过程。社会主义中国建立的早期,把德育、智育和体育作为全面发展教育的组成部分和内容,形成了"三育论"。后来,有的人主张应当把美育加入全面发展教育,把德育、智育、体育和美育作为和谐发展或全面发展教育的组成部分,形成了"四育论"。2018年9月,在全国教育工作会上,提出现在社会主义的全面发展教育由德育、智育、体育、美育和劳动教育五个部分组成。

（三）全面发展教育各构成部分的关系

1."五育"在全面发展中的地位存在不平衡性

全面发展不能理解为要求学生"样样都好"的平均发展,也不能理解为人人都要发展成为一样的人。全面发展的教育同"因材施教""发挥学生的个性特长"并不是对立的、矛盾的。人的发展应是全面、和谐、具有鲜明个性的。在实际生活中,青少年德、智、体、美、劳诸方面的发展往往是不平衡的,有时需要针对某个带有倾向性的问题强调某一方面。学校教育也常会因某一时期任务的不同,在某一方面有所侧重。

2."五育"各有其相对独立性

"五育"中的每一组成部分都有其相对独立性,有其特定的任务、内容和功能,对其他各育起着影响、促进的作用,各育不能相互代替。各育都具有特定的内涵、特定的任务,其各自的社会价值、教育价值、满足人发展的价值都是通过各自不同的作用体现出来的。德育对其他各育起着保证方向和保持动力的作用;同时,其他各育则为德育的实施提供了条件。任何一种思想品德的形成,只有将其寓于各育任务的实施中才有可能。智育则为其他各育的实施提供了认识基础,成为实施各育不可缺少的手段。体育则是实施各育的物质保证。美育和劳动教育是德、智、体的具体运用和实施。正确的审美观点反映了一个人的知识水平,又体现着一个人的思想素质状况。而劳动教育更离不开必需的知识基础和技能,离不开良好的思想品德修养。

3."五育"之间具有内在联系

德育、智育、体育、美育、劳动教育紧密相连,它们互为条件,互相促进,相辅相成,构成一个统一的整体。它们的关系具有在活动中相互渗透的特征。

 **本章小结**

教育目的是教育活动和教育工作的出发点和归宿,对教育具有导向、选择、激励、评价

等方面的作用。教育目的有着不同的层次结构,主要包括国家教育目的、学校培养目标、教师教学目标。在教育发展的历史过程中,有着许多教育价值取向做出的教育目的选择,形成了不同的教育目的理论,主要有:宗教本位论、社会本位论、个人本位论和无目的论。中国社会主义的教育目的是培养社会主义的建设者和接班人,需要坚持社会主义教育方向,促进受教育者德、智、体、美、劳等方面全面发展。坚持教育与生产劳动相结合,培养社会主义的人才。实施全面发展教育,需要正确处理德育、智育、体育、美育、劳动教育的关系。

思考与练习

1. 什么是教育目的?教育目的有哪些功能?
2. 教育目的的层次结构分为哪些方面?
3. 确立教育目的的依据是什么?
4. 宗教本位论的代表人物是谁?主要有哪些观点?
5. 社会本位论的代表人物是谁?主要有哪些观点?
6. 个人本位论的代表人物是谁?主要有哪些观点?
7. 教育无目的论的代表人物是谁?主要有哪些观点?
8. 我国社会主义的教育目的的基本精神包括哪些方面?
9. 全面发展教育内涵及其构成部分的关系是怎样的?

【参考文献】

1. 全国十二所重点师范大学联合编写.教育学基础[M].北京:教育科学出版社,2002.
2. 李朝辉,姚玉香.教育学基础[M].北京:科学出版社,2018.
3. 卢晓中.新编教育学[M].北京:北京师范大学出版社,2014.
4. 冯建军.现代教育学基础[M].南京大学出版社,2003.
5. 山香教师招聘考试命题研究中心.广东教师招聘考试·教育教学理论基础[M].北京:首都师范大学出版社,2019.

第四章 教育制度

【学习目标】
1. 理解教育制度和学制概念。
2. 结合古今中外学制发展和改革的历史,认识生产力水平和科学技术发展状况、社会政治经济制度、受教育者身心发展的规律以及各国历史条件、文化和教育传统在学制建立或形成中的影响和作用。
3. 了解现代学校教育制度的形成过程,认识现代学校教育制度的不同类型,准确评价不同类型学制的优势和缺陷。
4. 掌握现代学制发展的特点、规律和趋势。
5. 了解我国现代学制发展的历史,深化对我国学制存在的问题的认识,自觉思考学制改革的意义、目的和任务。
6. 了解我国现行学制的类型和结构,理解义务教育制度的含义、目的和特征。

【知识导航】

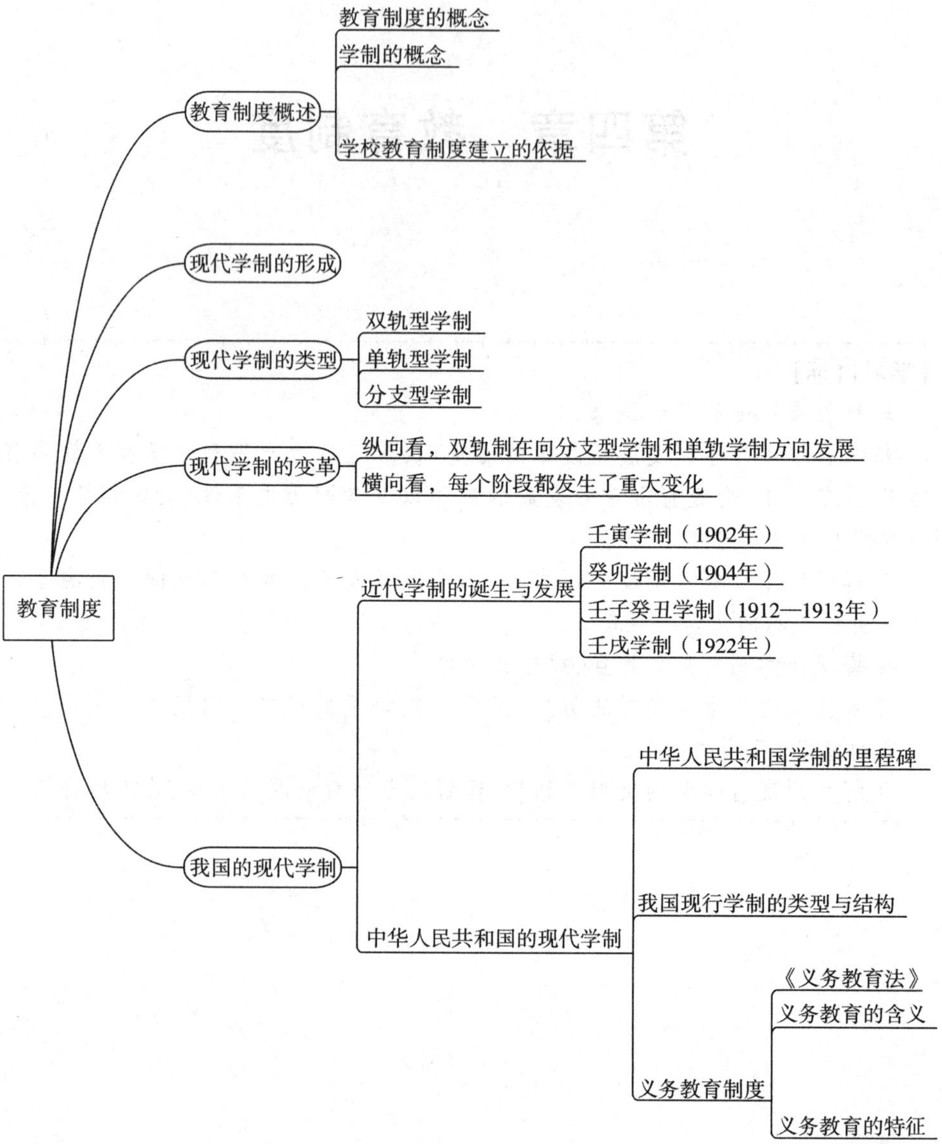

```
                        ┌─ 教育制度概述 ─┬─ 教育制度的概念
                        │                ├─ 学制的概念
                        │                └─ 学校教育制度建立的依据
                        │
                        ├─ 现代学制的形成
                        │
                        │                ┌─ 双轨型学制
                        ├─ 现代学制的类型 ┼─ 单轨型学制
                        │                └─ 分支型学制
                        │
                        ├─ 现代学制的变革 ┬─ 纵向看，双轨制在向分支型学制和单轨学制方向发展
                        │                └─ 横向看，每个阶段都发生了重大变化
  教育制度 ─┤
                        │                                    ┌─ 壬寅学制（1902年）
                        │                  ┌─ 近代学制的诞生与发展 ┼─ 癸卯学制（1904年）
                        │                  │                  ├─ 壬子癸丑学制（1912—1913年）
                        │                  │                  └─ 壬戌学制（1922年）
                        │                  │
                        └─ 我国的现代学制 ─┤                  ┌─ 中华人民共和国学制的里程碑
                                           │                  │
                                           └─ 中华人民共和国的现代学制 ┼─ 我国现行学制的类型与结构
                                                              │        ┌─《义务教育法》
                                                              │        ├─ 义务教育的含义
                                                              └─ 义务教育制度 ┤
                                                                       └─ 义务教育的特征
```

【引子】

 深化教育体制改革

教育体制改革究竟改什么，现实的教育实践弊端在哪里？造成这些弊端的体制根源是什么？改革朝着什么目标、什么方向去改？需要什么样的制度设计和政策调整？从哪里做突破口？怎样抓住关键环节？这些问题，是教育体制改革必须解决的。

在调研中，我们痛切地感受到，教育领域里还残存着"文革"遗毒和"四人帮"干扰破坏的问题，有"左"的指导思想影响的问题，也有经济能力和发展水平的制约问题，但是，就整个教育而言，最大的弊端，乃是在于长期计划经济体制下所形成的僵化模式。一个拥有几十个民族、十多亿人口的大国,各地情况迥异,基础各不相同,发展很不平衡,但统统实行同一种办学模式:清一色的全日制、正规化,统一招生、统一考试、统一教材、统一标准、统一学制……大学无论是部办、省办、国办,一概统招统分统配,其结果是,学校吃政府的大锅饭,学生吃学校的大锅饭,学生只要考进大学,就像进了保险箱。在教育结构上,高等教育、基础教育、职业教育,设置比例严重不合理;片面强调高等教育,轻视基础教育,职业技术教育十分薄弱。在教育思想上,从"文革"中"知识越多越反动""白卷英雄",又正在走向另一个极端,即"万般皆下品,唯有大学高",唯学历、唯文凭,盛极一时,形成"千军万马过独木桥"的局面。高校里,较普遍存在着重理工、轻人文,重智育、轻德育,重学历、轻能力,重理论、轻实践的倾向。基础教育严重滞后,师范教育不受重视。在广大农村,特别在一些老少边穷地区,学校数量少,条件差,师资缺乏。在学校管理体制上,由于政府权力过于集中,学校无法成为一个独立自主的办学主体,外无压力,内无动力,整个学校缺乏活力。学校的教材几十年一贯制,从课程设置、教材内容到教学方法,在相当程度上是为了一纸大学文凭,严重脱离了现代化建设和社会发展的需要。①

第一节 教育制度概述

一、教育制度及学制的含义

所谓教育制度,是指一个国家或地区各级各类实施教育的机构体系及其组织运行的规则。它包括相互联系的两个基本方面:一是各级各类教育机构和组织;二是教育机构与组织赖以存在和运行的规则,如各种相关的教育法规、规则、条例等。教育制度不但包括教育的各种施教机构系统,而且还包括教育的各种管理机构系统。教育的施教机构系统既包括学校教育机构系统,也包括校外儿童教育机构系统(少年宫、少年之家、儿童阅览室、少年科技馆、儿童剧场、儿童影院、少年体校、儿童公园等)和校外成人教育机构系统(文化宫、图书馆、俱乐部、博物馆、体育馆、影院、歌剧院等)。教育的管理机构系统包括教育行政机构系统、教育督导机构系统、教育评价和考试机构系统等。

学制是教育制度的主体。学校教育制度简称学制,是指一个国家或地区各级各类学校的系统及其规章制度。它规定了各级各类学校的性质、任务、入学条件、修业年限以及它们之间的衔接、转换等关系。学制包括两个层面:一是学校行政制度,主要涉及学校与国家和地方政府的关系;二是学校管理制度,主要涉及学校内部管理的一些关系,如考试制度、教学制度、评估制度、奖励制度、升留级制度等。

在现行学制中,既有层次不同的幼儿教育、初等教育、中等教育、高等教育机构,也有类型不同的普通教育、职业教育、师范教育、特殊教育机构;既有全日制教育机构,也有半日制

---

① 胡启立.《中共中央关于教育体制改革的决定》出台前后[J].炎黄春秋,2008(12):1-6.

教育、函授教育、广播电视教育、网络教育等机构;既有学前教育、学龄教育机构,也有成人继续教育机构;既有公立教育机构,也有私立教育机构。

在现代教育制度中,现代学校教育机构系统是最严密最有效的教育施教机构系统。学制的制定和完善对整个教育事业具有重大意义。一定社会或一个国家的教育方针、教育政策和教育法规主要是通过学校教育制度来体现的,学校教育制度从制度上保证教育方针政策的实施和培养目的的实现。学制合理与否关系着教育事业的发展、教育质量的高低,关系着民族素质的提高和国家所需的各级各类人才的培养,从而也对国家的经济和社会发展产生极其重大的影响。

二、学校教育制度建立的依据

学校教育制度如同整个教育一样,除受人的身心发展规律的制约外,还受整个社会的制约。人的身心发展规律制约着学制的纵向分段以及其他许多方面,但是,学制的性质、状况及其发展,则主要是由各种社会因素决定的。学制的性质和状况不但被生产力的性质和水平所制约,而且还被政治经济制度以及文化教育传统所制约。

(一)生产力水平和科学技术发展状况

在原始氏族社会,社会生产力水平低,社会还处于混沌未分化状态,教育还没有从生产劳动中分离出来,还没有产生学校。随着生产力的发展和社会的进一步分化,教育从生产劳动中分离出来,产生了古代学校,以及后来的简单的学校系统,也就有了古代学制。

在生产力水平较低、科学技术不是很发达的奴隶社会和封建社会,劳动者不需要具备什么文化知识便可以进行生产,生产劳动本身也没有向学校教育提出培养劳动者的要求。古代学校只有等级性和阶级性,没有生产性和科学性,只培养少量的统治人才,不培养广大的生产劳动者,即它具有脱离生产和脱离劳动人民的性质,这就决定了在教学内容上科学和技术的东西很少,决定了它在学校规模上的狭隘性和非群众性,从而决定了古代学制的不系统性和不完善性。也就是说,古代学制没有严格的程度划分,没有严格的教学年限的规定,学校类型少,层次简单。古代学制只有蒙学和大学,甚至连中学都没有。

机器大工业的出现,科学技术在社会生产中广泛应用,社会生产要求劳动者必须掌握相应的生产劳动知识,学校不仅要培养统治人才和管理人才,而且还要担负培养大量科学技术人才、文化教育人才、经济管理人才和众多的有知识、有文化的劳动者的任务。这就决定了现代学校在教学内容上的科学性及其与生产劳动密切联系的性质,决定了学校规模上的群众性和普及性,决定了学校结构上具有多种类型和多种层次的特点,从而决定了现代学制系统而完善的性质。

近几十年来,随着计算机的普及和信息技术革命的到来,知识创新和更新的周期越来越短,一个人从学校毕业后,还需要不断充电,不断更新知识,才能适应社会的需要。因此,现代社会已经显示出学习化社会的若干特征,现代学制也朝着终身教育制度发展。

(二)社会政治经济制度

学制的制定和颁布一般是由国家政权机关来进行的,总是反映着国家政权的性质及制度要求,受其政治经济制度的制约。在阶级对立的社会,它更多地反映统治阶级的利益和要求,在学制上必然会反映出阶级差别。

例如,我国奴隶社会是"官守学业",学校教育完全被奴隶主贵族子弟所垄断。到了封建社会,官学仍然有十分明显的等级性。唐王朝规定崇文馆和弘文馆为皇族子弟入学的场所,国子学为文武三品官以上的子弟入学的场所,太学为文武五品官以上的子弟入学的场所,四门学为文武七品官以上的子弟入学的场所,书学、律学、算学和各种职业性质的学校为八品及八品以下子弟入学的场所。

再如,在18世纪法国资产阶级革命之前,欧洲大陆君主专制国家是由地主、贵族、僧侣统治的,他们按照等级设置学校,这种等级森严的学校教育制度是为维护封建地主阶级的利益服务的。资产阶级尽管在当时已具有一定的势力和影响,但在政治上属于"第三等级",其子女没有资格进入等级学校,更不用说普通劳动人民的子弟了。

资产阶级取得统治地位以后,随着科学技术的进步和社会分工的深化,学校教育制度进一步完善。一方面延续或重建了从预备学校、中学直至大学的学校教育体系,以便培养社会精英和领导者;另一方面也设立了国民小学和职业学校,招收平民子弟,培养熟练技术工人和服务人员等。于是,学校教育制度变成了"双轨制"。

一些国家提出了"教育机会平等"的要求,建立了"单轨制"的学制形式,不论出身贵贱,只要交纳学费就可以入学,并通过相互衔接的学校系统进入上层社会。不过,由于经济社会地位和其他条件的限制,实际上,这些人并不享有平等的教育权利。比如,有些人可以去那些环境优美、教学设备先进、办学水平高的私立学校,享受更好的教育,而有些人只能进那些校舍简陋、设备落后、办学水平低的学校就读。

随着政治文明的建设和发展,特别是权利意识的觉醒和法制的完善,世界文明国家都建立并完善了义务教育制度,适龄儿童和青少年的学习权利、受教育权进而得以保障。

(三)受教育者身心发展的规律

各级各类学校的教育必须符合学生的身心发展规律。学生的身心发展可以分为幼儿期、学龄初期、学龄中期和学龄晚期等几个不同的年龄阶段,各个发展阶段有着显著不同的年龄特点。制定学制,规定入学年龄和修业年限,确定各类学校的分段与衔接,升级升学制度中某些弹性限度的规定,特殊学校、特殊班级的设立,都必须考虑儿童、青少年身心发展的年龄特点,符合他们体力和智力的发展水平。

人的身心发展从来都是有规律可循的,但人并不一定一开始就意识到这一点,因而,学校教育制度并不是从一开始就严格遵循人的身心发展规律来建立的,而是有一个相当长的探索过程。例如早期的学制,学生入学年龄都比较偏晚,许多国家对学前教育也未予以重视。一些开办幼儿教育较早的国家也只是把它作为一种慈善事业、福利事业,而不是教育事业来办。这固然有经济、文化传统等多方面的原因,但主要还是没有认识到儿童早期教育的可能性和必要性。

学校教育制度不适合人的身心发展规律,其消极效果是显而易见的。从个人方面看,一是可能错过人一生可塑性最大也是人多方面发展的关键期,因而会对人一生的发展造成不可弥补的损失;二是可能出现揠苗助长的现象,反而影响儿童、青少年身心的健康发展。对社会而言,一是可能造成教育资源的浪费;二是不能为社会提供大量合格的劳动者,以满足社会经济发展的要求。

为了适应儿童青少年身心发展的阶段性,学校教育一般被分为相互衔接的幼儿园、小学、中学和大学,中学又分为初中和高中,并把小学入学年龄规定在六七岁,把其后的10～12年作为基础教育阶段,到18岁以后,随着身心发展的全面成熟,进入大学或专门的职业技术教育阶段。

科学研究表明,幼儿到3岁便具备了成人大脑的全部特征,6岁儿童的大脑重量为成人大脑重量的90%,6岁以前大脑的发展最快,可塑性最大,人的智力四分之一是在他升入小学之前形成的,6岁前获得的知识对一生都有重大影响。这些研究成果受到了世界上许多国家的重视,美、日、德等国相继提出了要加强幼儿智能的早期教育、早期开发的主张。一些国家过去虽然也将学前教育纳入学制,但并未予以重视,现在则大力普及幼儿园教育,有的则将小学生的入学年龄适当提前。

科学研究表明,儿童向成年过渡的青春期近几十年有提前到来的趋势,一般提前两年,由十三四岁提前到十一二岁。青春期是人的身心进入全面成熟的阶段,是人生最不安定、最易出问题的时期,需要较稳定的、一以贯之的教育和管理,才能保证学生顺利度过这一危险期。而传统的学制则将青春期分割为小学和中学两个阶段,而从小学到中学的这一变化是不利于正处于青春初期的学生的心理稳定的。正因为如此,一些国家正在考虑将小学阶段适当向下延伸,或将小学阶段的六年缩短为五年,而将初中三年延长为四年;也有的实行小学初中一贯制,或初中高中一贯制,或小学、初中、高中一贯制。

科学研究表明,儿童智力发展上的差异是普遍现象,对智力超常儿童的成长需要给予特殊教育,所以,各国在学制上都相应做出一些特殊的规定,允许智力超常儿童跳级,实行特殊招生,设立特殊学校与特殊班级,使特殊教育成为学校教育中的一个组成部分。

(四)各国历史条件、文化和教育传统

各国的学校教育制度总是植根于本国的文化历史土壤之中的,即使从国外引进,也会或多或少地根据国情加以改造。由于各国的历史条件、文化传统、教育传统不同,所以学校教育制度各具特色。

例如,我国1902年颁布的壬寅学制,是我国历史上第一个完整的学制,虽然它基本照抄日本的学制,但还是加上了一点"中国特色":一是该学制没有女子教育的地位;二是将各级学堂毕业者分别授予附生、贡生、举人、进士等出身,使之带上了科举制度的印痕。

日本在19世纪70年代颁布的第一个学制,仿效法国的中央集权制和学校系统,实行强迫教育。由于这种做法不符合日本的文化传统,因而引起国民的不满,到处发生捣毁学校的事件,使学制改革计划无法实现,推行几年后不得不废除。

第二次世界大战后,联邦德国教育被迫按占领国特别是美国的教育模式重建。但由于德国传统教育影响巨大,并在欧洲具有较高威信,所以当时除了肃清学校中的纳粹分子和纳粹思想影响外,教育制度在许多方面恢复了纳粹统治前的传统形式。"二战"结束时,德国废除了中央集权制,按美国的制度采取学校教育由各州自治的办法。这种脱离德国历史传统的做法使各州的教育差别极大。为了克服这种做法对全联邦教育造成的混乱和对今后发展造成的困难,各州于1955年签署了一个协定,规定了各州各类学校的统一名称、学期的长短、分数的等级等。1959年,德国教育委员会又提出了《改组和统一普通公立学校的总纲计划》。1969年,联邦政府为了进一步加强对全联邦教育的控制,修改了基本法,扩大了联邦政府对教育的管辖权限,并成立了中央一级教育行政机构——教育和科学部。

第二节 现代学校教育制度的形成与变革

一、现代学校教育制度的形成[①]

在古代,无论是在东方还是在西方,学校都没有严格的大、中、小学之分,更没有幼儿园。即便是叫作大学和小学的,如我国西周的大学和小学,欧洲中世纪的大学,和今天的大学和小学相比,其差别是很大的。随着商品经济和资本主义的发展,产生了现代大学和现代中学,特别是随着为劳动人民子女设立的国民学校的产生和发展,才逐步形成了公共教育制度,才有了大、中、小学的严格区分,才形成了现代学校教育系统,即现代学制。

现代学校的产生,事实上是分为两条路线进行的。一条是自上而下地发展的,是以最早的中世纪大学及后来的大学为顶端,向下延伸,产生了大学预科性质的中学;另一条是自下而上地发展的,是由小学(及职业学校),而中学(及职业学校),并上延至今天的短期大学。前者是学术性的现代教育系统,后者是群众性的现代教育系统。这就是在19世纪末和20世纪初在欧洲形成的所谓"双轨制"。

(一)大学和高等学校

在欧洲,随着商业、手工业和城市的发展,12世纪时就产生了中世纪大学。中世纪大学最早产生于意大利、法国和英国。到14世纪时,欧洲已经有了几十所大学。这些大学一般设文科科、神学科、医学科和法学科。

现代大学和现代高等学校是经过两条途径发展起来的:一条是通过增强人文学科和自然学科,把上述中世纪大学逐步改造成现代大学,如牛津大学、剑桥大学和巴黎大学;另一条是创办新的大学和新的高等学校,如伦敦大学、洪堡大学、巴黎高等师范学校。

20世纪中期以来,随着现代生产、现代科技的大发展,高中教育走向普及,高等教育也走向大众化。有些国家的适龄青年升入高校的人数已达到同龄人的1/5到1/2。有些升入短期大学(如社区学院)的比例很高,例如美国短期大学和四年制大学的学生数就大致相等。

(二)中学

欧洲文艺复兴前后,曾出现以学习七艺和拉丁文或希腊文为主要内容的学校。在英国叫文法学校或公学,在德国和法国叫文科中学。这批学校修业年限不等,有六年的,也有八到十年的。但它们的教学内容、修业年限、毕业生的权利和中世纪大学的文科基本相同,都

[①] 黄济,王策三.现代教育论[M].北京:人民教育出版社,1996:265-285.

是为大学培养预备生和为教会、国家培养僧侣、官吏的。

在18世纪初,商业和手工业的发展提出了对管理人才和技术人才的需求,于是欧洲出现了以学习自然科学和现代外语为主要课程的实科中学。比起古典文科中学,实科中学更适应生产和国民经济的需要,更接近生活,它具有鲜明的现代中等学校的性质。

实科中学和具有浓厚的古代学校传统的古典文科中学,曾经历了两百年的长期斗争,其结果是实科中学的力量越来越强大。在斗争中,两者都得到了改进和发展,但总的方向是两者都逐步变成了愈益完善的现代中等学校。

(三)小学

早在文艺复兴以前,西欧就有了行会学校和基尔特学校,学习本族语的读写、计算和宗教,这些学校就是欧洲城市最早的初等学校。在文艺复兴时期,教会又办起了许多小学。

在18世纪末和19世纪这一百多年里,欧洲发生了以蒸汽机的发明和广泛应用为标志的第一次工业技术革命。这场革命要求劳动者必须具有初步的读写算的能力和一定的自然和社会常识,这就推动了以劳动人民子女为教育对象的小学教育的广泛发展。19世纪后半叶,英、德、法、美、日都通过了初等教育的义务教育法,为现代学制的形成奠定了坚实的基础。

现代初等教育萌发的时间很长,但现代初等教育的广泛发展则是在18世纪后半期以蒸汽机为标志的第一次工业技术革命开始以后的一百多年的事。在这个阶段及以前,有产阶级的子女是在家庭教育中或中学预备班里,而不是在群众性的国民小学里接受初等教育的。

(四)幼儿教育机构

作为公共教育的现代幼儿教育机构,最早出现于第一次工业技术革命后的18世纪下半叶。19世纪时,各个先进的资本主义国家都出现了幼儿教育机构。20世纪前半叶,随着第二次工业技术革命的深入发展,各发达国家的幼儿教育机构得到了较快的发展。第二次世界大战以后,各发达国家的幼儿教育逐步走向普及。

幼儿教育的性质也在发生变化,已从以保育为主走向以教育为主。幼儿教育机构在不少国家已被列入学制系统,已成为国民教育体系的组成部分,并将成为终身教育的一个有机组成部分。

(五)研究生教育机构

现代生产和现代技术的发展,引发了高级科学技术人才和教育人才的需求,这就要求部分大学本科生毕业后进一步攻读高级学位。于是,19世纪初,在德国产生了现代学位(哲学博士)之后,又产生了现代研究生教育机构。在以后的一百多年里,研究生教育在各发达国家得到了广泛的发展。到了20世纪,研究生教育机构就成了不少发达国家学制的组成部分。

(六)成人教育机构

如果说19世纪甚至20世纪初,人们在学校里学得的知识用一辈子也不成问题的话,那么,现在问题就不同了。由于知识创造的周期和陈旧的周期已经大大缩短,因而每个人从学校毕业后,在劳动生活中如果不多次更新知识,就不能适应人员流动和改行转业的需要。于是,成人教育就蓬勃地发展起来,并成为现代教育制度的一个重要构成部分。

此外,由于科技和社会的进步,劳动者闲暇时间的增多,以及个性多方面发展的需要,成人接受多方面的教育已经成了一种精神追求。即使退休的老人也在追求这种个人的精神享受。于是,老年人学校、老年人大学也应运而生了。

二、现代学校教育制度的类型

由于各国的政治制度、经济制度、文化传统以及教育发展的历史各不相同,因而各国学校教育制度在形成和发展过程中也会各具特色。现代学制的结构,可视为由纵向划分的学校系统和横向切割划分的学校阶段构成。这种系统和阶段的不同组合,便形成了现代学制的不同类型。

(一) 双轨制

双轨制出现最早,18世纪已初露端倪,19世纪开始定型,主要代表是第二次世界大战前的德、法、英等欧洲国家。

双轨制的学校系统分为两轨:一轨是自上而下的教育系统,以中世纪发展起来的大学为起点,向下延伸发展为为升大学做准备的中等学校教育(包括中学预备班)。这类学校后来发展成专为资产阶级子女设立的学习场所,从小学、中学,直到大学,他们受到比较高深的、完备的学术教育,负担培养学术人才和管理人才的任务,属于精英教育的范畴。另一轨是自下而上的教育系统,是为劳动人民子女设立的,学生读完初级小学后,不允许进入文法中学或公学,只能进入高等小学或初等、中等职业学校接受职业教育,这类学校承担培养熟练劳动力的责任。

两轨之间互不贯通,既与古代教育等级性有关,与资产阶级的自身利益有关,又与资本主义发展初期脑力劳动和体力劳动还存在严重的分离有关。其特点是两轨学校系统之间分工明确,分别承担精英教育和大众教育,但其背离了现代教育普及化、公平化的基本精神。第二次世界大战之后,随着生产领域中脑力劳动与体力劳动的进一步结合,加上教育民主化浪潮的压力,双轨制才渐渐自下而上并轨,但其痕迹仍明显存在。

(二) 单轨制

最初,北美多数地区都曾沿用欧洲双轨学制。哈佛、耶鲁等大学只不过是牛津、剑桥大学的缩影,拉丁语学校则是文法学校的翻版。后来,拉丁语学校又演变为兼重文、实的文实学校。

18世纪末,美国北部各州已都有了城镇设立初等小学的法令。1830年以后,小学得到了蓬勃的发展。由于产业革命和电气化的推动,美国由农业社会向工业社会急剧地发展,于是继小学的大发展之后,从1870年起,中学也得到了大发展。19世纪后期,体现教育民主的单轨学制最早在美国确立。

单轨制的特征是所有学生在同样的学校系统学习,可以由小学升入中学、大学,各级各类学校互相衔接。美国是新兴资本主义国家,历史羁绊较少,以民主、自由、平等作为立国理念,这一点也反映在教育制度中。

单轨制在形式上保证任何学生都可以由小学而中学直至升入大学。它最受称道之处在于其平等性,但在一定时期、一定程度上也往往存在着效益低下、发展失衡、质量悬殊等问题。然而,无论怎样,单轨制相对于双轨制来说,是一种历史的进步,有利于教育的普及,有利于提高全体国民的素质。

(三)中间型学制

中间型学制又称"Y"型学制,也叫"分支型"学制,是一种介于双轨制和单轨制之间的学制,相对出现最晚,以二战前的日本、苏联以及中国为代表。

帝俄时代的学制属于欧洲双轨学制。列宁领导的十月革命胜利后,推翻了沙皇统治,建立了第一个社会主义国家,制定了统一的劳动学校系统。后来在发展过程中,又恢复了帝俄文科中学的某些传统和职业学校单设的做法,于是形成了既有单轨学制特点又有双轨学制的某些因素的苏联型学制。

分支型学制试图融会单轨制与双轨制之长,兼顾公平与效益,在义务教育阶段为单轨制,再往上则实行学术教育与职业教育分轨,但保留适当的贯通性,允许职业学校毕业生在一定条件下仍可报考大学。这种学制既有利于教育的普及,又使学术性保持较高水平。

三种类型学制示意如图4-1所示。

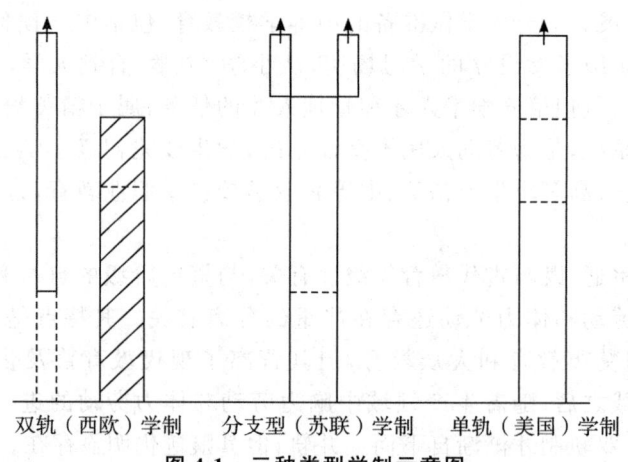

图4-1　三种类型学制示意图

三、现代学校教育制度的变革[①]

现代学制在形成后的一百年来,不论从纵向学校系统,还是从横向学校阶段来看,都发生了重大的变化。

---

① 黄济,王策三.现代教育论[M].北京:人民教育出版社,1996:286-290.

（一）从纵向学校系统来看，双轨制在向分支型学制和单轨学制方向发展

直到 20 世纪初，西欧双轨学制一轨只有小学，一轨则只有中学和大学。几十年来，随着义务教育的上延，教育机会均等原则的实施，双轨学制从小学开始向上逐步并轨。

20 世纪初，初等教育是专门为劳动人民子女设立的。那时，社会中上层人士的子女是在家庭中或在中学预备班里接受初等教育的。经过两次世界大战，通过劳动人民及其政党、进步人士的努力和争取，德、法、英等国先后实行了统一的初等教育，初等教育终于并轨了。

第二次世界大战后，西欧各国普及教育逐步延长到十年左右，已经到了中学的第一个阶段。过去，欧洲的中学本来是不分段的。现在，同是接受义务教育，有的在高学术水平的完全中学的第一阶段进行，有的则在新发展起来的低学术水平的初级中学里进行，机会很不均等。于是，英、法、德等国采用了综合中学的形式把初中的两轨并在一起。英国发展最快，20 世纪 80 年代初，综合中学的学生数已超过学生总数的 90% 以上。这样，西欧的双轨学制事实上已变成分支型学制了，即小学、初中单轨，其后多轨。

英国的高中也正在通过综合中学实行并轨。英国的综合中学不但为实行双轨学制国家的初中并轨做出了贡献，而且还为其他国家高中的并轨创造了经验。要实行教育机会均等的原则，教育普及到哪一级学校，双轨并轨就必然要并到哪一级学校。要普及高中，双轨并轨就必然要并到高中阶段。英国现行学制如图 4-2。

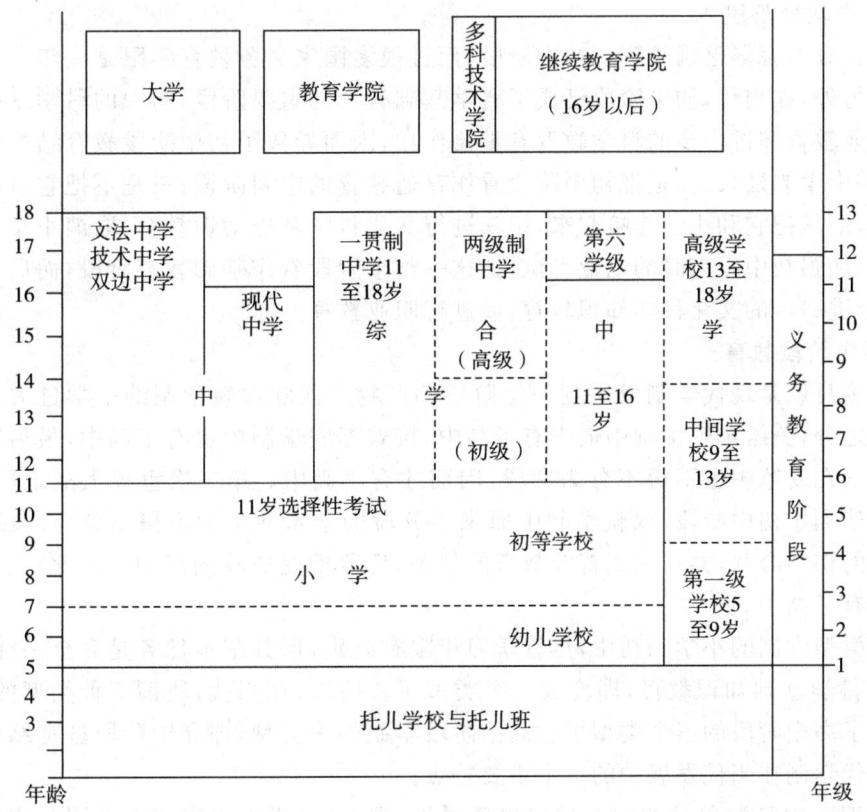

图 4-2　英国现行学制

（二）从横向学校阶段来看，每个阶段都发生了重大变化

1. 幼儿教育阶段

在当代，很多国家已把幼儿教育列入学制系统。这是现代学制在当前的一个重要发展，是现代学制向终身教育制度方向发展的重要标志之一。近年来，发达国家的幼儿教育有了迅速的发展，有的国家已达到普及的水平，4～5岁儿童的入园率已达100%。与此相关，幼儿教育机构也发生了一系列重要变化：一是幼儿教育的结束期有提前的趋势，提前到了6岁或5岁；二是加强小学和幼儿教育的联系，有的把幼儿园的大班作为小学预备班（20世纪七八十年代的苏联），有的从5岁起就把幼儿学校和而后的小学结合起来编班（法国），有的把5～7岁的幼儿学校当作义务教育的最初阶段（英国）。

2. 小学教育阶段

近数十年来，发达国家的普及教育已达到了初中和高中，小学已不是结业教育，小学已成了普通文化科学基础教育的初级阶段。少年青春期的提前，对儿童和少年智力潜力的新认识，教学科学水平的提高和小学教师水平的提高，这一切促使发达国家小学教育的结构有了一系列变化：第一，小学已无初、高级之分；第二，小学入学年龄提前到6岁甚至5岁；第三，小学年限缩短到5年（法国）、4年（德国），甚至3年（20世纪七八十年代的苏联）；第四，小学和初中直接衔接，取消了升入初中的入学考试，连英国的"十一岁考试"和法国的"六年级入学考试"也于20世纪六七十年代被取消。

3. 初中教育阶段

由于义务教育早已延长到了初中阶段，而且很多国家义务教育年限是一年一年地逐步延长的。另外，在当代，初中阶段已成了科学基础教育的重要阶段，初中的科学基础教育对而后的职业教育和进一步的科学教育有重要作用，因而导致了初中阶段教育结构的如下变化：一是初中学制延长；二是把初中阶段看作普通教育的中间阶段；三是不把它看作中学的初级阶段，而是把它和小学连接起来，统一进行文化科学基础知识教育，取消小学和初中之间的考试，加强初中结束时的结业考试，把这一整个阶段看作基础教育阶段，而后再进行分流，或进行进一步的文化科学知识教育，或进行职业教育。

4. 高中阶段教育

高中本身就是现代学制发展到一定阶段的产物。西欧双轨学制的中学过去没有严格的初高中之分，美国单轨学制中最先有了高中，接着苏联学制中也有了高中，最后欧洲双轨学制的中学在变革中也不得不分为两段，因而才有了高中。第二次世界大战之后，由于普及教育已达到了初中阶段，双轨学制中原来不分段的学术性中学不得不分为两段，使前段和群众性的初中合并，共同完成普及教育的任务，后段即变成欧洲高中。从此，三种类型的学制才都有了高中。

三种类型学制的小学和初中，尽管学习年限有差别，但其基本任务是完全一样的，都是进行文化科学基础知识教育，即变成一个类型了。所以，在当代，所谓三种类型的学制，事实上变成了高中阶段的三个类型了。高中阶段学制的多类型，即高中阶段教育结构的多样化乃是现代学制在当代发展中的一个重要特点。

如果把高中阶段单设的职业学校单独讨论，那么，三类高中事实上是因为它们肩负着三类不同任务而形成的：(1)仅仅肩负升入大学预备教育单项任务的西欧高中；(2)同时肩

负大学预备教育和普及高中文化科学知识教育两项任务的苏联高中;(3)兼负大学预备教育、普及高中教育和进行职业教育的美国综合高中。这样,三类高中就有了共同点,它们都有进行大学预备教育的任务;苏联高中和美国高中的共同点更多些,因为两者都负有普及高中教育的任务。可以说,苏联高中是肩负大学预备教育和普及高中两项任务的综合高中;而美国高中则是肩负大学预备教育、普及高中和职业教育三项任务的综合高中。如果按照 1984 年苏联的教改决定,高中也将同时进行职业教育,那么,美苏高中就成了肩负同样三项任务的综合高中了。英国高中的迅速综合化说明欧洲高中也将变成肩负三项任务的综合高中。可以预料,随着普及教育达到高中阶段,中小学学制的三个类型终将被单轨学制一个类型所替代。

5. 职业教育

职业教育当前在发达国家基本上是在高中阶段进行的。但过去并不是这样,今后更不一定如此。所以,这里并不是把职业教育作为一个教育阶段来讨论,而是作为一个问题来讨论的。

职业教育既是古代学徒制教育向现代职业教育的发展,也是现代生产要求下从普通教育中分化出来的。在现代社会里,由于职业训练的基础——科学技术的水平越来越高,因而对职业教育的科学文化基础的要求也越来越高。现代职业教育最初是在小学阶段进行的,后来依次发展到了初中、高中和初级学院阶段进行。职业教育在哪个阶段进行,主要依赖于现代生产所据以存在的科学技术基础的状况。

职业教育在当代有两个特征:一是文化科学技术基础越来越高;二是职业教育的层次、类型的多样化。

6. 高等教育阶段

19 世纪和 20 世纪初的高等学校是文化和科学的金字塔。那时的大学和生产技术的联系还不十分密切,主要进行 3~4 年的本科教育。其他层次或没有,或比例很小。其后,特别是在第二次世界大战以后,高等教育有了重大发展,和生产及技术的联系日益密切。现代社会、现代生产和现代科学技术向高等学校要求各级各类的高级人才,于是推动了高等教育结构的变化:一是多层次,过去只有本科一个层次,现在则有多个层次——大专、本科、硕士、博士;一是多类型,不仅限于高科学和高文化的科系,现代高等学校的院校、科系、专业类型十分繁多。高等学校和社会、生产、科学技术、社会生活的各个方面的联系越来越密切。

学前教育扩展化、义务教育普及化、普教职教综合化、高等教育多样化,是世界各国现代学制发展的基本趋势。

第三节 我国的现代学制

一、近代学制的诞生与发展

自 1862 年开始兴起的洋务运动,将壁垒森严而又腐败空疏的中国封建教育制度冲开了一个缺口,一时间兴办西学之风大盛。到19世纪末20世纪初,从小学、中学到大学,已经事实上构成了一个相互衔接的学校系统,制定一个统一的学制的基础和条件已经形成。而此时,西方传教士在中国领土上创办的教会学校,从幼儿教育到大学教育亦已构成较完备的学校系统,并形成了以医护教育为主体的职业教育旁系,这直接为近代中国建立学制提供了样板,日本和西方各国的学制则在更广阔的背景下为中国学制的构建提供了参考系。更为重要的是,清政府已经认识到学校教育为中国图强之要,决心推行新教育制度,这样才有了中国近代学制的诞生。

(一)壬寅学制(1902年)

1902年,管学大臣张百熙主持拟定了一系列学制系统文件,8月15日奏呈颁布,统称《钦定学堂章程》。这样,中国历史上第一个系统完备的学制诞生了,是年为壬寅年,故称"壬寅学制"。

该学制主系列为三段七级。第一阶段为初等教育,包括蒙学堂4年、寻常小学堂3年、高等小学堂3年。规定从6岁起入蒙学堂,宗旨"在培养儿童使有浅近之知识,并调护其身体"。蒙学堂毕业后方可升入小学堂学习,小学堂宗旨"在授以道德知识及一切有益身体之事"。蒙学堂和寻常小学堂共7年规划为义务教育性质,"无论何色人等皆应受此七年教育"。第二阶段为中等教育,设中学堂为4年,"为高等专门之始基"。第三阶段为高等教育,分为三级:高等学堂或大学预科3年(设政、艺两科);大学堂3年(设政治、文学、格致、农业、工艺、商务、医术共7科,各科下又分若干专业,如医术科分医学、药学两个专业);大学堂之上设大学院,年限不定,以研究为主,不立课程,不主讲授。不算大学院,整个学制年限长20年。

学制主系列之外,与高等小学堂平行的有简易实业学堂;与中学堂平行的有中等实业学堂、师范学堂;与高等学堂(或大学预科)平行的有高等实业学堂、师范馆、仕学馆等。

《京师大学堂章程》中规定,设学宗旨"激发忠爱,开通智慧,振兴实业"为全学之纲领,从蒙学堂到大学堂一律遵守。"壬寅学制"公布后未及实施,很快被"癸卯学制"所取代。

(二)癸卯学制(1904年)

1904年1月13日,清政府公布了由张百熙、荣庆、张之洞主持重新拟定的一系列学制系统文件,统称《奏定学堂章程》。因公布时在阴历癸卯年,又称"癸卯学制"。这是中国近代由中央政府颁布并首次得到施行的全国性法定学制系统。

癸卯学制主系列将学校系统分为三段七级。第一阶段为初等教育,包括蒙养院4年、初等小学堂5年和高等小学堂4年。第二阶段为中学教育,仅中学堂一级5年。第三阶段为高等教育,分为三级:高等学堂或大学预科3年、大学堂3~4年(分为经学、政治、文学、商、格致、工、农、医共8科,京师大学堂8科全备,设于各省则至少备3科);通儒院5年,属研究院性质,以"能发明新理以著成新书,能制造新器以利民用"为宗旨。

在主系列之外的各类学堂中,主要有:①实业类,与高等小学平行的实业补习学堂、初等农工商实业学堂和艺徒学堂,与中学堂平行的中等实业学堂,与高等学堂平行的高等实业学堂,各级实业学堂一般都划分为农业、工业、商业、商船四个专业;②师范类,与中学堂平行的初级师范学堂,以培养初等、高等小学堂教员为宗旨,与高等学堂平行的优级师范学堂,"以造就初级师范学堂及中学之教员管理人员为宗旨"。

癸卯学制如图 4-3。

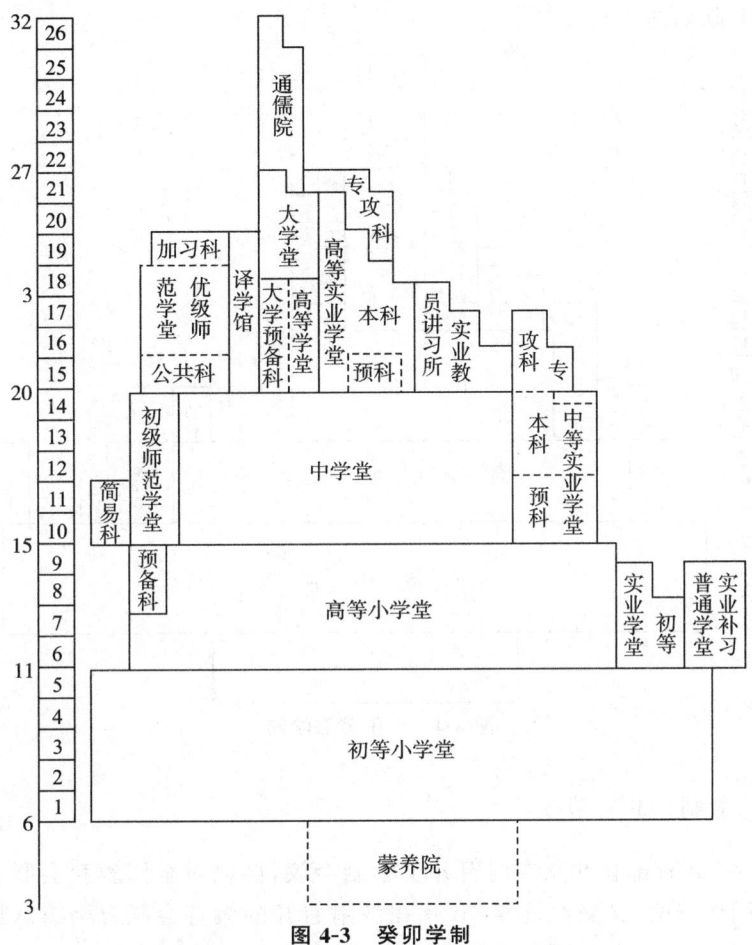

图 4-3 癸卯学制

(三)壬子癸丑学制(1912—1913 年)

"癸卯学制"颁布后,虽经多次补充修订但仍不断有批评意见。民国成立,政体变更,彻底改订清末学制已势在必行。1912 年 9 月初,教育部正式公布了民国学制系统的结构框架,因当年为阴历壬子年,故称该系统框架为壬子学制。壬子学制公布后至 1913 年 8 月,教育部又陆续公布了一系列法令规程,综合起来形成了一个全面完整的学制系统,称为壬子癸丑学制。

壬子癸丑学制主系列划分为三段四级。初等教育分为初等小学校和高等小学校两级共 7 年,不分设男校女校。其中初等小学校 4 年,为义务教育,法定入学年龄为 6 周岁;高等小学校 3 年。中等教育段设中学校 4 年,不分级,但专为女子设立女子中学校。高等教育段不分级,设立大学。大学实际分为预科、本科、大学院三个层次。

在主系列之外的各类学校中,主要有:①师范类,分师范学校和高等师范学校两级,分别相当于中等教育和高等教育阶段。②实业教育类:主要有乙种实业学校和甲种实业学校,分别与高等小学校和中学校平行。与大学平行的专门学校,分类培养法政、医学、药学、农业、工业、商业、美术、音乐、商船、外国语等高级应用型专门人才。

壬子癸丑学制还特设有补习科、专修科、讲习所之类的旁支。

壬子癸丑学制如图4-4。

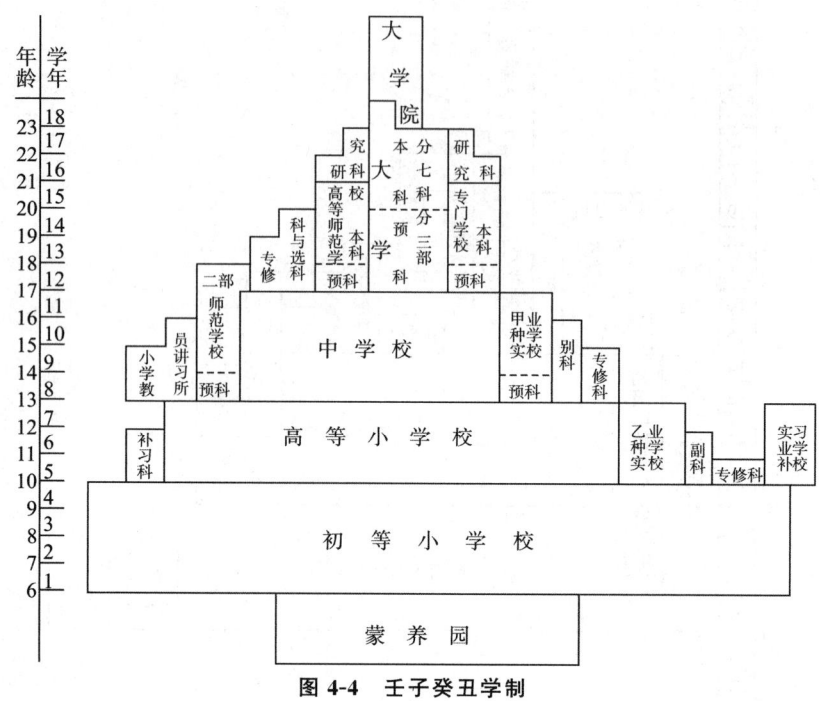

图4-4 壬子癸丑学制

(四)壬戌学制(1922年)

1922年9月,教育部在北京专门召开了学制会议,会议对全国教育会联合会所提出的学制系统改革稍作修改,又交给同年10月在济南召开的教育会联合会第八届年会征询意见,最终,于11月1日以大总统令公布了《学校系统改革案》。这就是1922年的"新学制",或称"壬戌学制",由于采用的是美国式的六三三分段法,又称"六三三学制"。

壬戌学制是以下列标准制定的:①适应社会进化之需要;②发扬平民教育精神;③谋个性之发展;④注意国民经济力;⑤注意生活教育;⑥使教育易于普及;⑦多留各地伸缩余地。

壬戌学制具有以下特点:①根据学龄儿童的身心发展规律划分教育阶段。②初等教育阶段趋于合理,更加务实。它缩短了小学年限,改7年为6年,小学分为两级,初级小学4年为义务教育阶段,高级小学2年,有利于初等教育的普及。幼稚园也纳入初等教育阶段,使幼儿教育与小学教育得以衔接,确立了幼儿教育在中国教育史上的地位。③中等教育阶段是改制的核心,是新学制的精粹。延长了中学年限,改4年为6年,提高了中学教育的程度,改善了中学与大学的衔接关系。中学分初、高中两级,不仅增加了地方办学的伸缩余地,而且也增加了学生选择的余地。在中学开始实行选科制和分科制,力求使学生有较大的发展余地,适应不同发展水平学生的需要。④增加了职业教育,最明显的特点就是兼顾了升学与就业。如在小学高级阶段,要求斟酌各地方情形,增置职业教育准备;在中学开设各种职业科,使学生既能准备升学,又能尽快就业。⑤在师范教育方面,种类得以增多,程度相应提高,而且设置灵活。⑥在高等教育阶段,缩短了高等教育年限,取消了大学预科,使大学不再担任普通教育的任务,有利于大学进行专业教育和科学研究。

壬戌学制如图 4-5。

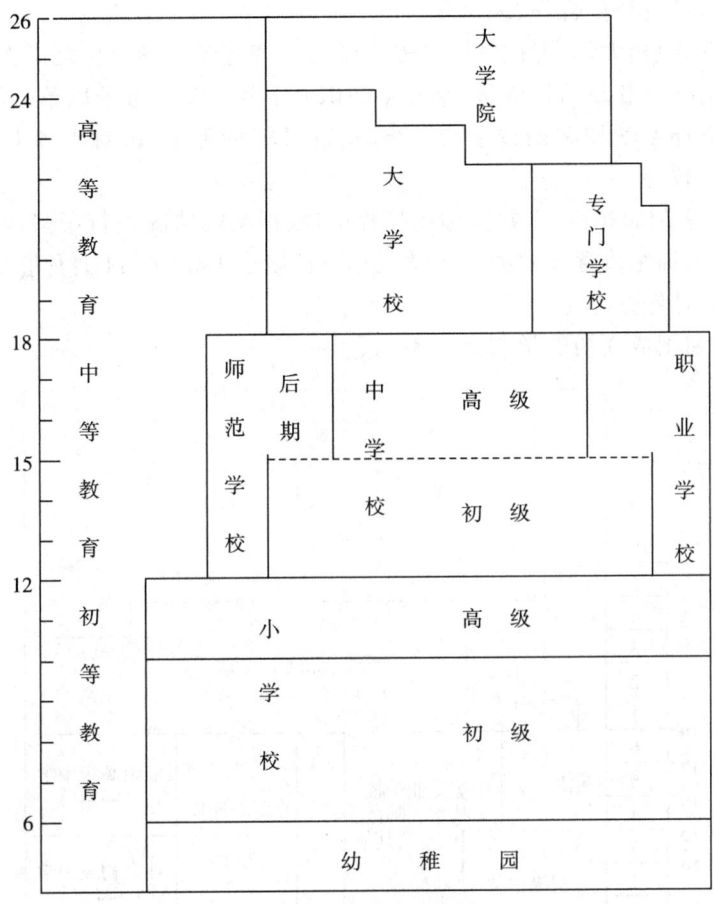

图 4-5 壬戌学制

二、中华人民共和国的现代学校教育制度

(一)中华人民共和国现代学制的里程碑

中华人民共和国成立以后,随着社会主义事业的发展,学制不断进行改革,不同时期实行了不尽相同的学制。

1.《关于学制改革的决定》(1951 年)

1951 年 8 月,中央人民政府政务院通过了《关于学制改革的决定》,规定新中国的学制分为:

(1)幼儿教育,幼儿园收三足岁到七足岁的幼儿,使他们的身心在入小学前获得健全的发育。

(2)初等教育,对儿童实施初等教育的学校为小学,对自幼失学的青年和成人实施初等教育的学校为工农速成初等学校、业余初等学校和识字学校(冬学、识字班)。小学的修业年限为 5 年,实行一贯制,取消初、高两级的分段制。入学年龄以七足岁为标准。毕业后,得经过考试升入中学或其他中等学校。小学得附设各种补习班或专业训练班。

(3)中等教育,包括实行三三分段制的中学和工农速成中学、业余中学和中等专业学校等。其中,中等专业学校包括技术学校(工业、农业、交通、运输等)、师范学校和医药及其他中等专业学校(贸易、银行、合作、艺术等)。

(4)高等教育,包括大学、专门学院和专科学校。高等学校毕业生之工作由政府分配。

(5)各级政治学校和政治训练班,给青年知识分子和旧知识分子以革命的政治教育。

(6)各级各类补习学校和函授学校。聋哑、盲目等特种学校,对生理上有缺陷的儿童、青年和成人,施以教育。

1951年这个学制颁布以后,在实施的过程中,根据实际情况进行了多次修改。例如,各种政治学校和政治训练班逐步停办。小学五年一贯制于1953年11月停止实行。工农速成中学于1955年5月停办。

中华人民共和国成立初的学制如图4-6。

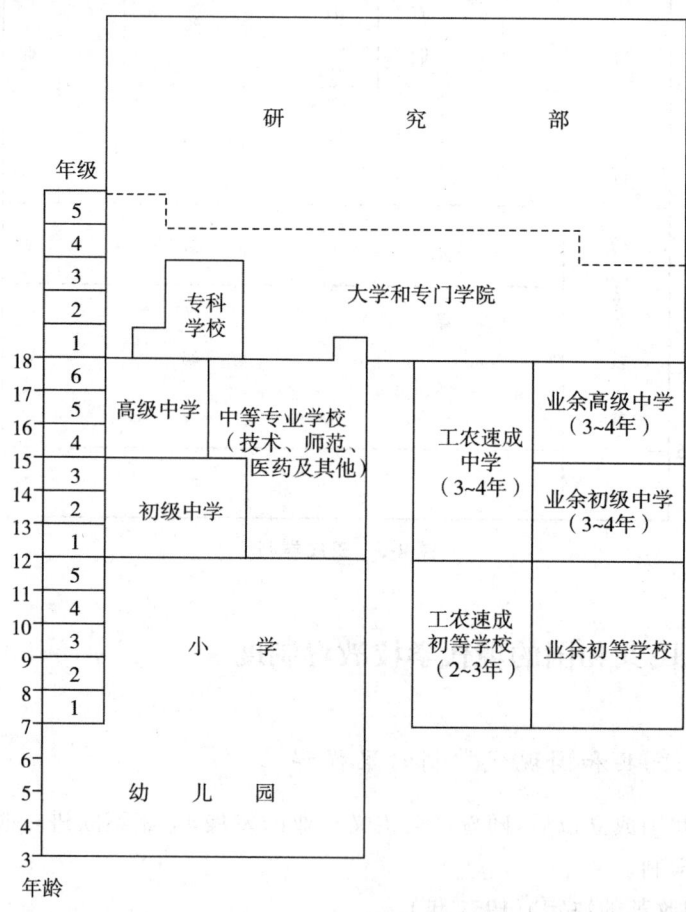

图4-6 中华人民共和国成立初的学制

2.《关于教育工作的指示》(1958年)

1958年9月,中共中央、国务院发布《关于教育工作的指示》,它指出:为了多快好省地发展教育事业,必须采取三个结合,实行六个并举,办好三类学校。

三个结合:统一性与多样性相结合;普及与提高相结合;全面规划与地方分权相结合。

六个并举:国家办学与厂矿、企业、农业合作社办学并举;普通教育与职业(技术)教育并举;成人教育与儿童教育并举;全日制学校与半工半读、业余学校并举;学校教育与自学(包括函授学校、广播学校)并举;免费的教育与不免费的教育并举。

三类学校:全日制的学校;半工半读的学校;各种形式的业余学习的学校。

《关于教育工作的指示》指出:"现行的学制是需要积极地和妥当地加以改革的,各省、市、自治区的党委和政府有权对新的学制积极进行典型试验,并报告中央教育部。经过典型试验取得充分的经验之后,应当规定全国通行的新学制。"

《关于教育工作的指示》还说:"全国应在三年到五年的时间内,基本上完成扫除文盲、普及小学教育、农业合作社社社有中学和使学龄前儿童大多数都能入托儿所和幼儿园的任务。应当大力发展中等教育和高等教育,争取在十五年左右的时间内,基本上做到使全国青年和成年,凡是有条件的和自愿的,都可以受到高等教育。我们将以十五年左右的时间来普及高等教育,然后再以十五年左右的时间来从事提高的工作。"

按照这一指示,许多地区开展了学制改革,如提早入学年龄,进行了6岁入学试验;为了缩短教育年限,进行了中小学十年一贯制的试验;为了提高教育程度,还进行了教材和教法方面的改革。但是,由于受到"左倾"主义思想的影响,在急躁冒进中,教育改革脱离了客观规律。"大跃进"运动中的盲目发展和"教育革命",使得学制改革试验不能在正常秩序下进行,而且新创办的一大批学校,因师资和设备跟不上,难以维持。

3.《中共中央关于教育体制改革的决定》(1985年)

1985年5月27日,中共中央作出了《中共中央关于教育体制改革的决定》(以下简称《决定》)。

《决定》指出:教育体制改革的根本目的是提高民族素质,多出人才、出好人才。

《决定》提出,实行九年制义务教育,实行基础教育由地方负责、分级管理的原则。"义务教育,即依法律规定适龄儿童和青少年都必须接受,国家、社会、家庭必须予以保证的国民教育,为现代生产发展和现代社会生活所必需,是现代文明的一个标志。"在实行九年制义务教育的同时,还要努力发展幼儿教育,发展盲、聋、哑、残人和弱智儿童的特殊教育。

《决定》提出:"调整中等教育结构,大力发展职业技术教育。""根据大力发展职业技术教育的要求,我国广大青少年一般应从中学阶段开始分流:初中毕业生一部分升入普通高中,一部分接受高中阶段的职业技术教育;高中毕业生一部分升入普通大学,一部分接受高等职业技术教育。在小学毕业后接受过初中阶段的职业技术教育的,可以就业,也可以升学。凡是没有升入普通高中、普通大学和职业技术学校的学生,可以经过短期职业技术培训,然后就业。"

在高等教育方面,《决定》特别强调,要"改革高等学校的招生计划和毕业生分配制度,扩大高等学校办学自主权"。

4.《中华人民共和国教育法》(1995年)

1995年实施的《中华人民共和国教育法》规定了我国的"教育基本制度":

国家实行学前教育、初等教育、中等教育、高等教育的学校教育制度。国家建立科学的学制系统。学制系统内的学校和其他教育机构的设置、教育形式、修业年限、招生对象、培养目标等,由国务院或者由国务院授权教育行政部门规定。

国家实行九年制义务教育制度。各级人民政府采取各种措施保障适龄儿童、少年就学。适龄儿童、少年的父母或者其他监护人以及有关社会组织和个人有义务使适龄儿童、少年接受并完成规定年限的义务教育。

国家实行职业教育制度和成人教育制度。各级人民政府、有关行政部门以及企业事业组织应当采取措施,发展并保障公民接受职业学校教育或者各种形式的职业培训。国家鼓励发展多种形式的成人教育,使公民接受适当形式的政治、经济、文化、科学、技术、业务教育和终身教育。

国家实行国家教育考试制度。国家教育考试由国务院教育行政部门确定种类,并由国家批准的实施教育考试的机构承办。

国家实行学业证书制度。经国家批准设立或者认可的学校及其他教育机构按照国家有关规定,颁发学历证书或者其他学业证书。

国家实行学位制度。学位授予单位依法对达到一定学术水平或者专业技术水平的人员授予相应的学位,颁发学位证书。

各级人民政府、基层群众性自治组织和企业事业组织应当采取各种措施,开展扫除文盲的教育工作。按照国家规定具有接受扫除文盲教育能力的公民,应当接受扫除文盲的教育。

国家实行教育督导制度和学校及其他教育机构教育评估制度。

5.《国家中长期教育改革和发展规划纲要(2010—2020年)》(2010年)

国务院总理温家宝2010年5月5日主持召开国务院常务会议,审议并通过了《国家中长期教育改革和发展规划纲要(2010—2020年)》(以下简称《纲要》)。《纲要》提出教育改革的四大战略目标:实现更高水平的普及教育、形成惠及全民的公平教育、构建体系完备的终身教育、提供更加丰富的优质教育,健全充满活力的教育体制。其中与学制直接相关的是:

实现更高水平的普及教育。基本普及学前教育;巩固提高九年义务教育水平;普及高中阶段教育,毛入学率达到90%;高等教育大众化水平进一步提高,毛入学率达到40%;扫除青壮年文盲。新增劳动力平均受教育年限从12.4年提高到13.5年;主要劳动年龄人口平均受教育年限从9.5年提高到11.2年,其中受过高等教育的比例达到20%,具有高等教育文化程度的人数比2009年翻一番。

构建体系完备的终身教育。学历教育和非学历教育协调发展,职业教育和普通教育相互沟通,职前教育和职后教育有效衔接。继续教育参与率大幅提升,从业人员继续教育年参与率达到50%。现代国民教育体系更加完善,终身教育体系基本形成,促进全体人民学有所教、学有所成、学有所用。具体说来,其内容包括:

(1)基本普及学前教育。遵循幼儿身心发展规律,坚持科学的保教方法,保障幼儿快乐健康成长。积极发展学前教育,到2020年,普及学前一年教育,基本普及学前两年教育,有条件的地区普及学前三年教育。重视0至3岁婴幼儿教育。

(2)巩固提高九年义务教育水平,巩固义务教育普及成果。义务教育具有强制性、免费性和普及性。到2020年,全面提高普及水平,全面提高教育质量,基本实现区域内均衡发展,确保适龄儿童少年接受良好的义务教育。适应城乡发展需要,合理规划学校布局,办好必要的教学点,方便学生就近入学。

(3)加快普及高中阶段教育。到2020年,普及高中阶段教育,满足初中毕业生接受高中阶段教育需求。根据经济社会发展需要,合理确定普通高中和中等职业学校招生比例,今后一个时期总体保持普通高中和中等职业学校招生规模大体相当。鼓励有条件的普通高中根据需要适当增加职业教育的教学内容。探索综合高中发展模式。采取多种方式,为在校生和未升学毕业生提供职业教育。

(4)大力发展职业教育。到2020年,形成适应经济发展方式转变和产业结构调整要求、体现终身教育理念、中等和高等职业教育协调发展的现代职业教育体系。坚持学校教育与职业培训并举,全日制与非全日制并重。加快发展面向农村的职业教育。

(5)全面提高高等教育质量。到2020年,高等教育结构更加合理,特色更加鲜明,人才培养、科学研究和社会服务整体水平全面提升,建成一批国际知名、有特色、高水平的高等学校,若干所大学达到或接近世界一流大学水平,高等教育国际竞争力显著增强。推进和完善学分制,实行弹性学制,促进文理交融。

(6)加快发展继续教育,构建灵活开放的终身教育体系。更新继续教育观念,加大投入力度,以加强人力资源能力建设为核心,大力发展非学历继续教育,稳步发展学历继续教育。重视老年教育。倡导全民阅读。广泛开展城乡社区教育,加快各类学习型组织建设,基本形成全民学习、终身学习的学习型社会。搭建终身学习"立交桥"。促进各级各类教育纵向衔接、横向沟通,提供多次选择机会,满足个人多样化的学习和发展需要。健全宽进严出的学习制度,办好开放大学,改革和完善高等教育自学考试制度。建立继续教育学分积累与转换制度,实现不同类型学习成果的互认和衔接。

(二)我国现行学制的类型与结构

1. 我国现行学制的类型

从形态上看,我国现行学制是从单轨制发展而来的分支型学制。我国20世纪初从西方引进的现代学制,从总体上看是单轨制。那时因为我国的现代生产、现代科技和商品经济还很不发达,学校的主要任务还是培养统治人才、管理人才和提高部分人口的科学文化水平,而不是培养大批为生产和经济服务的各级各类人才。因此,它是现代生产尚未发展条件下的单轨制。

随着生产和社会的发展,对有文化的劳动者的需求越来越大,也越来越迫切,我国的单轨制必然要走向分支型学制。我国学制改革和发展的基本方向是重建和完善分支型学制,即通过发展义务教育后的职业教育走向分支型学制。

2. 我国现行学制的结构

学制结构可以分别从层次结构和类型结构来看。就层次结构而言,我国现行学校教育包括学前教育、初等教育、中等教育和高等教育四个层次。就类型结构而言,我国现行学校教育包括普通教育和职业教育。

学前教育是指遵循幼儿生长发育的基本特点和规律,运用科学的方式和手段,遵循保育和教育相结合的原则,对幼儿进行身体养育、智力开发和道德启蒙教育,从而促使幼儿身心得到和谐发展的社会活动。幼儿教育是学校教育的基础,其实施机构主要是幼儿园和各种学前班,招收3至6岁的幼儿入园。

初等教育是为儿童打下文化知识基础和做好初步生活准备的基础教育,其任务是对儿童实施德、智、体等方面协调发展的教育,为儿童顺利进入中学做好准备。实施初等教育的机构主要是全日制小学,招收六七岁的儿童入学,修业年限为5年或6年。

中等教育是在初等教育基础上实施的中等普通教育和职业教育。其实施机构较为复杂多样,包括全日制普通中学、职业中学、农业中学、技工学校、各类中等专业学校和成人中等学校等。全日制普通中学分为初中和高中两个阶段,修业年限一般为6年,初中3年,高中3年,也有部分地区的学制为7年,即初中4年,高中3年。

高等教育是建立在中等教育基础上的各种高等专业教育,是正规学校教育的最高层次,其任务是培养各种高级专门人才,发展科学技术和促进社会发展。其学校形式主要包括全日制高等学校和成人高等学校。全日制高等学校又分为全日制专科学校、全日制大学和研究生院,分别进行专科教育、本科教育和研究生教育。成人高等学校包括广播电视大学、管理干部学院、教育学院、职业技术学院、职工高等学校、农民高等学校、独立设置的函授学院和普通高等学校所属的继续教育学院等,以具有高中文凭或同等学力的在职从业人员为培养对象。另外,我国还实行由国家统一举行的高等教育自学考试制度。

普通教育是指以处于成长阶段的儿童和青少年为对象,采取全日制教学形式,以普通科学文化知识为主要教学内容的教育。普通教育分为初等教育、中等教育和高等教育三级。职业教育是指教给学生从事某种职业所需要的知识和技能的教育。职业教育也分为初等、中等和高等三级,与普通教育层级相对应。

我国现行学制如图4-7。

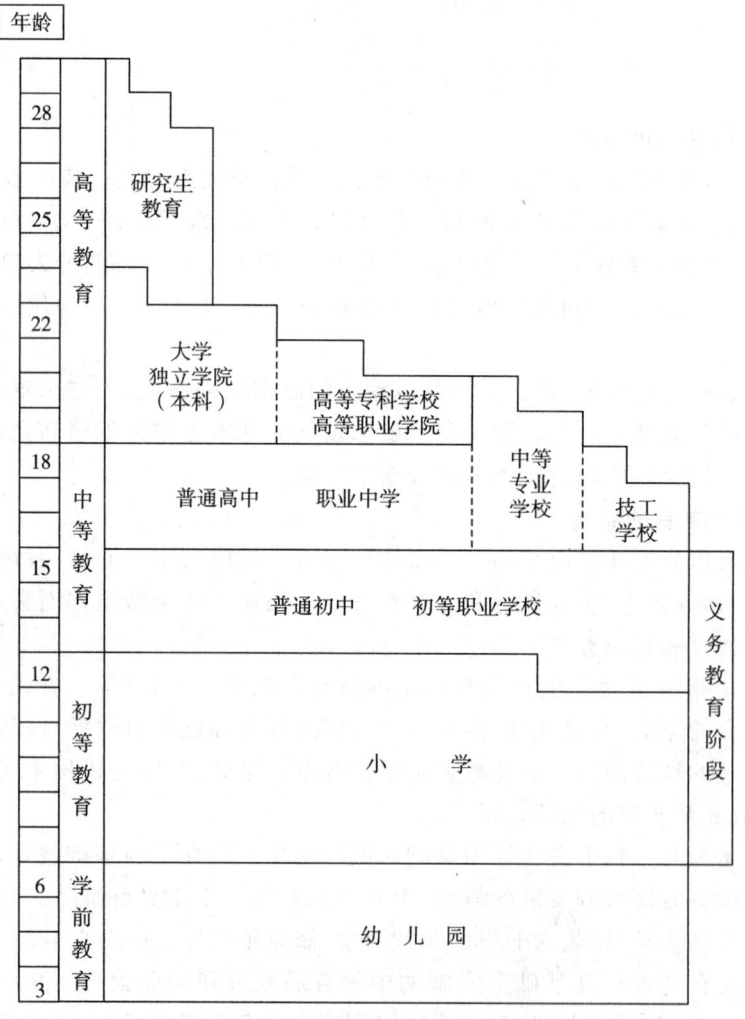

图 4-7 我国现行学制

(三)义务教育制度

1986年通过并于2006年和2015年两次修订的《中华人民共和国义务教育法》规定,国家实行九年义务教育,目的是保障适龄儿童、青少年接受义务教育的权利,保证义务教育的实施,提高全民族素质。

义务教育是指依据法律规定,适龄儿童和青少年都必须接受,国家、社会和家庭必须予以保障的国民教育。其实质是国家依照法律的规定对适龄儿童和青少年实施的具有一定年限的强迫教育的制度。

义务教育具有强制性(义务性)、普及性(统一性)、免费性(公益性)、公共性和基础性。其中,强制性、普及性和免费性是三个最基本的特征。

义务教育的强制性是义务教育最本质的特征。义务教育是法律保证实施的教育活动。国家、社会、学校和家庭必须依法予以保证。对不履行义务教育的行为,国家通过立法和司法强制执行。

义务教育的普及性是指全体适龄儿童、青少年,除依照法律规定办理缓学或免学手续的以外,都必须入学接受教育,并且必须完成规定年限的教育。

义务教育的免费性是指国家对接受义务教育的学生免除全部或者大部分的就学费用。这是世界各国实施义务教育的一个共同特点。

义务教育是一种社会公共事业,属于国民教育的范畴。它是面向本地区、本民族全体国民的教育,不应成为某一阶级、政党或宗教派别的工具而被垄断。义务教育的公共性表现在四个方面:一是教育与宗教分离,使学校教育成为世俗性的公共事业;二是义务教育由国家设立或批准的学校来实施,体现了国民的意志;三是实施义务教育的学校和教师具有公共和公务的性质,其工作对国家负责,对国民负责;四是国家对实施义务教育进行有效的监督和管理,而不是放任自流。

义务教育的基础性主要表现在:一是义务教育对学生进行的是基础知识、基本技能、基本方法和基本态度等方面的教育;二是义务教育是一种全民性的教育,而不是英才教育。

 本章小结

教育制度是指一个国家或地区各级各类实施教育的机构体系及其组织运行的规则。学校教育制度简称学制,是教育制度的主体,它是指一个国家或地区各级各类学校的系统及其规章制度。现代学校教育机构系统是最严密最有效的教育施教机构系统。学制的制定和完善对整个教育事业具有重大意义。学制的建立要考虑受教育者的身心发展规律,而学制的性质、状况及其发展,主要受政治、经济和文化等各种社会因素制约。作为专门的教育机构,学校的发展经历了从无到有、从少到多、从简单到复杂、从零散到系统的过程。现代学制的结构可视为由纵向划分的学校系统和横向划分的学校阶段所构成。这种系统和阶段的不同组合,便形成了现代学制的不同类型。现代学制在形成后的一百年来,不论从纵向学校系统,还是从横向学校阶段来看,都发生了重大的变化。就我国学制发展而言,不同于以往的官学、私塾和书院等,洋务运动以来,各种实业学校如雨后春笋般兴起。到19世纪末20世纪初,从小学、中学到大学,已经构成了一个相互衔接的学校系统。在此基础上,清政府和民国政府在不同时期研制和颁布了关于学校的各种章程和制度,极大地推动了我国学校教育体系的变革与发展。新中国建立以来,为适应政治体制的要求和经济社会发展的需要,保障人民的教育权利,满足人民的教育需求,历届政府对我国的学制进行了多次重要的调整和变革。迄今为止,我国已经形成并初步完善了由多层次、多类型学校构成的现代学校教育体系。

思考与练习

1. 什么是教育制度?什么是学制?
2. 建立学校教育制度的依据有哪些?
3. 现代学制有哪些类型?我国现行学制属于哪种类型?
4. 现代学制变革有哪些趋势?
5. 我国学校教育制度存在哪些问题?该如何改进?

【参考文献】

1. 王蕙.教育学[M].广州:广东人民出版社,2001.
2. 卢晓中.新编教育学[M].北京:北京师范大学出版社,2014.
3. 黄济,王策三.现代教育理论[M].北京:人民教育出版社,1996.
4. 成有信.教育学原理[M].郑州:大象出版社,1993.
5. 陈桂生.教育原理[M].上海:华东师范大学出版社,2000.
6. 孙培青.中国教育史[M].上海:华东师范大学出版社,2000.
7. 日本筑波大学教育学研究会.现代教育学基础[M].上海:上海教育出版社,2003.

第五章　教师职业理念

【学习目标】
1. 了解国家实施素质教育的背景。
2. 理解国家实施素质教育的基本要求。
3. 掌握在学校教育中开展素质教育的途径和方法。
4. 学会运用素质教育的基本要求分析和批判教育现象。
5. 理解"人的全面发展"的思想。
6. 学会运用"以人为本"的学生观,分析在教育教学活动中如何促进学生全面发展和促进学生的个性发展。
7. 了解教师专业发展的要求。
8. 掌握促进教师专业发展的途径和方法。
9. 理解教师的责任与价值,提高教师的责任感和热情。

【知识导航】

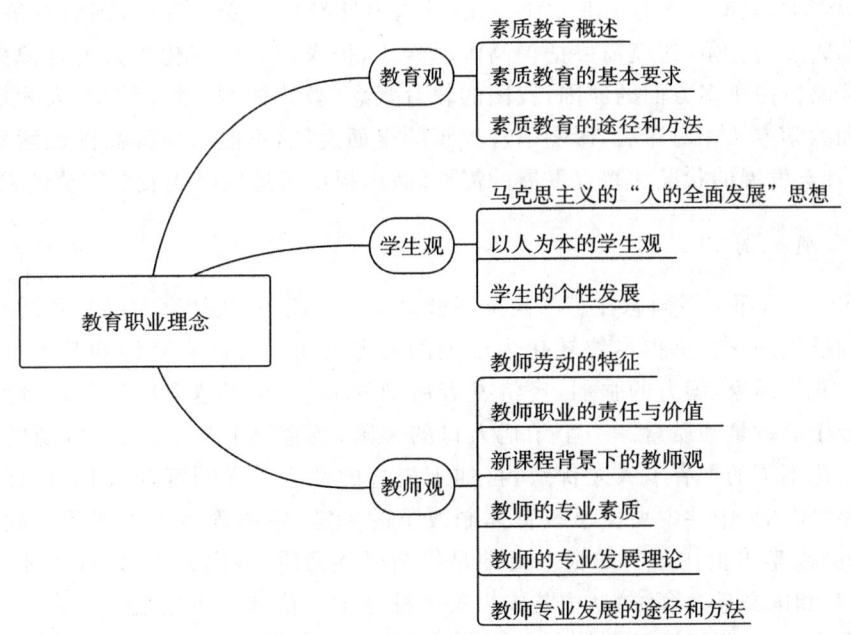

【引子】

 教师是学生的引路人

2016年9月9日,习近平总书记回母校北京市八一学校看望师生时指出,"广大教师要做学生锤炼品格的引路人,做学生学习知识的引路人,做学生创新思维的引路人,做学生奉献祖国的引路人。""四个引路人"进一步指出了教师的责任,从生产端指出了教师必须具备的事功,教师与社会、教育与国家由此紧密关联。

让我们尊重教师、理解教师、爱戴教师、支持教师,认识教师的大我,发现教师的大美,把尊师重教的工作做实,把支持教育的工作做深做广,齐心协力,真抓实干,为发展具有中国特色、世界水平的现代教育,培养社会主义事业建设者和接班人做出更大贡献。

第一节 教育观

一、素质教育概述

有什么样的教育观,就会有什么样的教育行为。教育观是指关于教育现象和问题的基本观念体系,诸如对教育的本质、目的、功能、体制、内容、方法、教师和学生等方面的基本看法。人们的教育观受一定的政治、经济制度和生活水平等制约,并受意识形态、文化传统及科学技术等影响,具有历史性和时代性。面对国内外形势的变化发展,国力竞争归根到底就是科技和人才的竞争,这就需要把提高国民素质,把人口大国转化为人力资源大国,作为国家发展战略。由于多方面的原因,我国的教育观念、教育体制、教育结构、人才培养模式、教育内容和教学方法相对滞后,影响了青少年的全面发展,不能适应提高国民素质的需要。因此,根据社会发展的状况和教育发展的需要,我国提出了适应时代发展需要的素质教育。

(一)素质教育的提出

1985年5月,邓小平同志在第一次全国教育工作会议上,从社会主义现代化战略出发,强调把我国沉重的人口负担尽快转化为巨大的人力资源优势的必要性和紧迫性。邓小平同志指出:"我们国家,国力的强弱,经济发展后劲的大小,越来越取决于劳动者的素质,取决于知识分子的数量和质量。一个十亿人口的大国,教育搞上去了,人才资源的巨大优势是任何国家比不了的。有了人才优势,再加上先进的社会主义制度,我们的目标就有把握达到。"同年发布的《中共中央关于教育体制改革的决定》中明确指出:"在整个教育体制改革过程中,必须牢牢记住改革的根本目的是提高民族素质,多出人才,出好人才。"此后,在《中华人民共和国义务教育法》《中共中央关于社会主义精神文明建设指导方针的决议》和中共十三大报告中,都强调提高整个中华民族的思想道德素质和科学文化素质的问题。正

因为这样,20世纪80年代中后期,素质教育兴起了最初的思想源头。

在邓小平讲话以及中央文件的启发下,理论界关于"素质""民族素质""劳动者素质""国民素质"的研究日益增多。研究主要涉及素质观念、素质与培养目标、素质与社会发展、素质与教育的关系等方面。同时,针对教育实践中出现的片面追求升学率和由此引发的学生课业负担过重等问题,教育界开展了"端正教育思想,明确教育目标"的讨论,从树立正确的人才观和提高民族素质出发,对片面追求升学率的现象做了一些分析和批评。在教育教学一线,一些中小学也大胆尝试,改革创新,涌现出一些体现素质教育思想的教育改革实验模式。这些研究、讨论和实验为素质教育的提出奠定了理论和实践基础。

1993年2月13日,在总结广大教育工作者改革实践经验的基础上,中共中央、国务院制定发布的《中国教育改革和发展纲要》(以下简称《纲要》)指出:"中小学要从'应试教育'转向全面提高国民素质的轨道,面向全体学生,全面提高学生的思想道德、文化科学、劳动技能和身体心理素质,促进学生生动活泼地发展,办出各自的特色。"《纲要》提到"素质"一词有二十多处,并提出了全面提高学生四个方面素质的要求。为了贯彻和落实《纲要》,中共中央于1994年召开的全国教育工作会议上提出,基础教育必须从"应试教育"转到素质教育的轨道上来,全面贯彻教育方针,全面提高教育质量。同年8月,《中共中央关于进一步加强和改进学校德育工作的若干意见》明确指出:"增强适应时代发展、社会进步,以及建立社会主义市场经济体制的新要求和迫切需要的素质教育。"这是第一次正式在中央文件中使用素质教育的概念。

1994年6月,中共中央、国务院召开了第二次全国教育工作会议,提出各地要抓素质教育改革试验区。素质教育观念逐步转化为各地各部门的积极探索和生动实践,进入了区域性试验与探索阶段。1997年10月29日,国家教委颁发的《关于当前积极推进中小学实施素质教育的若干意见》强调:"在中小学全面贯彻国家的教育方针,积极推进素质教育,已经是摆在我们面前的刻不容缓的重大任务。"由此,掀起素质教育实践的区域性高潮。全国首批建立了十个素质教育实验区,一些省市也建立了省级素质教育实验区。

1999年,国务院批转教育部制定的《面向21世纪教育振兴行动计划》,明确提出,实施"跨世纪素质教育工程",整体推进素质教育,拉开了素质教育从典型示范转向整体推进和制度创新的序幕。同年,中共中央、国务院作出《关于深化教育改革全面推进素质教育的决定》,并召开了以素质教育为主题的全国教育工作会议,进一步强调了实施素质教育的重要性和必要性,明确了素质教育的内涵,以及实施素质教育的具体举措。由此,素质教育开始作为党和国家的战略决策,进入国家推进、重点突破、全面实施的新阶段。

2001年,经国务院同意,教育部颁发了《基础教育课程改革纲要(试行)》,启动了新一轮基础教育课程改革,到2009年秋季,全国义务教育阶段全面实施新课程,普通高中已有25个省份进入新课程。课程改革在全面实施素质教育中发挥了核心和关键作用,带动了基础教育观念、人才培养模式、考试评价制度、师资队伍建设、教育管理等方面的配套改革、整体推进。各地注重德育为首,育人为本,开展阳光体育,增强学生体质,加强美育熏陶,塑造高尚情操,努力促进学生全面发展。以人为本的素质教育理念日益深入人心,义务教育均衡发展的局面逐渐形成,以素质教育理念为核心的教育质量保障体系正在形成,中小学素质教育呈现出良好的发展态势。

（二）素质教育的内涵和特征

开展素质教育，推动教育的改革与发展，需要深刻把握素质教育的内涵和特征。

1. 素质教育的内涵

关于素质教育的含义，1997年国家教委发布的《关于当前积极推进中小学实施素质教育的若干意见》作了明确解释：素质教育是以提高民族素质为宗旨的教育。它是依据《教育法》规定的国家教育方针，着眼于受教育者及社会长远发展的要求，以面向全体学生、全面提高学生的基本素质为根本宗旨，以注重培养受教育者的态度、能力，促进他们在德智体等方面生动、活泼、主动地发展为基本特征的教育。

2. 素质教育的特征

素质教育是一种旨在提高人的自身素质（自然素质、心理素质，社会素质）的教育活动。它在本质上是一种发展性教育，即开发人的潜能、提高人的身心文化素质、培养人的健全个性的教育活动。素质教育具有下列特征：

（1）发展性。素质教育是一种发展性教育，这是对教育的功能而言的。主要体现在两个方面：一是教育功能的前瞻性。邓小平提出的教育要面向现代化、面向世界、面向未来，就是教育前瞻性的高度概括，素质教育就是根据未来社会发展和人的发展的需要，提高人的身心以及社会科学文化素质，从而为提高整个民族素质打好基础。二是对素质要求的时代性。不同时代对人的素质有着不同的发展要求，因此，要不断对传统的素质结构模式加以革新，赋予创新的内涵才能使培养出来的人符合时代的需要。

（2）整体性。整体性是基础教育的一个本质属性，它的根本任务是为提高民族的整体素质，为多出人才打好基础。因此，素质教育具有三个要义，即面向全体、全面发展、生动活泼主动发展。

（3）基础性。这主要指教育要求和教育内容要做到基础性，因为，基础教育不是专业教育，主要是为学生在思想发展、文化科学、身心健康等方面打好基础，为学生今后的发展提供基础条件。

（4）主体性。这是素质教育的本质特征。因为素质教育是作为主体的人所具备的，是人在成长、学习、实践过程中把从外界获得的物质、能量、信息加以内化，逐步沉淀而成的，同时又是人在与外部客体世界的接触中，作为主体的内在属性表现出来和发挥作用的。因此，在培育人的素质中，必须发挥主体的能动性。

（三）素质教育与应试教育的区别

素质教育与"应试教育"是对立的两种教育观。"应试教育"是指"在我国教育实践中客观存在的偏离受教育者群体和社会发展的实际需要，单纯为应付考试、争取高分和片面追求升学率的一种倾向"。它们的对立主要体现在以下几点：

（1）教育目的不同。"应试教育"着眼于分数和选拔，以考取高分获得升学资格为目的，属急功近利的短视行为。素质教育则满足教育者个体发展和社会发展的需要，旨在提高国民素质，追求教育的长远利益与目标。

（2）教育对象不同。"应试教育"重视高分学生，忽视大多数学生和差生。而重视高分学生，更确切地说就是重视高分。这就违背了教育的宗旨，违背了"教育机会人人均等"的原则。素质教育面向全体学生,它是一种使每个人都得到发展的教育,每个人都有所发展,都在他天赋允许的范围内充分发展。素质教育也是差异性教育,素质教育面向每一个学生,面向每一个有差异的学生,即素质教育要求平等,要求尊重每一个学生。

(3)教育内容不同。"应试教育"紧紧围绕考试和升学需要,考什么就教什么,所实施的是片面内容的知识教学。只教应试内容,忽视了非应试能力的培养,如语文、外语学科忽视听说能力的训练,学生无法充分发挥语言的交际功能;在数理化学科中忽视对理论知识的运用及动手操作,以致学生在实际问题面前束手无策。而素质教育立足于学生全面素质的提高,对学生实施适合学生发展和社会发展需要的教育内容。

(4)教育方法不同。"应试教育"采取急功近利的做法,大搞题海战术,猜题押题、加班加点、死记硬背、"填鸭式"教学等,不仅加重了学生的课业负担,也使学生的能力得不到全面的培养。素质教育则要求开发学生的潜能与优势,重视启发诱导,因材施教,使学生学会学习,生动活泼地发展。

(5)教育评价标准不同。"应试教育"要求学校的一切工作都围绕着备考这个中心而展开,要求学生积累与考试有关的知识、形式、应试技能,考取高分,要求老师将分数作为教学的唯一追求,以分数作为衡量学生和老师水平的唯一尺度;素质教育则立足于学生素质的全面提高,以多种形式全面衡量学生素质和教师的水平。

(6)教育结果不同。在"应试教育"下,多数学生受到忽视,产生厌学情绪,片面发展,个性受到压抑,缺乏继续发展的能力。在素质教育下,全体学生的潜能得到充分发挥,获得素质的全面提高,个性得到充分而自由的发展,为今后继续发展打下扎实基础。

二、实施素质教育的基本要求

实施素质教育,需要从教育观念、人才培养模式、教育方式等方面进行深化改革,才能更好地落实素质教育精神,更好地实现培养全面发展的社会主义建设者和接班人的目的。为此,实施素质教育有着下列基本要求:

(一)素质教育以提高国民素质为根本宗旨

21世纪已经到来,我国的经济体制从计划经济体制转变为社会主义市场经济体制,经济增长方式从粗放型转变为集约型。国家实施"科教兴国"战略和"可持续发展"战略,面临着资金、技术和物质资源不足的问题,而最大的问题是素质和人才问题。在我国这样一个人口多、底子薄的发展中国家,如何把沉重的人口负担转化为人力资源的优势,是现代化建设的关键所在。这正如十五大报告所指出:"我国现代化建设的进程,在很大程度上取决于我国国民素质的提高和人才资源的开发。"国民素质的提高必须依靠教育,人力资源的开发关键就是教育。这就要求必须优先发展教育,而且必须实施素质教育,唯其如此,才能实现发展教育的根本任务,提高民族素质。正如《中国教育改革和发展纲要》所指出的:"发展教育事业,提高全民族的素质,把沉重的人口负担转化为人力资源优势,这是我国实现社会主义现代化的一条必由之路。"

(二)素质教育是面向全体学生的教育

"全体性"是素质教育最本质的规定、最根本的要求,做不到这一点,就谈不上什么素质教育。世界上绝大多数国家把素质教育与实施义务教育联系在一起,其原因就在于义务教育从立法上保证了教育机会的均等化与受教育权利的公平性。

坚持素质教育的"全体性",其要义在于:第一,保证使接受教育成为每一个人的权利和义务,接受教育是每一个儿童最重要、最根本的权利;第二,保证使整个民族的文化素养在最低可接受水平之上,杜绝新文盲的产生,中小学教育应为提高全体人民的基本素质服务,推进国家经济发展与民主建设;第三,为贯彻社会主义"机会均等"原则,为每个人的继续发展提供最公平的前提条件。素质教育的最终目标是为未来的合格公民奠定素养基础。

(三)素质教育是促进学生全面发展的教育

素质教育要求全面提高学生的思想道德、文化科学、劳动技能和身体心理等方面的素质,使学生学会做人、求知、生活、健体、审美和劳动。实施素质教育就要坚决贯彻国家的教育方针,使受教育者在德智体美劳全面发展,形成包括思想品德、知识技能、身体心理诸方面要求的合理的素质结构,成为有理想、有道德、有文化、有纪律的社会主义事业的建设者和接班人。

(四)素质教育是促进学生个性发展的教育

素质教育就是针对人身心发展的需要,以人自身的稳定的主体品质为教育目的设计教育。素质教育是提高民族素质的奠基工程,是基础教育的根本目的和最终任务。如何通过实施素质教育,促进学生个性发展,是中小学改革面临的一个重要问题。

全面发展并不排斥个性发展,个性发展是在全面发展基础上的更高层次的飞跃。这是因为,学生是发展中的人,学生只能在个体经验中获得发展。如果离开了学生的个性发展,就不能有效地发挥其功能作用。素质教育更注重学生的个体素质的提高,它符合辩证唯物主义共性和个性的客观规律,因而素质教育是促进学生个性发展的有效途径。

素质教育遵循了学生身心发展的客观规律,促进学生个性发展是对素质教育的必然要求。由于与生俱来的遗传因素和后天环境教化的影响,相同年龄阶段的儿童、少年在脑力与体力、智力因素和非智力因素等方面有其个性特征。这就要求教师不仅要重视学生发展的共性特征,更应充分重视每个学生的个别差异,做到因材施教,有的放矢,发挥每个人的潜能和积极因素,弥补短处和不足,选择最有效的途径,使具有各种个性差异的学生,都能各得其所地获得最大限度的发展。[①]

(五)素质教育是以培养学生的创新精神和实践能力为重点的教育

所谓创新教育就是使整个教育过程被赋予人类创新活动的特征,并以此为教育基础,达到培养创新人才和实现人的全面发展为目的的教育。所谓创新人才,应该包括创新精神和创新能力两个相关层面。其中,创新精神主要由创新意识、创新品质构成。创新能力则包括人的创新感知能力、创新思维能力、创新想象能力。从两者的关系看,创新精神是影响创新能力生成和发展的重要内在因素和主观条件,而创新能力提高则是丰富创新精神的最有利的理性支持。

---

① 杨桂林.实施素质教育,促进学生个性发展[N].甘孜日报,2016-09-30(04).

实施创新教育就是要从培养创新精神入手,以提高创新能力为核心,带动学生整体素质的自主构建和协调发展。而创新精神和能力不是天生的,它虽然受遗传因素的影响,但主要在于后天的培养和教育。创新教育的过程,不是受教育者消极被动的被塑造的过程,而是充分发挥其主体性、主动性,使教学过程成为受教育者不断认识、追求探索和完善自身的过程,亦即培养受教育者独立学习、大胆探索、勇于创新能力的过程。因此,在教学过程中要致力于培养学生的创新意识、创新能力及实践能力。

素质教育的目的是全面贯彻党的教育方针,提高国民素质,培养学生的创造精神和实践能力。而实践能力是人的能力的重要组成部分,是学会做事的具体体现,是学生生存发展的需要。教育要注重知行统一,坚持教育教学与生产劳动、社会实践相结合,增强学生解决实际问题的本领和自主探究学习的能力。[①]

三、实施素质教育的途径和方法

实施素质教育,不仅需要转变教育观念,而且需要在人才培养模式、教育教学方式等方面深化改革,促进学生德智体美劳全面发展。

(一)实施素质教育的途径

实施素质教育是一个系统工程,需要全社会共同努力,确保素质教育得到全面实施。

1. 制定和完善素质教育政策

全面推进素质教育,是教育事业的一场深刻变革,是一项事关全局、影响深远和涉及社会各方面的系统工程。这就需要国家从提高国民素质出发,制定实施素质教育的政策,采取有力措施,保证素质教育得到全面高效实施。

2. 推进新课程改革

实施素质教育,必须实施素质教育的课程。体现素质教育思想、目标和内容的基础教育课程,就是基础教育推进素质教育的重要途径。推进新课程改革需要做好下列几方面工作:(1)实现课程功能的转变。改变课程过于注重知识传授的倾向,强调形成积极主动的学习态度,引导学生学会学习、学会生存、学会做人。新课程的教学目标为三维目标:知识与技能、过程与方法、情感态度与价值观。(2)体现课程结构的均衡性、综合性和选择性。改变课程结构过于强调学科本位、科目过多和缺乏整合的现状,整体设置九年一贯课程门类和课时比例,并设置综合课程,以适应不同地区和学生发展的需求。(3)密切课程内容与生活和时代的联系,改变课程内容"繁、难、偏、旧"和过于注重书本知识的现状,加强课程内容与学生生活以及现代社会和科技发展的联系,关注学生的学习兴趣和经验,精选终身学习必备的基础知识和技能。(4)改善学生的学习方式。改变课程实施过于强调接受学习、死记硬背、机械训练的现状,倡导自主学习、探究学习、合作学习的学习方式。(5)建立与素质教育理念相一致的评价与考试制度。对学生的评价,不仅关注学业成绩,还关注学生的创新精神、实践能力、心理素质、学习兴趣、学习方法和积极的情感体验等。尊重个体差异,注重对个体发展的独特性的认可,发挥学生多方面的潜能,增强学生的自信;将量化评价方法

[①] 张敏.试探素质教育中实践能力的培养[J].价值工程,2014(19):229-230.

与质性评价方法相结合,丰富评价和考试方法,追求科学性、实效性和可操作性。

3. 实现教学观念和教学方式的转变

教学是课程实施的根本途径,也是学校教育的生命线。实施素质教育,需要在教学方面体现素质教育的精神,才能保证素质教育落到实处。这就需要做到:

(1)教学从"教育者为中心"转向"学习者为中心"。在教学工作中,需要鼓励学生参与教学,并积极创设智力操作活动,教给学生思维的方法并加强训练。

(2)教学从"关注学科"转向"关注人"。在教学工作中,教师需要关注每一位学生,关注学生的情绪生活和情感体验,关注学生的道德生活和人格养成。

(3)教学从"教会学生知识"转向"教会学生学习"。在教学活动中,教师需要加强指导学生掌握基本的学习过程,指导学生了解学科特征,掌握学科研究方法,培养学生良好的学习习惯。

4. 学校落实具体的改革措施

应试教育到素质教育的转变,需要学校管理从应试教育向素质教育转变,因为素质教育活动也是在学校管理活动中实现的。因此,中共中央、国务院《关于深化教育改革全面推进素质教育的决定》提出,要"努力造就能够带领广大教师和教育工作者积极实施素质教育的学校领导以及管理干部队伍。学校校长在推进素质教育中具有特殊作用,要率先转变教育观念,把领导教职工创造性地实施素质教育作为重要职责"。

积极开展课外、校外活动,推动素质教育的开展。除学校的正式课程是实施素质教育的途径外,还有各种课外、校外教育活动,如课外开展的兴趣活动、社区服务活动等,这些活动拓展了学生素质发展的领域,成为学生素质全面发展的必要条件。

以素质教育精神为指引,班主任工作积极落实素质教育。在学校教育中,班级是有组织地开展素质教育活动的基层单位。其中,班主任是班级的组织者、教育者和管理者。因此,班级素质教育开展的效果,取决于班主任的班级管理思想、管理方法和教育方法。如果班主任能够以素质教育的思想开展班级组织管理工作、班级教育工作,那么班级中的素质教育会得到良好的实施。

(二)实施素质教育的方法

1. 充分发挥教师的作用

素质教育的成败,相当程度上取决于教师。当前我国教师的整体教学水平与素质教育的要求,相距甚远。教师素质低下,对教育教学所造成的消极影响十分突出。适应时代发展要求,充分挖掘教师的潜力,最大限度地发挥教师的作用,仍是课堂教学的一个重要方面。

首先要更新教师的教育观念,教育观念是教师素质的重要组成部分,它可以产生一种强大的内驱力,激励每一位教师以全身心的投入去实现自己的教学追求,推动全面素质教育的实现。其次,要提高教师师德素养。师德与观念同样具有对教师教育行为导向的机制作用。正是这一点,决定着师德对实施整体改革、实施对全体学生全面素质教育的关键性作用。因此,素质教育要求教师要有高度的事业心与责任感,有开拓意识和创造精神等优良品质。教师要有高尚的思想道德、崇高的精神境界,要有高度的敬业、爱岗精神,严以律己、以身作则、为人师表,要用自身良好的理想、信念、道德品质、言行举止去影响学生,做学生的楷模。

2. 调动学生学习的主动性和积极性

《基础教育课程改革纲要(试行)》在课程改革的目标中,提出"改变课程实施过于强调接受学习、死记硬背、机械训练的现状,倡导学生主动参与、乐于探究、勤于动手,培养学生搜集和处理信息的能力、获取新知识的能力、分析和解决问题的能力以及交流与合作的能力"。全方位调动学生的主动性和积极性,保证学生学习的有效性,提高学生学习的质量,促进学生学习的良性循环,这是人类进入21世纪后教育对课堂教学提出的首要任务和核心课题。没有最大限度地发挥学生的潜力,没有从根本上调动全体学生学习的积极性,不能真正让所有学生参与教学,不教学生如何学习,是影响教学质量较深层次问题的有力揭示。

但时至今日,一些学校和教师依然囿于片面追求升学率的束缚,嘴上喊着教育改革,加强素质教育,但在实际操作中,仍然不能抛开以往那种填鸭式的教学方法,一味地以知识教育灌输学生,给学生加负、加压、加班、加点,学生的书包沉重,心理负担和压力更沉重。在这种教育模式下,常常有些孩子行为逆反、心理压抑,其结果导致教者失望、学者沮丧;也有一些孩子上进心很强,学习非常用功,整天"拳不离手,曲不离口",除了书本还是书本,即使假日,也是闭门苦读,学得很辛苦,可是其成绩却总是一般,有的甚至被同学嘲笑为"书呆子",久而久之,变得沉默寡言,离群索居,成了真的"书呆子"。为什么会出现这种情况呢?究其原因,是因为没有科学地理解和掌握实施素质教育的方法,也就无法调动学生的主动性和积极性。

3. 积极开展实践活动

素质教育要通过学科教育来实现,首要的应取决于教学内容。构建紧密与生活、生产实际和社会发展相联系的学科内容体系是最为迫切、最为关键的一件大事。

以往的教材,教学内容的选择与安排过多地考虑了学科内容的完整性和全面性,过分地追求学科体系的系统性和严谨性,而忽视了学科与学科之间的联系,忽视了科学与人、科学与社会、科学与生活广泛而又紧密的联系。针对以往教材内容的缺陷,新的国家课程改革意见就明确指出,2000—2010年,全国基础教育课程改革的总目标是:以邓小平教育理论特别是"教育要面向现代化,面向世界,面向未来"的论述为指导方针,全面贯彻党的十五大精神,认真落实《中共中央国务院关于深化教育改革全面推进素质教育的决定》,构建一个开放的、充满生机的有中国特色社会主义基础教育课程体系。

新课程内容体系着力强调要培养学生良好的思想政治素质、道德品质、公民意识和社会责任感,培养良好的心理和健全的人格,培养学生终身学习的愿望和能力、创新精神和实践能力,培养学生健康的体魄和文明卫生的习惯,培养学生健康的审美观和审美能力。新的课程标准,要求教育者根据基础教育的任务、教育基本规律和学生身心发展规律,考虑学生终身学习和发展所需的基本素质,结合各门类课程特点,渗透对学生思想品德、人文精神和科学精神方面的要求。

第二节 学生观

一、马克思主义的"人的全面发展"思想

马克思主义关于人的全面发展学说从社会物质生产与人的全面发展关系进行考察,提出了人的发展问题的基本原理,它是马克思主义教育思想的重要组成部分。马克思关于人的全面发展的思想观点主要有以下几点:

(一)人的全面发展

对于人的全面发展问题,马克思是从政治经济的角度出发,深刻揭示人的全面发展的问题。在《英国工人阶级状况》《德意志意识形态》《共产主义原理》《资本论》《反杜林论》等著作中,对人的全面发展做出了全面阐述,所谓人的全面发展,是指人的劳动能力,即人的体力和智力的全面、和谐、充分的发展,还包括人的道德的发展。马克思认为,由于机器大工业的兴起,社会生产力水平得到迅速提高,为社会提供了较为丰富的产品,为人们的社会生活提供物质基础。人们有目的地联合起来控制和发展社会物质基础,根本上消除历史造成的自发性和盲目性,能够消除和克服人发展中的矛盾,从而达到人的智力和体力的统一、精神劳动、物质劳动和享受的统一,生存和发展的统一。而且,在物质不断丰富的条件下,创造和享受丰富的物质,人的潜能和天资、兴趣和才能得到前所未有的充分发展,使人的身心、精神(道德)、才能、个性全面而丰富地发展。所以,马克思主义关于人的全面发展,是指人的体力和智力、能力和志趣、道德精神和审美情趣的多方面的发展。因此,人的全面发展与社会发展紧密联系起来,只有社会生产力得到充分发展,把体力劳动和脑力劳动相结合理解为人的劳动能力获得了多方面的、充分的、统一的发展时,才能促进人的全面发展。

在原始社会时期,由于使用简陋的生产工具,社会生产方式落后,人们从事社会生产劳动,体力劳动和脑力劳动结合在一个人身上,虽然体力劳动和脑力劳动结合没有相分离,但人的体力、智力、能力、精神等各方面的发展都处在极为低下的水平,不可能使到社会中的人得到全面发展。所以,马克思指出,在发展的早期阶段,单个人显得比较全面,那正是因为他还没有形成自己丰富的关系,并且还没有使这种关系作为独立于他自身之外的社会权力和社会关系同他自己相对立。在这样的条件下,当然无所谓人的全面发展。资本主义社会的生产力和社会经济关系的变化和发展,在客观上使个人的生产方式、经济关系、个人生活中的交往关系也随之改变和发展,这为人的全面发展提供了广阔空间,使得人的全面发展成为可能。然而,资本主义社会的工人并非得到了全面发展,这是因为在生产资料私有制的条件下,工人只是成为资本家的剥削工具,在客观上使个人的生产方式、经济关系、个人生活中的交往关系受到限制,他们的发展仍然带上了"特有的畸形"。也就是说,这种发展状况的改善是片面的,仍然没有脱离人是物的附属物、人是物的工具这一畸形的发展特征。

（二）旧式分工造成了人的片面发展

马克思认为，人的发展受到劳动分工和社会生产方式的影响。在阶级社会里，社会生产劳动者使用工具加工产品，存在体力劳动与脑力劳动畸形发展的现象。社会发展进入资本主义社会，机器大工业的出现，使得社会劳动分工有了新变化，但旧式劳动分工并没有实现根本改变。马克思指出："在自动工厂里重新出现分工，但这种分工首先就是把工人分配到各种专门机器上去……在那里，他们在并列着的同种工作机上劳动"，"机器上面的一切劳动，都要求训练工人从小就学会使自己的动作适应自动机划一的连续运动"。① 马克思运用印刷生产来说明：印刷品过去是由一个手工业者用自己的工具来完成的，现在由机器来完成，每小时可以制成3000多个信封，而工人只要简单地把纸送到机器上就可以了。"机器成了一种使用没有肌肉力或身体发育不成熟而四肢比较灵活的工人的手段。"② 这就说明，在资本主义社会里，工人使用机器进行生产劳动，一方面，人利用机器来完成生产过程；但另一方面，人也变成机器的工具了。在资本主义工人劳动的这种状况下，机器劳动极度损害了神经系统，同时它又压抑肌肉的多方面运动，侵吞身体和精神上的一切自由活动。③ 由于只用一种肢体进行劳动，工人不仅智力荒废，而且肢体也受到伤害，使人变成畸形发展的人。

（三）机器大工业生产为人的全面发展提供了基础和可能

机器大工业生产一方面摧残工人，特别是妇女、儿童的身心；另一方面又要求工人有一定的文化，能够适应机器的不断变化，对人的发展提出了新的要求。

因为机器大工业生产的技术基础是不断变化的，资本家为了追逐利润，不断变革生产工具，减少产品生产的时间以获取更多的利润。这就要求工人能够适应这种生产技术的变革，这与工场手工业的劳动是很不相同的。马克思在《资本论》中详细论述了这个过程。他写道："现代工业从来不把某一生产过程的现存形式看成和当作最后的形式。因此，现代工业的技术基础是革命的，而所有以往的生产方式的技术基础本质上是保守的。现代工业通过机器、化学过程和其他方法，工人职能和劳动过程的社会结合不断地随着生产的技术基础发生变革。这样，它也同样不断地使社会内部的分工发生革命，不断地把大量资本和大批工人从一个生产部门投入到另一个生产部门。"④ 因此，大工业的本性决定了劳动的变换、职能的更动和工人的全面流动性。⑤ 机器生产的工具变革了，劳动就要变化，原有的工人不适应，就只能被工厂抛弃，成为劳动后备军。马克思揭示了劳动变换这一大工业生产的普遍规律，认为劳动的变换成为大工业不能克服的自然规律，并且带有自然规律的盲目破坏力。也就是说，生产技术一旦发生变革，就要甩掉一批工人。因此，承认不承认这个自然规律，如何遵循这个规律就成为大工业能否继续下去的关键问题。马克思说："大工业又通过它的灾难本身使下面这一点成为生死攸关的问题：承认劳动的变换，从而承认工人尽可能

---

① 马克思.资本论[M].北京：人民出版社，1975：460-461.
② 马克思.资本论[M].北京：人民出版社，1975：433.
③ 马克思.资本论[M].北京：人民出版社，1975：463.
④ 马克思.资本论[M].北京：人民出版社，1975：33.
⑤ 马克思.资本论[M].北京：人民出版社，1975：534.

更多方面的发展是社会生产的普遍规律。"①他又说:"大工业还使下面这两点成为生死攸关的问题:用适应于不断变动的劳动需求而可以随意支配的人员,来代替那些适应于资本的不断变动的剥削需要而处于后备状态的、可供支配的、大量的贫穷工人人口;用那种把不同社会职能当作互相交替的活动方式的全面发展的个人,来代替只是承担一种社会局部职能的局部个人。"②也就是说,大工业生产的技术不断变革,要求能够适应不断变动的全面发展的个人来代替只适应一种劳动的局部发展的个人。

机器大工业生产不仅要求个人的全面发展,而且为个人的全面发展创造了条件。传统的手工业的手艺掌握在个别的人手里,成为一种秘密,在同行中互相保密,只有经验丰富的内行才能洞悉其中的奥妙。马克思把它称为掩盖生产过程的帷幕。"这层帷幕在人们面前掩盖起他们自己的社会生产过程"③,但"大工业撕碎了这层帷幕。大工业的原则是,首先不管人的手怎样,把每一个生产过程本身分解成各个构成要素,从而创立了工艺学这门完全现代的科学……工艺学揭示了为数不多的重大的基本运动形式,不管所使用的工具多么复杂,人体的一切生产活动必然在这些形式中进行"。④ 这就使得人们掌握生产过程的基本原理成为可能。

同时,大工业生产通过技术革新,不断提高劳动生产率,也有可能逐渐缩短劳动时间,使工人有自由时间用于学习。这当然在马克思《资本论》创作的时代是不可能做到的。因而工人阶级要为缩短劳动时间而斗争,国际劳动节就是工人阶级斗争的结果。马克思认为,个人的片面发展是资本主义社会分工造成的。他预言,在工人阶级夺取政权以后,工艺教育将在工人学校中占据应有的位置,使工人在生产劳动和教育的结合中得到全面发展。正如恩格斯在《共产主义原理》一文中所指出的:"教育可使年轻人很快就能够熟悉整个生产系统,它可使他们根据社会的需要或他们自己的爱好,轮流从一个生产部门转到另一个生产部门。因此,教育就会使他们摆脱现代这种分工为每个人造成的片面性。"⑤马克思和恩格斯充分肯定了教育在个人的全面发展中的重要作用,他们对大工业生产为个人的全面发展创造了条件的观点,随着社会发展得到了实践的检验。

(四)社会主义制度是实现人的全面发展的社会条件

首先,实现人的全面发展是社会主义社会的最重要特征。恩格斯逝世前,当有人请他用一句最简短的语言来表达社会主义的基本精神时,他就选用了《共产党宣言》中关于未来新社会的论述:"在那里,每个人的自由发展是一切人的自由发展的条件。"资本主义社会无论是物质繁荣还是在促进人的发展方面,较以往社会形态都取得了巨大的历史性进步,但是在资本主义关系下,人的发展决不是作为一个社会目标来追求的,而只是生产发展的"副产品",整个社会表现为极少数人的自由发展与大多数人的片面发展甚至畸形发展并存。社会主义、共产主义本质上"是以每个人的全面而自由的发展为基本原则的社会形式"。正由于把最大多数人的全面发展视为目的本身,所以我们不但要建设高度的物质文明,而且

---

① 马克思.资本论[M].北京:人民出版社,1975:535.
② 马克思.资本论[M].北京:人民出版社,1975:535.
③ 马克思.资本论[M].北京:人民出版社,1975:535.
④ 马克思.资本论[M].北京:人民出版社,1975:533.
⑤ 马克思.资本论[M].北京:人民出版社,1975:533.

要努力建设高度的精神文明。

其次,促进人的全面发展是社会主义社会发展的前提和条件。社会主义社会的发展必须以整个社会成员各方面素质的不断提高为首要条件。马克思、恩格斯就说过,未来新社会的建设需要一种"全新的人"。所谓"全新的人",也就是思想素质高、人的先天与后天的各种才能获得充分发展的人。对以全面发展为特征的"新人"的大力培养和运用,既是社会主义社会发展的基础,也是推进社会主义未来进程的需要。社会主义凭什么优越于资本主义或成为比资本主义更高的社会发展阶段?在根本上要靠更加发达的生产力和水平更高的劳动生产率。这就离不开人的全面发展。因此,能够适应现在与未来社会主义建设要求的劳动者,必须具有一代新人的劳动品质和全面发展的能力。

最后,促进人的全面发展也是社会主义制度建设的基本保证。生产力水平的不断提高是社会主义制度建设的基础,但在另外一方面,无论是经济制度还是政治制度,都必须靠人来运行,并且体现为对人的组织和管理,因而广大人民的素质状况对社会主义制度建设的水平与效果同样起决定作用。例如,社会主义的公有制要能够顺利有效地运行,不但取决于人们的管理能力、生产能力与受教育程度,而且与整个社会的思想道德水平存在十分密切的联系。人民当家作主是社会主义政治制度的根本特征,但人民掌权单有思想觉悟或"手上有老茧"是远远不够的,还必须有"本领"(列宁语)。若没有社会成员参政议政能力的提高,就很难有社会主义民主的高度发展。实践证明,着眼于人民各方面素质的提高,是推进社会主义社会的经济制度与政治制度建设的可靠途径。

由此可见,努力促进人的全面发展既是社会主义的根本目的,也是社会主义其他方面建设和发展的重要条件。不致力于人的全面发展,就不会有社会主义新社会的大踏步前进。机器大工业生产所提供的人的全面发展的可能性,在资本主义社会并不能充分地实现。只有消灭剥削,实现生产资料公有制,为全体劳动者提供物质的和精神的条件,才能使他们全面发展。社会主义制度是实现人的全面发展的社会条件。

(五)教育与生产劳动相结合是培养全面发展的人的唯一途径

马克思在《资本论》中提出,把"生产劳动同智育和体育相结合,它不仅是提高社会生产的一种方法,而且是造就全面发展的人的唯一方法"。大工业生产一方面造成了人的片面发展,另一方面又为个人的全面发展创造了条件,这就是把生产劳动和教育结合起来。马克思的科学论断,在当今科学技术高度发达的时代,显得更有现实意义。今天的社会生产由于科学技术的发展,已经进入了一个新的时代。科学技术的发展,要求全面发展的人代替旧式分工中的局部发展的人尤为突出。1972年,联合国教科文组织的报告《学会生存——教育世界的今天和明天》就提出,世界进入了学习化社会。在该书的序言中写道:"到目前为止,还没有什么东西足以和我们现在所说的科学技术革命所产生的后果相比拟。"18世纪的产业革命是用机器去代替和加强人类的机体功能,20世纪新的科技革命是用智能机器代替和加强人类脑的功能。特别是知识经济的到来,知识成为生产的第一要素,生产过程因此发生了深刻变化,虽然私有制并未消灭,但旧式的分工正在逐渐被打破,蓝领工人正在与白领工人相融合。这就更加要求个人的体力和脑力的全面发展。因此,现代教育必须与生产劳动相结合,与整个国民经济相结合,培养体脑结合的全面发展的具有创新能力和实践能力的人才。可见,教育与生产劳动相结合这个现代教育的普遍规律不会变,而结合的内容和方式会随着科技的发展而变化,未来的劳动将会以智力劳动为主导,但体力劳动也并不会完全消失。同时,马克思认为,教育与生产劳动相结合不仅是大工业生产的要求,提高生产力的必要手段,而且是改造旧社会、培养革命新人的唯一方法。当今世界,科学技术高度发达,劳动生产力的不断提高,为人类创造了丰富的物质财富,但人的精神世界并没有因此而提高,经济主义、享乐主义盛行。只有教育与生产劳动结合起来,理解劳动是人的本质,是人的生命价值所在,才能培养促进时代发展的新人。①

二、"以人为本"的学生观

所谓学生观,是对学生的本质属性及其在教育过程中所处位置和作用的看法。在传统的学生观中,学生是被压制和被塑造的、缺乏独立性的"小大人"。在封建时代,在父权、君权思想和尊卑有序的封建思想影响下,形成了"师为上,生为下;师为主,生为仆;师为尊,生为卑"的封建宗法制的学生观。在这种学生观之下,学生被视作教师的隶属品,缺乏主体地位和人格尊严,学生在教育中沦为被灌输的、缺乏主动性的"器皿"和"仓库",成为没有主体意识的"物"。学生在教育中的任务就是在教师的决定作用下亦步亦趋地达到某种知识与道德体系的标准,"非礼勿视,非礼勿言,非礼勿动"成了学生不能逾越的准则,严重抹杀了学生的个性、创造性和进取精神。尽管这种陈旧的学生观在封建时代曾遭到一些有识之士的批判,但由于各种原因,这种被人诟病已久的封建学生观并没有得到根本的清理,甚至时至今日仍有一定的印迹和影响,影响着一些人的思想和行为。

坚持以人为本,必须以学生作为教育活动的出发点。以人为本的学生观的核心是"一切为了每一位学生的发展"。

(一)"以人为本"学生观的内涵

"以人为本"的思想把人置于教育发展的起点和目标上,进一步明确了教育的根本目的是培养德智体美劳全面发展的社会主义事业建设者和接班人,把促进学生健康成长作为学校一切工作的出发点和落脚点。

1. 学生是发展的人

(1)学生的身心发展是有规律的

学生的身心发展具有顺序性、阶段性、不平衡性、互补性、个别差异性等规律,这是经过现代科学和教育实践证明的。这要求教师依据这些规律开展教育活动。①顺序性。身心发展的顺序性是指人的身心发展是一个由低级到高级、由简单到复杂、由量变到质变的连续不断的发展过程。如身体的发展遵循着从上到下、从中间到四肢、从骨骼到肌肉的顺序发展。心理的发展总是按照由机械记忆到意义记忆、由形象思维到抽象思维、由情绪到情感的顺序发展。因此,对教育工作者而言,应按照学生身心发展的序列进行施教,做到循序渐进,"拔苗助长""陵节而施"都是有违身心发展顺序性规律的。②阶段性。身心发展的阶段性是指个体在不同的年龄阶段表现出身心发展不同的总体特征及主要矛盾,面临着不同的发展任务。如小学生的思维具有具体性和形象性的特点,不容易理解抽象的道理。身心

---

① 顾明远.马克思论个人的全面发展——纪念《资本论》发表150周年[J].教育研究,2017(8):4-11.

发展的阶段性规律决定教育工作者必须根据不同年龄阶段的特点分阶段进行,在教育教学的要求、内容和方法的选择上,不能搞"一刀切",还要注意各阶段间的衔接和过渡。③不平衡性。身心发展的不平衡性是指在连续不断的发展过程中,儿童身心发展的速度并不是完全与时间相一致地匀速运动,在不同的时间里,其发展的速度和水平是有明显差异的。具体表现在两方面:一是同一方面的发展在不同的年龄阶段是不均衡的。如个体身高体重的发展存在两个高峰期:婴儿期和青春期。在这两个高峰期内,身高体重的发展较其他时期快得多。二是不同方面在不同发展时期具有不平衡性。即有的方面在较早的年龄阶段已经达到较高的发展水平,有的则要到较晚的年龄阶段才能达到较为成熟的水平。如学生的感知觉发展达到成熟水平要比思维发展早得多。因此,教育要遵循儿童身心发展的不均衡性,适时而教,即要在儿童发展的关键期或最佳期及时地进行教育。所谓关键期是指人的某种机能在某一年龄阶段最适宜形成的时期,也叫作最佳期或敏感期。在这一时期进行教育才可以取得最佳效果,如果错过了关键期,教育的效果就会降低甚至永远也无法取得成功。④互补性。身心发展的互补性是指机体各部分或心理机能与生理机能之间存在着互补关系,某一方面受损或缺失之后可以由其他方面的超常发展得到弥补。具体表现在两方面:一方面是指机体某一方面的机能受损甚至缺失后,可通过其他方面的超常发展得到部分补偿,如盲人的听觉通常会比较发达。另一方面,互补性也存在于心理机能和生理机能之间。如身患重病或有残缺的人,如果他有顽强的意志和战胜疾病的信心,身心依然可以得到发展。身心发展的互补性要求教育应结合学生实际,扬长避短,注重发现学生的自身优势,促进学生的个性化发展。⑤个别差异性。身心发展的个别差异性是指不同个体之间的身心发展存在着速度和水平的不同。这种不同表现在两个方面:一方面从群体的角度看,不同的群体之间存在着差异,如男女性别的差异,这不仅是自然性别上的差异,还包括由性别带来的生理机能和社会地位、角色、交往群体的差别。另一方面,个别差异表现在身心的所有构成方面,其中有些是发展水平的差异,有些是心理特征表现方式上的差异。根据身心发展的个别差异性,教育必须因材施教,充分发挥每个学生的潜能和积极因素,有的放矢地进行教学,使每个学生都得到最大的发展。

(2)学生具有巨大的发展潜能

"以人为本"的学生观要求教师应当把学生看作是发展过程中的客观存在,用发展的眼光去看待学生,倡导对学生进行形成性评价。从本质上讲,学生处于人生发展的特定阶段,具有很大的不稳定性和可塑性。教师应当避免只关注学生的现实情况,要挖掘学生可能出现的各种情况,实现对学生成长的全局性把握,甚至完整人生的指导,坚信每个学生都是可以积极成长的,是有培养前途的,是可以获得成功的,对教育好每一位学生充满信心;同时尊重学生理性思维能力,尊重学生的自由意志,把学生看作是独立思考和行动的主体,在与学生的交往和对话中,发展个体的智慧潜能,陶冶个体的道德性格,使每个学生都达到自己的最佳发展水平。

(3)学生是处于发展过程中的人

作为发展中的人,也就意味着学生还是一个不成熟的人,是一个正在成长的人。学生的发展还不成熟,还不是十全十美,不能对他们求全责备;要允许学生犯错误,理解学生身上的不足;没有缺陷,没有矛盾,就没有发展的动力和方向。把学生作为一个发展中的人来对待,就要理解学生身上存在的不足,就要允许学生犯错误,宽容对待学生。当然,更重要的是,要帮助学生解决问题,改正错误,从而不断促进学生的进步和发展。

(4)学生的发展是全面的发展

促进学生的身心得到发展,就是培养学生成为全面发展的人。当前,促进学生的全面发展,就需要坚持"五育并举",全面发展素质教育。一是突出德育实效。完善德育工作体系,深化课程育人、文化育人、活动育人、实践育人、管理育人、协同育人;打造中小学生社会实践大课堂,广泛开展先进典型、英雄模范学习宣传活动等。二是提升智育水平。着力培养学生的认知能力,促进思维发展,激发创新意识,加强科学教育和实验教学,广泛开展读书活动,确保学生达到国家规定的学业质量标准。三是强化体育锻炼。严格执行学生体质健康合格标准,广泛开展校园普及性体育运动,鼓励地方向学生免费或优惠开放公共运动场所,为学生提供更多参加体育锻炼的机会。四是增强美育熏陶。实施学校美育提升行动,严格落实音乐、美术、书法等课程,广泛开展校园艺术活动,鼓励学校组建特色艺术团队,鼓励专业艺术人才到中小学兼职任教。五是加强劳动教育。将劳动教育纳入全面培养的教育体系,制定劳动教育指导纲要,优化综合实践活动课程结构,确保劳动教育课时不少于一半;统筹加强学生生活实践、劳动技术和职业体验教育,统筹家务劳动、校内劳动和社会劳动。

人的全面发展要求每一个人在德智体美劳都得到全面发展,但人的不同方面的发展并不能以同样的水平进行要求。承认不同学生在不同方面发展的不同可能性,是人的全面发展的要求。人的道德能力、智慧水平、身体技能和审美能力等,不可能有一个普遍的统一的标准,特别是不可能有一个平均标准。全面发展的学生观,承认不同人发展差异性的同时,还重视人的个性发展。全面发展的人,不是"千人一面"的人,而是有特点的人;完整的人也不是各个方面平均发展的人,而是在全面发展基础上个性也得到很好发展的人。在全面发展基础上,个性潜能得到充分开发,是全面发展教育的最高境界。

2. 学生是独特的人

把学生看作独特的人,需要在教育活动中做好几方面的工作:(1)学生是完整的人。学生并不是单纯的抽象的学习者,而是有着丰富个性的完整的人。学习过程并不是单纯的知识接受或技能训练,而是伴随着交往、创造、追求、选择、意志努力、喜怒哀乐等的综合过程,是学生整个内心世界的全面参与。学生是有着丰富个性的完整的人,所以教师要把学生作为一个完整的人对待,丰富学生的精神生活,展现学生的个性。(2)每个学生都有自身的独特性。每个人由于遗传素质、社会环境、家庭条件和生活经历的不同,而形成了个人独特的"心理世界",他们在兴趣、爱好、动机、气质、性格、智能和特长等方面是各不相同、各有侧重的。独特性是个性的本质特征,珍视学生的独特性和培养具有独特个性的人,应成为我们对待学生的基本态度。独特性也意味着差异性,差异不仅是教育的基础,也是学生发展的前提,应视为一种财富而珍惜开发,使每个学生在原有基础上都得到完全、自由的发展。(3)学生与成人之间存在着巨大的差异。学生与成人是不一样的,有差别的。学生的观察、思考、选择和体验都和成人有明显不同。所以,教师不能用成人的方式对待学生,以防阻碍学生的想象力。

3. 学生是独立的人

学生又是独立的人,有着独立的生理和心理系统,独立的思想意识、独立的思考能力,独立的情感、兴趣,独立的人格和独立的生活、学习方式,这种独立性和独立意识会随着身心的成熟而越来越突出地表现出来,因此,教师应尊重学生的独立性。承认学生是独立的人,这就意味着教师在教育工作中需要处理好以下几个问题:(1)每个学生都是独立于教师的头脑之外,不以教师的意志为转移的客观存在。教师不可以对其随意支配,或任意捏塑,不可以随意强加给学生一些外在的知识,因为这样并没有尊重学生的主观能动性,只会挫伤学生的主动性、积极性,扼杀他们的学习兴趣,窒息他们的思想,引起他们自觉或不自觉的抵制或抗拒。因此,绝不是教师想让学生怎么样,学生就怎么样。教师必须尊重学生的个体独立性,不能把自己的个人意志强加于学生的思想之上,要客观地看待学生的成长,把学生当作不依自己的意志为转移的客观存在,当作具有个体独立性的人来看待,因势利导去施加教育,推动学生个体的健康成长。(2)学生是学习的主体。教师主导对学生客体的教育与改造,只是学生发展的外部条件和外因,学生的主体活动才是学生获得发展的内在机制和内因。这表现在:学生是具有一定主体性的人;学生是学习活动的主体;教学过程在于建构学生主体。(3)学生是责权主体。从法律角度看,在现代社会,学生在社会系统中享受各项基本权利,有些甚至是特定的,但学生也要承担一定的责任和义务。把学生作为责权主体来对待,是现代教育区别于古代教育的重要特征,是教育民主的重要标志。

三、学生的个性发展

伟大教育家苏霍姆林斯基认为:"发挥每一个学生的个人才能,是一项重要的教育学任务。及时地发现、培养和发展我们学生的才能和素质,及时地了解每一个人的志趣,这一点正是当前教学和教育工作中要抓的一件主要的事。"教师的共性教育不能排除个性教育,而且必须依赖于个性教育去充实、完善和提高。

个性化教育坚持"以人为本"的教育理念,帮助学生发掘、形成和发展个性,使学生个性、潜能都得到充分、和谐、可持续的发展。学生的性格、家庭环境等种种因素决定了他们都是截然不同的有思想、有个性的人。教育就是在尊重人的前提下,遵循教育发展的规律,寻找适合学生身心和谐发展的教育。[①] 儿童、少年身心发展具有一定的顺序性、阶段性、可变性、差异性和不均衡性,由于与生俱来的遗传因素和后天环境教化的影响,相同年龄阶段的儿童、少年在脑力与体力、智力因素和非智力因素等方面都表现出个性特征。这就要求广大教育工作者不仅要重视学生发展的共性特征,更应充分重视每个学生的个别差异,做到因材施教,有的放矢,发挥每个人的潜能和积极因素,弥补短处和不足,选择最有效的教育途径,使具有各种个性差异的学生都能各得其所地获得最大限度的发展。为促进学生的个性发展,需要做好做到如下几个方面的工作:

(一)尊重和发现个性

学生得到了尊重,会感到宽松、融洽、愉快、自由、坦然,没有任何形式的压抑和强制,才能自由自主地思考、探究,提出理论的假设,充分发表见解,大胆果断而自主地决策和实践,才可能创新和超越。没有个性谈不上创造性,只有学生的个性得到充分发展,学生的潜能得到充分发挥,探索求知的欲望得以调动和满足,才可以发现新问题,才能孕育出真正的创

---

① 林瑜镇.给学生个性发展的空间[J].广西教育(义务教育),2016(6):67-68.

新性。因此,我们要保护这些学生的创造性,就必须尊重他们的个性。对他们的个性多一份尊重,就会为社会塑造一个具有创造性的人才。教师不能将学生做简单的比较,更不能当众指责羞辱。一方面,要发现他们的长处,使其扬长避短;另一方面,应从学生的实际水平出发,既不可降低他们的能力,也不可超越他们的能力。只有他们的个性得到充分尊重和发展时,才能真正实现教育目标。相反,如果没有尊重,没有民主,学生时时处处小心翼翼,顾虑重重,如履薄冰,一味地看教师的脸色行事,个人的聪明才智与激情被窒息,那么就只能表现出依赖性、奴性,愈来愈笨拙和迟钝。

个性是创新活动的生命,营造一个使个性得到自由发展的宽松氛围,乃是发展个性、开发创造力、提高素质必不可少的条件。

(二)充分促进学生的个性发展

学生来自不同的社会阶层,基础不一样,兴趣不相同,个性有差异,把他们混杂在一起施教,是很难把他们都教好的。如果教师不考虑学生的个性差异,就会脱离学生的实际,尽管有统一的进度,教学目标却难以达到。学生的年龄、经历、成长环境决定了学生的不同行为,教师就必须心中有学生,清楚地了解学生的个性特点,在此基础之上,才能对学生进行有针对性的教育,才能达到以生为本的教育境界。因此,教师要深入调查研究,全面了解学生情况,既要了解学生的一般特点,又要了解学生的个性差异,还要分析研究造成家庭、社会、历史差异的各种原因,以便在教学过程中针对不同基础的学生采取不同的方法,达到不同的目的;还要针对学生的不同情况采取不同措施进行个别辅导,使基础不同的学生都能得到相应的发展和提高。因为培养学生的根本目的是发展学生个性,形成创造精神。为此,对于有特殊兴趣和才能的学生,教师应积极为他们开辟创造性的学习途径,如组织课外专业学习小组和有关的竞赛活动,多给学生提供表现自我的机会。教师在平时的教学过程中,应根据学科的特点,多鼓励学生"别出心裁","标新立异",使学生的成长既符合时代共性要求,又具有鲜明个性、创造力和开拓精神。

(三)不断优化个性

每一个人都希望能将自己有价值的一面展示给别人,并且希望得到肯定或赞许。作为学生,这一愿望更是强烈。比赛期望获得胜利,考试期望获得高分,演讲期望获得喝彩。成功能给人带来满足和自信,并产生一种继续成功的需求,故而他们会不断努力,不断争取,并在努力的过程中体验到自我的能力与价值,培养起健全的人格。作为教师就应肯定学生的优势,并根据他们的实际能力帮助创设机会,使他们都能体会到成功所带来的喜悦,并在这种喜悦之中自我发展,自我奋进。为此,教师应努力创设各种条件。比如,开展丰富多彩的课外活动,给学生展示自我才能的机会;创设有趣的课堂,让学生各抒己见,互相学习,使个人在集体的帮助下取得成功。教师通过激励性的评价能激起学生的学习热情,使学生无拘无束,将自己的喜好活灵活现地表现出来。

第三节 教师观

一、教师劳动的特征

教师劳动的特点是教师劳动的本质特性。教师劳动是塑造人,是劳动力、科学知识和社会成员再生产的特殊劳动,是社会劳动的组成部分,属脑力劳动范畴,但又有别于其他脑力劳动。

(一)教师劳动的多样性和复杂性

教师劳动之所以复杂,主要是由三个方面引起的。第一,教师劳动的目的就是要培养德智体美劳全面发展的人,这种教育目的的全面性导致了教师劳动的复杂性;第二,在教学过程中,教师不仅要教会学生基本知识和基本技能,还得教会学生一定的思想品德,促进学生的身心健康发展,这种教育任务的多样性也导致了教师劳动的复杂性;第三,教师面对的是不同的学习对象,每个学生都存在自身的优点和缺点,这就使得教师必须根据学生的不同情况进行不同的教育,这种教育对象的个别差异性也导致了教师劳动的复杂性。教师劳动之所以有创造性,同样也由三个方面所导致:第一,由于学生内部存在差异性,教师必须根据学生的具体情况灵活地进行因材施教,使得每个学生都能得到全面的发展;第二,时代在进步,学生在发展,教师必须根据不同的教学对象和教学环境,不断改进和更新教学方法,在教学过程中不断创造性地使用教学方法,从而提高学生的创新和实践能力;第三,在教学过程中,老师经常会遇到各种突发事件,这就要求老师具有较强的"教育机智"来恰当应对。

(二)教师劳动的连续性和广泛性

教师劳动之所以具有连续性,是因为教师的劳动没有一个严格交班时间的界限。虽然学校有规定教师的工作时间,但除规定的上班时间之外,教师依然在工作,比如已到深夜,依然还有很多老师在备课或者批改学生的作业。教师劳动之所以具有广泛性,是因为教师的劳动场所没有一个严格的界定,虽然老师都是在学校工作,但是除了教室以外的场所,教师依然可以工作,比如家也可以作为教师的工作场所。

(三)教师劳动的长期性和间接性

教师劳动具有长期性,是因为教师培养学生的这个过程是长期而艰巨的,"十年树木,百年树人"就是教师劳动长期性的一个体现。教师劳动具有间接性,是因为教师本身并不直接创造财富,而是通过培养学生来实现,学生创造了财富,也间接等于教师创造了财富。

(四)教师劳动的主体性和示范性

教师劳动具有主体性,是因为教师作为整个教学活动的教学主体,本身就是一种教育影响,其一言一行都会在无形之中影响学生,教师必须将自身的理论知识熟记于心,才可以传授给学生。教师劳动具有示范性,是由于学生具有向师性,教师的言行举止、人格、才学都是学生学习的一个榜样,这就要求教师得做到为人师表、以身作则。

（五）教师劳动方式的个体性和劳动成果的群体性

教师劳动的劳动方式具有个体性,是因为教师的教育教学活动主要是通过一个个教师的个体劳动来完成的,从劳动手段上来看,教师的劳动主要以个体劳动的形式进行。教师劳动的劳动成果具有群体性,是因为教师的劳动成果是集体劳动和多方面影响的结果。比如说,一个学生高考考上了重点大学,不能说是某一个老师一个人的成果,这是教他的所有老师的共同结晶。

二、教师职业的责任与价值

教师职业价值是多元的,全面认识教师劳动的价值,有助于提高教师的专业修养,对于树立正确的教师价值观具有重要意义。在全社会日益重视教师劳动价值的同时,教师自己也应尊重自己的劳动,创造更高的价值。

（一）教师职业的责任

所谓教师职业责任,就是教师必须承担的职责和任务。在社会主义条件下,人民教师的根本职责就是培养社会主义新人。换句话也可以说,人民教师的职责是培养社会主义现代化事业的建设者和接班人。

自觉履行教师职业责任,就是要求教师把职业责任变成自觉的道德义务,为培养和造就社会主义新人而无私奉献。那么,教师怎样才能做到这一条呢？第一,教师必须自觉地做到对学生负责;第二,对学生家长负责;第三,对教师集体负责;第四,对社会负责。

（二）教师职业的价值

教师职业的价值在于追求教师职业生活的幸福,并将教师职业的幸福引向人生的价值和归宿的思考轨道上来。教师职业价值主要包括社会价值和自我价值两方面。

1. 教师职业的社会价值

教师职业的社会价值是指教师职业对他人、集体、国家、社会和人类都有巨大贡献,能够为社会进步和人类发展提供精神财富,培养合格的建设者和接班人。这种社会价值主要是由教师的社会角色、责任及其所承担的社会功能所决定的,它是教师的教育教学活动对学生、家长和社会需要的满足。

教师职业的社会价值主要体现在教师是人类文明的传播者,承担着文明传承的重任。教师这个群体决定着一个社会的文明程度和文化创造的能力。一个民族、一个国家的发展在于它创造的思想、文化,在于它掌握的科学技术,而这一切的基础是教育。一个国家教育水平的高低,其核心是教师水平的高低。因此,振兴民族的希望是教育,振兴教育的希望是教师。

2. 教师职业的个人价值

教师职业的个人价值是指教师职业可以满足教师个体的自我生存和发展的需要,是教师获取主要生活来源的社会劳动,也称为教师职业的自我价值。教师劳动的个人价值是作为客体的教师劳动对于教师主体需要的肯定或否定的某种状态,是满足教师自身物质和精神需要的程度。教师劳动除了满足社会需要,具有社会价值外,还能够在许多方面满足教师的个人需要,因而也具有个人价值。教师职业的个人价值主要是通过其社会价值的实现而实现,教师的个人价值和社会价值是统一的。

三、新课程背景下的教师观

所谓教师观就是关于教师职业的基本观念,是人们对教师职业的认识、看法和期望的反映。它既包括对教师职业性质、职责和价值的认识,也包括对教师这种专门职业的基本素养及其专业发展的理解。

(一)教师角色的转变

从教师与学生的关系看,新课程要求教师应该是学生学习和发展的促进者。首先,教师应该把激发学生学习的动机,指导学生的学习方法,组织管理和指导学生的学习过程,培养学生自主学习、合作学习的能力作为自己工作的主要目标。在教学过程中,教师要注重培养学生的发现和探究的能力以及实践动手能力,激发学生的创造潜能,使学生学会学习、学会合作、学会做事、学会做人。

其次,现代社会的发展要求教师不仅仅是向学生传播知识和社会规范,更要关注学生的人格的健康成长与个性发展,真正成为学生发展的促进者。这种社会要求和社会期待把教师从"道德偶像"和"道德说教者"的传统角色中解放出来,要求教师以一个平等的、有成长经验的人的角色来对待成长中的青少年一代。

从教学与课程的关系看,新课程要求教师应该是课程的建设者和开发者。新课程要求教师具有强烈的课程意识和参与意识,改变以往学科本位的观念和被动实施课程的做法。教师要整体理解基础教育课程的结构系统,熟悉国家课程方案,理解国家课程、地方课程、校本课程的关系,理解课程实施中从"专家课程"到"现实课程"的转变过程,正确认识教材在课程中的地位和功能,从"教教材"转变为"用教材教",创造性地使用国家课程教材,积极进行国家课程地方化、校本化的实践探索;同时,积极参与地方课程和校本课程的建设,培养开发课程、评价课程、主动选择和创造性地使用新课程教材的能力。

从教学与研究的关系看,新课程要求教师应该是教育教学的研究者。新课程要求教师应该是一个研究者,在教学过程中以研究者的心态置身于教学情境中,以研究者的眼光审视和分析教学理论与教学实践中的各种问题,对出现的教学问题进行研究,总结经验,并形成规律性的认识。

从学校与社区的关系来看,新课程要求教师应该是社区型的开放教师。随着社会的不断发展,学校教育与社区生活正在走向终身教育要求的"一体化"、学校教育社区化、社区生活教育化。新课程特别强调学校与社区的互动,重视挖掘社区的教育资源。在这种情况下,教师的角色不能再仅仅局限于学校和课堂,教师不仅是学校的一员,而且是整个社区的一员,是整个社区教育、文化事业建设的共建者。

（二）教师行为的转变

在对待师生关系上，新课程强调尊重、赞赏。教师必须尊重每一位学生做人的尊严和价值，尤其是对学习成绩不好的学生，有缺点和过错的学生。尊重学生意味着不能伤害学生的自尊心，这就要求教师不能体罚学生，不大声训斥学生，不羞辱、嘲笑学生，不随意当众批评学生。另外，教师不仅要尊重每一位学生，还要学会赞赏每一位学生。

在对待教学上，新课程强调帮助、引导。教师的本质在于引导，引导的特点是含而不露，指而不明，开而不达，引而不发；引导的内容不仅包括方法和思维，也包括价值和做人。

教师在对待自我上，新课程强调反思。新课程强调教学反思，按教学的进程，教学反思分为教学前、教学中、教学后三个阶段。教学反思是教师专业发展和自我成长的重要因素，促使教师形成自我反思的意识和自我监控的能力。

在对待与其他教育者的关系上，新课程强调合作。新课程强调课程的综合，这种趋势特别需要教师之间的合作。不同年级、不同学科的教师要相互配合，齐心协力地培养学生。每个教师不仅要教好自己的学科，还要主动关心和积极配合其他教师的教学，从而使各学科、各年级的教学有机融合、相互促进。

四、教师专业素质

教师专业素质的提出和教师专业标准要求，与现代教育发展紧密联系，也与从事教育工作的要求密不可分。教师职业是不是一个可与医生、律师相提并论的专门职业？教师的专业化程度究竟如何？这是各国学者长期讨论的问题。各国的教育发展存在差异，对教师专业素质和教师专业标准提出了不同要求。

（一）教师专业化发展历程

专业或称专门职业，是指经过专门教育或训练，具有较高层次的知识和专门技术，按照一定专业标准所从事的专门职业。现代教师职业是一种要求从业者具有较高的专业知识、技能和修养的专业。从专门职业的特征来看，教师职业离成熟专业的标准还有一定的差距，教师职业是一个"形成中的专业"，教师专业化是一个不断深化的历程。

1966年，联合国教科文组织和国际劳工组织提出《关于教师地位的建议》，首次以官方文件形式对教师专业化做出了明确说明，提出"应把教育工作视为专门的职业，这种职业要求教师经过严格、持续的学习，获得并保持专门的知识和特别的技术"。

1986年，美国的卡内基工作小组、霍姆斯小组相继发表《国家为培养21世纪的教师作准备》《明天的教师》两个重要报告，同时提出以教师的专业性作为教师教育改革和教师职业发展的目标。报告倡导大幅度改善教师的待遇，建议教师培养从本科阶段过渡到研究生教育阶段。这两个报告对美国教师教育的发展产生了深远的影响。

1989—1992年，经济合作与发展组织（OECD）相继发表了一系列有关教师及教师专业化改革的研究报告，如《教师培训》《学校质量》《今日之教师》《教师质量》等。1996年，联合国教科文组织召开的第45届国际教育大会提出，"在提高教师地位的整体政策中 专业化是最有前途的中长期策略"。

日本早在1971年就在中央教育审议会通过的《关于今后学校教育的综合扩充与调整的基本措施》中指出,"教师职业本来就需要极高的专门性",强调应当确认、加强教师的专业化。在英国,随着教师聘任制和教师证书制度的实施,教师专业化进程不断加快,20世纪80年代末建立了旨在促进教师专业化的校本培训模式;1998年,教育与就业部颁布了新的教师教育专业性认可标准《教师教育课程要求》。我国的香港和台湾分别从20世纪80年代后期开始加大教师专业化教育制度的改革,教师专业化的观念成为社会的共识。

近年来,随着信息技术的高速度发展,经济全球化的进程日益加快,社会对教师工作质量和效益的要求空前提高。在新的形势下,进行以教师专业化为核心的教师教育的改革,已成为世界教育与社会发展的共同特征。

我国现有1000多万中小学教师,是国内一个巨大的专业团体,承担着世界上最大规模的中小学教育。尽管我国教师的教育教学活动已经在一定程度上达到了专业化标准的要求,但是与发达国家相比,教师专业化尚有不少差距。我国小学和初中教师的合格学历起点偏低,部分教师的职业道德意识淡漠,教育观念陈旧落后,创新意识和研究能力不强,教学方法和手段落后,知识面狭窄等都是不能忽视的重要问题。随着教育整体水平的提高,特别是随着基础教育改革的不断深化,我国的教师质量与全面实施素质教育要求的差距明显表现出来。改革与发展教师教育,提高我国中小学教师的专业化水平势在必行。

(二)中小学教师的专业素质

教师素质又称教师专业素质,是指能顺利从事教育活动的基本品质或基础条件,是教师在其职业生活中,调节和处理与他人、与社会、与集体、与职业工作的关系所应遵守的基本行为规范或行为准则,以及在这基础上所表现出来的观念意识和行为品质。

为了促进教师专业发展,建设高素质的教师队伍,2012年2月10日,教育部下发《关于印发〈幼儿园教师专业标准(试行)〉〈小学教师专业标准(试行)〉和〈中学教师专业标准(试行)〉的通知》。

1. 小学教师的专业素质

小学教师是履行小学教育教学工作职责的专业人员,需要经过严格的培养与培训,具有良好的职业道德,掌握系统的专业知识和专业技能。《小学教师专业标准》是国家对合格小学教师专业素质的基本要求,是小学教师实施教育教学行为的基本规范,是引领小学教师专业发展的基本准则,是小学教师培养、准入、培训、考核等工作的重要依据。

(1)基本理念

①师德为先。热爱小学教育事业,具有职业理想,践行社会主义核心价值体系,履行教师职业道德规范,依法执教。关爱小学生,尊重小学生人格,富有爱心、责任心、耐心和细心;为人师表,教书育人,自尊自律,做小学生健康成长的指导者和引路人。

②学生为本。尊重小学生权益,以小学生为主体,充分调动和发挥小学生的主动性;遵循小学生身心发展特点和教育教学规律,提供适合的教育,促进小学生生动活泼学习、健康快乐成长。

③能力为重。把学科知识、教育理论与教育实践有机结合,突出教书育人的实践能力;研究小学生,遵循小学生成长规律,提升教育教学专业化水平;坚持实践、反思、再实践、再

反思,不断提高专业能力。

④终身学习。学习先进小学教育理论,了解国内外小学教育改革与发展的经验和做法;优化知识结构,提高文化素养;具有终身学习与持续发展的意识和能力,做终身学习的典范。

(2)基本内容

见表 5-1。

表 5-1　小学教师的专业素质

维度	领域	基本要求
专业理念与师德	(一)职业理解与认识	1. 贯彻党和国家教育方针政策,遵守教育法律法规。 2. 理解小学教育工作的意义,热爱小学教育事业,具有职业理想和敬业精神。 3. 认同小学教师的专业性和独特性,注重自身专业发展。 4. 具有良好职业道德修养,为人师表。 5. 具有团队合作精神,积极开展协作与交流。
	(二)对小学生的态度与行为	6. 关爱小学生,重视小学生身心健康,将保护小学生生命安全放在首位。 7. 尊重小学生独立人格,维护小学生合法权益,平等对待每一位小学生。不讽刺、挖苦、歧视小学生,不体罚或变相体罚小学生。 8. 信任小学生,尊重个体差异,主动了解和满足有益于小学生身心发展的不同需求。 9. 积极创造条件,让小学生拥有快乐的学校生活。
	(三)教育教学的态度与行为	10. 树立育人为本、德育为先的理念,将小学生的知识学习、能力发展与品德养成相结合,重视小学生全面发展。 11. 尊重教育规律和小学生身心发展规律,为每一个小学生提供适合的教育。 12. 引导小学生体验学习乐趣,保护小学生的求知欲和好奇心,培养小学生的广泛兴趣、动手能力和探究精神。 13. 引导小学生学会学习,养成良好的学习习惯。 14. 尊重和发挥好少先队组织的教育引导作用。
	(四)个人修养与行为	15. 富有爱心、责任心、耐心和细心。 16. 乐观向上、热情开朗、有亲和力。 17. 善于自我调节情绪,保持平和心态。 18. 勤于学习,不断进取。 19. 衣着整洁得体,语言规范健康,举止文明礼貌。

续表

维度	领域	基本要求
专业知识	（五）小学生发展知识	20. 了解关于小学生生存、发展和保护的有关法律法规及政策规定。 21. 了解不同年龄及有特殊需要的小学生身心发展特点和规律，掌握保护和促进小学生身心健康发展的策略与方法。 22. 了解不同年龄小学生学习的特点，掌握小学生良好行为习惯养成的知识。 23. 了解幼小和小初衔接阶段小学生的心理特点，掌握帮助小学生顺利过渡的方法。 24. 了解对小学生进行青春期和性健康教育的知识和方法。 25. 了解小学生安全防护的知识，掌握针对小学生可能出现的各种侵犯与伤害行为的预防与应对方法。
	（六）学科知识	26. 适应小学综合性教学的要求，了解多学科知识。 27. 掌握所教学科知识体系、基本思想与方法。 28. 了解所教学科与社会实践、少先队活动的联系，了解与其他学科的联系。
	（七）教育教学知识	29. 掌握小学教育教学基本理论。 30. 掌握小学生品行养成的特点和规律。 31. 掌握不同年龄小学生的认知规律和教育心理学的基本原理和方法。 32. 掌握所教学科的课程标准和教学知识。
	（八）通识性知识	33. 具有相应的自然科学和人文社会科学知识。 34. 了解中国教育基本情况。 35. 具有相应的艺术欣赏与表现知识。 36. 具有适应教育内容、教学手段和方法现代化的信息技术知识。
专业能力	（九）教育教学设计	37. 合理制定小学生个体与集体的教育教学计划。 38. 合理利用教学资源，科学编写教学方案。 39. 合理设计主题鲜明、丰富多彩的班级与少先队活动。
	（十）组织与实施	40. 建立良好的师生关系，帮助小学生建立良好的同伴关系。 41. 创设适宜的教学情境，根据小学生的反应及时调整教学活动。 42. 调动小学生学习积极性，结合小学生已有的知识和经验激发学习兴趣。 43. 发挥小学生主体性，灵活运用启发式、探究式、讨论式、参与式等教学方式。 44. 发挥好少先队组织生活、集体活动、信息传播等教育功能。 45. 将现代教育技术手段整合应用到教学中。 46. 较好使用口头语言、肢体语言与书面语言，使用普通话教学，规范书写钢笔字、粉笔字、毛笔字。 47. 妥善应对突发事件。 48. 鉴别小学生行为和思想动向，用科学的方法防止和有效矫正不良行为。

续表

维度	领域	基本要求
	（十一）激励与评价	49. 对小学生日常表现进行观察与判断，发现和赏识每一位小学生的点滴进步。 50. 灵活使用多元评价方式，给予小学生恰当的评价和指导。 51. 引导小学生进行积极的自我评价。 52. 利用评价结果不断改进教育教学工作。
	（十二）沟通与合作	53. 使用符合小学生特点的语言进行教育教学工作。 54. 善于倾听，和蔼可亲，与小学生进行有效沟通。 55. 与同事合作交流，分享经验和资源，共同发展。 56. 与家长进行有效沟通合作，共同促进小学生发展。 57. 协助小学与社区建立合作互助的良好关系。
	（十三）反思与发展	58. 主动收集分析相关信息，不断进行反思，改进教育教学工作。 59. 针对教育教学工作中的现实需要与问题，进行探索和研究。 60. 制定专业发展规划，积极参加专业培训，不断提高自身专业素质。

2. 中学教师的专业素质

中学教师是履行中学教育工作职责的专业人员，需要经过严格的培养与培训，具有良好的职业道德，掌握系统的专业知识和专业技能。《中学教师专业标准》是国家对合格中学教师的基本专业要求，是中学教师实施教育教学行为的基本规范，是引领中学教师专业发展的基本准则，是中学教师培养、准入、培训、考核等工作的重要依据。

(1)基本理念

①师德为先。热爱中学教育事业，具有职业理想，践行社会主义核心价值体系，履行教师职业道德规范，依法执教。关爱中学生，尊重中学生人格，富有爱心、责任心、耐心和细心；为人师表，教书育人，自尊自律，以人格魅力和学识魅力教育感染中学生，做中学生健康成长的指导者和引路人。

②学生为本。尊重中学生权益，以中学生为主体，充分调动和发挥中学生的主动性；遵循中学生身心发展特点和教育教学规律，提供适合的教育，促进中学生生动活泼学习、健康快乐成长，全面而有个性地发展。

③能力为重。把学科知识、教育理论与教育实践相结合，突出教书育人的实践能力；研究中学生，遵循中学生成长规律，提升教育教学专业化水平；坚持实践、反思、再实践、再反思，不断提高专业能力。

④终身学习。学习先进中学教育理论，了解国内外中学教育改革与发展的经验和做法；优化知识结构，提高文化素养；具有终身学习与持续发展的意识和能力，做终身学习的典范。

(2)基本内容

见表 5-2。

表 5-2　中学教师的专业素质

维度	领域	基本要求
专业理念与师德	（一）职业理解与认识	1. 贯彻党和国家教育方针政策，遵守教育法律法规。 2. 理解中学教育工作的意义，热爱中学教育事业，具有职业理想和敬业精神。 3. 认同中学教师的专业性和独特性，注重自身专业发展。 4. 具有良好职业道德修养，为人师表。 5. 具有团队合作精神，积极开展协作与交流。
	（二）对学生的态度与行为	6. 关爱中学生，重视中学生身心健康发展，保护中学生生命安全。 7. 尊重中学生独立人格，维护中学生合法权益，平等对待每一位中学生。不讽刺、挖苦、歧视中学生，不体罚或变相体罚中学生。 8. 尊重个体差异，主动了解和满足中学生的不同需要。 9. 信任中学生，积极创造条件，促进中学生的自主发展。
	（三）教育教学的态度与行为	10. 树立育人为本、德育为先的理念，将中学生的知识学习、能力发展与品德养成相结合，重视中学生的全面发展。 11. 尊重教育规律和中学生身心发展规律，为每一位中学生提供适合的教育。 12. 激发中学生的求知欲和好奇心，培养中学生学习兴趣和爱好，营造自由探索、勇于创新的氛围。 13. 引导中学生自主学习、自强自立，培养良好的思维习惯和适应社会的能力。 14. 尊重和发挥好共青团、少先队组织的教育引导作用。
	（四）个人修养与行为	15. 富有爱心、责任心、耐心和细心。 16. 乐观向上、热情开朗，有亲和力。 17. 善于自我调节情绪，保持平和心态。 18. 勤于学习，不断进取。 19. 衣着整洁得体，语言规范健康，举止文明礼貌。
专业知识	（五）教育知识	20. 掌握中学教育的基本原理和主要方法。 21. 掌握班级、共青团、少先队建设与管理的原则与方法。 22. 掌握教育心理学的基本原理和方法，了解中学生身心发展的一般规律与特点。 23. 了解中学生世界观、人生观、价值观形成的过程及其教育方法。 24. 了解中学生思维能力、创新能力和实践能力发展的过程与特点。 25. 了解中学生群体文化特点与行为方式。

续表

维度	领域	基本要求
专业知识	（六）学科知识	26. 理解所教学科的知识体系、基本思想与方法。 27. 掌握所教学科内容的基本知识、基本原理与技能。 28. 了解所教学科与其他学科的联系。 29. 了解所教学科与社会实践及共青团、少先队活动的联系。
	（七）学科教学知识	30. 掌握所教学科课程标准。 31. 掌握所教学科课程资源开发与校本课程开发的主要方法与策略。 32. 了解中学生在学习具体学科内容时的认知特点。 33. 掌握针对具体学科内容进行教学和研究性学习的方法与策略。
	（八）通识性知识	34. 具有相应的自然科学和人文社会科学知识。 35. 了解中国教育的基本情况。 36. 具有相应的艺术欣赏与表现知识。 37. 具有适应教育内容、教学手段和方法现代化的信息技术知识。
专业能力	（九）教学设计	38. 科学设计教学目标和教学计划。 39. 合理利用教学资源和方法设计教学过程。 40. 引导和帮助中学生设计个性化的学习计划。
	（十）教学实施	41. 营造良好的学习环境与氛围，激发与保护中学生的学习兴趣。 42. 通过启发式、探究式、讨论式、参与式等多种方式，有效实施教学。 43. 有效调控教学过程，合理处理课堂偶发事件。 44. 引发中学生独立思考和主动探究，发展学生创新能力。 45. 发挥好共青团、少先队组织生活、集体活动、信息传播等教育功能。 46. 将现代教育技术手段整合应用到教学中。
	（十一）班级管理与教育活动	47. 建立良好的师生关系，帮助中学生建立良好的同伴关系。 48. 注重结合学科教学进行育人活动。 49. 根据中学生世界观、人生观、价值观形成的特点，有针对性地组织开展德育活动。 50. 针对中学生青春期生理和心理发展特点，有针对性地组织开展有益身心健康发展的教育活动。 51. 指导学生理想、心理、学业等多方面发展。 52. 有效管理和开展班级、共青团、少先队活动。 53. 妥善应对突发事件。
	（十二）教育教学评价	54. 利用评价工具，掌握多元评价方法，多视角、全过程地评价学生发展。 55. 引导学生进行自我评价。 56. 自我评价教育教学效果，及时调整和改进教育教学工作。
	（十三）沟通与合作	57. 了解中学生，平等地与中学生进行沟通交流。 58. 与同事合作交流，分享经验和资源，共同发展。 59. 与家长进行有效的沟通合作，共同促进中学生发展。 60. 协助中学与社区建立合作互助的良好关系。
	（十四）反思与发展	61. 主动收集分析相关信息，不断进行反思，改进教育教学工作。 62. 针对教育教学工作中的现实需要与问题，进行探索和研究。 63. 制定专业发展规划，积极参加专业培训，不断提高自身专业素质。

科学理解教师专业的含义,必须立足于教师专业标准的四个基本理念:"学生为本"是教师专业的前提条件;"师德为先"是教师专业的社会要求和社会意义;"能力为重"体现了教师专业的创造要求,是教师专业的重要基础;"终身学习"是教师专业的根本保证。

教师素质主要由教师职业理想、教师职业责任、教师职业态度、教师职业纪律、教师职业技能、教师职业良心、教师职业作风和教师职业荣誉八个因素构成,这些因素从不同方面反映出教师职业素质的特定本质和规律,同时又互相配合,构成一个严谨的教师职业素质结构模式。

教师职业理想是教师依据社会对教师职业的要求和个人实际条件确立的,通过努力能够实现的目标的向往和追求。[①] 教师工作平凡中蕴含着伟大,辛苦中潜存欢乐。教师要做好教育工作,既要处理好个人志趣同社会需求两者之间结合的关系,又要处理好职业定位与个人才能的关系,建立起只要勇于实践,勤于积累,通过辛勤劳动定会成为合格教师的信心,还要树立正确的苦乐观,发扬艰苦奋斗、埋头苦干精神,树立在实践中追求成就的理想信念。职业责任是指从事职业活动的人必须承担的职责任务。一个人能否履行职业责任,是一个职业工作者是否称职、能否胜任的问题。有责任感的人才是值得依赖的人,才能感受到自身存在的价值和意义。教师职业责任是指每一个从事教师职业活动的人对其职业所应当承担的职业责任。高尚的师德是成为"人师"最重要的素质,而高尚师德的核心就是职业责任感。教师面对的是一群天真可爱、有着自己想法的孩子,而不是没有生命力的物体,因此,教师需要对学生、对教育事业付出更多的爱心与责任,才能坚持把教育工作做好。教师责任感的强弱直接制约着其尽职程度,而教师的尽职程度又直接关系到培养学生的数量和质量。教师的职业态度主要由职业认识、职业情感、职业行为三方面构成。职业认识是基础,职业情感是核心,职业行为是外在表现,三者相互影响,为形成良好的职业态度打下基础。教师职业纪律是教师职业道德的构成因素之一,是教师必须遵守的行为规范。职业纪律必须通过后天的教育、学习,尤其是通过教师职业道德向教师个体道德的内化才能实现其作用。因此,研究教师职业纪律的他律与自律及二者的关系,以及遵守教师职业纪律的有效途径,对提高教师职业道德教育的针对性和实效性,提高教师队伍的整体道德素质与职业道德水平,都有着积极的意义。教师职业技能是教师素质的具体体现,是指教师在教育教学实践过程中,通过训练形成、巩固下来的迅速、准确、流畅、熟练地完成教育教学任务的一系列行为及智力活动方式的总称。它具有示范性、复杂性、应用性等特点,对教育教学具有重要的作用。所谓教师职业良心,就是教师在对学生、学生家长、同事以及对社会、学校、职业履行义务的过程中所形成的特殊道德责任感和道德自我评价能力。教师职业良心是构成教师职业道德的基本因素之一,在教师职业道德中有着特殊意义。教师职业作风是指教师在教育教学工作中表现出来的一贯态度和行为。教师应该树立以下优良的职业作风:实事求是,坚持真理;工作积极,认真负责;忠诚坦白,平等待人;发扬民主、团结互助。教师职业荣誉是指一定阶级对教师履行社会义务的道德行为的肯定和褒奖。它主要包含两层含义:一是指一定社会或一定阶级用以评价教师行为的社会价值尺度;二是指教师对社会义务的履行情况。教师职业荣誉通过教师的教育活动表现出来,同时又作为一种社会舆论力量和道德自我评价能力,影响着教师的职业道德行为。在社会主义市场经济

---

① 张西方.教师职业理想及其教育[J].山东师范大学学报(人文社会科学版),2013(6):105-108.

体制下,提倡教师树立正确的职业荣誉观,尤其具有重要的现实意义。

五、教师的专业发展理论

对于教师专业发展问题,通过哪些途径和方式促进教师的专业发展?不同的专业发展阶段具有哪些特征?许多学者从不同的角度进行解释,形成了教师专业发展的各种理论。关于教师专业发展有以下主要理论。

(一)教师专业发展三阶段论

美国学者福勒和布朗提出了教师成长的三阶段理论。该理论把教师专业发展分为三个发展阶段,并对教师专业发展的每一阶段的特征进行了揭示。

1. 关注生存

处于这一阶段的一般是新教师,他们非常关注自己的生存适应性,最担心的问题是"学生喜欢我吗?""同事们如何看我?""领导是否觉得我干得不错?"等。因而可能会把大量的时间都花在如何与学生搞好个人关系上,想方设法地控制学生,而不是更多地考虑如何让学生获得学习上的进步。

2. 关注情境

教师感到自己完全能够适应时,便把关注的焦点投向了提高学生的成绩,即进入了关注情境阶段。教师关心的是如何教好每一堂课的内容,以及班级大小、时间压力和备课材料是否充分等与教学情境有关的问题,如"内容是否充分得当?""如何呈现教学信息?""如何掌握教学时间?"等。传统教学评价集中关注这一阶段,一般来说,老教师比新教师更关注此阶段。

3. 关注学生

教师将考虑学生的个别差异,认识到不同发展水平的学生有不同的需要,根据学生的差异采取适当的教学(因材施教),促进学生发展。能否自觉关注学生是衡量一个教师是否成熟的重要标志之一。

(二)骨干教师发展的四阶段论

北京教育学院研究者(钟祖荣、李晶,1998)依据教师素质和他们的工作成绩或成果,即教师教育实践活动的内化和外化,把骨干教师的成长分为四个阶段:

1. 准备期

职业准备期是指教师从事教育工作以前的阶段,是接受教育和学习、为做教师进行准备的阶段。教师职业准备期要求具有从事教师职业资格的人员,严格按照教师专业素质的要求,努力掌握教育知识、学科知识和社会人文知识,掌握教育教学工作的技能,熟悉教师政策法规,确立科学的教育观、教师观和学生观,为成为一名合格教师奠定坚实的基础。

2. 适应期

职业适应期是教师走上工作岗位,由没有实践体验到初步适应教育教学工作,具备最基本、最起码的教育教学能力和其他素质的阶段。入职适应期是教师专业发展中的一个关键时期,也是专业水平快速提高期。它不仅决定着初任教师的教学有效性、工作的满意度以及职业持久性,而且对教师未来的专业发展产生长久的影响。新教师要把入职适应期变成专业发展的关键期、快速成长期,需要具备两个重要条件,即良好的发展机遇和名师的专业引领。[①] 学校要创设一个和谐、民主、创新、平等交流的教师发展文化环境。教师要尽可能多地争取参加各种教学教研活动、教学竞赛、教学技能比武、专业专题培训活动,以及必要的外出考察学习交流活动,这样专业发展的机遇就比较多,专业水平就提高快。名师引领在教师关键期的作用很大。在我国很多学校,为了新手教师更好地适应教学,顺利地实现专业成长,给新教师配一个师傅,师徒结对,教学相长,让新教师顺利度过适应期,进入快速成长期。师徒结对的形式可以让年轻教师在较短的时间内熟悉教育教学业务,尽可能让年轻教师少走弯路,在教育教学上能够得到指引而顺利成长。

3. 发展期

发展期是教师在初步适应教育教学工作后,继续在教育教学实践中锻炼自己的教育教学能力和素质,使之达到熟练的程度的时期。教师的教学能力和专业水平进一步提高,达到熟练程度。处于这一阶段的教师能够从注重教的方面转向注重学的方面,教师的专业能力在稳步提高,这一时期的教师被称为骨干教师。

4. 创造期

创造期是教师开始由固定的、常规的、自动化的工作进入探索和创新的时期,是形成自己的独到见解和教学风格的时期。在创造期,有的骨干教师能够不断地持续创新,达到对教育规律有比较全面的把握,对教育问题有比较系统的见解,创造期的教师可以称为专家教师。

(三)教师专业发展的五阶段论

华东师范大学教授叶澜等人从"自我更新"取向角度对教师专业发展阶段进行深入研究,提出了"教师专业发展五阶段"理论。

1. 非关注阶段

这是进入正式教师教育之前的阶段。在这一阶段所形成的"前科学"的教育教学知识、观念甚至一直迁延到教师正式执教阶段。这只是一种从教的可能性,谈不上专业发展。

2. 虚拟关注阶段

该阶段一般是职前接受教师教育阶段(包括实习期),该阶段专业发展主体的身份是学生,至多只是"准教师"。该阶段,他们所接触的中小学实际和教师生活带有某种虚拟性,他们所获得的教育教学经验大多是间接性的。他们开始思考合格的教师的要求,在虚拟的教学环境中获得某些经验,对教育理论及教师技能进行学习和训练,有了对自我专业发展反思的萌芽。

3. 生存关注阶段

这一阶段是教师成长的起始阶段,也是教师专业发展的一个关键阶段。他们不仅面临着由教育专业的学生向正式教师角色的转换,也存在所学理论知识和具体教学实践的"磨合期"。这一阶段的新手教师更多的是关注自己的生存适应,关注他人对自我的评价,会不自觉地把大量的时间放在与同事、学生的关系处理上。新任教师一般处于这一阶段。

---

① 童富勇.把握教师成长关键期:入职适应期[N].浙江日报,2018-09-05(03).

4. 任务关注阶段

度过生存关注阶段后的教师，他们逐渐步入任务关注阶段。随着对教学基本"生存"知识、技能的掌握，教师的自信心也日渐增强，由关注自我的生存，转到了更多地关注教学上来。这一阶段的专业发展由仅仅关注"生存"技能转到关注专业发展上来。但这一阶段的专业发展受职称晋升等的影响较大，发展的意识主要来自外部，自我发展意识比较薄弱，且不成熟。

5. 自我更新关注阶段

处于该阶段的教师已经具备了相当的教育教学经验，其专业发展的动力转移到了专业发展自身，不再受外部评价或职业升迁的牵制，直接以专业发展为指向。经过了任务关注阶段之后的教师，他们已经完全掌握了教学机制和课堂管理策略，不再受外界评价或职业升迁的影响与牵制，自觉依照教师发展的一般路线和自己目前的发展条件，有意识地自我规划，以谋求最大限度的自我发展，关注学生的整体发展，关注学生是否真的在学习，关注教学内容是否适合学生，关注学生的差异等，并积累了比较科学的个人实践知识。同时，教师已经可以自觉依照教师发展的一般路线和自己目前的发展状况，有意识地自我规划，以谋求最大限度的自我发展。

（四）教师成长的五阶段理论

德国学者柏林纳根据教学专长的发展过程，提出了教师成长五阶段理论。

1. 新手水平

新手教师是指经过系统的教师教育与专业学习后，刚刚走上教学工作岗位的教师。这一时期的教师，由于对学校各方面的情况了解甚少，对职业角色要求和规范所知有限，跟实际工作密切相关的专业知识、经验和技能掌握不多，因而碰到的困难大多与如何适应并完成常规的教学工作和管理工作有关。

2. 高级新手水平

新手教师经过2~3年逐渐发展成为高级新手教师。这时的特点主要有：(1)实践经验与书本知识逐渐整合，开始逐步掌握教学过程的内在联系；(2)教学方法和策略方面的知识与经验有所提高，处理问题表现出一定的灵活性；(3)经验对教学行为的指导作用提高，但还不能很好地区分教学情境中的重要信息和无关信息。

3. 胜任水平

大部分高级新手教师经过实践和培训，3~4年能够成为胜任型教师。胜任型教师是教师发展的基本目标，他们具备如下特点：(1)教学行为有明确的目的性；(2)能够区分出教学情境中的重要信息，并选择有效的方法或手段达到教学目标；(3)教学行为还没有达到快捷、流畅、灵活的程度。

4. 熟练水平

大约需要5年时间，有相当部分的胜任水平教师可发展到熟练水平。该阶段教师的特点有：(1)具有较强的直觉判断能力，能对教学中出现的与以往教学情境类似的情况做出直觉的观察与判断，并做出适宜的反应；(2)教学技能接近认知自动化的水平；(3)教学行为达到快捷、流畅、灵活的程度。

5. 专家水平

部分熟练水平的教师在以后的职业生涯中可发展成为专家水平的教师。在处理课堂教学事件时,专家水平的教师不是以分析和思考的方式有意识地选择、控制自己的注意力和教学活动,而是以直觉的方式立即做出反应,并轻松、流畅地完成教学任务。当不熟悉的教学事件发生时,他们进行有意识的思考,采取审慎的解决方法。

六、教师专业发展的途径和方法

促进教师专业发展的途径和方法多种多样,每一个教师的实际情况不同,采取的方式方法也会不一样。但是,通过总结教师专业发展的经验,促进教师专业发展的途径和方法具有许多共性的东西。

(一)教师专业发展的基本途径

1. 终身学习

因为教师是人类灵魂的工程师,肩负着教书育人的重任,所以,教师只有坚持更新知识结构,对新知保持长久的好奇与敏锐,才不会落后于时代。作为一名教师,不但要有崇高的师德,还要有深厚而扎实的专业知识,专业知识需要通过不断的学习才能更加精进。"严谨笃学,与时俱进,活到老,学到老"是新世纪教师应有的终身学习观。

2. 行动研究

教师行动研究是教师对自己的思想、信念、知识及其实践进行有目的、有系统、批判性研究的方式,是提升自身教育实践理性,获得专业成长的过程。教师了解行动研究的意义及发展历程有助于增强其研究信心。理论与实践联系、研究与行动结合、在研究中改进行动是教师行动研究的特征。教师进行行动研究也需要一定的工具和科学的程序,教师在自省计划,实施、反思行动研究的进程中,不断审视自己的实践知识和教学行为,不仅能够提高教师教学质量,而且能够使教师个人的、缄默的、隐性实践知识转变成供他人分享的、明确的公共知识,促进自己教学理论的创生与建构。

3. 教学反思

所谓教学反思,是指教师对教育教学实践的再认识、再思考,并以此来总结经验教训,进一步提高教育教学水平。教学反思一直以来都是教师提高个人业务水平的一种有效手段,教育上有成就的大家对教学反思一直非常重视。现在很多教师会从自己的教育实践中来反观自己的得失,通过教育案例、教育故事或教育心得等来提高教学反思的质量。

4. 同伴互助

同伴互助是指在两个或两个以上教师间发生的、以专业发展为指向、通过多种手段开展的,旨在实现教师持续主动地自我提升、相互合作并共同进步的教学研究活动。教师可以与同事或同伴保持互相信任和依赖的关系,他们共同规划教学活动,互相提供反馈意见和分享经验,拥有"同伴互助者"的教师比那些独自工作的教师更容易运用新的教学策略和方法。人们在实践中也发现,相对于管理层和学生提供的教师评价而言,来自同伴的评价更有助于教师改善自我的教学行为。

5. 专业引领

教师专业发展过程中的专业引领,是指教师在专业人员的引领下,通过对教育科学理论的学习,对教育教学情境中的实际问题的研讨与实践活动,以实现预定发展目标的一种途径和形式。

6. 课题研究

教师专业发展是指教师在专业理论、专业知识、专业能力、专业心理品质等方面由不成熟到比较成熟的发展过程。课题研究是为解决某一问题而进行的探究性活动,它需要教师拥有广博的知识和各种能力及良好的心理品质。教育科研对教师专业发展起着强有力的推动作用,它可以激发教师自主寻求发展,促进教师内在自我更新。课题研究为教师参与教育教学研究提供了重要平台,也是促进教师专业发展的有效途径

(二)促进教师专业发展的方法

1. 观摩和分析优秀教师的教学活动

课堂教学观摩可分为组织化观摩和非组织化观摩。组织化观摩是有计划、有目的的观摩,非组织化观摩则没有这些特征。为培养、提高新教师和教学经验欠缺的年轻教师,可以进行组织化观摩,非组织化观摩要求观摩者有相当完备的理论知识和洞察力。

2. 开展微格教学

微格教学指以少数的学生为对象,在较短的时间内(5~20分钟),尝试做小型的课堂教学,可以把这种教学过程摄制成录像,课后再进行分析。这是训练新教师、提高教学水平的一条重要途径。

3. 进行专门训练

要想促进新教师的成长,可以对其进行专门化的训练。其中的关键程序有:(1)每天进行回顾;(2)有意义地呈现新材料;(3)有效地指导课堂作业;(4)布置家庭作业;(5)每周、每月都进行回顾。

4. 反思教学经验

波斯纳提出教师成长的公式:经验+反思=成长。布鲁巴奇(Brubacher)等人提出了四种反思的方法:(1)反思日记。在一天教学工作结束后,要求教师写下自己的经验,并与其指导教师共同分析。(2)详细描述。教师相互观摩彼此的课,并描述他们所观察到的结果,随后与其他教师相互交流。(3)交流讨论。来自不同学校的教师聚集在一起,提出课堂上发生的问题,讨论解决的办法,最后形成解决办法为所有参加的教师及其所在学校的教师所共享。(4)行动研究。教师对教育教学活动中所遇到的问题进行调查研究。

5. 进行自我教育

教师自我概念是指教师对教书育人的综合认识,包括对自己角色较稳定的观念、对所传授知识的认识、对学生本性及如何学习的识别等内容。教师的自我教育是提高教师素质的内在动力,是教师专业发展中不可或缺的内因。因此,教师要加强自我教育,使教师教育富有实效。

本章小结

教师职业理念简单地说就是三观,即教育观、学生观和教师观。新时期教师需要树立素质教育观念,以提高国民素质为根本宗旨,面向全体学生,促进学生全面发展,尊重和培养学生的个性,培养学生的创新精神和实践能力。树立正确的学生观,应当确立学生是发

展的人,学生是独立的人,学生是独特的人。全面把握马克思主义的"人的全面发展"思想,努力培养社会主义的建设者和接班人。树立正确的教师观,需要把握新课程改革的教师行为和师生关系,进一步转变教师观念。需要理解教师劳动的特点,把握中小学教师专业素质,加强教师专业素质修养。掌握教师专业发展的理论,充分认识教师专业发展的规律,更好地促进教师专业发展。

思考与练习

1. 素质教育的内涵有哪些?素质教育与应试教育有什么区别?
2. 实施素质教育应当遵循哪些要求?
3. 开展素质教育有哪些方法?
4. 马克思主义的人的全面发展理论主要有哪些观点?
5. 教师应当树立怎样的学生观?
6. 如何看待学生是发展的人?
7. 教师劳动有哪些特点?
8. 新课程改革要求教师行为实现哪些转变?
9. 中小学教师专业素养包括哪些方面?
10. 教师专业发展主要有哪些理论?
11. 中小学教师如何促进专业发展?

【参考文献】

1. 全国十二所重点师范大学联合编写.教育学基础[M].北京:教育科学出版社,2002.
2. 李朝辉,姚玉香.教育学基础[M].北京:科学出版社,2018.
3. 卢晓中.新编教育学[M].北京:北京师范大学出版社,2014.
4. 赵坡.班级管理实战指南[M].上海:华东师范大学出版社,2013.
5. 邓栩.小学课堂管理[M].北京:北京师范大学出版社,2015.
6. 冯建军.现代教育学基础[M].南京:南京大学出版社,2003.
7. 龚浩然,黄秀兰.班集体建设与学生个性发展[M].广州:广东教育出版社,1996.
8. 山香教师招聘考试命题研究中心.广东教师招聘考试·教育教学理论基础[M].北京:首都师范大学出版社,2019.

第六章 教师职业道德

【学习目标】
1. 理解教师职业道德规范的概念和构成要素。
2. 了解教师职业道德的历史发展。
3. 掌握《中小学教师职业道德规范》(2008年修订)的主要内容,学会分析评价教育教学实践中教师的道德规范问题。
4. 理解《中小学班主任工作条例》文件精神。
5. 了解教师职业行为规范的要求。
6. 理解中小学教师正确处理与学生、学生家长、同事以及学校管理者的关系。

【知识导航】

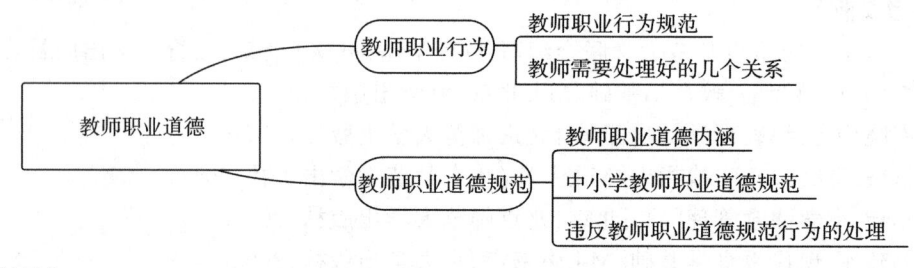

【引子】

 争做新时期"四有"好教师

2014年9月9日,习近平总书记在会见庆祝第三十个教师节暨全国教育系统先进集体和先进个人表彰大会受表彰代表后来到北京师范大学,看望教师学生,观摩课堂教学,进行座谈交流。习近平在考察中强调,全国广大教师要做有理想信念、有道德情操、有扎实知识、有仁爱之心的好教师。

自古以来,中国人把德行放在第一位,修德在于心,传德在于教。教师是塑造人类灵魂的工程师,那么工程师自己的心灵应当是纯净的、高尚的。孔子曰:"其身正,不令而行;其身不正,虽令不从。"教师给学生讲道德,自己先是一个有德之人,自己的言行举止应当遵循守道。教师怎样,学生便怎样,学生怎样,国家便怎样。肩负传道授业解惑的教师,应当修身养性,淡泊名利,不断提升自己的道德修为,如此方可让学生信服信任,从而在耳濡目染之中实现教育之目的。

第一节 教师职业道德规范

一、教师职业道德概述

每种职业都担负着一种特定的职业责任和职业义务。由于各种职业的责任和义务不同,从而形成各自特定的职业道德的具体规范。一方面,职业道德可以调节从业人员内部的关系,即运用职业道德规范约束职业内部人员的行为,促进职业内部人员的团结与合作;另一方面,职业道德又可以调节从业人员和服务对象之间的关系。教师是一种特殊的职业,教师职业道德的产生和发展与教育活动的发展有直接联系,它与教师的职业心理、职业理想、道德习惯和道德传统密切相关。在阶级社会里,教师的职业道德是有阶级性的,它是一定阶级的利益和意志的体现,是为统治阶级巩固自己的统治服务的。

(一)教师职业道德的概念

教师职业道德又称"教师道德"或"师德",是教师从事教育活动遵循的行为准则和必备的道德品质。教师职业道德是社会职业道德的有机组成部分,是教师行业特殊的道德要求。它从道义上规定了教师在教育劳动过程中以什么样的思想、感情、态度和作风去待人接物,处理问题,做好工作,为社会尽职尽责。它是教师行业的特殊道德要求,是调整教师与教师、教师与学生、教师与学校管理人员、教师与学生家长以及教师与社会其他方面关系的行为准则,是一般社会道德在教师职业中的特殊体现。

(二)教师职业道德的历史发展

教师职业道德的产生和发展,是与教育活动的发展直接相联系的。在阶级社会里,教师的职业道德具有鲜明的阶级性。

春秋以前,教师职业道德虽然已经出现,但很不系统,往往夹杂于政治道德之中。春秋时期,孔子办私学,广收门徒,创立了许多有关教师职业道德方面的理论。《论语》记载:"默而识之,学而不厌,诲人不倦,何有于我哉?"体现了一种有关"学""诲"的师德。"其身正,不令而行;其身不正,虽令不从。不能正其身,如正人何?"则体现了一种以身作则、言传身教的师德。此外,还有热爱学生、有教无类、不耻下问、知过而改、因材施教、循循善诱等有关教师职业道德方面的著名言论,形成了我国教育史上的第一个教师职业道德规范体系。孔子而后的百家争鸣时期,荀子、墨子、孟子等对教师职业道德体系进一步发展,如荀子在强调教师要以身作则的同时,又提出教师需具备的四个条件:"尊严而惮","耆艾而信","诵说而不陵不犯","知微而论",实际就是在德行、信仰、能力、知识等方面对教师提出了更高的要求。汉代的董仲舒把"三纲五常"作为教师职业道德的核心要求,又说"善为师者,既美其道,有慎其行",指的是教师的道德品质、知识才干、言谈举止等方面的要求。唐代韩愈将师德列于对教师要求的首位,他说道:"弟子不必不如师,师不必贤于弟子,闻道有先后,术业有专攻,如是而已。"宋元明清又对教师的职业道德有进一步的发展,如朱熹提出把"博学""审问""慎思""明辨""笃行"作为教师的道德规范。明末清初的王夫之则认为"德以好学为极","欲明人者必须先自明"。我国几千年传统的教师职业道德中具有许多优秀的成分,主要表现在:热爱教育,终身授徒,有教无类,文行忠信,以身作则,学而不厌,诲人不倦等。

在社会主义条件下,教师是工人阶级的一部分,是人类灵魂的工程师,担负着培养社会主义建设者和接班人的重任。社会主义的教师职业道德批判地继承了古代师德的优秀遗产,以共产主义道德的基本原则和行为规范为指导,从根本上区别于以往的教师职业道德,是最先进、最高尚的教师职业道德。

二、中小学教师职业道德规范

新中国成立以来,我国一直重视教师职业道德建设,根据社会主义建设的进程和教育事业发展的需要,适时调整教师职业道德规范的内容。改革开放以来,我国于1985年、1991年、1997年、2008年先后三次颁布和修改了《中小学教师职业道德规范》,对教师职业道德建设起着积极的推动作用。

(一)《中小学教师职业道德规范》(2008年修订)的内容

2008年修订的《中小学教师职业道德规范》,对中小学教师提出了六个方面的职业道德行为准则,体现了师德的本质要求和时代特征。

1. 爱国守法

热爱祖国,热爱人民,拥护中国共产党领导,拥护社会主义。全面贯彻国家教育方针,自觉遵守教育法律法规,依法履行教师职责权利。不得有违背党和国家方针政策的言行。

爱国守法是从事教师职业人员的基本要求。这是因为热爱祖国是教师作为公民的神圣职责和义务。建设社会主义法治国家,是我国现代化建设的重要目标,要实现这一目标,需要每个社会成员知法守法,用法律来规范自己的行为,不做法律禁止的事情。

2. 爱岗敬业

忠诚于人民教育事业,志存高远,勤恳敬业,甘为人梯,乐于奉献。对工作高度负责,认真备课上课,认真批改作业,认真辅导学生。不得敷衍塞责。

爱岗敬业是教师职业的本质要求。没有责任就办不好教育,没有感情就做不好教育工作。教师应始终牢记自己的神圣职责,志存高远,把个人的成长进步同社会主义伟大事业、同祖国的繁荣富强紧密联系在一起,并在深刻的社会变革和丰富的教育实践中履行自己的光荣职责。

3. 关爱学生

关心爱护全体学生,尊重学生人格,平等公正对待学生。对学生严慈相济,做学生的良师益友。保护学生安全,关心学生健康,维护学生权益。不讽刺、挖苦、歧视学生,不体罚或变相体罚学生。关爱学生是师德的灵魂。亲其师,信其道。没有爱,就没有教育。

4. 教书育人

遵循教育规律,实施素质教育。循循善诱,诲人不倦,因材施教。培养学生良好品行,激发学生创新精神,促进学生全面发展。不以分数作为评价学生的唯一标准。

教书育人是教师的天职。教师必须遵循教育规律,实施素质教育,循循善诱,诲人不倦,因材施教。培养学生良好品行,激发学生创新精神,促进学生全面发展。

5. 为人师表

坚守高尚情操,知荣明耻,严于律己,以身作则。衣着得体,语言规范,举止文明。关心集体,团结协作,尊重同事,尊重家长。作风正派,廉洁奉公。自觉抵制有偿家教,不利用职务之便谋取私利。

为人师表是教师职业的内在要求。教师要坚守高尚情操,知荣明耻,严于律己,以身作则,在各个方面率先垂范,做学生的榜样,以自己的人格魅力和学识魅力教育影响学生。

6. 终身学习

崇尚科学精神,树立终身学习理念,拓宽知识视野,更新知识结构。潜心钻研业务,勇于探索创新,不断提高专业素养和教育教学水平。

终身学习是教师专业发展的不竭动力。终身学习是时代发展的要求,也是教师职业特点所决定的。教师必须树立终身学习理念,不断提高自己的业务水平和政治思想觉悟,才能更好地成为新时代的好教师。

(二)规范体现的原则

2008年修订的《中小学教师职业道德规范》,体现了教师职业特点对道德的要求。

1. 坚持"以人为本"

2008年修订的《中小学教师职业道德规范》,充分彰显了以人为本的思想,充分体现了"教育以育人为本,以学生为主体","办学以人才为本,以教师为主体"的理念。如"爱国守法"强调了教师要爱祖国和人民;"爱岗敬业"要求教师"忠诚于人民教育事业";"关爱学生"强调"对学生严慈相济,做学生的良师益友";"保护学生安全"更是注重以人为本的教育理念;"教书育人"进一步明确了教育要以学生的发展为中心;"为人师表"同样赋予了"以人为本"的时代含义,不仅与时代要求的"八荣八耻"紧密相连,而且对教师的衣着和言行举止、协作精神、廉洁奉公、不谋私利等方面的要求具体细致,还增加了对待家长态度方面的要求;"终身学习"更是人本思想的全面要求。

2. 继承与创新相结合

2008年修订的《中小学教师职业道德规范》,认真总结改革开放以来的教师职业道德建设的经验,汲取了1997年颁布实施的《中小学教师职业道德规范》中反映教师职业道德本质的基本要求,如继承了师德规范主旨"爱"和"责任",又充分考虑经济、社会和教育发展对师德提出的新要求,将优秀的师德传统与时代要求有机结合。

3. 广泛性与先进性相结合

2008年修订的《中小学教师职业道德规范》,从教师队伍现状和实际出发,面向全体教师,对教师职业道德提出了基本要求,使之成为每位教师自觉遵守的行为准则。如在师德规范修改征求意见的过程中,充分采纳了广大教师意见,从而使规范准则更加符合实际,更有利于全面贯彻落实。同时,《中小学教师职业道德规范》提出了体现时代精神的倡导性要求,如首次加入"保护学生安全""教书育人""关心学生健康""激发学生创新精神""终身学习"等,这些都是结合时代要求,与时俱进提出的新要求。

4. 倡导性要求与强制性规定相结合

2008年修订的《中小学教师职业道德规范》,从教师职业道德的阶段性特征出发,针对当前师德建设中的共性问题和突出问题,在广泛征求意见的基础上,既做出了倡导性的要求,也做出了若干禁止性规定。例如,倡导性的要求有:第一条"爱国守法"中,倡导"热爱祖国""热爱人民"。第二条"爱岗敬业"中,倡导教师"志存高远,勤恳敬业,甘为人梯,乐于奉献"。陶行知先生曾说:"在教师手里操着幼年人的命运,便是操着民族和人类的命运。"只有教师把教育作为一项事业、作为自己的人生追求时,才可能默默奉献、甘为人梯,这是教育工作的核心价值所在。第三条"关爱学生"中倡导"做学生的良师益友"。第四条"教书育人"中倡导"遵循教育规律,实施素质教育"。第五条"为人师表"中倡导"作风正派,廉洁奉公"。第六条"终身学习"中倡导"崇尚科学精神,树立终身学习理念"等。禁止性的规定有:第一条"爱国守法"中规定"不得有违背党和国家方针政策的言行";第二条"爱岗敬业"中规定"不得敷衍塞责";第三条"关爱学生"中规定"不讽刺、挖苦、歧视学生,不体罚或变相体罚学生";第四条"教书育人"中规定"不以分数作为评价学生的唯一标准";第五条"为人师表"中规定"不利用职务之便谋取私利"。

5. 他律与自律相结合

教师职业道德建设重"他律",贵"自律"。如第一条中倡导"自觉遵守教育法律法规",第二条中倡导"乐于奉献",第五条中倡导"自觉抵制有偿家教"。修订的规范在注重"他律"的同时,强调"自律",倡导广大教师自觉践行师德规范,把规范要求内化为自觉行为。从"他律"走向"自律"是师德建设的最终目的。

三、中小学班主任工作规范

班主任工作是学校教育工作的重要组成部分,也是中小学教师职业的重要组成部分。为了进一步加强中小学班主任工作,发挥班主任在中小学教育中的重要作用,保障班主任的合法权益,全面推进素质教育,2008年8月,教育部颁布实施《中小学班主任工作规定》(以下称《规定》),对新时期中小学班主任工作提出了要求,进一步规范班主任工作的职责和方法,对于稳定班主任队伍,促进班主任专业成长,鼓励广大班主任能长期、深入、细致地开展班主任工作有着积极的意义。

(一)中小学班主任工作的内容和特点

2008年8月,教育部颁布实施《中小学班主任工作规定》,内容涵盖了班主任的工作量、待遇以及教育学生等方面。规定的亮点包括明确了班主任工作量,提高了班主任的经济待遇,保障了班主任教育学生的权利等。

(1)明确了班主任工作量,使班主任教师有更多的时间来做班主任工作。一直以来,班主任教师既要承担与其他学科教师一样的教学任务,还要负责繁重的班主任工作,使得班主任教师工作负担过重。《规定》要求:"班主任工作量按当地教师标准课时工作量的一半计入教师的基本工作量。各地要合理安排班主任的课时工作量,确保班主任做好班级管理工作。"明确了班主任教师应当把授课和做班主任工作都作为主业,要拿出一半的时间来做班主任工作,来关心每个学生的思想道德状况、身心健康状况及其他各方面的发展状况。

(2)提高了班主任经济待遇,使班主任有更多的热情来做班主任工作。长期以来,广大中小学班主任教师辛勤工作在育人第一线,而享受的班主任津贴一直是按照1979年教育部、财政部、国家劳动总局颁布的《关于普通中学和小学班主任津贴试行办法》(教计字〔1979〕489号)规定的标准,即:"中学每班学生人数在35人以下发5元,36人至50人发6元,51人以上发7元,小学每班学生人数在35人以下发4元,36人至50人发5元,51人以上发6元。"1988年人事部、国家教委、财政部下发了《关于提高中小学班主任津贴标准和建立中小学教师超课时酬金制度的实施办法》(人薪发〔1988〕23号),文件规定:"中小学班主任津贴标准提高的幅度和教师超课时酬金的具体数额,均由各省、自治区、直辖市结合实际情况自行确定。"据了解,除一些地方较大幅度地提高了本地班主任津贴标准外,各地基本上按1979年的国家标准增加了一倍,即不同班额分别为中学10元、12元、14元,小学8元、10元、12元。班主任津贴标准过低,已经不适应现代经济社会发展的要求。自2009年起,国家实施义务教育学校绩效工资制度。根据国务院办公厅转发的《人力资源社会保障部、财政部、教育部关于义务教育学校实施绩效工资的指导意见》,这次出台的《规定》第十五条要求将"班主任津贴纳入绩效工资管理。在绩效工资分配中要向班主任倾斜。对于班主任承担超课时工作量的,以超课时补贴发放班主任津贴。"自此,班主任津贴问题得到了较好解决。

(3)保证了班主任教育学生的权利,使班主任有更多的空间来做班主任工作。在现实生活中,一些地方和学校也出现了教师特别是班主任教师不敢管学生、不敢批评教育学生、放任学生的现象。新出台的《规定》第十六条明确规定:"班主任在日常教育教学管理中,有采取适当方式对学生进行批评教育的权利。"保证和维护了班主任教育学生的合法权利,使班主任在教育学生的过程中,在坚持正面教育为主的同时,不再缩手缩脚,可以适当采取批评等方式教育和管理学生。

(4)强调了班主任在学校教育中的重要地位,使班主任更有信心做班主任工作。《规定》从班主任的职业发展、职务晋升、参与学校管理、待遇保障、表彰奖励等多个方面,强调了班主任在学校教育中的重要地位,充分体现了对班主任工作的尊重和认可,对广大班主任教师是一个极大的鼓舞和激励。强调班主任在学校教育中的重要地位,对于稳定班主任队伍,促进班主任专业成长,鼓励广大班主任能长期、深入、细致地开展班主任工作有着积极的意义。

(二)中小学班主任工作的要求

中小学班主任工作是一项复杂、细致的工作,需要付出爱心、耐心和责任心,对学生健康成长起着重要作用。这就要求班主任教师具有良好的思想道德品质、较高的教育理论素养和专业知识水平,身心健康,富有人格魅力,善于做思想教育工作;要适应新时期教育工作,及时改进班主任工作方法,在学校育人工作中发挥更大的作用。

(1)坚持育人为本,德育为先的目标导向。班主任要把学校教育目标落实到班级的日常管理工作过程中,切实把德育放在首位,注重学生正确的世界观、人生观、价值观和社会主义荣辱观的培养和形成,培养学生健全、独立的人格;引导学生培养学习兴趣,树立正确的学习目标,促使学生全面协调健康发展。

(2)注重公平,面向班集体每一个学生。班主任要关心每一个学生,了解他们的内心世界,根据每个学生的特点,精心设计相应的教育方案,引导、帮助每一个学生健康成长,要特别注意关注学生中的弱势群体和边缘群体,为每一个学生的终身发展奠定基础。

(3)关心学生的全面发展。坚持以人为本,以学生的全面发展为班主任工作的根本出发点,不仅要关心他们的学习,更要关心他们的思想道德、身体、心理、人格等各方面的发展状况。培养学生各方面的能力,提高学生各方面的素质,发挥学生的个性特长,充分发掘学生的潜能。

(4)建立平等互信的师生关系。班主任要平等对待学生,建立和谐的、朋友式的新型师生关系;尊重学生,注重与学生交流沟通的方式,做学生人生路上的良师益友。

(5)遵循学生的年龄特点和身心发展规律。相信每个学生都有自己的优点,都有成才的强烈愿望,帮助每一个学生建立不断提高进步的目标;善于发现和激励学生的每一点进步,让学生始终在成功的喜悦中提高自己、发展自己。

(6)建立完善班级管理制度。通过建立科学合理的班级日常管理规范,培养学生良好习惯的养成。从小事、细微处着手,积极开展行为规范教育。加强学生自主管理,增进学生的民主意识,培养学生独立处理问题的能力。

(7)积极进行班集体文化建设。指导班集体通过开展班会、团队会、各种主题教育活动和丰富多彩的文体活动,丰富学生的生活,弘扬爱国主义、集体主义和民族精神,形成健康向上、积极进取的班风和有特色的班级文化,营造良好的育人环境。

(8)指导和组织学生积极参加社会实践活动。充分开发社区、学校和班级的各种教育资源,组织学生积极参加有益于身心发展和道德养成的各种社会实践活动,增强道德体验,培养学生正确的劳动观念和劳动习惯。

(9)充分发挥纽带作用。积极主动地与其他课程任课教师、少先队、团委、政教处沟通,步调一致,形成合力,充分发挥集体教育的作用。加强与家长的沟通交流,积极建立与家长沟通和交流的有效渠道,实现学校教育和家庭教育的有机结合。加强与社会、社区的联系,善于利用各种资源,让学生了解社会,参与社会,适应社会,服务社会,也让全社会都来了解教育,关心教育,支持教育,营造良好的社会育人环境。

(10)大胆创新工作方式。认真做好学生的综合素质评价工作,积极探索建立学生良好行为习惯的动态管理模式和综合考评制度,建立并填好学生成长档案和记录袋。在此基础上,积极探索班主任工作的新特点、新要求,创新班级管理和建设的有效模式。

四、中小学教师违反职业道德行为的处理

为了加强新时期教师队伍建设,进一步提高教师教学水平,2018年11月,教育部修订了《中小学教师违反职业道德行为处理办法》,以有力措施坚决查处师德违规行为。

(一)违反教师职业道德行为处理的情形

长期以来,广大教师不忘初心,牢记使命,爱岗敬业,教书育人,改革创新,服务社会,为教育事业发展做出了重大贡献,党和国家高度肯定,学生、家长和社会尊重教师。但是,也

有个别教师放松自我要求,不能认真履职尽责,甚至出现严重违反师德的行为,损害教师队伍的整体形象。为了造就政治素质过硬、业务能力精湛、育人水平高超的教师队伍,对于违反教师职业道德的行为,必须严格举报受理和违规查处。

按照《中小学教师违反职业道德行为处理办法》的规定,对教师的违反职业道德行为做出处理的情形主要包括:(1)在教育教学活动中有违背党和国家方针政策言行的;(2)在教育教学活动中遇突发事件时,不履行保护学生人身安全职责的;(3)在教育教学活动和学生管理、评价中不公平公正对待学生,产生明显负面影响的;(4)在招生、考试、考核评价、职务评审、教研科研中弄虚作假、营私舞弊的;(5)体罚学生的和以侮辱、歧视等方式变相体罚学生,造成学生身心伤害的;(6)对学生实施性骚扰或者与学生发生不正当关系的;(7)索要或者违反规定收受家长、学生财物的;(8)组织或者参与针对学生的经营性活动,或者强制学生订购教辅资料、报刊等谋取利益的;(9)组织、要求学生参加校内外有偿补课,或者组织、参与校外培训机构对学生有偿补课的;(10)其他严重违反职业道德的行为应当给予相应处分的。

(二)违反教师职业道德行为处分的种类

按照《中小学教师违反职业道德行为处理办法》的规定,对于教师违反职业道德行为,应当根据违反职业道德行为的性质、情节、危害程度进行处理。处分包括警告、记过、降低专业技术职务等级、撤销专业技术职务或者行政职务、开除或者解除聘用合同。其中,警告期限为6个月,记过期限为12个月,降低专业技术职务等级、撤销专业技术职务或者行政职务期限为24个月。

(三)违反教师职业道德行为处分的权限

依据《中小学教师违反职业道德行为处理办法》,关于违反教师职业道德行为处分的权限划分,主要包括:

(1)警告和记过处分,公办学校教师由所在学校提出建议,学校主管教育部门决定。民办学校教师由所在学校决定,报主管教育部门备案。

(2)降低专业技术职务等级、撤销专业技术职务或者行政职务处分,由教师所在学校提出建议,学校主管教育部门决定并报同级人事部门备案。

(3)开除处分,公办学校教师由所在学校提出建议,学校主管教育部门决定并报同级人事部门备案;民办学校教师或者未纳入人事编制管理的教师由所在学校决定并解除其聘任合同,报主管教育部门备案。

(四)违反教师职业道德行为处理程序和救济

对于违反教师职业道德行为的教师处分,应当坚持公正、公平和教育与惩处相结合的原则,应当做到事实清楚、证据确凿、定性准确、处理恰当、程序合法、手续完备。

学校及学校主管教育部门发现教师可能存在违反教师职业道德行为的,应当及时组织调查,核实有关事实。做出处理决定前,应当听取教师的陈述和申辩,听取学生、其他教师、家长委员会或者家长代表意见,并告知教师有要求举行听证的权利。对于拟给予降低专业技术职务等级以上的处分,教师要求听证的,拟做出处理决定的部门应当组织听证。

对教师做出处分决定,应当书面通知教师本人并载明认定的事实、理由、依据、期限及救济途径等内容。

教师不服处分决定的,可以向学校主管教育部门申请复核。对复核结果不服的,可以向学校主管教育部门的上一级行政部门提出申诉。

第二节 教师职业行为

一、教师职业行为规范

新时代教师要做好培养人才的工作,需要明确教师职业规范,真正把教书育人和自我修养结合起来,时刻自重、自省、自警、自励、自觉,努力成为以德立身、以德立学、以德施教、以德育德的楷模,维护教师职业形象。

(一)《新时代中小学教师职业行为十项准则》与教师职业行为

为深入贯彻习近平新时代中国特色社会主义思想,落实立德树人的根本任务,进一步增强教师的责任感、使命感、荣誉感,规范职业行为,明确师德底线,引导广大教师努力成为有理想信念、有道德情操、有扎实学识、有仁爱之心的好老师,国家重视教师职业行为,明确新时代教师职业规范。2018年11月,教育部颁布了《新时代中小学教师职业行为十项准则》,准则内容主要包括:

(1)坚定政治方向。坚持以习近平新时代中国特色社会主义思想为指导,拥护中国共产党的领导,贯彻党的教育方针;不得在教育教学活动中及其他场合有损害党中央权威、违背党的路线方针政策的言行。

(2)自觉爱国守法。忠于祖国,忠于人民,恪守宪法原则,遵守法律法规,依法履行教师职责;不得损害国家利益、社会公共利益,或违背社会公序良俗。

(3)传播优秀文化。带头践行社会主义核心价值观,弘扬真善美,传递正能量;不得通过课堂、论坛、讲座、信息网络及其他渠道发表、转发错误观点,或编造散布虚假信息、不良信息。

(4)潜心教书育人。落实立德树人的根本任务,遵循教育规律和学生成长规律,因材施教,教学相长;不得违反教学纪律,敷衍教学,或擅自从事影响教育教学本职工作的兼职兼薪行为。

(5)关心爱护学生。严慈相济,诲人不倦,真心关爱学生,严格要求学生,做学生的良师益友;不得歧视、侮辱学生,严禁虐待、伤害学生。

(6)加强安全防范。增强安全意识,加强安全教育,保护学生安全,防范事故风险;不得在教育教学活动中遇突发事件、面临危险时,不顾学生安危,擅离职守,自行逃离。

(7)坚持言行雅正。为人师表,以身作则,举止文明,作风正派,自重自爱;不得与学生发生任何不正当关系,严禁任何形式的猥亵、性骚扰行为。

(8)秉持公平诚信。坚持原则,处事公道,光明磊落,为人正直;不得在招生、考试、推优、保送及绩效考核、岗位聘用、职称评聘、评优评奖等工作中徇私舞弊、弄虚作假。

(9)坚守廉洁自律。严于律己,清廉从教;不得索要、收受学生及家长财物或参加由学生及家长付费的宴请、旅游、娱乐休闲等活动,不得向学生推销图书报刊、教辅材料、社会保险或利用家长资源谋取私利。

(10)规范从教行为。勤勉敬业,乐于奉献,自觉抵制不良风气;不得组织、参与有偿补课,或为校外培训机构和他人介绍生源,提供相关信息。

(二)教师职业行为规范的内容要求

教师职业行为规范主要涉及以下五个方面:教师思想行为规范,教师教学行为规范,教师人际行为规范,教师仪表行为规范,教师语言行为规范。

1. 教师的思想行为规范

(1)热爱社会主义祖国,拥护中国共产党的领导,认真学习和宣传马列主义、毛泽东思想,热爱教育事业。

(2)执行教育方针,遵循教育规律,尽职尽责,教书育人。

(3)正直诚实,作风正派,为人师表,遵纪守法。

(4)树立正确的人生观和价值观,发扬无私奉献精神,不做有损国格、人格的事。

(5)积极参加政治学习和宣传活动,做社会主义精神文明的建设者和传播者。

2. 教师的教学行为规范

(1)要有端正的教学态度,严肃认真地对待教学工作中的每一项内容。

(2)钻研业务,熟悉教材,认真备课。要善于激发学生的求知欲,组织好课堂教学,创造生动活泼的课堂气氛,尽量避免对学生进行灌输式教学。

(3)精心编排练习,认真批改作业,及时纠正错误。定时做好教学质量检查工作,及时查缺补漏。

(4)按时上课下课,不迟到、不缺课、不拖堂。

(5)上课语言文明,清晰流畅,表达准确简洁;板书整洁规范,内容简练精确。

(6)既要严格要求学生,又要尊重学生,对待学生要一视同仁。热情、耐心地回答学生提问。不能讽刺、挖苦学生。

(7)教学计划应符合教学进度的要求,不能随意删增内容、加堂或缺课,不能占用学生的自习课或复习考试时间,增加学生的学习负担。

3. 教师的人际行为规范

(1)教师与学生之间要做到:热爱学生,关心学生,尊重学生;严格要求,耐心教导,循循善诱,不偏不袒;不以师生关系谋取私利。

(2)教师之间要做到:互相尊重,切忌嫉妒;相互学习,取长补短;平等相待,不亢不卑;乐于助人,关心同事。

(3)教师与领导之间要做到:尊重领导,服从安排;顾全大局,遵守纪律;互相理解,互相支持;秉公办事,团结一致。

(4)教师与家长之间要做到:尊重家长,理解家长;经常家访,互通情况;密切配合,教育学生。

4. 教师的仪表行为规范

(1)教师的仪表行为要以学生的欣赏水平为前提。教师必须在为人师表的宗旨下,衣着整洁,朴实大方,服饰要符合职业特点,体现教师为人师表的良好形象。

(2)教师的仪表行为要与自己的性格特点相得益彰。

(3)教师的仪表行为要符合自己的年龄特点。

(4)教师的仪表行为要与课堂教学的情境相适应。

5. 教师的语言行为规范

(1)教师要使用普通话,边远地区的教师也要通过媒体及其他途径练习普通话,力争发音标准。

(2)教师的课堂用语、语法要规范,避免方言、土语,指导学生使用正确的词语和语法。

(3)语意要明确,表达要清楚,这需要教师熟悉学科知识,思路清晰。

(4)语句要完整,上下连贯,有逻辑性。

(5)教师还要注意与时俱进,丰富语言,学会用学生熟悉、喜欢的语言表达教学内容。

二、教师在教育活动中要处理好的几大关系

教师职业行为规范的主要内容,主要表现在教育活动中运用行为规范恰当地处理与学生、学生家长、同事以及教育管理者的关系。

(一)教师与学生的关系

师生关系是教师各类人际关系中最基本、最重要的关系。教育活动是师生之间平等对话、互教互学的过程。教师不是高高在上的绝对权威,学生只是被动地接受知识。教育教学活动的开展,师生处于共同学习、教学相长的状态。教学过程不再是教师单方面设计并运作的"单边活动",而是变成一种互动的、发展的"双边活动"。因此,构建良好的师生关系应当从热爱学生、尊重学生、了解学生、公平公正地对待学生、严格要求学生五个方面展开。

1. 热爱学生

热爱学生是处理师生关系的基础和根本出发点。教师在具体的教育教学实践中把学生的成长放在第一位,关爱每一位学生,是高尚师德的具体体现。教师对学生的爱,不是对少数学生的爱,更不是有差别的爱,应当是面向全体学生的爱,对所有学生付出同样的爱,全面关心学生的成长,关心学生精神生活,关心学生心理健康,关心学生身体素质,把爱的种子撒向每一个学生,保持对学生稳固而持久的爱。教师应在教育教学活动中掌握良好有效的沟通与表达技巧,杜绝出现因为个人情绪变化而迁怒于学生的现象。

2. 尊重学生

尊重学生是教师建立师生间平等关系的表现。在师生平等的交往关系中,教师的爱是真爱,教师的爱才能够实现,学生也才能够感受到教师的爱,从而接受教师对自己的教育。

首先,尊重学生最主要的是尊重学生的人格。教师对学生有管理、教育的义务和权利。在教育教学过程中,教师拥有按照教育目标塑造学生的权利,但在人格上,教师与学生是平等的。因此,教师的教育行为都应以尊重学生的人格为前提。教师不尊重学生的人格,任意打骂、侮辱、体罚学生,不仅是违反职业道德规范的,而且可能构成违法。其次,尊重学生

的个别差异。在教育教学的细节中要做到尊重学生的个别差异,辩证地看待学生的优缺点;对不同的学生犯了同样的错误,要考虑不同的动机与原因,做出正确处理。最后,要始终信任学生。教育教学活动中,教师对学生的信任,使学生体验到成功的满足,能激发学生的兴趣,调动学生积极性,特别是对后进生,教师的信任能够给他们提供进步的强大动力。

3. 了解学生

了解学生是教师热爱学生的起点,是教师进行教育的前提,也是教师公平地评价学生的需要。

首先,要努力使自己成为学生的朋友。师生关系是平等的,教师不是绝对的权威,在人格上师生平等共同成长,在教学上师生教学相长。其次,克服不良心理效应的影响,深入了解每一位学生。教师在教育教学活动中要避免错误的心理惯性,在没有深入了解学生的情况下就轻下断言,会影响学生的成长成才。最后,了解学生是对学生负责的体现。了解学生是开展教育教学活动的根基,在不了解学生的情况下所采用的教学方法,会出现难以奏效的情况,这就要求教师必须深入了解学生,做好基础性工作。

4. 公平公正地对待学生

教师的爱是面向一切学生的,学生所需要的爱也是没有差别的。公平公正地对待每一个学生,要求教师对学生公正、公平,不偏不倚,一视同仁。一方面,教师不能因为个人感情的好恶、私人关系、学生成绩的优劣等偏袒或轻视学生;另一方面,教师不能因为学生的性别、美丑、性格特征、身体条件、家庭出身等的不同,偏袒或轻视学生。教师公正地对待学生,要真正地尊重和信赖学生,从师生关系的本质上讲,学生与教师之间是平等的,学生是独立的个体,具有独立人格和被尊重的权利,教师必须保障学生的权利。

5. 严格要求学生

学生的成长需要在教育教学活动中实现。开展有效教学,教师的行为要符合教育教学的要求,学生的行为也要符合教育教学的要求。在教育教学活动中,对自己严格要求,也对学生严格要求,这才是对教学负责。这就需要教师将热爱学生、尊重学生、严格要求学生统一结合起来,做到爱中有严、严中有爱、严慈相济。教师严格要求学生要从四个具体的方面去展开工作。

首先,严而有理。教师在要求学生时,一方面要符合学生身心发展规律,符合教育的规律;另一方面,教师在要求学生时要摆事实、讲道理,使学生欣然接受。其次,严而有度。教师要根据学生实际情况提出适度的要求,从关心、爱护学生的角度出发,认真考虑每一项要求有可能产生的后果,以便做到恰到好处。再次,严而有恒。教师对学生的要求必须始终一贯,坚持到底,不能朝令夕改,虎头蛇尾。在教育活动中,遇到来自学生惰性、理解程度等方面的阻挠,教师必须态度坚决、意志坚定。最后,严而有方。教师对学生提出的要求必须从学生实际情况出发,在充分考虑教育条件的基础上,选择合适的教育方式,刚柔相济,寓刚于柔。

(二)教师与学生家长的关系

学生是教师工作的出发点,教师对学生负有责任和义务。但是,教育的成功是多方面"合力"作用的结果,家长作为孩子的第一任教师,对孩子的成长也负有责任,并且是影响孩子成长的重要因素。因此,家庭教育对学生有着重要的影响,处理好教师与学生家长的关系显得尤为重要。

1. 建立平等的沟通关系

教师和家长都是以教育好学生,促进学生身心的全面发展为共同目标的,应该建立彼此信任、相互支持的平等关系。只有平等才有沟通的可能,只有平等,双方才不会落入误区,才不会有扯皮、推诿、渎职等现象的出现,教师和学生家长齐心合力做好教育工作。

2. 形成良好的沟通习惯

首先,教师要积极主动地与家长建立联系,通过家访、家长会、联系手册、电话、通信、网络等多种形式,与家长互通情况,共同商讨、协调教育方法、步骤。其次,教师要树立服务意识,尊重家长,全面、客观地介绍孩子在校学习、生活的情况,热情、耐心地与家长进行沟通。要虚心地听取家长的批评和建议,经常向家长征求意见。再次,教师要及时地通报学生的思想、学习、生活的动态。特别是出现异常情况或突发事件时,要第一时间与家长沟通,及时分析原因,商讨对策,共同实施最有效的教育方法。最后,教师要认真听取家长的意见和建议。教师要放下"教育权威"的架子,经常向家长征求意见,虚心听取他们的批评和建议,找出和确立有效的对学生进行教育的方法和途径,以不断改进自己的工作。这样,家长会觉得教师可亲可信,有利于维护教师的威信。

3. 尊重家长的人格

在教师与家长的关系中,教师起主导作用,但教师和家长在人格上是完全平等的,不存在尊卑之分。因此,教师必须尊重学生家长的人格,特别是尊重社会地位低和所谓"差生"的家长的人格。教师要避免向家长"告状",不要当众责备其子女,不要说侮辱学生家长人格的话和有侮辱学生家长人格的行为,否则,会造成教师与家长的对立,不利于教育效能的提高。

4. 教育学生尊重家长

教师不仅要身体力行地尊重学生家长,还要教育学生尊重自己的父母,特别是那些社会地位和文化水平不高的父母。教师教育学生尊重家长,不但可以提高家长的威信,增强家庭教育的力量,而且家长看到自己的孩子在教师的教育下健康成长,对自己又很尊敬时,会由衷地感谢教师,更加信任教师。

(三)教师与同事的关系

教师与教师之间的人际关系,是在共同完成学校工作任务的环境中建立的,处理好这类人际关系对做好教育教学工作具有重要意义。

1. 尊重

教师开展教育教学专业性活动,通常需要靠集体的力量去完成。因此,对同处于教育教学活动的同事,大家在地位上应当是平等的,相互之间应当彼此尊重。

2. 理解

教师工作从个体上看是存在差异的,因而具体分工有所不同。由于工作任务及性质上的差异,教师间不可避免地存在矛盾与冲突,这就需要教师与同事之间能够互相理解。

3. 协作

教师在集体中共同完成教育教学工作。若想实现一定的教育目的,教师必须与同事进行协作,维护团结,相互理解,相互支持。

(四)教师与教育管理者的关系

教师在教育组织中开展教育教学活动,必然要在一定教育管理者的管理之下开展工作。从管理的角度看,教师与教育管理者是上下级的关系。但是,这种管理与被管理的关系,不意味着地位的差异或不平等,只是具体分工的不同。因此,教师与教育管理者的关系,实质上是组织中承担不同任务的人们之间的关系。

1. 尊重

教师在教育管理者的协调下开展工作,目的是共同实现学校组织的教育教学目标。教育管理者的管理目标与教师的职业活动目标是高度一致的。所以,教师应当尊重教育管理者根据自己的管理职责所开展的教育管理活动。

2. 支持

教师的职责和任务在很大程度上是由学校教育管理者赋予的。每一位教师根据自己对职责的承诺,完成学校组织管理者分配的任务,是学校组织实现教育目标的保障。因而,教师应当在自己的职业行为上支持学校教育管理者开展学校管理工作。

本章小结

教师职业道德是教师从事教育活动遵循的行为准则和必备的道德品质。新时期中小学教师需要掌握《中小学教师职业道德规范》(2008年修订),做到爱国守法、爱岗敬业、关爱学生、教书育人、为人师表、终身学习。开展班主任工作,要严格遵照《中小学班主任工作规定》,做好班主任工作。中小学教师规范职业行为,需要处理好教师与学生、学生家长、同事、学校管理者的关系。

思考与练习

1. 什么是教师职业道德?教师职业道德有哪些构成部分?
2. 2008年修订的《中小学教师职业道德规范》提出了哪些要求?
3. 中小学班主任应当做好哪些方面的工作?
4. 违反中小学教师职业道德应当怎样处理?
5. 《新时代中小学教师职业行为十项准则》有哪些要求?
6. 怎样处理教师与学生之间的关系?
7. 怎样处理教师与同事之间的关系?
8. 怎样处理教师与学生家长之间的关系?

【参考文献】

1. 全国十二所重点师范大学联合编写.教育学基础[M].北京:教育科学出版社,2002.
2. 李朝辉,姚玉香.教育学基础[M].北京:科学出版社,2018.
3. 卢晓中.新编教育学[M].北京:北京师范大学出版社,2014.

4. 冯建军.现代教育学基础[M].南京:南京大学出版社,2003.
5. 山香教师招聘考试命题研究中心.广东教师招聘考试·教育教学理论基础[M].北京:首都师范大学出版社,2019.

第七章 课 程

【学习目标】

1. 理解课程的基本概念,了解不同课程流派的基本观点,包括学科中心课程理论、活动中心课程理论、社会中心课程理论等。
2. 理解课程开发的基本原理及其主要影响因素。
3. 掌握课程的基本类型及其特征。
4. 了解课程目标、课程内容、课程实施、课程评价等的含义和相关理论。
5. 了解我国当前基础教育课程改革的理念、改革目标及其基本实施状况。

【知识导航】

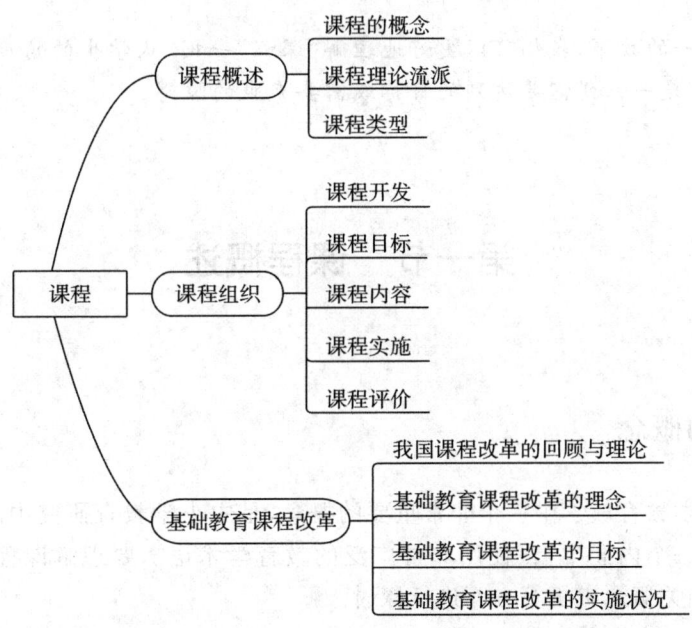

【引子】

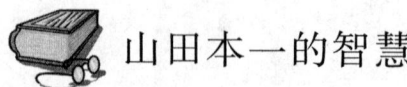 山田本一的智慧

1984年,在日本东京举办的国际马拉松邀请赛上,日本选手山田本一获得了冠军。记者问他是用什么秘诀获得成功,他出人意料地说:"我凭借智慧获得了第一名。"这样的回答遭到一些人的嘲笑。

两年后,在意大利国际马拉松邀请赛上,山田本一代表日本参赛,再次获得了世界冠军,回答记者提问时他仍然说:"我凭借智慧获得了第一名。"

山田本一所说的智慧到底是什么呢?

十年后,山田本一在自传中揭开了谜底,他说:"在每次比赛之前,我都会乘车把比赛的线路进行一次仔细勘察,并把沿途比较醒目的标志画下来,比如说第一个标志是银行,第二个标志是一棵大树,第三个标志是一座红房子……照这样的方法一直画到赛程的终点为止。比赛的枪声一响,我便快速向第一个目标冲去,到达第一个目标后,我又以同样的速度向第二个目标冲去……四十多公里的赛程,被我分解成了这样的几十个小目标,就轻松地跑完了。"

他又补充说:"刚开始的时候,我不懂这个道理,而是跟大家一样,把目标定在四十多公里处终点线的那面旗帜上,结果跑十几公里时就已经疲惫不堪了。原来,我是被前方那段看不到边的赛程给吓倒了!"

通过山田本一的故事,我们可以更好地理解"课程"一词,从学生的角度来讲,学校课程就是奔跑竞赛,就是一系列需要达到的目标或需要克服的障碍。

第一节 课程概述

一、课程的概念

课程是中小学教育教学中一个非常重要的概念,是中小学教育研究中的核心问题和基本领域。课程是一个内涵丰富、使用非常广泛的教育学术语。要理解课程这一概念,需要从词源、定义和相关概念辨析等方面进行探讨。

(一)课程的词源分析

课程这一概念伴随着人类社会教育的发展而出现,并伴随着人类的教育活动逐渐成熟。早在汉代,许慎《说文解字》中说"课,试也",为检验、考核、考试或者考察之意;"程,品也,十发为程,十程为分,十分为寸",后被引申为事物发展的经过或者步骤。据考证,"课

程"一词最早出现在魏晋南北朝时期北魏凉州沙门惠觉翻译的《贤愚经·阿难总持品第三十八》:"尔时有一比丘,畜一沙弥,恒以严敕,教令诵经,日日课程。其经足者,便以欢喜。"这里的"课程"意思就是需要每天完成的功课。唐朝孔颖达《五经正义》为《诗经·小雅·巧言》"奕奕寝庙,君子作之"所作的注疏:"维护课程,必君子监之,乃依法制。"孔颖达使用"课程"一词,比喻"寝庙"这一伟大而辉煌的事业,需要有德才的君子为之。南宋朱熹《朱子全书·论学》有"宽着期限,紧着课程","小立课程,大作功夫"等句。这里的课程主要指"功课及其进程",已含有学习范围、计划、进度的意思。

在西方,"课程"(curriculum)一词源于拉丁语 currere。currere 是个动词,意为"跑"(to run),强调跑的过程和经历。curriculum 是名词,意为"跑道"(race-course)。根据这个词源,西方最常见的课程定义就是"学习的进程"(course of study)。事实上,curriculum 和 course 同源且词源意义相同,前者是课程的总称,书面色彩较浓;后者指具体的课程,口语色彩较浓。① 英国教育家斯宾塞在《什么知识最有价值》(What Knowledge is of Most Worth)一文中,首先提出"课程"(curriculum)这一术语。作为教育科学的重要倡导者,斯宾塞把课程概念解释为"教育内容的系统组织",将其引入教育领域并很快得到了教育者的普遍采用。1918年美国学者博比特出版《课程》一书,标志着课程作为专门研究领域的诞生,这也是教育史上第一本课程理论著作。

(二) 不同类型的课程定义

课程的概念内涵丰富,定义也是众说纷纭。学者从不同的角度、不同的立场定义课程概念,建构不同的课程内涵。仔细梳理会发现,课程的定义大致可以划分为以下几种类型:

1. 课程即教学科目

把课程等同于教学科目,在历史上由来已久,如我国古代以"礼、乐、射、御、书、数"为主的"六艺"课程,欧洲中世纪以"文法、修辞、辩证法、算术、几何、音乐、天文学"为主的"七艺"课程。这种课程定义强调教学内容,强调向学生传授学科的知识体系,但容易忽视学生的个体差异性,忽视学生的兴趣,对学生个体的经验重视不够。

2. 课程即目标或计划

这种课程定义把课程定义为教学需要达到的目标或预期结果,或者是预先制定的教学计划,将教育教学目标的选择和制定作为教育教学的核心任务,要求制定明确的学习目标,围绕这一目标选择教学内容,组织教育教学活动,并进行教育教学评价。这种课程观对课程理论具有较大影响,具有较强的可操作性,但片面强调课程目标、课程计划,把课程实施过程和手段忽略了,容易忽视教育教学环境的变化,也容易忽视非预期的学习结果。

3. 课程即学习经验

这是美国实用主义教育家杜威提出的课程观点,是以儿童的生活经验为中心的课程,强调尊重儿童的兴趣和需要,强调发展儿童的个性,把课程视为学生在教师指导下所获得的经验或体验,以及学生自发获得的经验或体验。杜威实际上是把课程视为学生在教师指导下所获得的经验或体验。② 这一课程定义的突出特点是把学习者的直接经验置于课程的

---

① 卢晓中.新编教育学[M].北京:北京师范大学出版社,2014:151.
② 张华.课程与教学论[M].上海:上海教育出版社,2000:68.

中心位置,强调学习者的兴趣、爱好、需求和个性特征,重视学习者与环境的相互作用,重视学习者学习环境的设计,但容易忽视系统知识在学习者发展中的重要作用。

4. 课程即文化再生产

美国学者鲍尔斯和金蒂斯是这一主张的重要代表人物。这种观点认为,任何社会文化中的课程,事实上都是该种社会文化的反映,学校教育的职责是要再生产对下一代有用的知识和价值。① 课程即文化再生产强调课程应反映社会需求,课程需要根据国家的需要来制定,如何将这些需要传递给学生是教育的首要任务,教育的最终目的是使学生顺应社会的需求。这种认为课程应该不加批判地再生产社会文化的观点是不现实的,也是不合理的。

5. 课程即社会改造的过程

以巴西教育家弗雷尔(P.Freire)为代表。这种观点强调课程不是为了使学生适应或顺应社会文化,而是要培养学生的社会批判意识,帮助学生摆脱盲目依存的状态,摆脱现存社会制度的束缚,建议应该把课程的重点放在当代社会的主要问题和主要弊端、学生关心的社会现象,以及改造社会和社会活动规划等方面。课程应该有助于学生在社会方面得到发展,帮助学生学会如何参与制定社会规划,使学生在规划和实施课程的过程中起主要作用。② 这种观点无疑过于夸大了教育在社会变革中的作用。

以上讨论的课程定义,或多或少都有积极的意义,但也存在明显的不足。由于人们对课程的理解存在诸多分歧,对课程概念的争议将持续存在下去。根据国内外最新的研究成果,我国有学者将课程的定义归纳为:课程是按照一定的教育目的,在教育者有计划、有组织的指导下,受教育者与教育情境相互作用而获得有益于身心发展的全部教育内容。③ 目前国内一般认为课程有广义、狭义之分。广义的课程是指学生在校期间所学内容的综合及进程安排。狭义的课程特指某一门学科。我们所研究的课程是广义的,是各级各类学校为实现培养目标而规定的学习科目及其进程的总和。④

(三)课程与教学的关系

课程与教学的关系比较复杂,综合国内外有关课程与教学关系的研究,比较典型的观点有两种。一种观点是大教学小课程观,即"大教学论"观。这种观点认为,教学是上位概念,教学包含课程,课程只是教学的一个部分,实际上就是"教学内容"。苏联教育家凯洛夫主编的《教育学》就将课程作为教学内容进行讨论;我国著名学者李秉德主编的《教学论》中就包括"课程论"一章,将课程作为教学的一个部分。大教学论观的影响在我国比较大,新中国成立之后到新课改之前,这种观点基本处于主导地位。一种观点是大课程小教学观,可以称之为"大课程论"观。这种观点认为课程是上位概念,课程包含教学,教学只是课程的一个组成部分,实际上教学就是课程的设计和实施。英美国家的学者持这种观点的比较多,他们往往认为教学就是课程的一部分,对教学过程的研究是课程研究的一个重要方面。

---

① 全国十二所重点师范大学联合编写.教育学基础[M].北京:教育科学出版社,2008:154.
② 全国十二所重点师范大学联合编写.教育学基础[M].北京:教育科学出版社,2008:155.
③ 钟启泉,汪霞,王文静.课程与教学论[M].上海:华东师范大学出版社,2008:4.
④ 中公教育教师资格考试研究院.教育知识与能力·中学[M].北京:世界图书出版公司,2012:65.

我国自2001年新课改开始之后,许多专家基本持这种观点。

这两种观点看似截然相反,其实相互之间是紧密联系的,课程与教学的关系由二元对立走向整合。美国学者韦迪用一个新的术语"课程教学"来概括课程与教学的整合,认为课程与教学过程的本质是变革,教学是课程开发的过程,学会教学就是学会如何在复杂的教学情境中与学生共同创生课程,而课程则作为教学事件,是教师与学生在教育情境中,不断变化的课堂教学事件,是不断生成的活生生的经验。从这个意义上说,课程是动态的过程,是不断变化的课堂教学事件,人的主体性在教育情境中获得充分发挥。①

二、课程理论流派

课程理论的研究对象是课程问题,主要研究教什么、学什么或者设置什么内容等课程问题。课程理论实际上就是围绕学科知识、社会问题和儿童经验三个方面展开的,因此,历史上的主要课程理论大致可以划分为知识中心课程理论、社会中心课程理论和学习者中心课程理论三个流派。

(一)知识中心课程理论

知识中心主义课程,又称为学科中心课程理论,代表人物有夸美纽斯、赫尔巴特、巴格莱、赫钦斯、布鲁纳等,代表理论有要素主义、永恒主义和结构主义课程理论。夸美纽斯在其著作《大教学论》中提出"把一切知识教给一切人",设置百科全书式的课程。赫尔巴特出版《普通教育学》,以心理学作为建立教学理论的基础,并且提出"明了、联合、系统与方法"形式阶段教学理论。以巴格莱为代表的要素主义强调课程的内容应该是人类文化的"共同要素",提出课程设置首先需要考虑国家和民族利益,学校的课程应该为学生提供分化的、有组织的经验,即知识。为学生提供分化的、有组织的经验最有效能和最有效的方法就是学科课程。② 以赫钦斯为代表的永恒主义认为,教育的第一个根本问题就是为了实现教育目的,什么知识最有价值或如何选择学科。具有理智训练价值的传统的"永恒学科"的价值高于实用学科的价值,而"永恒学科首先是那些经历了许多世纪而达到古典著作水平的书籍"。③ 以布鲁纳为代表的结构主义课程理论认为,教学过程不能仅仅把知识作为现成的结论直接呈现给学生,而是应当让学生掌握科学知识的基本结构,即基本原理或基本概念体系,让学生通过一系列发现行为发现并获得学习内容,学生不仅得到了知识,而且也获得了探究的态度和方法。

学科中心课程理论主张学校课程应以学科的分类为基础,以学科知识为核心,以掌握学科基础知识、基本规律和相应的技能为目标。教师的任务就是把各门学科的知识教给学生,学生的学习主要是掌握好各学科的知识。知识中心课程按照教育目标的要求来确定课程内容,有利于学生掌握系统的学科文化知识,继承优秀的文化遗产,但容易忽视学生的学习兴趣,理论和实践相脱节,加重学生的学习负担。

---

① 张华.课程与教学论[M].上海:上海教育出版社,2000:92.
② 全国十二所重点师范大学联合编写.教育学基础[M].北京:教育科学出版社,2008:156.
③ 王承绪,赵祥麟.西方现代教育论著选[M].北京:人民教育出版社,2001:211.

(二)社会中心课程理论

社会中心课程理论,又称社会改造主义课程理论,主要代表人物有布拉梅尔德、弗莱雷、鲍尔斯、金蒂斯、布迪厄,主张围绕当代社会问题、社会的主要功能、学生关心的社会现象,以及社会改造和社会活动计划等方面来组织课程内容,帮助学生在社会方面得到发展。社会中心课程理论的主要观点:一是认为社会改造是课程的核心;二是学校应该把学生看作社会的成员,课程应以创建新的社会秩序为方向;三是课程知识应该有助于学生的社会反思;四是社会问题而非知识问题才是课程的核心问题;五是需要吸收不同社群参与到课程开发中来。[1] 社会中心课程理论的核心观点是课程不应该帮助学生去适应社会,而是要建立一种新的社会秩序和社会文化。[2] 社会中心课程理论重视教育与社会的联系,主张以广泛的社会问题为中心,以社会为学生寻求解决问题方法的实验室,让学生尽可能多地参与到社会中去,有利于为社会需要服务,但夸大了教育的作用,单单依靠教育解决社会问题是不现实的,也是不可能解决的。

(三)学习者中心课程理论

学习者中心课程,又称活动中心课程或经验主义课程理论,主要包括经验主义课程理论和存在主义课程理论,代表人物有杜威、克伯屈和奈勒。学习者中心课程理论建立在实用主义或经验自然主义哲学之上。杜威总结了西方自古希腊、罗马以来的教育遗产,创造性地提出了四个教育哲学命题:"教育即经验的不断改造"、"教育是一个社会的过程"、"教育即生活","教育即生长",其中"教育即经验的不断改造"是最基本的命题,教育的本质就是儿童经验的不断改造和连续发展。[3] 因此,经验主义课程理论认为以学科为中心的传统课程是不足取的,反对课程是预先决定的这类观点,而是认为课程就是学生的学习经验,唯有学习经验才是学生实际意识到的课程,应该以儿童的主体性活动和经验为中心组织课程,应该以儿童为出发点,以儿童的兴趣、需要、问题为核心来编制课程,其学习形式是通过儿童的活动解决问题。存在主义课程认为设置课程的前提是必须承认学生本人为他自己的存在负责,也就是说课程最终要由学生的需要来决定,知识和学习必须具有个人意义,必须与人的真正目的和生活联系起来,只有这样,个人才能在实践和环境都适宜的条件下按照他选择的知识和对知识的理解来行动。[4] 学习者中心课程理论以学生的活动为中心,有利于发挥学生的天分,激发学生的兴趣,培养学生的社会实践能力,但过分强调学生的兴趣,围绕学生的经验设置课程,这样的课程设置缺乏系统性,忽视系统知识的学习。

三、课程类型

按照不同的标准,课程可以分为多种类型,这里主要介绍学科课程与活动课程、综合课

---

[1] 全国考研教育学配套教材编委会.2020 全国硕士研究生招生考试教育学专业基础综合考试大纲解析[M].北京:高等教育出版社,2019:35.
[2] 全国十二所重点师范大学联合编写.教育学基础[M].北京:教育科学出版社,2008:158.
[3] 张华.课程与教学论[M].上海:上海教育出版社,2000:51.
[4] 全国十二所重点师范大学联合编写.教育学基础[M].北京:教育科学出版社,2008:158.

程与分科课程、国家课程、地方课程与校本课程、必修课程与选修课程、显性课程与隐性课程。

(一) 学科课程与活动课程

根据课程内容的不同,课程可分为学科课程与活动课程。

学科课程,又称"分科课程",是以有组织的学科内容作为课程组织的基础,依据教育目标和学习者的身心发展水平,从不同的知识领域或学术领域中选择一定的知识和内容,以知识的逻辑体系将所选出的知识组织成为学科内容的课程。学科课程具有悠久的历史,我国古代的"六艺"、古希腊的"七艺"可以说是最早的学科课程。学科课程的优点在于强调学科的组织逻辑,以严谨的逻辑结构进行课程编排,具有较强的系统性和完整性,缺点在于较少考虑学科之间的相互联系,割裂了知识的整体性和综合性。

活动课程,又称"经验课程"或"生活课程"或"儿童中心课程"。活动课程是以儿童主体性活动的经验为中心组织的课程,强调以生活中儿童主体性的经验为中心,围绕儿童从事某种活动的经验组织课程,以生活化的活动教学代替传统的课程讲授,以儿童的亲身经验代替书本知识,以学生的主体活动代替教师的主导。[1] 活动课程以开发与培育主体内在的、内发的价值为目标,旨在培养具有丰富个性的个体。儿童的兴趣、动机、经验是经验课程的基本内容。[2] 活动课程的优点是突破了学科之间的界限,重视儿童的亲身体验,以学生的兴趣和动机为中心组织课程,把学科知识的学习与实际的生活体验联系起来,有利于培养学生的主体性和自主性,也有利于培养学生解决问题的能力。活动课程的不足主要在于学生获得的知识缺乏系统性、连续性,不完整。

(二) 综合课程与核心课程

根据课程内容组织方式的不同,课程可以分为综合课程和核心课程。

综合课程,又称"广域课程"或"统合课程",是指把相关或相邻领域的几门学科的教育内容组织在一门综合学科之中的课程。综合课程坚持知识统一性的观点,认为应该把所有的知识视为一个整体,采用综合课程的形式教授。心理学家认为,综合课程可以发挥学习者的迁移能力,通过综合课程的学习,学生常常会把某一学科领域的概念、原理和方法运用到其他学科领域。这样,不同学科的相关内容就会相互强化,学习效果就能得到加强。[3] 综合课程的优点在于克服了学科课程分科过细的缺点,培养学生的迁移能力,提高学习效率,不足在于教材编写难度较大,综合课程的教学对教师的要求也比较高。

核心课程是课程体系中居于核心位置且具有生成力的课程,与课程体系中的其他课程形成了有机的、内在的联系。[4] 核心课程既指所有学生都要学习的一部分学科或学科内容,如我国的语文、数学和外语,美国的科学、数学和外语,也指对学生有直接意义的学习内容。核心课程主张以人类社会的基本活动为中心,要求围绕一个核心组织教学内容和教学活

---

[1] 全国十二所重点师范大学联合编写.教育学基础[M].北京:教育科学出版社,2008:165.
[2] 张华.课程与教学论[M].上海:上海教育出版社,2000:51.
[3] 全国十二所重点师范大学联合编写.教育学基础[M].北京:教育科学出版社,2008:166.
[4] 张华.课程与教学论[M].上海:上海教育出版社,2000:291.

动,在形式上通常采取由近及远、由内向外、逐步扩展的顺序呈现课程内容。核心课程的优点在于强调课程内容的统一性和实用性,以及对学生和社会的适用性,课程内容来自社会生活和人类不断出现的问题,容易激发学生的学习兴趣和内在动机,不足主要体现在知识的逻辑性、系统性和统一性受到影响,人类社会文化遗产不能充分地体现出来。

(三)国家课程、地方课程与校本课程

依据课程开发主体的不同,课程可分为国家课程、地方课程和校本课程。

国家课程是由中央政府负责编制、实施和评价的课程。国家课程体现国家意志,具有强制性,它对政治方向的把握、教育方针的贯彻、培养目标的落实起着决定作用。国家课程是根据所有公民基本素质发展的一般要求设计的,反映了国家教育的基本标准,体现了国家对各个地方中小学教育的共同要求。国家课程的目的在于通过课程确保所有国民的基本素质。

地方课程是地方教育主管部门以国家课程标准为基础,在一定的教育思想和课程观念的指导下,根据地方经济文化和社会发展特点等实际情况而设计的课程,它是不同地方对国家课程的补充,反映了地方社会发展状况对学生素质发展的基本要求。同时,地方课程对该地方的中小学课程实施具有重要的导向作用,它的主导价值在于通过课程满足地方社会发展的现实需要。①

校本课程(school-based curriculum)是相对于国家课程而言的。校本课程是在学校现场发生并展开,以国家及地方制定的课程纲要的基本精神为指导,依据学校自身的性质、特点、条件及可利用和开发的资源,由学校成员自愿、自主、独立或与校外团体或个人合作开展的旨在满足本校所有学生学习需求的一切形式的课程开发活动,是一个持续和动态的课程改进过程。②

(四)必修课程与选修课程

根据学生选课权限、学习要求的不同,课程可以分为必修课程和选修课程。

必修课程是国家、地方或学校规定,根据学生发展和社会需要制定,同一学年的学生必须选择学习的课程。必修课程是为实现培养目标,保证教育的基本质量而开设的,学生通过这类课程的学习,掌握必备的基础知识,习得基本的技能,养成基本的情感、态度、价值观等。

选修课程是为发展学生的兴趣、爱好与特长而开设,允许学生自由选择的课程,是为适应学生的个性差异而开设的。开设选修课程是实施个性化教育的重要举措,目的在于满足学生的兴趣、爱好,培养和发展学生的个性,只要能促进学生发展,学校有条件开设,都可以开发选修课程。

(五)显性课程与隐性课程

依据课程呈现方式的不同,课程可以划分为显性课程与隐性课程。

---

① 中公教育教师资格考试研究院.教育知识与能力·中学[M].北京:世界图书出版公司,2012:67.
② 徐玉珍.校本课程开发的理论与案例[M].北京:人民教育出版社,2003:6.

显性课程又称公开课程,或官方课程,是学校教育中有计划、有组织地实施的正式课程,是一个教育系统内或教育机构中用正式文件颁发而提供给学生学习,学生通过考核后可以获取特定教育学历或资格证书的课程,表现为课程方案中明确列出和有专门要求的课程。

隐性课程又称潜在课程或自发课程,是以内隐的、间接的方式呈现的课程,是学生在学习过程中所学习到的非预期或非计划性的知识、价值观念、情感、态度或规范[①],是学生在显性课程以外获得的所有学校教育的经验,不作为获得特定教育学历或资格证书的必备条件。[②]

以上从不同的角度对课程类型进行了探讨,讨论了各种不同的课程形式,实际上纯粹的课程形式是根本不存在的,各种课程都蕴含了其他的课程形式。教育工作者需要根据课程需要达到的目标、课程内容、学校和社会可利用的资源进行课程开发,实现课程形式的多样化、系统化设置。

第二节 课程组织

一、课程开发

课程开发是中小学教育教学中使用非常广泛的一个概念,要对课程目标、课程内容、课程实施与评价有个较为全面深刻的了解,首先就需要厘清课程开发的含义,并在此基础上进一步探讨课程开发的层次和课程组织。

(一)课程开发的概念

课程开发(curriculum development)是指使课程的功能适应文化、社会、科学及人际关系需要而持续不断地决定课程、改进课程的活动和过程。[③] 课程开发由课程编制(curriculum making)、课程建设(curriculum building 或 curriculum construction)等词发展而来。1935年,美国学者卡斯威尔(H.Caswell)和坎贝尔(D.Campell)合著的《课程开发》(Curriculum Development)一书出版后,"课程开发"一词逐渐引起了人们的关注。

(二)影响课程开发的主要因素

课程反映一定社会的政治、经济、文化的要求,受一定社会生产力和科学文化发展水平以及学生身心发展规律的制约。因此,影响课程开发的主要因素可以从社会、学科和学生三个方面进行探讨。

---

① 张华.课程与教学论[M].上海:上海教育出版社,2000:310.
② 全国十二所重点师范大学联合编写.教育学基础[M].北京:教育科学出版社,2008:169.
③ 钟启泉,汪霞,王文静.课程与教学论[M].上海:华东师范大学出版社,2008:83.

1. 社会因素

社会因素是影响课程开发的重要因素。国家意志决定着课程管理和课程发展的方向，经济的发展影响学校课程设置的门类，制度的发展影响课程内容的深度和广度。科学技术的发展、学科知识的进步直接影响课程的内容、种类和结构，文化中的价值观、思维方式影响课程的内容及其表达方式。社会政治、经济、文化的发展趋势、时代特征及其对人的素质要求，是课程开发的现实依据。

2. 学科知识

学科知识与课程开发有内在联系。课程开发要体现学科的性质，学科本身的性质和特征就决定了如何对学科知识进行选择和组织。课程内容应反映本学科具有高度科学价值和实践价值的基本理论、基本原则和基础知识。课程开发应考虑学科体系的完整性、知识结构的内在逻辑性，反映现代科学技术发展的水平和研究成果，以保证学校课程的整体性、系统性和科学性。

3. 学生因素

学生的身心发展需要制约着课程开发的方向。课程开发需要直接指向学生的身心发展和素质的提高，因而学生的身心发展规律及其发展需要，也是课程开发的重要依据。因此，课程的门类、深度和广度、编排形式等的设计和开发，受学生身心发展规律的制约。

（三）课程开发的基本模式

20世纪以来，课程开发一直受到人们的关注，课程开发的模式也层出不穷，这里主要讨论泰勒目标模式、斯腾豪斯过程模式、施瓦布实践模式和劳顿情景模式。

1. 泰勒目标模式

目标模式是以目标为课程开发的基础和核心，围绕课程目标的确定及其实现、评价而进行课程开发的模式。[①] 其主要代表人物是被誉为"现代课程理论之父"的美国教育家拉尔夫·泰勒（Ralph W. Tyler, 1902—1994）。

在美国进步主义教育改革运动"八年研究（1934—1942年）"的基础上，泰勒于1949年出版了《课程与教学的基本原理》一书。在该书中，泰勒提出了任何课程开发都必须回答的四个基本问题[②]：

第一，学校应该达到哪些教育目标？

第二，提供哪些教育经验才能实现这些目标？

第三，怎样才能有效地组织这些教育经验？

第四，我们怎样才能确定这些目标正在得到实现？

泰勒提出的这四个问题，可以看作是课程编制的四个步骤或阶段，即确定目标、选择经验、组织经验和评价结果。这四个基本问题构成了著名的"泰勒原理"，被称为"目标模式"。现代课程开发的理论研究和实践探索蔚为壮观，但基本都是围绕这四个基本问题建构起来的。其中，确定目标是课程开发的出发点，其他几个步骤都是依据和围绕目标而展开的，而目标的抉择需要根据对学生的研究、对当代社会生活的研究、学科专家的建议三个方面的

---

① 张华.课程与教学论[M].上海:上海教育出版社,2000:95.

② 拉尔夫·泰勒.课程与教学的基本原理[M].施良方译,瞿葆奎校.北京:人民教育出版社,1994:17.

信息做出明智的判断。美国学者舒伯特（W.H.Schubert）把这四个问题归纳为"目标"（purpose）、"内容"（content）、"组织"（organization）和"评价"（evaluation），称之为课程开发的"永恒的分析范畴"。① 正因如此，有人把《课程与教学的基本原理》一书比作课程理论的《圣经》，把泰勒原理看作是现代"课程研究的范式"。

2. 斯腾豪斯过程模式

英国著名的课程理论家劳伦斯·斯腾豪斯（L.Stenhouse,1926—1982），在对目标模式的理论假设和实践进行系统反思和批判的基础上，立足于教育的内在价值及实践，提出了课程开发的"过程模式"。

过程模式主张教育要关注具有内在价值的活动。斯腾豪斯认为，教育是为了使人获得理性自主能力，使人从作为权威的固定知识的束缚中解放出来，把已有知识作为思考的材料，发展理解、"负责的判断"和批判反思的能力。受彼得斯（R.S.Peters）的影响，斯腾豪斯把关于课程活动内在价值的辩护作为自己过程模式的依据。教育意味着一些有价值的活动，它具有知识、活动的内在价值，而不是达到别的目标的手段，因此需要根据课程活动的内在价值标准，而非它所导致的结果来评价它。斯腾豪斯进而阐释了彼得斯"程序原则"（principles of procedure）的概念，认为真正指导教师从事教育活动的各种价值是体现在他所从事的教育过程本身之中，而不是在他想要达到的结果之中。② 人们完全可以通过课程内容和程序原则的方法来合理地开发课程，而不必用目标预先指定所希望达到的结果。

过程模式在一定程度上弥补了目标模式的局限性，肯定课程研究的重要性和课程内容的内在价值，并强调学习者的主动参与和探究学习，重视学生思考能力和创造性的培养，使课程开发更趋于成熟和完善，但也存在一定的局限性，如在课程开发的程序设计上没有提出一个更为明确的方案，使课程开发者因缺乏具体的操作步骤而难以开展卓有成效的工作。

3. 施瓦布实践模式

美国课程学家施瓦布（J.J.Schwab）认为课程领域的复兴，需要把主要精力从用于追求理论转向实践，在批判以目标模式为代表的传统课程理论的基础上，系统阐发了关于实践的课程探究模式，提出了课程开发的实践模式。

施瓦布认为要克服传统课程理论的危机，需要把精力从理论追求转向"实践的艺术—准实践的艺术—择宜的艺术"的运作方式，这就需要新的探究方式——集体审议。集体审议是指课程开发的主体对具体教育实践情境中的问题反复讨论权衡，以获得一致性的理解与解释，最终做出恰当的、一致性的课程变革决定及相应的策略。③ 集体审议是一种新的课程开发运作方式，要求课程开发为教师、学生、家长和社区代表提供表达意见和交流沟通的场所，要求所确认的问题是所有参与者所体验到的或所理解的问题，是在特定情境中通过对问题情境的反复权衡而达成一致意见，最后做出的行动决定应该是集体共同的决定。而要使"实践的艺术—准实践的艺术—择宜的艺术"这三种艺术真正有机地融入课程审议过

---

① 张华.课程与教学论[M].上海：上海教育出版社,2000:95.
② 施良方.课程理论——课程的基础、原理与问题[M].北京：教育科学出版社,1996:179.
③ 张华.课程与教学论[M].上海：上海教育出版社,2000:21.

程,课程的基本要素为三种艺术的运用提供了一个"把手"。① 施瓦布认为课程的基本要素是学科内容、学生、环境和教师。审议的重点应放在这四个基本要素的协调与平衡上。各要素之间相互作用、相互影响的过程是课程审议的核心内容。概括来讲,对问题情境的理解、课程四要素之间的相互作用、通过审议获得一致性的课程决策是实践课程开发模式的基本要点。

实践模式改变了专家开发课程的思想,突出了教师、学生、家长、社区代表等各方面人员对课程开发的参与,强调各种实践情境的独特性,更加贴近实际的需要和学生的实际发展水平。但是,过于注重实践性就易于忽视理论而走向相对主义的极端,而且集体审议是一种理想的实践模式,在现实中很难做到。

二、课程目标

课程目标是课程的基本问题之一,是课程设计与开发的出发点和落脚点,也是设计教学目标的基本依据。本节就课程目标的概念及其来源、课程目标与培养目标、教学目标的关系、布卢姆教育目标分类学等问题进行探讨。

(一)课程目标的概念

课程目标是指在课程设计与开发过程中,课程本身要实现的目标和意图。它规定了学生通过某一阶段的学习之后,在发展品德、智力、体质、素养等方面期望达到的程度。课程目标是教育目的和培养目标在课程中的具体体现,是确定教学目标和教学方法的基础。

(二)课程目标的来源

泰勒认为确定课程目标是课程开发的出发点,确定课程目标要依据三个来源,即对学习者自身的研究、对校外当代生活的研究、学科专家的建议。② 根据这一观点,可以确定课程目标的来源主要以下四个方面:一是学生的身心发展规律;二是学科知识的内在结构和联系;三是社会发展需要;四是教育目的和各级各类学校的具体培养目标。

(三)课程目标与培养目标、教学目标的关系

教育目的、培养目标、课程目标和教学目标四个不同层次的目标共同构成了教育目标体系。教育目的是指社会对各级各类教育的人才培养所确立的总体要求,是各级各类学校所要遵循和实现的总要求。培养目标是各级各类学校教育应实现的目标,是确定课程目标的基础。③ 课程目标是各级各类学校培养目标的具体化,通过课程目标的实现来达成培养目标,课程目标是确定教学目标的基础。教学目标是教师在教学过程中,在完成某一阶段教学任务时,预期学生在认知、技能、情感或态度等方面发生的变化,是课程目标在教学过

---

① 施良方.课程理论——课程的基础、原理与问题[M].北京:教育科学出版社,1996:204.
② 拉尔夫·泰勒.课程与教学的基本原理[M].施良方译,瞿葆奎校.北京:人民教育出版社,1994:3-25.
③ 全国考研教育学配套教材编委会.2020全国硕士研究生招生考试教育学专业基础综合考试大纲解析[M].北京:高等教育出版社,2019:38.

程中的具体体现,教学目标是实现课程目标的保障。正是通过教学目标的实现,才能达到教育目的的实现。

(四) 布卢姆教育目标分类学

美国教育家泰勒(Ralph W. Tyler)在"八年研究"的过程中,于1934年出版《成绩测验的编制》一书,提出了教育目标分类的思想。著名教育心理学家布卢姆(Benjamin Bloom)等人进一步发展了泰勒的思想,形成了较为完整的教育目标分类学,把教育目标分为认知、情感和动作技能三个领域。

1. 认知领域的目标

1956年,布卢姆出版《教育目标分类学 第一分册:认知领域》,将人的认知教育目标从简单到复杂、由低级到高级的顺序分为知识、领会、运用、分析、综合和评价六级水平[①]:

①知识(knowledge)。包括对特定事物和普遍事理的回忆,对方法和过程的回忆,或对某一式样、结构或环境的回忆。这是最低水平的认知学习结果。

②领会(comprehension)。用来表明理解交流内容中所含文字信息的各种目标、行为或者反应,代表最低水平的理解。

③应用(application)。指在特殊和具体的情境中使用抽象概念,包括概念、规则、方法、规律和理论的应用。应用代表较高水平的理解。

④分析(analysis)。指把材料分解成各个组成部分,弄清各个部分之间的相互关系及其构成方式。

⑤综合(synthesis)。指将各种要素和组成部分组合起来,整合知识系统以形成一个整体。

⑥评价(evaluation)。指为了某种目的,对观念、作品、答案、方法和资料等的价值作出判断。这是最高水平的认知学习结果。

美国学者安德森(L. W. Anderson)等人运用新的科学研究成果,对布卢姆的教育目标分类学进行了改进,2001年出版《面向学习、教学和评价的分类学——布卢姆教育目标分类学的修订》一书,提出了从"记忆"到"创造"6个类别的新的认知领域目标分类[②]:

①记忆。从长时记忆库中提取相关知识,包括识别和回忆。

②理解。能够确定口头的、书面的或图表图形的信息中所表达的意义,包括解释、举例、分类、总结、推断、比较和说明。

③应用。在特定情境中运用某个程序,包括执行和实施。

④分析。将材料分解为其组成部分并且确定这些部分是如何相互关联的,以及部分同总体之间的联系,包括区分、组织和归属。

⑤评价。依据准则和标准来作出判断,包括核查和评判。

⑥创造。将要素整合为一个内在一致、功能统一的整体或形成一个原创的产品,包括生成、计划和贯彻。

---

① 张华.课程与教学论[M].上海:上海教育出版社,2000:163-164.
② 全国考研教育学配套教材编委会.2020全国硕士研究生招生考试教育学专业基础综合考试大纲解析[M].北京:高等教育出版社,2019:38.

2. 情感领域的目标

1964年，克拉斯沃尔、布卢姆和马西亚等人出版了《教育目标分类学 第二分册：情感领域》，根据价值观内化的程度将情感领域的教育目标分为接受、反应、形成价值观念、组织价值观念系统和价值体系个性化五个水平。①

①接受（注意）（receiving，attending）。学习者已经感受到某种特殊的现象或刺激的存在。

②反应（responding）。学习者主动参与学习活动，已经有了归属感，并从工作和活动中得到满足。

③价值判断（valuing）。学习者确信某一事物、现象或行为是有价值的，对所学内容在信念和态度上表示肯定。

④组织（organization）。学习者能够把各种价值观念组织成一个系统，能够确定这些价值观念之间的相互关系，能够树立起支配作用的和普遍存在的价值观念，建构起内在一致的价值体系。

⑤价值观念的个性化（characterization by a value or value complex）。个体通过接受、反应、价值判断、组织价值观念四个阶段的学习，人的信念、概念、态度整合为完整的世界观，整合为人的完整个性，融入个性结构之中。

1998年，美国学者豪恩斯坦（A. Dean Hauenstein）出版《教育目标的一种概念架构——对传统分类学的整合》一书，对情感领域的目标分类进行了修订②：

①接受。具有意识、愿意和关注的素质，包括意识、愿意和专注。

②反应。对一种情境做出默许、依从和评估等反应的素质，包括默许、依从和评估。

③形成价值。接受、喜爱与承诺某一价值观的素质，包括接纳、喜爱和确证。

④信奉。有信任和承诺某一价值观，将其视为指导原则的素质，包括信任和承诺。

⑤展露个性。依据价值观和信念展示及调适行为的一种素质，包括展示和调适。

3. 动作技能领域的目标

布卢姆没有参与动作技能领域目标分类学的制定，但是在他的影响下动作技能领域目标分类学在20世纪70年代初开始出现，比较有代表性的是辛普森（E.J.Simpson）和哈罗（A.J.Harrow）的研究成果。

1965年，辛普森把动作技能领域的教育目标分成七个水平③：

①知觉。通过感官感知物体、性质或关系，获取信息以指导动作。

②定向。为某一动作而做准备，包括心理、身体和情绪三个方面的准备。

③有指导的反应。通过教师或一套标准进行明显动作，包括模仿和尝试错误两个方面。

④机械练习。通过反复训练，使所学的动作熟练，进而养成习惯，能熟练而自信地完成动作。

---

① 张华.课程与教学论[M].上海：上海教育出版社，2000：165-167.
② 全国考研教育学配套教材编委会.2020全国硕士研究生招生考试教育学专业基础综合考试大纲解析[M].北京：高等教育出版社，2019：39.
③ 张华.课程与教学论[M].上海：上海教育出版社，2000：167.

⑤复杂的外显行为。指个体能够熟练地完成复杂动作,操作的熟练性以迅速、连贯、精确和轻松为指标,包括消除不确定性和自动化的操作两个方面。

⑥适应。个体能够改变动作以适应新的问题情境。

⑦创造。个体能够创造新的动作模式以适应具体情境。

课程目标的设计通常限于最后三个水平。

1972年,哈罗把动作技能领域的教育目标由低级向高级分为六个水平[①]:

①反射动作。非随意动作,与生俱来,伴随着成长而发展的动作技能,是基础动作和基本动作的前驱。

②基本基础动作。建立在反射动作基础上、无须他人训练就会的动作形式,如知觉追踪某一物体,用手抓握东西等。它是知觉能力和身体能力进一步提高的起点,也是技巧动作发展的必要条件。

③知觉能力。对所处环境中的刺激进行观察和理解并作出相应调节的能力,包括动觉、视听觉辨别、触觉辨别、眼—手或眼—脚协调动作等。

④身体能力。身体各器官系统的技能和活力,包括动作的耐力、力量、灵活性和敏捷性。这是学习高难度技术动作的基础,构成运动技能训练中的基本功训练。

⑤技巧动作。熟练完成复杂动作的能力。以基本动作为基础,结合知觉能力和一定的体力,经过一定的综合练习,就能熟能生巧地掌握技能动作。

⑥有意沟通。亦称体态语,是传递感情的体态动作,既包括反射的,也包括习得的,有手势语、姿态、脸部表情、艺术动作和造型等。

三、课程内容

课程内容是课程开发过程的有机构成部分,本节主要探讨什么是课程内容、课程内容有什么编排原则、课程内容的文本表现方式等问题。

(一)课程内容

课程内容通常包括课程计划、课程标准、教材、教师用书、练习册等。各构成要素之间相互独立又相互依赖,构成一个有机整体,其整体效应的发挥,取决于各构成要素的协调和配合。

(二)课程内容的编排原则

1. 直线式与螺旋式

直线式编排则是把一门学科的课程内容或其中一个课题的课程内容,按照知识本身的逻辑体系进行编排,使各种知识在内容上均不重复。螺旋式编排方式是把同一课程内容按照深度、难度和广度的不同层次,在不同学段逐步拓展,层层深入进行编排,呈现出螺旋上升的特点。

---

① 全国考研教育学配套教材编委会.2020全国硕士研究生招生考试教育学专业基础综合考试大纲解析[M].北京:高等教育出版社,2019:39.

2. 纵向组织和横向组织

纵向组织，或称序列组织，是按照知识的逻辑顺序，从未知到已知，从具体到抽象，由浅入深的先后顺序组织编排课程；横向组织是打破学科的知识界限和传统的知识体系，按照学生的身心发展特点、社会发展需要以及以社会发展问题为依据组织课程内容，构成一个个相对独立的课题。

3. 逻辑顺序与心理顺序

逻辑顺序是指根据学科本身的体系和知识的内在联系来组织课程内容；心理顺序是指按照学生心理发展的特点来组织课程内容。[①]

（三）课程内容的文本表现方式

课程的目的、任务和内容范围一般从课程计划、课程标准和教材三个层次确定下来，这也是我国中小学课程的主要组成部分。

1. 课程计划

课程计划是课程设置与编排的总体规划，是教育行政部门根据教育目的和培养目标制定的有关学校教育教学的指导性文件。它是学校组织教育教学工作的重要依据，也是检查、衡量学校工作质量的基本依据。课程计划主要包括教学科目即课程的设置、学科开设顺序、课时分配、学年编制与学周安排等。课程设置是课程计划的核心内容，基础教育阶段，课程设置需要充分考虑不同学段学生的身心发展规律和发展水平，合理进行课程设置。

2. 课程标准

课程标准从整体上规定了本学科的性质及其在学校课程体系中的地位、教学目的和任务、内容范围以及选择内容的主要依据、编排学科内容的顺序等。[②] 课程标准是国家课程的纲领性文件，是国家基础教育课程的基本规范和要求，是教材编写、教学、评估和考试命题的依据，是国家管理和评价课程的基础。课程标准一般包括前言、课程性质与地位、课程的基本理念、课程标准的设计思路、课程目标、课程内容、课程实施与评价、实施建议、课程资源的开发和利用以及附录等部分。

3. 教材

教材又称教科书或课本，是依据课程标准编制的、系统反映学科内容的教学用书，包括教科书、参考书、工具书、各类指导书、补充读物、挂图、图表和其他教学辅助用具以及各种视听材料。教材依据课程标准进行编写，通常按学年或学期分册，划分单元或章节。教科书是教材的核心，因此人们通常把教科书也简称为教材。我国中小学教科书一般采用螺旋式和直线式两种方式编排。

四、课程实施

课程实施是课程改革理想或蓝图落实的重要环节，是将课程计划付诸实施，进行课程开发的具体实践过程。课程实施的含义、课程实施的取向、影响课程实施的因素是本节讨

---

① 中公教育教师资格考试研究院.教育知识与能力·中学[M].北京:世界图书出版公司,2012:70.
② 李秉德.教学论[M].北京:人民教育出版社,2001:172.

论的主要内容。

(一)课程实施的含义

课程实施就是把某项课程计划付诸具体实践的过程,是达到预期课程目标的基本途径。课程实施的焦点在于课程实施中实际发生的变革及其影响因素,其意义则在于深刻理解课程变革过程的实质,提高课程变革的成效。

美国学者古德莱德区分了课程的五个层次,对课程实施的认识具有较大的影响,认为处于不同层次的课程,其含义是不一样的[①]:(1)理想的课程(ideological curriculum),是指由一些研究机构、学术团体和课程专家提出的应该开设的课程,是属于观念层次的课程;(2)正式的课程(formal curriculum),是由教育行政部门规定的课程计划、课程标准和教材,也是列入学校课程表中的课程,属于社会层次的课程;(3)领悟的课程(institutional curriculum),是指任课教师所领会的课程,教师的领会与正式的课程之间存在一定的距离,教师对正式课程的理解存在差异,属于学校层次的课程;(4)实行的课程(instructional curriculum),是指教师规划并在课堂里实际实施的课程,属于教学层次的课程;(5)经验的课程(experiential curriculum),即学生在课堂教学中实际体验到的课程,属于体验层次的课程。

古德莱德的课程层次理论拓展和深化了对课程内涵的理解。课程变革不仅仅在于课程标准的制定和实施,更根本的还在于教师和学生的经验和体验。

(二)课程实施的取向

课程实施的取向是指对课程实施过程本质的不同认识以及支配这些认识的相应的课程价值观。课程实施取向集中表现在对课程计划与课程实施过程关系的不同认识上。[②] 美国课程学家辛德尔(J.Snyder)、波林(F.Bolin)与扎姆沃特(K.Zumwalt)将课程实施的取向归纳为以下三种基本取向。[③]

(1)忠实取向(fidelity orientation)。这种观点认为,课程实施的过程就是忠实地执行课程变革计划的过程。毫无疑问,在忠实取向看来,教师这一角色的实质,就是课程专家所指定的课程变革计划的忠实执行者。

(2)相互调适取向(mutual adaption orientation)。这种取向认为,课程实施过程就是课程计划与学校实际情况或班级实践情境在课程目标、内容、方法、组织模式等方面,相互调整、改变、协调与适应的过程。

(3)课程创生取向(curriculum enactment orientation)。这种取向认为,真正的课程是教师与学生联合创造的教育经验,课程实施本质上是在具体教育情境中创生新的教育经验的过程,既有的课程计划只是供这个经验创生过程选择的工具而已。

这三种课程实施取向各有其存在价值,它们从不同方面揭示了课程实施的本质,忠实取向强调课程专家和课程制定者在课程变革中的作用,相互调适取向综合考虑了学校和班级具体实践情境对课程实施的影响,创生取向强调课程实施参与者的主体性,把课程变革

---

① 张华.课程与教学论[M].上海:上海教育出版社,2000:332-333.
② 张华.课程与教学论[M].上海:上海教育出版社,2000:335.
③ 张华.课程与教学论[M].上海:上海教育出版社,2000:341.

视为参与者个性变化、发展和成长的过程。所以,三种课程实施取向都有其存在的合理性。

(三)影响课程实施的因素

探讨影响课程实施的因素,是课程实施研究的重要内容,国内外学者就这一问题进行了广泛而深入的研究。加拿大学者富兰(M.Lullan)把影响课程实施的主要因素归纳为以下四类。①

第一类是变革的特征,包括课程变革的需要和迫切性、课程变革目标与意义的清晰性、课程变革的复杂性、课程变革计划的质量与实用性。

第二类是学区的特征,包括学区从事课程变革的历史传统、学区对课程计划的采用过程、学区对课程变革的行政支持、课程变革人员的发展水平和对变革的参与程度、课程变革的时间安排与评价体制、学区教育委员会与社区的特征。

第三类是学校的特征,包括校长的角色、教师之间的关系、教师的特征和价值取向。

第四类是外部环境的特征,包括政府机构的力量、社区的支持。

我国学者陈侠将影响课程实施的主要因素分为两大类:一是人的方面,主要是指学生和教师;二是物的方面,主要是指教科书和教学设备。② 钟启泉等学者将影响课程实施的主要因素分为课程计划本身的特征、教师的特征、学校的特征和校外环境的特征四个方面。③

五、课程评价

课程评价是教育教学中进行的一种特殊的有意识的认知活动,其目的在于对课程与教学做出各种决策,保证课程的有效性和合理性。本节就课程评价的含义、课程评价的主要模式与功能、课程评价的范围进行分析。

(一)课程评价的含义

课程评价是根据一定的课程价值观或课程目标,运用一定的科学手段,通过系统地收集信息、资料,分析、整理,对课程方案、课程实施过程和结果等的价值或特点作出判断,从而为课程决策提供可靠信息的过程。④ 课程评价的根本目的在于促进学生更好地发展。

(二)课程评价的主要模式与功能

1. 课程评价的模式

课程评价的模式是评价人员或研究者依据某种教育理念、课程思想或特定的评价目的,选取一种或几种评价途径所建立起的相对完整的评价体系,它对评价的实施做了基本的说明。⑤ 自课程评价概念提出以来,已经开发出多种课程评价模式,下面主要介绍四种影响比较大的评价模式。

---

① 张华.课程与教学论[M].上海:上海教育出版社,2000:353-358.
② 陈侠.课程论[M].北京:人民教育出版社,1989:266.
③ 钟启泉,汪霞,王文静.课程与教学论[M].上海:华东师范大学出版社,2008:171-172.
④ 钟启泉,汪霞,王文静.课程与教学论[M].上海:华东师范大学出版社,2008:251.
⑤ 张华.课程与教学论[M].上海:上海教育出版社,2000:403.

(1)目标达成评价模式

1934年,美国教育家泰勒出版《成绩测验的编制》,提出评价活动的原理。目标达成模式是泰勒在"八年研究"的基础上,以目标模式课程理论为依据提出的评价模式。

泰勒认为教育的目的在于改变学生的行为,评价就是要衡量学生行为实际发生的变化。目标达成评价模式是围绕目标达成而建构的一种评价模式,旨在确定课程方案达到目标的程度。目标达成模式的评价程序主要包括以下几个步骤①:第一,拟定一般目标和具体目标;第二,将目标分成较细的类目;第三,用行为名词表示目标,同时界定和修订所使用的行为名词;第四,确定能表现目标达成程度的具体场景;第五,选择和发展评价所使用的测量技术;第六,收集学生的行为表现资料;第七,将收集到的资料与行为目标比较。

目标达成模式的优点在于通过对目标的行为化表述,使课程目标具有较强的可操作性,可以清晰而准确地判断目标达成的程度。但这种模式只关注预期的目标,忽视了非预期的结果,引起了不少人的质疑。

(2)目的游离评价模式

针对目标达成模式存在的弊端,美国心理学家斯克里文(M.Scriven)提出了目标游离评价模式。斯克里文认为目标达成模式以预定目标为判断标准,只关注预期效应而忽视了非预期的效用或实际效应,认为评价者应该注意的是课程计划实施的实际效果,而不是其预期目标。斯克里文主张采用目标游离评价模式,即把评价的重点从"课程计划预期的结果"转向"课程计划实际的结果"上来。评价者不应受预期课程目标的影响,尽管课程目标在课程开发过程中可能是有用的,但是不适合作为评价的准则。评价者需要收集各种有关课程实施结果的信息,不管是预期的还是非预期的,也不管这些结果是积极的还是消极的,只有这样才能对课程计划做出准确的判断。②

目标游离评价模式突破了预设目标的限制,强调评价过程是一个价值判断的过程,将形成性评价和总结性评价结合起来,使评价更接近其本质,更加科学化。不足之处则在于很难做出合适的价值判断,难以协调评价者和管理者之间的关系,同时实施起来也存在很大困难。

(3)CIPP评价模式

在20世纪60年代,以目标、测验和实验设计为主的评价广为流行,针对这些评价模式的缺陷,美国学者斯塔夫比尔姆(L.D.Stufflebeam)提出"背景—输入—过程—成果模式"(content-input-process-product),即CIPP模式。

斯塔夫比尔姆认为课程评价不应局限于达到评价目标的程度,而应该是一种过程,明确做决定所需的材料,通过组织、分析取得所需材料,并依据评价目标向决策者报告所取得的材料,然后做出行动,最终达到课程变革的目的。

促进课程改革的决策有四种类型③:①确定目标的决策(计划);②设计程序的决策(组织);③使用、追踪、改进程序的决策(实施);④判断结果并予以反馈的决策(循环)。

---

① 黄政杰.课程设计[M].台湾:东华书局,1991:368.
② 全国考研教育学配套教材编委会.2020全国硕士研究生招生考试教育学专业基础综合考试大纲解析[M].北京:高等教育出版社,2019:41.
③ 钟启泉,汪霞,王文静.课程与教学论[M].上海:华东师范大学出版社,2008:264.

与上述决策类型相对应,形成背景、输入、过程、成果四种评价[①]:

一是背景评价,首先要确定课程计划实施机构的背景,明确评价对象及其需要,以及需要满足的机会,从而诊断需要的基本问题,确定一般和具体的目标,在此基础上判断目标是否满足了这些需要。

二是输入评价,是为了帮助决策者选择达到目标的最佳手段,对各种可供选择的课程计划进行评价,旨在确定如何运用资源以达到目标。

三是过程评价,主要是通过描述实际过程来确定或预测课程计划本身或实施过程中存在的问题,对课程计划实施情况不断加以诊断,为课程计划的设计和实施提供定期的反馈。

四是成果评价,是要测量、解释和评判课程计划的成绩,为课程决策者决定课程计划是否继续、修正和终止提供依据。

CIPP评价模式是对传统限于目标的评价模式的反思和超越,试图把目标、背景、输入和过程等方面的信息联系起来,将教育目标纳入评价本身,对它们的内在价值和优点做出判断,重点在于为决策者提供信息。但这种模式比较复杂,缺乏可操作性,适用性比较有限。

(4) 回应模式

1973年,斯泰克(R. E. Stake)在《计划评价:特别是回应性评价》(Program Evaluation: Particularly Responsive Evaluation)一文中提出"回应性评价"的概念,这是针对目标模式与CIPP模式等传统预定式评价的不足提出来的,后进一步发展成为回应模式。

斯泰克认为现在的评价方法多带有预定性质,强调目的的表述和客观的测验,由方案执行人员掌握的标准,以及研究性报告的应用,而应答评价则较少依赖这些正规的信息交流方式,更多地依赖自然接触。[②] 他认为评价应该回应委托人的需求,评价的宗旨是为特定的人们提供服务,评价应该向委托人提供他们关心和需要的信息,应该充分了解这些人感兴趣的问题和关注的焦点。古巴、林肯等进一步发展了斯泰克的模式,他们明确指出,所谓回应模式就是以所有与方案有利害关系或切身利益的人所关心的问题为中心的一种评价。[③] 这种模式通常被称为"以委托人为中心"的评价。回应模式的主要特点是把问题作为评价的先导,而不是主张以预定的目标作为评价的出发点。

回应评价模式的优点在于注重评价者在评价过程中的作用,重视非正式评价的作用,强调评价的民主性,尊重不同的观点,满足委托人的实际需要;缺点在于评价实施的效率比较低,也存在很大的主观性。

课程评价模式,除了这里介绍的这四种之外,影响比较大的还有普罗沃斯的差别模式、斯泰克的外貌模式、艾斯纳的鉴赏模式、阿普尔和凯米斯等人提出的批判模式,以及欧文斯提出的反对者模式等,每一种模式都有其优点和不足,需要有针对性地、综合地、多样地选择合适的评价模式。

2. 课程评价的功能

一般而言,课程评价的功能主要包括作为课程开发直接依据的需要评估、通过有效评

---

① 钟启泉,汪霞,王文静.课程与教学论[M].上海:华东师范大学出版社,2008:264.
② 瞿葆奎.教育学文集:教育评价[M].北京:人民教育出版社,1989:325.
③ 张华.课程与教学论[M].上海:上海教育出版社,2000:413.

价诊断和修订课程、比较和选择课程、了解目标达成程度以及判断课程计划实施成效等几个方面。有效的课程评价能够优化课程目标,改进课程实施,推进课程改革,提高教育质量。

(三)课程评价的主要范围

课程评价的范围是指课程评价应包含的主要涉及领域。一般来讲,课程评价的范围可以从课程研制的程序和课程纵向结构两个方面进行分类。从课程研制的程序讲,课程评价包括课程理念、课程目标、课程开发、课程实施、课程资源与教材等的评价;从课程纵向结构方面来讲,课程评价主要包括国家课程、地方课程和校本课程三级课程的评价。

第三节 基础教育课程改革

一、我国课程改革的回顾与理论

自2001年启动基础教育课程改革以来,基础教育课程改革取得了显著成就,教育部颁布的《基础教育课程改革纲要(试行)》顺利落实,教师教育教学理念已有很大的转变,教育质量也有明显的提高。

(一)我国基础教育课程改革背景

我国基础教育课程体系改革取得了引人注目的成绩,但也面临着前所未有的机遇和挑战。一方面,随着教育改革的逐步深入,其存在的问题也逐渐显现,课程体系以学科知识为核心,过于强调学科本位,强调不同学科的独立性,忽视了学科之间的关联性和整体性;课程内容"难、繁、偏、旧"的问题仍然存在,过于注重书本上的知识,强调接受式学习,脱离了学生的经验,忽视了学生创造性的培养;教育评价过于强调甄选和选拔功能,忽视了评价促进学生学习和教师发展的功能;课程管理过于集中也不利于课程的发展。另一方面,知识经济的发展对创新性人才的培养更为迫切。在知识经济时代,经济的发展、综合国力的竞争更多地依赖创新人才的竞争。世界各国面对知识经济的发展,更加重视教育的发展,加紧进行课程改革。面对世界课程改革潮流,我国加快基础教育课程改革,构建新的基础教育课程体系势在必行。

(二)我国当前的课程改革

新中国成立以来,已经经历了八次课程改革,21世纪以来的第八次课程改革是规模较大的一次课程改革。1996年6月,中共中央、国务院颁布《关于深化教育改革,全面推进素质教育的决定》,提出加快课程改革,各学科研制课程标准,建立新的基础教育课程体系。2001年6月,国务院发布《国务院关于基础教育改革与发展的决定》,进一步明确了加快构建符合素质教育的基础教育课程体系的任务;7月,教育部颁布《基础教育课程改革纲要(试行)》,规定了课程改革的目标、课程结构、课程评价和管理等内容,研制并完成涵盖中小学义务教育18门学科的国家课程标准。

2013年,教育部启动普通高中课程修订工作,深入总结21世纪以来我国普通高中课程改革的宝贵经验,借鉴国际课程改革的优秀成果,构建具有中国特色的普通高中课程体系。2014年4月,教育部发布《教育部关于全面深化课程改革 落实立德树人根本任务的意见》,以立德树人为核心,培养学生发展核心素养,构建既符合我国实际情况,又具有国际视野的课程体系。

(三)新课程改革的理论基础

我国课程改革的理论背景有马克思主义关于人的全面发展理论、建构主义理论及多元智力理论等,其中最主要的理论基础是建构主义理论和多元智力理论。

人的全面发展理论是马克思主义的基本原理之一,是我国教育方针的理论基石。马克思主义从分析现实的人和现实的生产关系入手,指出了人的全面发展的条件、手段和途径,认为人的全面发展最根本是指人的劳动能力的全面发展,即指人的体力和智力的充分、自由、和谐、统一的发展,也包括人的才能、志趣和道德品质的多方面发展。

建构主义在基础教育课程改革中具有很大的影响,在课程改革、教育教学、教师教育、教育技术以及教育研究中占据主导地位。建构主义理论是认知心理学派的一个分支,是与客观主义相对立的另一方面的发展,揭示学习者在学习过程中的主动性,突出了意义建构和社会文化互动在学习中的作用。① 一般来讲,建构主义可区分为个人建构主义和社会建构主义。

美国心理学家加德纳(H.Gardner)的多元智力理论认为,每个个体除了拥有语言智力、逻辑—数学智力两种基本智力外,至少还拥有相对独立、同等重要的音乐智力、空间智力、身体—运动智力、人际关系智力和自我认知智力等多种智力。几乎所有个体身上都体现多种智能的不同方式、不同表现形式的有机组合,个体之间的差异在于个体所拥有的多种智能在表现方式和表现程度上的不同。

二、基础教育课程改革的理念

课程改革的核心理念是教育以人为本,即"一切为了每一位学生的发展",实质是要面向人的发展,确立以人为本的教育发展理念。具体表现在以下几个方面:一是关注每一位学生;二是关注学生的情绪生活和情感体验;三是关注学生的道德生活和人格养成。基本理念主要有以下几点②:

(1)三维目标观。即教学的目标是知识与技能、过程与方法、情感态度与价值观三维目标。

(2)综合课程观。课程的设置要更加综合,体现整体性、可开发性、动态性,培养学生综合的视角和综合的能力,以适应科学技术既分化又综合的现实。

---

① 陈琦,刘儒德.当代教育心理学[M].北京:北京师范大学出版社,2007:180.
② 中公教育教师资格考试研究院.教育知识与能力·中学[M].北京:世界图书出版公司,2012:77.

(3)内容联系观。即课程内容的教学,要努力与社会生活相联系,与学生已有的经验相联系,加强教学内容的"生活化",使学习更有意义。

(4)学习方式观。强调自主、合作、探究的学习方式,培养学生学习的自主性、合作性、创造性,使学生适应社会发展的需要。

(5)发展评价观。重视学习的过程评价,发挥评价在学生学习中的促进作用,而不是检查验收的作用。

(6)校本发展观。从学校和学生的实际情况出发,开发校本课程,增强学生学习的选择性,促进学校、教师、学生的特色发展。

三、基础教育课程改革的目标

(一)新课程改革的总目标

《基础教育课程改革纲要(试行)》提出课程改革的目标:新课程的培养目标应体现时代要求,即要使学生具有爱国主义、集体主义精神,热爱社会主义,继承和发扬中华民族的优秀传统和革命传统;具有社会主义民主法制意识,遵守国家法律和社会公德;逐步形成正确的世界观、人生观、价值观;具有社会责任感,努力为人民服务;具有初步的创新精神、实践能力、科学和人文素养以及环境意识;具有适应终身学习的基础知识、基本技能和方法;具有健壮的体魄和良好的心理素质,养成健康的审美情趣和生活方式,成为有理想、有道德、有文化、有纪律的一代新人。

(二)新课程改革的具体目标

(1)课程目标。改变课程过于注重知识传授的倾向,强调形成积极主动的学习态度,使获得基础知识与基本技能的过程同时成为学会学习和形成正确价值观的过程。

(2)课程结构。改变课程结构过于强调学科本位、科目过多和缺乏整合的现状,整体设置九年一贯的课程门类和课时比例,并设置综合课程,以适应不同地区和学生发展的需求,体现课程结构的均衡性、综合性和选择性。

(3)课程内容。改变课程内容"难、繁、偏、旧"和过于注重书本知识的现状,加强课程内容与学生生活以及现代社会和科技发展的联系,关注学生的学习兴趣和经验,精选终身学习必备的基础知识和技能。

(4)课程实施。改变课程实施过于强调接受学习、死记硬背、机械训练的现状,倡导学生主动参与、乐于探究、勤于动手,培养学生搜集和处理信息的能力、获取新知识的能力、分析和解决问题的能力以及交流与合作的能力。

(5)课程评价。改变课程评价过分强调甄别与选拔的功能,发挥评价促进学生发展、教师提高和改进教学实践的功能。

(6)课程管理。改变课程管理过于集中的状况,实行国家、地方、学校三级课程管理,增强课程对地方、学校及学生的适应性。

四、基础教育课程改革的实施状况

我国基础教育课程改革在课程结构调整、课程内容与课程评价改革、学习方式变革等方面发生了显著变化。

(一)课程结构的改革

1. 对课程类型的调整

(1)整体设置九年一贯的义务教育课程。小学阶段以综合课程为主。初中阶段设置分科与综合课程相结合的课程。积极倡导各地选择综合课程。学校需努力创造条件开设选修课程。在义务教育阶段的语文、艺术、美术课中要加强写字教学。

(2)高中以分科课程为主,积极试行学分制管理。

(3)从小学至高中设置综合实践活动课并作为必修课程。强调农村中学课程要为当地社会经济发展服务。

2. 综合实践活动课

从小学至高中设置综合实践活动课并作为必修课程,其主要内容包括信息技术教育、研究性学习、社区服务与社会实践、劳动与技术教育。

(1)中小学信息技术教育是为了适应技术迅猛发展的信息时代对人才培养提出的新要求而设置的学习领域。

(2)研究性学习是指学生基于自身兴趣,在教师指导下,从自然、社会和学生自身生活中选择和确定研究专题,主动获取知识、应用知识、解决问题的学习活动。

(3)社区服务与社会实践是学生在教师的指导下,超越单一的教室空间,参与社区和社会实践活动,以获得直接经验、发展实践能力、培养社会服务意识、增强社会责任感为主旨的学习领域。

(4)劳动与技术教育是以学生获得积极劳动体验、形成良好技术素养为主的多方面发展为目标,且以操作性学习为特征的学习领域。

(二)课程内容的改革

1. 课程标准的制定

(1)义务教育阶段的课程标准体现出普及性、基础性和发展性三大特征。

(2)普通高中课程标准在坚持使学生普遍达到基本要求的前提下,有一定的层次性和选择性,并开设选修课,以利于学生获得更多的选择和发展的机会,为培养学生的生存能力、实践能力和创造能力打下良好的基础。

2017年修订的普通高中课程标准强调学生核心素养的培养,将课程类别调整为必修课程、选择性必修课程和选修课程。

2. 教材的编写

教材管理由"国编制"转变为"国审制",教材的选择余地更为广泛,呈现方式也多样化;适当降低教材知识的难度,大量引入现代信息;密切生活联系,关注学生个体的成长经验;重视活动设计,鼓励学生探究创造;尊重师生个性,给师生更广阔的发展空间。

(三)课程评价的改革

1. 课程改革的评价理念

(1)建立促进学生全面发展的评价体系。改变过去只重视学生学业成绩评价的弊端,发现和发展学生多方面的潜能,了解学生发展的真实需求,发挥评价的教育功能,促进学生的全面发展。

(2)建立促进教师不断提高的评价体系。培养教师对自己教学行为分析与反思的能力,建立以教师自评为主,学校、教师、家长、社区共同参与的评价机制,建立促进教师发展的评价体系,促进教师专业化发展。

(3)建立促进课程不断发展的评价体系。对学校课程执行的情况、课程实施中的问题进行周期性的分析评估,进行科学合理的课程实施评价,调整课程内容,改进教学管理,形成课程不断革新的机制。

2. 课程评价的转变[①]

(1)评价功能:由侧重甄别和选拔转向发展性评价。

(2)评价对象:由过度关注对评价结果的评价转向对发展过程的评价。

(3)评价主体:强调评价主体多元化,重视自评、互评的作用。

(4)评价结果:关注评价结果的准确、公正、公开,强调评价结果的反馈以及被评价者对评价结果的认同和改进。

(5)评价内容:强调对评价对象进行全面综合考察。

(6)评价方法:强调评价方式多样化,质性评价和量化评价相结合。

(7)评价者和评价对象的关系:强调平等、理解、互动的关系,体现以人为本的价值取向。

(四)学习方式的变革

基础教育课程改革倡导的学习方式主要有自主学习、合作学习和研究性学习三种。

自主学习是以学生作为学习的主体,在学习活动中强调学生的主体意识和自主学习精神,通过独立探索、实践、质疑、创造等方法实现学习目标,不断激发学生的学习兴趣,培养学生的学习能力,发挥学生主观能动性和创造性的一种学习方式。自主学习的自主性表现为自立、自为、自律三个特性,这也是自主学习的三大支柱。

合作学习是指学生在异质小组明确分工、相互协作完成共同的学习任务,并以小组总体表现为评价依据的教学理论体系。这种学习方式有利于激发学生的学习动机,有利于学生经验的分享和知识的生成,有利于学生团体协作能力的生成,有利于学生社会能力的培养。

探究性学习是学生在教师的指导下,运用科学的研究方法对问题进行研究,在探究过程中培养学生的创新实践能力,使学生获得思维发展,自主建构知识体系。研究性学习具有开放性、探究性、实践性三大特点,一般程序可以分为"进入问题情境—实践体验—表达和交流"三个阶段。

[①] 中公教育教师资格考试研究院.教育知识与能力·中学[M].北京:世界图书出版公司,2012:82.

本章小结

1. 课程的基本内涵需要从课程即教学科目、课程即目标或计划、课程即学习经验、课程即文化再生产、课程即社会改造的过程等方面理解和把握。课程流派主要包括学科中心课程、活动中心课程、社会中心课程三个流派。

2. 我国新课改以来，许多专家持大课程论观点，并趋向课程教学的整合。通常课程分为学科课程与活动课程、综合课程与核心课程、国家课程、地方课程与校本课程、必修课程与选修课程、显性课程与隐性课程等几种类型。

3. 课程开发受到社会、学科知识和学生等多方面因素的影响。课程开发的模式主要有泰勒目标模式、斯腾豪斯过程模式、施瓦布实践模式和劳顿情境模式，其中泰勒目标模式对我国的课程改革产生较大影响。

4. 课程目标是课程开发的重点内容，特别是布卢姆教育目标分类学，为课程目标的设计提供了扎实的理论依据。课程内容、课程实施与课程评价也是课程开发的重要内容。课程评价目标达成模式、目的游离模式、CIPP评价模式、回应模式为课程评价提供了具体的评价策略和方法。

5. 我国当前基础教育课程改革已进入新的阶段，特别是2017年学生发展核心素养课程改革以来，在基础教育课程理念、课程改革目标、课程设置、课程评价及学习评价方式等方面发生了深刻的变化。

思考与练习

一、辨析题

1. 课程就是学什么的问题。
2. 课程目标是整个课程编制过程中最为关键的准则。
3. 教学中"授之以鱼"不如"授之以渔"。

二、简答题

1. 简述课程与教学的关系。
2. 简述课程理论的三个流派。
3. 简述影响课程开发的主要因素及课程开发的基本模式。
4. 简述布卢姆教育认知领域目标分类的主要内容。
5. 简述课程实施的三种基本取向。
6. 简述课程评价的主要模式。
7. 简述我国新课程改革的主要理论基础。

【参考文献】

1. 陈琦,刘儒德.当代教育心理学[M].北京:北京师范大学出版社,2007.
2. 陈侠.课程论[M].北京:人民教育出版社,1989.
3. 拉尔夫·泰勒.课程与教学的基本原理[M].施良方译,瞿葆奎校.北京:人民教育出版社,1994.

4. 黄政杰.课程设计[M].台北:东华书局,1991.
5. 李秉德.教学论[M].北京:人民教育出版社,2001.
6. 卢晓中.新编教育学[M].北京:北京师范大学出版社,2014.
7. 瞿葆奎.教育学文集:教育评价[M].北京:人民教育出版社,1989.
8. 全国考研教育学配套教材编委会.2020全国硕士研究生招生考试教育学专业基础综合考试大纲解析[M].北京:高等教育出版社,2019.
9. 全国十二所重点师范大学联合编写.教育学基础[M].北京:教育科学出版社,2002.
10. 施良方.课程理论——课程的基础、原理与问题[M].教育科学出版社,1996.
11. 王承绪,赵祥麟.西方现代教育论著选[M].北京:人民教育出版社,2001.
12. 王道俊,郭文安.教育学[M].北京:人民教育出版社,2016.
13. 徐玉珍.校本课程开发的理论与案例[M].北京:人民教育出版社,2003.
14. 张华.课程与教学论[M].上海:上海教育出版社,2000.
15. 钟启泉,汪霞,王文静.课程与教学论[M].上海:华东师范大学出版社,2008.
16. 中公教育教师资格考试研究院.教育知识与能力·中学[M].北京:世界图书出版公司,2012.
17. 中公教育教师资格考试研究院.综合素质·中学[M].北京:世界图书出版公司,2012.

第八章 教 学

【学习目标】
1. 理解教学的概念、意义与任务。
2. 理解教学过程的本质,掌握教学过程的基本规律,领会教学过程的基本阶段。
3. 理解中小学常用的教学原则,并能运用相关教学原则展开案例分析。
4. 掌握教学的基本组织形式,理解教学工作的基本程序。
5. 掌握中小学常用的教学方法。
6. 理解教学工作的基本环节及其要求。
7. 领会教学评价的功能、内容、原则与方法。
8. 领会我国教学改革的主要观点和趋势。

【知识导航】

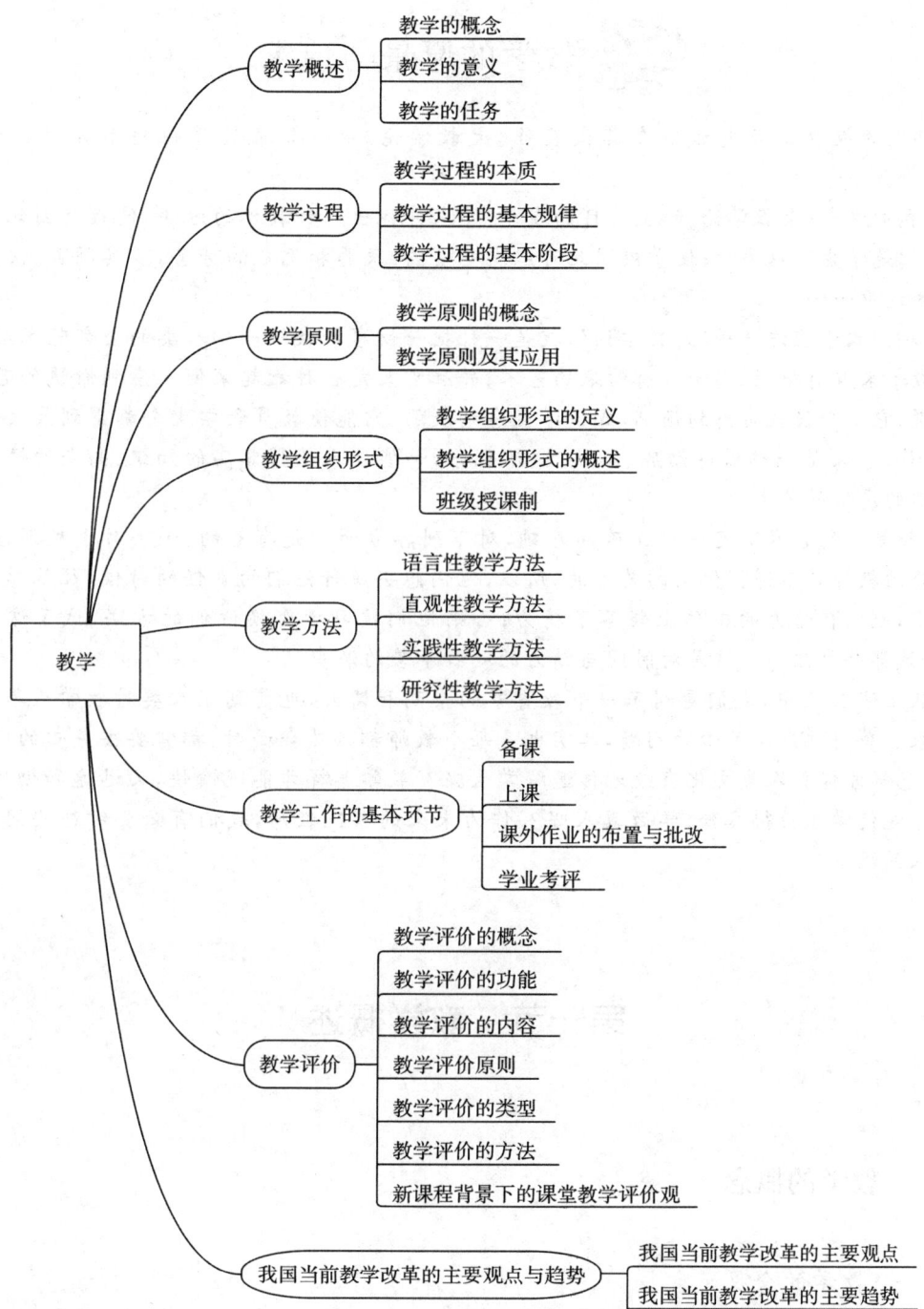

【引子】

 教学的愿景与追求

伟大的教育家夸美纽斯在其代表作《大教学论》的开篇表述了他对教学的愿景与追求:①

"我们这本《大教学论》的主要目的在于:寻求并找出一种教学的方法,使教员因此可以少教,但是学生可以多学;使学校因此可以少些喧嚣、厌恶和无益的劳苦,多具闲暇、快乐和坚实的进步……

"我们敢于应许一种'大教学论',就是一种把一切事物教给一切人类的全部艺术,这是一种教起来准有把握,因而准有结果的艺术;并且它又是一种教起来使人感到愉快的艺术,就是说,它不会使教员感到烦恼,或使学生感到厌恶,它能使教员和学生全都得到最大的快乐;此外,它又是一种教得彻底、不肤浅、不铺张,却能使人获得真实的知识、高尚的情谊和最深刻的虔信的艺术。

"替教学的艺术奠定一种正确的基础,对下列各方面都是有益的:……对于教师方面,大部分的教师是不懂得他们的艺术的,所以,他们想去履行他们的责任的时候,往往感到疲惫不堪,他们在吃力的工作上耗尽了精力;否则他们就习于变换他们的方法,试了这个办法,又试那个办法——这是对时间与精力的一种辛苦的浪费。"

从上述言论中,我们看到了一个教育家的崇高和博大,也看到了人类对教学改革的永恒追求。夸美纽斯所关心的问题,其实也是每个教师都必然会面对、都需要去关心的问题。是啊,怎样才能把人类文化有效地传递给学生呢?教学怎样才能既愉快,又迅速和彻底呢?怎样才能使学生获得真知、学做真人呢?作为未来的人民教师,我们有必要对这些问题展开深入的思考。

第一节 教学概述

一、教学的概念

(一)教学的含义

教学的内涵不是凝固不变的,在不同的历史时期、不同的文化背景、不同的理论视角下,人们对教学会有不同的理解,因而会形成不同的教学观。例如,在中国,随着时代的变迁,教学的内涵也在发生历史的嬗变。在古代,教学的含义偏重于"学",教学即学习。教与

---

① 夸美纽斯.大教学论[M].北京:人民教育出版社,1984:2-9.

学两字的连用,最早见之于《尚书·兑命》:"教学半。"孔颖达的解释是:"上学为教;下学者,学习也。言教人乃是益己学之半也。"由此可见,在古代个别教学组织形式下,教与学不分,以学代教。教学即学习,是通过教人而学,以提高自己。这是我国"教学"一词最早的语义。到了19世纪末20世纪初,废科举、兴学堂,学校数量增加,班级授课制逐步推行,教师"怎样教"成为当时的热门话题,于是教学的含义发生了转变,开始偏重于"教",教学被理解为"教授"。如《中国教育辞典》(1928)把"教学法"解释为"各种教授方术者"。新中国成立后,在全面学习凯洛夫《教育学》的基础上,借鉴并吸收了苏联教育学家关于教学的界定。他们认为,"教学过程一方面包括教师的活动(教),同时也包括学生的活动(学)。教和学是同一过程的两个方面,彼此不可分割地联系着"。① 这样我国就形成了一种定义:教学是教师教和学生学的统一活动。我国大部分教育学或教学论的书籍及教育方面的辞典都在沿用这一解释。

根据以上的分析,我们可以将教学定义为:教学是在教育目的规范下教师的教和学生的学共同组成的一种教育活动。对于教学概念的理解,我们需要把握三个要点:

首先,教学活动是一种有目的的活动。教学活动的展开是在教育目的的规范之下,具体而言,教学活动的根本目的就是促进学生身心的全面发展。还需指出的是,在教学实践中,不同的教育目的和教学目标可能会导致完全不同的教学实践。例如,以知识传授为主的教学目标可能会倾向于接受学习、纸笔测验,而以能力培养为主的教学目标则会更关注探究学习和表现性评价。因此,在教学工作中,我们需要经常反思自己的教学目标,确保教学活动能够切实有效地促进学生身心全面发展。

其次,教学活动是一种双边性活动。在教学活动中,教师的"教"离不开学生的"学",否则,教师的教只不过是教师的自言自语;学生的"学"也离不开教师的"教",否则学生的学只能是自学。在教学设计、教学实施与教学评价过程中,教师不仅要关注自己"教"的行为,更要关注学生"学"的状态。

传统的教学评价"以教为主",教师是主角。"以教为主,学为教服务"的错误倾向,导致教学过程中师生主客体错位。过去评价一堂课往往会用一些指标去套,诸如"教学目标明确""教程安排合理""提问精简恰当""适时运用媒体""渗透学法指导""注重能力培养""板书精当美观""教态亲切自然"……符合"标准"的课才称其为"好课"。其实仔细分析不难看出,这些标准都是为教师"量身定制"的,将课堂教学评价的关注点定为教师,表现出"以教为主,学为教服务"的倾向。

新课程倡导教师要以学论教,从以往"只见教材,不见学生"的备课模式中转变过来,花时间去琢磨学生、琢磨课堂,关注学生在课堂上可能的反应,思考相应的对策,了解学生的需要,真正上好每一节课。例如,教案设计并行设计"教师教学行为"和"学生学习行为"两大部分,将有助于教师同时注重教与学……②

最后,教学活动是科学性与艺术性的统一。俗话说,教学有法,但无定法。教学活动有其内在的规律,但是具体的教学实践是丰富多彩的,比如,教学组织形式除了班级授课以外,还有小组合作、个别学习等;学习方式除了接受学习,还有探究学习、自主学习、合作学

---

① 凯洛夫.教育学[M].陈侠,等译.北京:人民教育出版社,1957:130.
② 杨燕.从"以教为主"到"以学论教"[N].中国教育报,2005-12-16.

习等;教学方法除了讲授法,还有谈话法、读书指导法等。在教学实践中,教师需要根据具体的教学情境予以创造性地运用。可以说,教学活动充满着无限的创意。

(二)教学与教育、智育的区别和联系

为了更准确地理解教学的概念,我们还需要对教学的外延进行界定。其中教育、智育与教学的关系最为密切,需要进行适当的区分。

教学与教育两个概念既相联系又有区别。二者之间是部分与整体的关系。教育包括教学,教学只是学校进行教育的一个基本途径。学校教育工作除了教学这一基本途径之外,还可以通过课外活动、生产劳动、社会活动等途径向学生进行教育。

教学和智育两个概念也经常被人们混同起来,其实这两个概念也是既有区别又有联系的。所谓智育,是指向学生传递系统的科学文化知识和发展学生智力的一种教育活动,智育和德育、体育、美育、劳动技术教育等一样,都是学校教育的一个组成部分。智育主要是通过教学进行的,但不能把两者等同。一方面,智育除了通过教学实施外,还需要通过课外活动等途径才能全面实现;另一方面,教学同时也是德育、美育、体育、劳动技术教育的途径。把教学等同于智育既不利于智育的全面实施,也不利于全面发挥教学的作用。

二、教学的意义

在学校教育中,教学处于中心地位。学校要卓有成效地实现培养目标、造就合格人才,就必须以教学为主,并围绕教学这个中心安排其他工作,建立学校的正常秩序。这是因为教学有以下几个重要作用。

(一)教学是实现人类文化传承的有效形式

著名思想家卡西尔指出,人与动物的根本区别在于:人能够利用符号去创造文化,"人是文化的动物",而神话、宗教、语言、艺术、历史、科学等都是人类文化的具体样式。成"人"的过程其实就是一个不断传承与创造文化的过程。正如卡西尔所说:"作为一个整体的人类文化,可以称之为人不断自我解放的历程。语言、艺术、宗教、科学是这一历程中的不同阶段。在所有这些阶段中,人都发现并且证实了一种新的力量——建设一个人自己的世界、一个'理想'世界的力量。"[①]

教学作为一种专门组织起来的有计划、有目的的教育活动,可以有效地实现人类文化个体化、社会道德个体化,使个体获得一定的知识力、文化力、道德力,保证人类文化的延续和发展。尤其在科学技术迅猛发展、知识更新越来越快的当今社会,教学的文化传承作用更加突出。

(二)教学是实施全面发展教育的基本途径

学校是专门培养人的机构,学校要使学生在德、智、体等方面都得到发展,就需要通过教学、课外校外活动、生产劳动等途径来实现。在多种途径中,教学涉及的学科领域最广,

---

① 恩斯特·卡西尔.人论[M].上海:上海译文出版社,2004:313.

占用时间最多,对个体的影响也最为全面、集中和高效,因而教学是对学生进行全面发展的素质教育、把学生培养成为合格人才的基本途径。

当然,坚持教学为主,并不意味着可以轻视其他的教育活动,因为对学生的培养,不仅要通过教学,而且要通过课外活动、生产劳动、社会实践进行。因此,学校工作必须坚持"教学为主,全面安排"的原则。

三、教学的任务

教学任务是学校教育目的在教学中的具体体现。对于具体的教学活动来说,教学任务是教学活动的出发点,是确定教学内容与选择教学方法、手段的依据,也是评价教学效果的标准。

人们对教学基本任务的认识有一个历史的发展过程。过去,人们比较重视"双基教学"(基础知识与基本技能);从20世纪80年代起,随着科学日新月异,"知识爆炸论"一度成为人们最关注的问题,面对知识总量的飞速增长,人们将教学的焦点转向"发展能力";晚近以来,随着信息社会的发展、后现代思潮的勃兴,人们又开始强调"个性发展"。

时代在变,人们对教学任务的理解还会不断地发生变化。一般而言,教学的基本任务主要如下:

(一)授受基础知识

知识是人类对客观世界的现象、事实及其规律的认识,是人类社会历史实践经验的概括和总结。把人类社会长期积累起来的知识迅速有效地传授给新生一代,并把它内化为个人的知识和智慧,是教学的基本任务之一。离开了知识的授受,教学就无法发生和展开,一切教学活动都成了无源之水、无本之木,教育教学的目的、目标就成了空中楼阁。

(二)形成基本技能

教学不仅传授知识,使学生掌握系统的科学文化基础知识,而且还要使学生形成运用知识的基本技能。从心理学的角度说,技能就是一组按特定的顺序或步骤逐一执行的活动方式(操作方式)。技能学习,就是学习在特定目标指示下的操作顺序。如果说知识学习的本质是获得事实的意义,那么技能学习的本质就是获得方法的步骤。作为一个学习者,通过知识学习,他理解了"事实是什么";而通过技能学习,他则学会了"如何去做"。

技能学习包括两种类型:智慧技能和动作技能。著名心理学家加涅对两种技能进行了区分和界定。[①] 智慧技能是指人们应用概念和规则对外办事的技能,例如语文和外语的阅读技能、写作技能,数学的运算技能等。动作技能则是指习得的、协调自身肌肉活动的能力,如书写技能、游泳技能、骑车技能等。当代信息加工心理学的发展进一步揭示了技能学习的内在本质,即技能也是一种"知识",却不同于我们传统所理解的"是什么"的知识(陈述性知识),而是关于"如何做"的知识(程序性知识)。技能学习的过程就是将陈述性知识转

---

① 邵瑞珍,皮连生,吴庆麟.教育心理学[M].上海:上海教育出版社,1997:50.

化为程序性知识的过程。[①]

(三)发展基本能力

发展学生的基本能力,主要是指发展学生的问题解决能力和创造能力,其中创造力是问题解决能力的最高表现。发展学生能力是现代社会加速发展、国际竞争日益激烈、科学技术日新月异、人类知识迅猛增长对学校教学提出的必然要求,是世界各国共同关注的课题。

能力有两种含义:一是指表现出来的实际能力和已达到的某种熟练程度,可用成就测验来测量;二是指潜在能力,即尚未表现出来的心理能量,而通过学习和训练后可能发展起来的能力与可能达到的某种熟练程度,可用性向测验来测量。实际能力和心理潜能是不可分割的统一体,心理潜能是实际能力形成的基础和条件,而实际能力是心理潜能的展现。

在教学活动中发展学生的能力,既是必需的,也是可能的。之所以必需,是因为新生一代只有从人类文化中抽取出客体化了的人类能力,并内化为自身的素质,才能获得真实的发展。之所以可能,是因为当代心理学的发展,已经揭开了能力发展的神秘"黑箱"。当代信息加工心理学认为,问题解决能力涉及陈述性知识、程序性知识和认知策略的综合运用,是可教和可学的。

(四)促进个性健康发展

中小学阶段是学生思想品质、审美情趣与个性心理快速发展的关键时期,因此这一阶段的教学要注意充分挖掘各科教学中的思想性、教育性和审美性因素,使学校教学真正成为思想品德教育的主渠道。著名教育家赫尔巴特就曾指出,教学永远具有教育性。教学的教育性就表现在通过教学为学生奠定科学的世界观、道德观和审美观;通过教学的教育性功能的发挥,引导学生形成良好的思想品德和正确的审美情趣,促进学生个性健康发展。

第二节 教学过程

教学是一个过程。人们对教学过程的认识,经历了漫长的历史发展,直至今天仍在继续探索。而且,对教学过程的不同认识,会导致不同的教学实践的产生。试想想,如果我们把教学过程看作知识授受过程,那么我们关注的焦点是知识;而如果我们把教学过程看作师生交往过程,那么我们可能会更关注教学中的对话、沟通与合作。

一、教学过程的本质

关于教学过程的本质,理论界存在多种不同的观点,比较有代表性的观点是认为教学过程是一种特殊的认识过程,即"特殊认识说";是以认识过程为基础促进学生身心全面发

[①] 皮连生.智育心理学[M].北京:人民教育出版社,1996:135.

展的过程,即"认识发展说";是一种特殊的交往对话过程,即"交往对话说"。

(一)教学过程是特殊认识过程

这是我国比较流行的一种教学过程观,一般称为教学认识说或特殊认识说。教学过程作为特殊认识过程,包括两个层面的含义:

1. 教学过程是认识过程

教学认识说认定教学本质上是一种认识活动,所以教学过程主要受认识论的一般规律所制约。具体来说,教学的任务、过程和结果都主要从认识论的视角来进行界定。首先,从教学的任务看,教学主要是解决学生的认识问题,即如何使学生从不知到知、从知之不多到知之较多的问题,即让学生认识客观世界、掌握文化知识的问题。其次,从教学过程来看,学生掌握文化知识的过程,主要是由多种认识活动(包括感觉、知觉、记忆、思维、想象、体验、评价、欣赏等)组成的,是人脑对客观世界(主要是精神文化)的能动反映。最后,从教学结果来看,虽然教学也带来了学生身体与行为的改变,但是教学的主要成果仍表现为观念性成果,例如,概念和原理的习得、道德和审美观念的获得、认知与情意的发展等。

2. 教学过程是一种特殊认识过程

教学过程又是一种特殊的认识过程,这种特殊性表现在三个方面:有教师教、间接性、发展性。①

(1)有教师教。这是教学认识区别于一般的、其他个体的认识或学习的一个主要的突出特点。科学家的认识活动是独立的探索,而学生的认识活动则始终是在教师的引导之下进行的。在教学过程中,教师的介入和领导可以为学生高效、系统地掌握人类文化成果铺设道路,为学生个体认识提供稳定支撑和有效保障。

(2)间接性。学生的认识活动不同于科学家的认识活动,科学家以人类未知世界作为研究对象,而学生认识活动的对象是已知的,是前人已有的认识成果,即人类长期积累起来的科学文化知识。因此,学生的认识活动是以间接知识为中介的,其认识活动走的是一条认识的捷径,是一种科学文化知识的再生产。正如马克思所说,"再生产科学所必要的劳动时间,同最初生产科学所需要的劳动时间是无法相比的,例如学生在一小时内就能学会二项式定理。"②

(3)发展性。以促进学生发展为宗旨,具有促进个体发展的突出功能,这是教学认识区别于其他认识活动的重要特点之一。人类一般的认识活动主要是为了求新知,但教学认识活动并不满足于求知,而是要在求知的过程中提升学生的一般能力和思想品德。

(二)教学过程是促进发展过程

这种观点认为,教学过程不仅是教师领导下学生自觉地认识世界的一种特殊认识过程,而且也是以此为基础促进学生身心全面发展的过程。在教学理论发展的进程中,认识到教学过程也是促进学生发展的过程是一个重大的进步。

古代教学很少注意儿童发展,甚至一味压抑学生的个性,方法简单,效率很低。在棍棒

---

① 王策三.教学认识论[M].北京:北京师范大学出版社,2002:10.
② 马克思.马克思恩格斯全集(第26卷第1分册《资本论》)[M].北京:人民出版社,2014:377.

纪律、呆读死记、体罚盛行的教育环境下,古代教学不仅没有认识到教学与学生身心发展的相互适应,而且还严重抑制了学生身心的发展。到了近代,在夸美纽斯、卢梭等一大批伟大教育家的努力之下,人们开始认识到教学必须适应儿童身心的发展,并且在教学工作中提出了量力性原则、直观性原则、循序渐进原则和启发诱导原则等。例如,17世纪伟大的教育家夸美纽斯曾经提出了教育必须适应自然的思想。他指出,人是自然的一部分,人的教育应遵循自然的规律,适合自然的法则。在教学上,他主张一切教学的科目都应加以排列,使其适合学生的年龄,凡是超过了他们的理解力的东西就不要给他们去学习。教育要适应儿童的身心发展,这曾经是人类历史上的重要进步,但是到了现代社会,生产和科技的日新月异,这种单纯适应发展的教学便日益落后而需要改革。如何使教学走在学生发展的前面,通过教学促进学生的发展,成为现代教学理论研究的重大课题。维果茨基提出的"最近发展区"理论、赞科夫的发展性教学理论、布鲁纳的认知结构教学理论等都是对这一时代趋势的回应。

从教学实践的层面看,学生正处在身心迅速发展的关键时期,教学的干预对学生的身心发展具有十分重要而深刻的影响。许多优秀教师的教学实践也已经证明,让教学着眼于学生的最近发展区,尽最大可能来促进学生发展,不仅是现代教育所必需的,而且是完全可能的。

(三)教学过程是交往对话过程

这种观点认为,教学是一种特殊的交往活动。在教学过程中,交往不是手段,而是目的,交往赋有促进人发展的教育学意义。在国内,著名教育学者叶澜教授指出,教育起源于人类的交往活动,[①]教学应该被看作是"一种有目的、有组织和有计划的师生交往活动",强调不能把教学简单地理解为仅仅是师生授受知识的过程,也不能把它看成主要是学生内在潜力展开的过程,而应该看成是师生间知、情、行、意相互作用的过程,认为"教学活动中没有师生共享的教学经验及成果,就没有交往,就称不上是教学活动"。[②]

将教学本质定位于"特殊交往",对改善师生关系、增强对话沟通、促进教育民主具有十分重要的意义。这一点我们可以从交往教学论学派兴起的背景中受到启发。20世纪60年代末,联邦德国出现了教育危机,人们普遍对当时的教育感到不满,认为学校中存在着过多的控制,师生间关系过于僵化。人们期待着一种充满和谐、民主气氛的学校教育。于是,交往教学论学派从师生关系入手,建立起一套崭新的学说。

对话是师生交往最重要的形式。晚近以来,学术界围绕"教学对话"展开了热烈探讨。西方学者克林伯格指出:"在所有的教学之中,进行着最广义的'对话'。……不管哪一种教学方式占支配地位,这种相互作用的对话是优秀教学的一种本质性的标识。"在他看来,教学原本就是形形色色的对话,拥有对话的性格。[③] 在教学过程中,对话不仅仅是一种认知方式,也是一种伦理诉求。作为认知方式,教学对话主张知识不是被传授、被复制和被反复再现的,而是在对话过程中不断地被建构和被创生的,教学过程就是建构和创生知识的过程。

---

① 叶澜.教育概论[M].北京:人民教育出版社,1996:40.
② 叶澜.新编教育学教程[M].上海:华东师范大学出版社,1993:264-285.
③ 钟启泉.文本与对话:教学规范的转型[J].教育研究,2001(3):33-39.

作为伦理诉求,教学对话意味着教师与学生之间建立起民主平等、相互信任和相互理解的教学关系,消解教学中的话语霸权与人为控制。

二、教学过程的基本规律

教学活动纷繁复杂,但是在复杂的教学现象背后,同样存在着一些基本的、必然的联系。这些基本的、必然的联系往往都是一些关系性范畴,例如,直接经验与间接经验的关系、教师与学生的关系、掌握知识与发展智力的关系、知识学习与文化陶冶的关系等。在教育史上,不同历史时期、不同的教育流派对这些基本的关系范畴都有不同的理解。随着人们对教学理论、学习理论的深入研究,随着时代的不断发展,我们对教学活动的这些基本联系还会有更深入的认识。

(一)直接经验与间接经验相结合

直接经验就是学生通过亲自活动、主动探索获得的经验;间接经验是指他人的认识成果,主要指人类在长期认识过程中积累并整理而成的书本知识。间接经验与直接经验相结合,反映了教学中传授系统的科学文化知识与丰富学生感性认识的关系、科学世界(书本世界)与生活世界的关系、知与行的关系。

传统教育学比较重视间接经验,书本知识的教与学在传统的教学理论中占据着核心地位,教学研究的重点是知识如何组织、如何传递、如何习得的问题。传统教育学被称为"书本中心"、"知识中心"的教育学。杜威的实用主义教育学对这种"知识中心"的教学观进行了尖锐批判。他认为,知识中心的教学模式割裂了"知"与"行"的统一,由于抽象的知识与学生的生活经验具有较远的距离,学生在知识学习中变成了一个"旁观者"、"局外人",是一种"静观"的学习状态。他主张教学活动要以儿童的生活经验为中心,通过儿童在生活世界中的主动探究,达到"知"与"行"的融合。然而,杜威"经验中心"的教学理论在实践中却遇到了很多难题。时至今日,如何看待直接经验与间接经验的关系,仍然还需要深入持久的探讨。

我们认为,在教学过程中,直接经验与间接经验是辩证统一的。

1. 学生认识的主要任务是学习间接经验

学生的学习以间接经验为主,这是由个体认识的特殊性和间接经验的特殊性所决定的。

从个体认识的层面说,个体在获得经验的过程中面临着一个根本矛盾,即社会知识的无限性和个体生命的有限性的矛盾。如果仅仅依靠直接经验的探究,我们可能很难跟上知识飞速发展的社会现实。可以说,知识的掌握是我们生存发展的根本。知识对于我们来说,不仅仅具有教育学的意义,更具有生存论的意义。

从间接经验的层面说,间接经验凝聚着人类的智慧,是人类系统思考和深入探索的理论结晶。学习和掌握间接经验,可以避免人类在认识发展中所经历的错误与曲折,使学生能用最短的时间、最高的效率掌握大量的系统的科学文化基础知识。

2. 学生学习间接经验要以直接经验为基础

学习理论告诉我们,学生的学习过程是一个主动的意义建构过程,而不是一个简单的知识传递过程。知识不是简单地从教师和书本传递到学生那里就算完结,而是必须进入学生的生活世界,在学生生活世界中生根发芽,这种知识才是"活"的知识,才有行动的力量。因此,在理解和掌握新知识的过程中,学生自己的生活世界起着具有十分重要的作用。有效的教学认识活动必须要充分利用学生已有经验,增加学生学习新知识所必需的感性认识和亲身体验,加深学生对知识的理解。

直接经验与间接经验相结合的规律,要求我们在教学过程中正确处理直接经验与间接经验的关系,既要防止过分强调系统知识传授,又要防止过分重视学生个人的经验积累。教育史上曾经出现过两种偏向:一种偏向是在传统教育观影响之下,过分重视书本知识的传授,习惯于教师讲、学生听这种传统的灌输式教学,忽视学生的动手实践和亲身体验,结果削弱了学生对知识的深刻理解;另一种偏向是在实用主义教育观的影响之下,过分重视学生个人的经验积累,强调"做中学",忽视书本知识的系统学习,结果降低了学校教学的效率。这二者都违反了教学的规律性,人为割裂了直接经验与间接经验的有机联系。

(二)掌握知识与发展智力相统一

掌握知识和发展智力的关系问题,教育史上曾有过不少的争论,其中最典型的是形式教育论和实质教育论之争。形式教育论者认为,教学的主要任务在于通过开设希腊文、拉丁文、逻辑、文法和数学等形式学科发展学生的智力,至于学科内容的实用意义则是无关紧要的。实质教育论者则认为,教学的主要任务在于传授给学生有用的知识,至于学生的智力则无须进行特别的培养和训练。这两种不同的观点在20世纪以前各执一端,针锋相对,但都有一定的片面性。进入20世纪以来,随着当代心理学的发展,我们对知识与智力的认识也在不断深化。其中,智力观念的变革将是我们探讨知识与智力问题的出发点。

1. 智力观念的革新

智力是一个多义的概念。在不同的理论视角中,人们对智力的定义是千差万别的。新中国成立以来,我国教育界对智力的理解曾经长期受到苏联心理学和教育学的影响,直到改革开放以后,才开始关注西方心理学的智力观念。但是苏联教育学的智力观对我们仍有不小的影响。

我国传统教育学对智力的界定并没有超越古老的形式教育与实质教育的窠臼。从某种意义上说,它其实是一种变相的形式教育的主张。例如,《中国大百科全书·教育》(1985)认为:"知识内容是主体对客体的主观映象,而知识的形式是主体的反映活动的形式,即感性知觉、表象和理性思维(分析、综合、抽象、概括、判断与推理)等。反映活动的形式就是心理形式或心理特征,也就是智力。"[①]当代西方心理测量学和认知心理学的发展,使我们对智力有了更深刻的认识。

心理测量学的智力观将智力看成个人在同龄团体中按聪明程度排列所处的位置。按这一观点,个人随着年龄和教育的增长,其认知能力在不断发展,但他们在同龄人团体中,按聪明程度所排列的位置相对稳定。用测量学的术语来说,个人的智商(即IQ,Intelligence Quotient)分数保持相对稳定。按照心理测量学的理解,个体的IQ分数高低由遗传和环境相互作用决定,而且遗传的作用大于环境的作用。也就是说,教育对IQ的影响是有限的。

---

① 董纯才.中国大百科全书·教育[M].北京:中国大百科全书出版社,1985:525.

认知心理学的智力观则从广义知识观的视角来理解智力,认为智力是学生习得的陈述性知识、程序性知识和策略性知识的总和。它们或以命题网络或以产生式系统或以图式(包括脚本)等形式贮存在我们的头脑内,一旦需要可以随时调用。① 在认知心理学看来,所有能够体现个体智力水平的各种特殊能力,如问题解决能力、阅读能力、写作能力等,都可以用广义知识观来进行解释。以阅读能力为例,在认知心理学看来,阅读能力同样是三类知识的综合运用。阅读首先要具有某些背景知识,这类知识当属陈述性知识。其次,必须具有基本的阅读技能,这些阅读技能属一般程序性知识。最后,阅读目标的确定、阅读过程的调节、阅读障碍的克服等需要使用策略性知识。

从上述对三种智力观的分析可以看出,传统教育学所持有的智力观并没有超越形式教育与实质教育的对立,因而不可能解决二者统一的问题;心理测量学的智力观则认为智力与遗传关系更密切,教育的影响是有限的。只有在认知心理学的视野中,知识与智力的统一才有更广阔的空间。

2. 掌握知识是发展智力的基础

在认知心理学看来,发展智力最有效的途径是塑造学生良好的认知结构。认知结构就是学习者头脑里的知识结构。因此,通过知识的掌握促进学生头脑里知识结构的优化,就成为智力发展的重要基础。心理学家奥苏贝尔指出,良好的认知结构往往表现出知识在纵向上的不断分化和在横向上融会贯通的特征。认知心理学的研究证明,智力水平较高的个体,其所掌握的知识往往具有良好的组织性。关于专家和新手差异的比较研究就是一个典型的案例。一般认为,专家是智力获得高度发展的人群,他们能熟练地解决自己熟悉领域的困难问题。研究表明,专家解决问题之所以快而精确,原因是他们的知识经过严密而系统的组织,其知识结构中不仅有高位的概念和原理,而且有应用这些概念和原理的条件。也就是说,专家之所以是专家,就是因为他们在某些领域所掌握的知识的数量和质量不同于新手。倘若离开了他们所专长的领域,他们的能力同新手没有两样。

3. 智力发展是掌握知识的重要条件

认知心理学认为,学习者智力的发展与其认知结构的改变是同步的,而且学习者的认知结构一旦建立,又将成为他学习新知识的极重要的能量或因素。奥苏贝尔就指出,学习者原有的认知结构是影响新的有意义学习与保持的关键因素。他分析了认知结构的三个特征变量:可利用性、可分辨性、稳固性,认为这三个变量影响着我们新知识的学习。

所谓"可利用性",即学习者原有认知结构中是否存在可用来对新观念(即新概念、新命题、新知识)起固定、吸收作用的观念。所谓"可分辨性",是指认知结构中起固定、吸收作用的原有观念与当前所学新观念之间的异同点是否清晰可辨。新旧观念之间的区别愈清楚,愈有利于有意义学习的发生与保持。所谓"稳固性",是指认知结构中起固定、吸收作用的原有观念是否稳定、牢固。原有观念愈稳固,也愈有利于有意义学习的发生与保持。总之,从认知心理学的视角看,只有不断改善认知结构,才有利于知识的有效掌握。

(三)传授知识与思想品德教育相统一

赫尔巴特提出了教学具有教育性的命题。他认为世界上不存在"无教学的教育",也不

---

① 皮连生.智育心理学[M].北京:人民教育出版社,1996:87.

存在"无教育的教学"。教学的目的不在于传授了多少知识,而在于培养"性格的道德力量"。他指出:"我们可以将教育唯一的任务和全部的任务概括为这样一个概念:道德。""道德普遍地被认为是人类的最高目标,因此也是教育的最高目标。"[①]教学的教育性命题告诉我们:在教学过程中,掌握知识与形成思想品德是相互联系、辩证统一的。

1. 学生思想品德的形成以掌握知识为基础

人们的思想观点和世界观的形成都离不开人们的认识,都需要以一定的经验和知识为基础。尤其是培养学生科学的世界观和正确的人生观,更需要以一定的科学文化知识为基础。这是因为知识本身就蕴含着丰富的思想教育资源,饱含着人类追求真善美的精神力量。如果脱离知识进行思想教育,就会使思想教育成为无源之水、无土之木。

2. 学生思想品德的提高又推动他们积极地学习知识

学生掌握科学文化知识的过程是能动的认识过程,他们的思想状况、学习动机、目的与态度,对他们的学习起着十分重要的作用。如果我们能够在教学中不断提高学生的思想觉悟,使他们端正学习的态度,树立远大的理想和抱负,把个人的学习与文化的昌盛、科技的发展、祖国的建设、人类的幸福联系起来,那么就能给学生的学习以正确的方向和巨大的动力,推动他们自觉地、主动地进行学习,尽个人最大的努力来增长自己的知识、智慧和才干。

掌握知识与形成思想品德相统一的规律,要求我们在教学中正确处理掌握知识与形成思想品德的关系,既要避免单纯传授知识而忽视思想教育的倾向,又要避免脱离知识传授而另搞一套思想教育的偏向。

(四)教师主导与学生主动相统一

教学活动是由教师的教和学生的学共同组成的双边活动,如何处理好教与学的关系一直是教育史上的一个重要的议题。以赫尔巴特为代表的传统教育主张"教师中心",强调教师的主导作用;而以杜威为代表的所谓现代教育则主张"儿童中心",重视儿童的兴趣与需要。二者各执一端,都没有全面地把握教与学的辩证统一关系。

我们认为,教与学是辩证统一的,表现在:

1. 教师在教学活动中起主导作用

所谓教师的主导作用,是指教师在教学过程中处于领导者、组织者和教育者的地位,并遵循学校的培养目标和学生身心发展的规律与特点,对学生施加影响,促进其全面发展。

教师在教学中起主导作用有其必然性。从教师和学生的素质差异来说,教师受过专门的教育和训练,"闻道"在先,"术业有专攻",是知之较多者,在知识、能力、经验、思想观念和个性发展方面,都比学生更丰富、更成熟。而学生则是成长中的青少年,身心发展极不稳定,具有很大的可塑性,同时知识、能力、经验都很有限,思想、个性、人生观等都还不成熟,这些都需要教师去启发和培养。这就决定了教师在教学过程中必然要承担组织和领导的责任。

2. 教师的教以学生的主动学习为基础

首先,学生是认识的主体。要把人类积累的认识成果和经验转化为学生的精神财富,要把知识转化为学生的智力、能力和思想观念,必须通过学生自己的认识和实践才能实现,

---

① 赫尔巴特.赫尔巴特文集(哲学卷一)[M].杭州:浙江教育出版社,2002:177.

这是任何人都无法包办代替的。

其次,学生的学是教师教的出发点和归宿。教师教的行为,目的是引起学生学的行为。教师教的过程,也就是为学生的学服务的过程。学生的学习情况和学习效果是检验教师教的主要依据。不仅如此,教师的教只有依赖于学生的学,依赖于学生的积极配合,才能够产生预期的效果。所以,教师是否发挥了主导作用恰恰表现在学生是否具有学习的主动性和积极性上。教师主导作用发挥得越好,学生学习的主动性、积极性、独立性和创造性也就越强。

三、教学过程的基本阶段

教学过程的基本阶段是基于对教学基本目标和学生认知的基本特点的认识而确定的,其主要目的是为教学工作提供一个可操作的形式程序。在中外教育史上,不同的教育家从不同的理论基础和教育实践出发,提出了多种教学过程的阶段理论。

孔子总结了自己长期的教育实践经验,从学生学习的角度,提出了教育是学—思—习—行的过程。《中庸》将我国古代的教学实践经验总结概括为"博学之,审问之,慎思之,明辨之,笃行之"五个阶段。朱熹提出的读书法(循序渐进、熟读精思、虚心涵泳、切己体察、着紧用力、居敬持志),也涉及了学习阶段的问题。

在西方,德国教育家赫尔巴特以统觉心理学为理论基础,提出教学过程的基本阶段是明了—联想—系统—方法。与这四阶段相对应的心理状态是注意、期待、探究和行动。赫尔巴特的教学阶段理论对后世产生了深远影响。赫尔巴特之后,他的弟子们感到"四阶段"在学生毫无思想准备的情况下介绍新教材效果不一定好,于是将四段法改为五段法,即预备—提示—联合—概括—应用。

同样是五个阶段,现代教育派代表人物杜威从实用主义教育理论出发,反对赫尔巴特以教师为中心的教学过程阶段理论。他依据学生在"做中学"的认识发展,提出了与赫尔巴特派迥异的教学过程阶段理论,即有名的思维五段法:从情境中发现疑难;从疑难中提出问题;做出解决问题的各种假设;推断哪一种假设能解决问题;经过检验修正假设、结论。后人将其概括为情境—问题—假设—验证—结论。杜威教学过程阶段理论的核心是"问题",问题的产生和解决过程也就构成了教学过程。

在我国,一般把学生掌握知识和技能的过程划分为六个基本阶段,即引起求知欲、感知教材、理解教材、巩固知识、运用知识、检查知识和技能技巧。

(一)引起求知欲

求知欲或者说学习动机是直接推动学生学习的内部动力,主要表现为学习的意向、愿望、兴趣等,对学习有明显的推动作用。学生若缺乏适度的学习动机,便会失去学习的积极性。而没有学生的积极参与,教学也就很难取得良好的效果。因此,激发学生的学习动机、引起学生的求知欲在教学过程中是十分重要的。

引起学生求知欲的方法很多:可以对学生提出引人思考的问题;可以讲述有趣的故事;可以演示引人注目、给人新知的直观材料;可以指出将学的新知识的重要价值;等等。究竟用什么方法,应当根据教学任务和内容的需要和学生的实际来选择。

（二）感知教材

为了理解和掌握书本知识,学生必须有感性认识基础。感性认识丰富,表象清晰,想象生动,理解和掌握书本知识就比较容易。反之,如果学生没有必要的感性认识,他们学习书本上的概念、公式、原理就将生吞活剥,食而不化。认知心理学的研究证明,新知识的学习必须以学习者头脑中原有的知识和经验为基础,学习的过程就是用已有的知识与经验去同化新知识的过程。奥苏贝尔区分了"机械学习"与"有意义学习",他认为,如果离开学生既有的知识与经验,机械地进行新知识的灌输,这种学习必然是低效乃至无效的。因此,在感知教材阶段,教学的设计要着力于激活学生已有的知识与经验。

（三）理解教材

理解教材、形成概念是教学过程的中心环节。在教学过程中,学生的认识不能停留在感性认识水平上。感知教材往往只能认识事物的个别属性和外部特征,只有理解教材才能真正把握教材的本质。因此,要引导学生在感知教材的基础上,通过分析、综合、推理、评价等思维加工,形成科学概念,达到对事物本质和规律的认识,使感性认识上升到理性认识。

学生理解教材是一个复杂的思维过程。认知心理学的研究认为,学生理解教材的过程其实是在新旧知识之间建立各种联系,把新知识编入原有的命题网络,从而促进认知结构的改进、改组与重建的过程。因此,在理解教材阶段,教师要引导学生对新旧知识进行比较分析、整理概括,促进知识的系统化、结构化。

（四）巩固知识

知识的巩固,是指知识掌握过程中对教材的持久记忆,它是通过人类的记忆系统实现的。知识的巩固是积累知识的前提。学生只有牢牢记住所学的基础知识,才能顺利地吸收新知识,自如地运用已有的知识。所以,知识的巩固也是教学过程中不可缺少的环节。

需要指出的是,知识的巩固不等于机械记忆。认知心理学研究表明,在知识的巩固过程中,知识本身在数量和结构上都会进一步发生变化。例如,在知识巩固的过程中,记忆保持的内容可能比原来识记的内容更简略概括。孔子说"温故而知新",就是指在巩固旧知识的过程中能够获得新的知识、新的体会。因此,知识巩固的过程也是一个认知结构不断改善的过程。

（五）运用知识

知识的运用在教学过程中具有重要的意义。首先,知识的运用有利于形成技能技巧。知识的掌握并不能直接导致技能技巧的形成,必须在反复的练习过程中才能形成学生熟练的技能技巧。其次,知识的运用有利于提高分析问题和解决问题的能力。运用知识,也是认识上的一次更重要、更高一级的飞跃,因为它要求学生在各种不同的条件下对知识进行再现、重组和灵活运用,因而特别有利于锻炼学生的独立思考能力和问题解决能力。

在教学过程中,教师引导学生运用知识的形式是多种多样的,有练习作业、实验、实习等。另外,还可以与生产劳动、社会实践等活动联系起来,相互配合、相互促进。其中,练习作业是最经常的一种知识运用的形式。但一定要注意练习作业的内容、类型、方式的科学性,避免一味地简单重复和机械模仿的无效与低效练习,力求练习作业的灵活多样性和创造性,以提高其训练价值。

(六)检查知识、技能和技巧

检查知识、技能和技巧的目的在于:使教师及时获得关于教学效果的反馈信息,以调整教学进程与要求;帮助学生了解自己知识技能的掌握情况,发现学习上的问题,及时调节自己的学习方式,改进学习方法,提高学习效率。

检查学生知识、技能和技巧的掌握情况,可以采用多种方法,例如,课堂提问、检查作业、学科测验等。为了提高学生的自学能力,培养学生的自我检查能力和习惯也是非常必要的。

第三节 教学原则

一、教学原则的概念

教学原则是根据一定的教学目的任务,遵循教学过程的规律而制定的对教学的基本要求,是指导教学活动的一般原理。

教学原则是在总结教学实践经验的基础上制定出来的。由于教学目的和教学实践面临的课题不同,加上教育家的哲学观点和对教学过程规律的认识不同,所制定的教学原则就有所不同。因而,古今中外教育著作中提出的教学原则的名称、数目、内容和体系纷繁不一。例如,在古代,孔子在长期的教学实践中总结出了"学思结合"、"学而时习"、"因材施教"等教学原则。我国古代教育著作《学记》则总结出"教学相长"、"启发诱导"、"藏息相辅"等教学原则。到了近代,夸美纽斯依据感觉论的认识论及当时发展起来的一些自然科学知识来论证他的教学原则。第斯多惠则从学生、教材、教学条件和教师等方面提出他的"教学规则"。苏联教育心理学家赞科夫从教学促进学生一般发展着眼,提出了高难度、高速度、理论知识起主导作用、使学生理解学习过程、使全班学生包括差生都得到发展等教学原则。美国心理学家布鲁纳则依据认知派的结构主义心理学,提出动机原则、结构原则、程序原则、反馈原则,等等。

在国内,教育界对教学原则的理解和建构也各不相同。一般来说,我国中小学常用的教学原则主要有:科学性与思想性统一原则、理论联系实际原则、直观性原则、启发性原则、循序渐进原则、巩固性原则、可接受性原则、因材施教原则等。

二、教学原则及其运用

(一)科学性与思想性统一原则

科学性和思想性统一原则,是指教师在教学中既要向学生传授科学文化基础知识,发展学生智力,同时又要对学生进行思想品德教育,做到既教书又育人,为学生形成科学的世界观和人生观奠定基础。

科学性和思想性统一原则,是培养德智体全面发展的人才的要求,是建设社会主义物质文明和精神文明的要求,体现了我国教学的根本方向和质量标准。

科学性与思想性统一原则,也是知识的思想性、教学的教育性规律的反映。知识是人们认识和改造世界的劳动成果,是他们的思想和世界观的结晶。知识不是僵死的、冷冰冰的概念、命题和体系,蕴含着人类丰富的思想、情感、价值与意义。可以说知识世界是一个意义世界,挖掘知识背后的思想、情感、价值等意义脉络,使知识世界与学生的生命世界相贯通,这是当代课程与教学理论研究的一个重要课题。

贯彻科学性与思想性相统一的原则,需要从如下方面着手:

1. 保证教学的科学性

教学的科学性是思想性的前提。学生只有掌握真正的科学知识,才能正确地认识客观事物,树立科学的世界观和人生观。因此,教师所传授的知识和运用的方法都应当是科学的,包括对概念和定义的表述、所做的论证和所引述的事实以及使用的语言等都要准确无误。

2. 挖掘教材的思想性因素

各门学科都蕴含着丰富的思想性因素。我们以历史学科为例。历史不是僵死的历史知识,历史学习也不等于机械地死记硬背,恰恰相反,很多的思想家一再指出,"历史"是有生命的。早在1923年,李大钊先生在他发表的《研究历史的任务》一文中,即明确提出:浩如烟海的"史书",并非历史,而仅是研究历史的材料。"历史是有生命的、活动的、进步的;不是死的、固定的","吾人研究有生命的历史"。日本著名教育家小原国芳先生亦曾指出:"单做事实的传凿、记忆、叙述,绝不是历史教学。……对我们至为重要的是活生生的社会精神,是社会的意志冲动,是时代精神。""更不能单纯将历史看成死了的形骸,而应看作活着的文化,看作人的活动,生命的跃动。"[①]

发掘教材的思想性,要求教师必须紧密结合教学内容进行具体而生动的思想教育,不能脱离教学的具体内容而空泛地向学生道德说教或节外生枝、生拉硬扯地进行思想教育,这样不仅会打乱和削弱传授知识的系统性,影响学生对知识的理解,而且往往会引起学生的反感。

3. 提高教师自身的专业水平和思想修养

教学的科学性和思想性能否得到统一,能否发挥出最大的效果,都取决于教师的专业能力和思想修养。教师的精神境界、知识修养、对待科学的态度和思想方法,都会对学生产生潜移默化的影响。因此,教师必须不断更新知识,自觉提高思想修养,才能确保科学性和思想性的统一。

(二)理论联系实际原则

理论联系实际原则是指教学要以学习基础知识为主导,从理论与实际的联系上去理解知识,注意运用知识去分析问题和解决问题,达到学懂会用、学以致用。

---

① 小原国芳.小原国芳教育论著选(下卷)[M].北京:人民教育出版社,1993:105-106.

理论联系实际是人类认识或学习活动的普遍规律之一,在历史上,不少教育家对这个要求从不同的知行统一观出发做过理论探讨。在中国,孔子不仅强调"学思"结合,而且还强调"学以致用";颜元则反对"以空言立教",主张学以致用,他把自己教学的地方命名为"习斋"。在西方,古希腊智者派发表过这样的见解:"没有实践的理论和没有理论的实践都没有意义。"古罗马教育家昆体良以及捷克教育家夸美纽斯、瑞士教育家裴斯泰洛齐等人都重视教学中的练习和实习作业。俄国著名的教育家乌申斯基也指出:"空洞的毫无根据的理论是一点用处也没有的。理论不能脱离实际,事实不能离开思想。"

理论联系实际原则是由人的认识发展规律决定的。贯彻理论联系实际原则的基本要求是:

1. 书本知识的教学要注重联系实际

教学中需要联系的"实际"主要有以下几个方面:一是学生的生活经验和思想实际;二是科学知识在现代生产和生活中的运用实际;三是当代最新科学成就的实际。

联系学生的生活实际和社会生产实际进行知识学习,具有多方面的意义。首先,通过联系社会生活实际、生产实际,可以引导学生理解所学理论知识的实际意义,增强学习的自觉性。其次,联系生产与生活实际进行知识学习,可以帮助学生获得必要的直接经验和事实材料,加深对抽象的理论知识的理解。

2. 加强教学的实践性环节

教学的实践性环节包括参观、访问、社会调查、科学实验、科学小发明、科技制作以及生产劳动等。教学实践是学生获得真知识的重要源泉。陶行知先生对此有非常精辟的论述。他分析了三种知识:"亲知"、"闻知"、"说知"。"亲知是亲身得来的,就是从'行'中得来的。闻知是从旁人那儿得来的,或由师友口传,或由书本传达,都可以归为这一类。说知是推想出来的知识。现在一般学校里所注重的知识,只是闻知,几乎以闻知概括一切知识,亲知是几乎完全被挥于门外的。"他认为,"行是知之始","亲知为一切知识之根本,闻知与说知必须安根于亲知里面方能发生效力"。[①]

3. 适当补充乡土教材

乡土教材是以本地方的政治、经济、文化、地理和民族状况为内容的自编教材。在教学中补充乡土教材是使学校教学与社会现实生活息息相通的重要纽带。我国幅员辽阔,南方与北方,沿海与内地,在自然条件、经济发展、文化遗产、风俗习惯、教育水平等方面均相差甚远。因此,要重视编写乡土教材,以更好地结合各地方的实际。

(三)直观性原则

直观性原则,是指在教学中要通过学生观察所学事物或教师语言的形象描述,引导学生形成所学事物、过程的清晰表象,丰富他们的感性知识,从而使他们能够正确理解书本知识和发展认识能力。

对教学中的直观性原则,古今中外教育家都做过非常精辟的阐述。中国古代教育家荀况说过:"闻之而不见,虽博必谬。"提出了在学习中不仅要做到闻之更宜见之,才能博而不谬。夸美纽斯在他的著作《大教学论》中指出,"应该尽可能地把事物本身或代替它的图像

[①] 陶行知.中国教育改革[M].北京:东方出版社,1996:140.

放在面前,让学生去看看、摸摸、听听、闻闻等",并率先提出了教学中的直观性原则。

在教学中,教师可以采用的直观手段种类繁多,一般可分为三大类:一是实物直观,即通过各种实物进行教学,包括观察各种实物、实习、实验、教学性参观等;二是模象直观,即通过各种实物的模拟形象来进行教学,包括各种图片、图标、模型、幻灯片、录像带等;三是语言直观,它是通过教师对学生作形象化的语言描述进行的。

教学中贯彻直观性原则的基本要求如下:

1. 直观手段的运用要有针对性

在教学中,要根据教学的任务、内容和学生年龄特征选用适宜的、有针对性的直观手段。教学目标不同、学科内容不同、学生年龄差异,直观手段的选用和设计可能就完全不同。以小学的直观教学为例,小学生的注意具有容易分散、易受干扰、注意力保持时间短等特点。这就要求教师在直观教学过程中,要注意抑制干扰学生注意力的因素,直观手段的运用应该简洁明快。另外,直观手段的运用必须要围绕教学的目的和任务,针对教学的重点、难点和关键,不能为直观而直观,盲目运用直观手段挤占课堂时间。

2. 直观教学要与抽象概括相结合

直观只是完成教学任务的手段,而不是目的,不能为直观而直观,把直观庸俗化。教学过程应该由直观始而至抽象终。直观只是一个开始,不是终结,它以过渡到科学概念与规律的知识为目的。所以在使用直观时,还要注意启发学生的思维,引导学生把握事物的特征,发现事物之间的联系,推动学生认识的深化。

3. 重视运用语言直观

教师的语言直观往往可使深奥的道理浅显化,抽象的东西具体化,而且能超脱时间、空间、设备的限制。所以,教师要特别善于运用生动形象的语言取得直观教学的效果。当然,语言直观的运用还要考虑学生的年龄特征,一般来说,高年级学生的知识与经验较多,认识水平也比较高,因此在高年级语言直观的运用会较多。

(四)启发性原则

启发性原则是指在教学中教师要承认学生是学习的主体,注意调动他们的学习主动性,引导他们独立思考,积极探索,生动活泼地学习,自觉地掌握科学知识,提高分析问题和解决问题的能力。

古今中外的教育家都很重视启发教学。孔子提出了"不愤不启,不悱不发"的教学要求,这是"启发"一词的来源。孟子也有生动的阐述:"愤者,心求通而未得之意;悱者,口欲言而未能之貌;启,谓开其意;发,谓达其辞。"《学记》里的描述更为详尽,它阐明道:"道而弗牵,强而弗抑,开而弗达。"在西方,苏格拉底的"产婆术"是启发式教学的典范,他主张用问答方式来激发和引导学生自己去寻求正确答案。德国教育家第斯多惠则对启发性教学原则进行了生动解读,他的名言是:"如果使学生习惯于简单地接受或被动地工作,任何方法都是坏的;如果能激发学生的主动性,任何方法都是好的。""一个坏的教师奉送真理,一个好的教师则教人发现真理。"

贯彻启发性原则的基本要求如下:

1. 激发学生的求知欲和学习兴趣

学生的求知欲和学习兴趣是学生学习的内驱力所在,它们在学习活动中起定向、催化和动力作用。如果教学中只有教师外在的要求和命令而没有学生内在的求知欲与学习兴趣,则学生很难有学习的积极性和主动性,也就不能真正进入学习的主体状态,启发性教学也就无从谈起。

2. 启发学生独立思考

启发学生独立思考,引导学生的思维向纵深发展,这是启发性教学原则的关键。为此,教师要善于设疑和引导。首先,教师要善于创设有价值、有创意的问题,借此来激发学生的探究欲望,引导学生积极思考。可以认为,教学提问的创意设计是优秀教师最重要的素养之一。其次,教师要善于引导,例如,问题的设计要少而精,给学生思考的时间要充分,对待学生的困惑要有耐心等。

3. 发扬教学民主

教学民主指参与教学活动的师生之间、生生之间是相互尊重、相互信任、相互配合的关系。发扬教学民主就是要建立民主平等的师生关系和生生关系,共同创造民主和谐的教学气氛,鼓励学生发表不同见解,允许学生向教师提问质疑等。

发扬教学民主是启发教学的重要条件。只有在平等、民主的气氛中,学生的思想火花才能爆发,学生也才能大胆质疑、勇于探索。不论是我国古代的孔子,还是古希腊的苏格拉底,其教学之所以具有启发性就是他们能创造一种畅所欲言、其乐融融的气氛。

(五)循序渐进原则

循序渐进原则,是指教学要按照学科知识的逻辑顺序和学生认识发展的顺序进行,使学生系统地掌握基础知识、基本技能,形成严密的逻辑思维能力。这个原则又称系统性原则。

这条原则是由科学知识的发展规律和学生认识的发展规律决定的。科学知识是由简单到复杂、由低级到高级发展的;学生的认识也是由感性到理性、由现象到本质、由具体到抽象逐步深化的。教学进程必须遵循这两个顺序,才能做到科学、有效。

我国古代教学就十分重视循序渐进。例如,《学记》要求"学不躐等","不陵节而施",提出"杂施而不孙,则坏乱而不修"。也就是说,如果教学不按照一定的顺序展开,杂乱无章地进行,学生就会陷入紊乱而没有收获。朱熹又进一步提出:"循序而渐进,熟读而精思",明确提出了循序渐进的教学要求。

在国外,夸美纽斯主张"应当循序渐进地来学习一切,在一段时间内只应当把注意力集中在一件事情上"。乌申斯基指出:"知识只有形成了系统,当然是从事物本质出发来形成的合理的系统,才能被我们充分掌握。"

贯彻循序渐进原则的基本要求如下:

1. 把握好教学内容的序

教师首先要把握教材内在的结构体系,按照教材中科学知识的逻辑顺序进行教学,以免破坏知识的体系,影响知识的完整性。教师要深入钻研教材,注意教材的前后连贯、新旧知识的相互衔接,并把它很好地体现在课时计划中,力求使新教材与学生已有的知识密切联系起来,逐步扩大和加深学生的知识。

2. 抓好学生学习的序

教学活动的有序性不仅仅体现在教材知识的逻辑顺序上,而且也体现在学生学习的心理顺序上。学生的学习是一个循序渐进的过程,既不能一曝十寒、忽冷忽热,也不能一味贪多、急于求成,而是应该日积月累地、系统地进行学习。因此,教学活动应当按照学生的认识顺序,由浅入深,由易到难,由简到繁,由具体到抽象,由已知到未知,引导学生循序渐进地掌握知识和技能。

(六)巩固性原则

巩固性原则是指教学要引导学生在理解的基础上牢固地掌握知识和技能,使之能够长久地保持在记忆中,并能根据需要很好地运用所学的知识和技能去分析和解决问题。

历代许多教育家都很重视知识的巩固问题。孔子要求"学而时习之","温故而知新";夸美纽斯提出了教与学的"巩固性原则";俄国乌申斯基认为复习是学习之母。

贯彻巩固性原则的基本要求是:

第一,在理解的基础上巩固。理解知识是巩固知识的基础,没有理解的巩固只能是呆读死记。心理学的研究表明,人类的许多遗忘是由于"干扰",而不是由于"消退"。例如,以前学过的知识由于受到后来学习的新内容的干扰而遗忘。"干扰"的发生往往是由于我们没有深刻地理解知识,没有在理解的过程中将知识系统化。因此,教师要引导学生深刻理解知识,把知识的理解和知识的记忆有机结合起来。

第二,重视组织各种复习。艾宾浩斯的遗忘曲线图告诉我们,人类大脑中的记忆痕迹会随着时间的推移而衰退。因此,不断地复习是巩固知识的重要途径。为了组织好复习,教师要向学生提出复习与记忆的任务,要注意复习方法的多样化,以提高复习的效果和效率。

第三,在探索新知中巩固。心理学中的"线索依存遗忘理论"认为,存储在长时记忆中的信息不会消失,遗忘是因为没有找到合适的提取线索。而寻找提取线索的有效方法之一就是在探索新知中联系旧知。心理学的研究证明,从新旧知识的联系中去复习比单纯地重复旧知识要更有效。因此,在教学中,教师应该抓住新旧知识的内在联系,引导学生在学习新知识的过程中不断联系和复习已有的知识。在探索新知中巩固知识,就是要变传统的"温故而知新"为"知新而温故",打破原有对复习的简单认识,引导学生在知识的扩充、改组和运用中进行积极的复习巩固。

(七)因材施教原则

因材施教原则是指教师要从学生的实际情况出发,有的放矢地进行有差别的教学,使每个学生都能扬长避短,获得最佳发展。

孔子就非常善于根据学生的不同特点,有针对性地进行教育,以发挥他们的各自专长。宋代朱熹将孔子的这一经验概括为"孔子施教,各因其材"。这是"因材施教"的来源。伟大的教育家苏霍姆林斯基也有生动的阐述,他说:"没有也不可能有抽象的学生","可以把教学和教育的所有规律性都机械地运用到他身上的那种抽象的学生是不存在的"。但是在现实生活中,人们对因材施教还存在许多的误解。例如,有人把因材施教的"材"理解为"天才",认为因材施教就是对少数尖子学生的教育,忽视对绝大多数成绩中下的学生的培养;也有人认为学生之间不存在显著的个别差异,认为教学活动应该更多地关注学生的共性,等等。由此可见,对"因材施教"这样一个古老的命题我们仍需要进行深入的理解。

因材施教原则是由学生身心发展的个体差异性规律决定的。贯彻因材施教原则的基本要求是：

第一，深入细致地了解和研究学生。研究和了解学生是整个教学活动的出发点，也是进行因材施教的前提条件。教师研究和了解学生，主要是弄清每个学生的兴趣、爱好、性格特征、学习态度、知识基础、健康状况以及家庭、社会背景等。

第二，正确对待学生的个别差异。哲学家莱布尼茨曾说，世界上没有两片完全相同的树叶。同样，学校里也不可能找到两个完全相同的学生，每个学生的个性特点都是完全不同的。著名心理学家加德纳指出，人类存在着多种智能，如语言智能、空间智能、身体智能、人际智能、数理逻辑智能等，每个人的智能结构都各不相同。加德纳的多元智能理论告诉我们，每个学生都是有着自己独特性的生命体，我们应该尊重学生的独特性和差异性，并且尽可能创造条件引导学生差异性地发展。

第三，针对学生的个性特点，采取不同的具体措施。不同的学生具有不同的个性特点、学习态度、知识基础和学习能力等，教学应注意对不同学生提出不同的要求，加强个别指导。

第四节　教学组织形式

在教学过程中，如何组织好教师和学生的活动？怎样有效地利用教学的时间和空间？这些问题就涉及教学的组织与实施。人们在长期的教学实践中，已经探索和总结出不少宝贵的经验，确立了教学活动的组织形式和教学工作的基本程序。

一、教学组织形式的定义

教学组织形式，就是教学活动中师生相互作用的结构形式，或者说，是师生的共同活动在人员、程序、时空关系上的组合形式。它要解决教学活动应怎样组织、教学活动各因素应怎样有效地加以控制和利用等问题。

教学组织形式不是一成不变的，随着社会政治经济和科学文化的发展以及对人才培养要求的不断提高，教学组织形式也在不断地发展和变革。在教育史上先后出现的影响较大的教学组织形式主要有个别教学、班级授课、道尔顿制、分组教学、特朗普制等。

二、教学组织形式概述

（一）个别教学

它是指在同一时空内教师只与单个学生发生教学关系的一种组织形式，即教师对学生一个一个轮流地教；教师在教某个学生时，其余学生均按教师要求进行学习。我国奴隶社会的私学、封建社会的私塾和书院、欧洲古代和中世纪时期的学校都曾采取过这种教学组织形式。

个别教学最显著的优点是教师能根据学生的特点因材施教，使教学内容和教学进度适合每一个学生的接受能力。但是采用个别教学，一个教师所能教的学生数量是十分有限的，因而教学的效率不高。这种教学组织形式是古代社会低下的生产力的反映。

（二）班级授课

到了近代，生产力的发展要求更多的人接受学校教育，科学技术的发展也需要教学有比较固定的结构和程序，于是，在中世纪末期，集体的教学组织形式应运而生。近代教育家夸美纽斯总结了当时的教育经验，提出了班级授课的理论，后来又经德国教育家赫尔巴特进一步完善而基本定型。

班级授课制强调以固定的班级为组织，把年龄大致相同的一群学生编成一个班级，由教师按照固定的课程表和统一的进度进行教育。班级授课制的最显著优点在于它比个别教学的效率高，一个教师同时能够教几十个学生。所以，从19世纪中叶起，班级授课就已经发展成为西方学校教学的基本组织形式。中国采用班级授课制始于清代同治元年（1862年）于北京开办的京师同文馆。

（三）道尔顿制

随着班级授课制的普及，班级授课本身的一些缺陷也暴露出来，例如，学生的个别差异易被忽视，学生学习的主动性易受压抑等。从20世纪初叶起，一些国家便出现了倡导学生独立活动的新型组织形式，其中最为著名的是道尔顿制。

道尔顿制由美国教育家柏克赫斯特于1920年在美国马萨诸塞州道尔顿中学创建。按道尔顿制，教师不再通过上课向学生系统讲授教材，而只为学生分别指定自学参考书、布置作业，由学生自学和独立作业。有疑难时才请教师辅导，学生完成一定阶段的学习任务后向教师汇报学习情况，接受考查。学习任务按月布置，完成后再接受新的学习任务。

道尔顿制最显著的特点是重视学生的自学和独立作业。但是，由于它忽视教师的系统讲授，忽视班集体的教育作用，加之对教学的设施和条件的要求较高，在实践中容易导致放任自流和效率低下。

（四）分组教学

为了解决班级授课不能照顾学生个别差异的弊端，从20世纪初叶起，分组教学开始在一些国家出现。所谓分组教学，就是按学生的能力或学习成绩把他们分为水平不同的小组进行教学。分组教学的类型主要有能力分组和作业分组。能力分组，是根据学生的能力发展水平来分组教学，各组课程相同，学习年限则各不相同。作业分组，是根据学生的特点和意愿来分组教学，各组学习年限相同，课程则各有不同。

（五）特朗普制

特朗普制，又称"灵活的课程表"，这是20世纪后半叶在美国一些学校进行实验的一种教学组织形式，由教育学教授特朗普提出。其基本做法是把大班上课、小班讨论、个人独立研究三种教学组织形式结合起来。首先是大班上课，把两个或两个以上的平行班合在一起上课,应用现代化教学手段,由最优秀的教师任教;然后是小班讨论研究,每个小班20个人左右,由教师或优秀学生负责,研究和讨论大班上课的材料;最后是个人独立研究,其中部分作业由教师指定,部分作业由学生自选。这三种形式的时间分配大致分别是:大班上课占40%,小班讨论占20%,个人独立研究占40%。不难看出,这种教学组织形式是一种综合的教学组织形式,它试图将班级教学、分组教学和个别教学的优点结合起来。

(六)合作学习

合作学习是20世纪七八十年代以来,为大面积提高教育质量、解决学校教育面临的难题而形成的新的教学组织形式。它通常把班级分为由2~6名能力、性格、种族不同的成员组成的异质小组,然后按照一定的合作程序,以小组学习为核心环节,穿插全班讲授或组际交流,使全体学生对同一课题形成正确的理解和认识,并参照小组共同的学习成果对学生予以评价。

三、班级授课制

(一)班级授课制的内涵与特征

班级授课制也称班级教学、课堂教学,是根据年龄或文化程度把学生编成有固定人数的班级,由教师按照课程计划统一规定的内容和时数依课程表进行教学的教学组织形式。

班级授课制包括两种具体形式:一是单式教学,即在单式编制的班级里进行的教学。所谓单式班是指同一班里只有同一程度(年级)学生的教学班。二是复式教学,即在复式编制的班级里进行的教学。所谓复式班是指同一班包含有两种或两种以上程度(年级)学生的教学班。复式教学是班级授课制的一种特殊形式,在我国农村较多出现。

班级授课制的基本特点是:

第一,以"班"为人员单位。学生在班集体中学习,班级人数固定且年龄和知识水平大致相同。

第二,以"课"为活动单位。把教学内容以及传授这些内容的方法、手段综合在"课"上,把教学活动划分为相对完整且互相衔接的各个教学过程单元,从而保证了教学过程的完整性和系统性。我们经常说的"新授课""复习课""练习课"等,就是指班级授课制的各种不同的课型。

第三,以"课时"为时间单位。教师同时面对全体学生上课,上课有统一的起止时刻和固定的单位时间。

(二)班级授课制的优点

班级授课制之所以被广泛采用,成为当前我国基本的教学组织形式,是因为它具有如下的一些优点。

第一,有利于提高教学效率。一个教师能在同一时空里对几十名学生施教,较之个别教学,大大提高了单位时间的教学效率,适应大规模培养人才的需求。

第二,有利于教学的系统性和连贯性。班级授课制对教学的时间、空间、人员组织、教学内容、学习进程等都有系统的安排和固定的要求,这就有利于教师按照课程计划的要求有目的、有计划、系统地开展教学工作,确保学生循序渐进地学习和掌握各学科的系统科学知识,完成预定的教学计划。

第三,有利于发挥教师的主导作用。班级授课制背景下的教学活动主要是由教师来设计、组织并上"课",而且教学方式以教师的系统讲授为主。另外,在班级授课背景下,各科教师还能在统一的教学计划的指导下,协调一致地对学生施加影响。上述这些都有利于发挥教师的主导作用。

第四,有利于发挥集体的教育作用。年龄相近、心理发展阶段相同、认识水平大体一致的学生同处一班,容易形成结合型的学习集体,既有利于教师利用集体力量进行教育,又有利于学生之间取长补短、互帮互学,促进集体主义思想的形成与发展。

第五,有利于加强教学管理。班级授课制在自身的发展过程中形成了一整套严格的制度,如按年龄编班的分级制度、作息制度、课堂纪律与常规、学年学期和学周制度、招生、考试、升留级和毕业制度等。这些都有利于教学的制度化、规范化,保证教学活动的有序运转。

(三)班级授课制的局限性

班级授课制作为一定时代的产物,也具有一定的局限性。

第一,难以照顾学生的个别差异。在班级授课背景下,教学面向全班学生,步调统一,难以照顾学生的个别差异,不利于因材施教。这是班级授课制最易遭受批评的一个缺陷。

第二,不利于发挥学生的独立性和自主性。班级授课强调教师对教学活动的组织和领导,而教师对课堂教学的计划、组织和控制容易限制学生的独立性,因为什么时候学习、学习什么、以什么样的速度学习都是由教师来安排的,这样就不利于发展学生的独立性和自主性。

第三,不利于培养学生的探索精神。班级授课由于学生规模较大,比较适合于采用讲授法,学生的学习也主要是接受性学习,课堂中留给学生思考和探索的时间往往都比较有限,这些都不利于培养学生的探索精神和实践能力。

第四,缺乏灵活性和变通性。班级授课要求教学的时间、内容、进程都程序化、固定化,难以在教学活动中容纳更多的内容和方法。

总之,对于班级授课制的评价,我们需要从两个方面来展开辩证的分析。一方面,正因为班级授课制有其优越性,才被人们普遍接受和采用并成为许多国家学校教学的基本组织形式;另一方面,我们也要认识到,班级授课有其局限性,需要随着时代的发展进行变革。

第五节 教学方法

教学方法作为教师达成教育目的的手段体系,是教师教学实践力的最直观表现。教学方法的概念是一种复合的概念而非单一的概念,同时指一组繁复的概念或活动流程,拥有不同于一般方法的独特性。① 教学方法是教育的客观规律和原则的反映和具体体现,正确地运用各种教学方法,以学生个性特点为基础将科学文化知识内化为学生素质,建立起学生认知神经系统及行为技能与习惯,最终形成学生的生产、生活和科研能力以满足社会需要,对提高教学质量、实现教育目的、完成教育任务具有重要的意义。教学方法必须在教学的"目标—内容—方法"的关系链中加以考察。"方法"就词的本义而言,一方面是指操作行为的顺序,亦即"达成某种目的的途径";另一方面则是指狭义的"导致情境问题解决的方法"。②

目前,我国教育理论界对教学方法的认识有以下几种观点:

教学方法是指为达到教学目的,实现教学内容,运用教学手段而进行的,由教学原则指导的一整套方式组成的师生相互作用的活动;

教学方法是为完成教学任务而采用的办法,它包括教师教的方法和学生学的方法,是教师引导学生掌握知识技能、获得身心发展而共同活动的方法;

教学方法指的就是为了完成教养、教育和发展学生的一定任务,教师和学生相互联系活动的种种方式;

教学方法是在教学过程中,教师和学生为实现教学目的,完成教学任务而采取的教与学相互作用的活动方式的总称。③

一般来说,教学方法又分为语言性教学方法、直观性教学方法、实践性教学方法、研究性教学方法。

一、语言性教学方法

语言性教学方法,是在教学过程中以口头语言或书面语言为主要传递形式的教学方法。④ 其特点是能较迅速、准确而大量地向学生传授间接经验,其效果主要取决于教师是否具有较强的阅读理解能力。语言性教学方法主要包括讲授法、谈话法和读书指导法,其中使用最广泛的是讲授法。

（一）讲授法

1. 讲授法的含义和类型

讲授法是教师使用最早的、应用最广的教学方法,至今它在教学方法体系中仍占有重要的地位。它本身具有独特的作用,便于教师发挥在教学过程中的主导作用。它可以传授新知识,也可以用于复习巩固旧知识,其他教学方法的运用,几乎都需要不同程度地同讲授法结合进行。

讲授法按其讲授的方式来划分,有多种具体方式:①讲述法。讲述法的特点是生动形象的叙述。教师侧重用生动形象的语言描绘某些事物现象,叙述事件发生、发展的过程,使

---

① 钟启泉.教学方法:概念的诠释[J].教育研究,2017,38(01):95-105.
② N. Sandor.教学论[M].东京:明治图书,1979:268.
③ 王远海,余贞凯.现代体育教学方法的选择与应用思考[J].玉溪师范学院学报,2007(04):93-95.
④ 刘彩艳.教学方法动态生成现实性研究[J].文教资料,2015(06):150-151.

学生形成鲜明的印象和概念，并在情绪上受到感染。中小学各科教学中都可运用讲述法，特别是语文、历史、地理等科的教学，运用得较多，因为这些学科形象性教材较多。在小学低年级，由于儿童思维的具体性，注意力不易持久集中，因此在各门学科的教学中，更多采用讲述法。① ②讲解法。讲解法的特点，在于教师运用分析、解释、说明、论证来讲清楚所传授的知识。各科教学都广泛采用这种方法，在理科教学中应用尤多。当演示和讲述难以说明事物的内部结构和联系的时候，就需要进行讲解。在教学中，生动形象的讲述和分析说理的讲解常常是结合在一起的。② ③讲演法。讲演法的特点在于有理有据的系统连贯的理论阐述，中间不插入或很少插入其他活动。讲演法多用于理论性的教材，要求有严密的逻辑性和较强的系统性。它常常以报告的形式出现，所需时间较长。这种方法只适用于中学的高年级和高等学校。③

2. 讲授法的优势与不足

讲授法是最为古老的教学方法之一，比较简单，易于操作，成本不会太高；有利于学生系统地接受新知识；容易掌握和控制学习的进度；有利于加深理解难度大的内容。但它也是遭受诟病最多的教学方法。它主要是把现成结论系统地传授给学生，不利于培养学生的探索能力；讲授法如果运用不当，学生最容易处于被动地位，只是听，不动脑、不动口、不动手，会导致注入式教学。但不能简单地把讲授法与注入式等同看待。

当然，由于讲授法主要是以教师的讲授为中心，客观上也很容易造成学生的学习处于被动状态，不利于学生探索精神和创造能力的培养。它的局限性主要表现在：面向全体学生的讲授，很难顾忌学生的个体差异；讲授更多的是教师单向的信息传递过程，而很少涉及师生、生生以及教材与学生之间的多向信息传递；过分的讲授，会占用学生独立思考的时间和空间，从而影响学生独立探索各种问题能力的发展。④

（二）谈话法

谈话法又称问答法，是教师引导学生运用已有的知识和经验回答提出的问题，借以获得新知识、巩固旧知识或检查知识的教学方法。这种方法较易于集中学生的注意，激发积极的思维活动，提高教学效果。⑤

它包括两种类型：一是启发性谈话，即通过教师提出问题，启发学生积极思考和理解新知识的方法，因此也被称为传授新知识谈话法。这种谈话法的优点是能调动学生学习的积极性和主动性，开拓学生思维，增强学生发现问题、分析问题、解决问题的能力。二是问答性谈话，主要通过教师问、学生答，引导学生复习、巩固已学的知识，并可检查和了解学生对所学知识的理解程度，因而，亦叫作巩固和检查知识谈话法。在综合课中，提问旧知识就是这种性质的谈话，在讲授新知识之后，通过提问让学生系统总结并加以巩固当节课所学知

---

① 侯慧敏.新课程改革背景下思想政治课中讲授法的应用[D].内蒙古师范大学，2010.
② 茹宗志，李军靠.教育学教程[M].西安：西北大学出版社，2016：150.
③ 周德昌.简明教育辞典[M].广州：广东高等教育出版社，1992：125.
④ 余雪芳.论语文教学中讲授法的合理运用[D].上海师范大学，2007.
⑤ 中国小学教学百科全书总编辑委员会教育卷编辑委员会.中国小学教学百科全书：教育卷[M].沈阳：沈阳出版社，1993：145.

识,也属于这类性质的谈话。①

(三)读书指导法

读书指导法是指教师指导学生通过自学教科书和参考书以获得知识的方法。指导学生阅读教科书的方式有:进行预习,使学生初步了解教材内容,并能提出问题,然后带着问题听课;教师提出一些问题,学生根据教科书来答问;教师讲授后,要学生将教科书的课文与教师的讲授内容进行比较;让学生在阅读教材后,把课文分成段落,加上小标题,并写出课文的主要思想和基本论点等。指导学生阅读参考书的方法和要求是:首先,要帮助学生选择书籍。选择的书籍应是对学生有益的,并且是适合他们程度的;应是能结合课内学习、能扩大学生知识领域的。其次,要对学生读书方法进行指导。要教会他们使用各种工具书,如字典、词典、百科全书、索引、资料汇编等;要指导学生作读书笔记,如作记号、批注、摘录、写提纲和概要等。最后,还应组织学生举行读书报告会、座谈会、讨论会,互相交流心得体会,把读书的收获进一步巩固、扩大。读书指导法对培养学生的自学习惯和提高学生的阅读能力都有重要作用。②

二、直观性教学方法

直观性教学方法是教师通过实物或教具进行演示,组织学生进行教学性参观等,使学生利用各种感官直接感知客观事物或现象而获得知识、形成技能和发展能力的教学方法。这种方法以直接感知为主要形式,其特点是生动形象、具体真实,学生视听结合,记忆深刻,主要包括演示法和参观法。③

(一)演示法

演示法指在教学中,教师把实物、教具陈示给学生观察,或向学生做示范性的实验,使学生获得感性知识,以促进其理解教材,发展智能,受到感染的一种教学方法。这种方法常配合讲授法、谈话法一起使用,在中小学各年级、各学科的教学中常常采用。④

随着自然科学和现代技术的发展,演示手段和种类日益繁多,根据演示材料的不同,可分为实物、标本、模型的演示,图片、照片、图画、图表、地图的演示,实验演示,以及幻灯、录像、录音、教学电影的演示等。按演示内容和要求的不同,可分为事物现象的演示和以形象化手段呈现事物内部情况及变化过程的演示。

演示法的基本要求是:演示前,教师要根据教材内容确定演示目的,选好演示教具,做好演示准备。演示时,教师要使全班学生都能清楚地观察到演示活动,促使学生综合运用各种感官去充分感知学习对象,以形成正确的观念和表象。此外,演示时要配以讲解,引导学生全神贯注于演示对象的主要特征和重要方面。演示后,教师要指导学生把观察到的现

---

① 陈亮亮.谈话法在教学中的重要作用[J].中学政治教学参考,2013(30):52.
② 刘蔚华,陈远.方法大辞典[M].济南:山东人民出版社,1991:580-581.
③ 潘洪建,刘华,蔡澄.课程与教学论基础[M].江苏大学出版社,2012:186-187.
④ 周德昌.简明教育辞典[M].广州:广东高等教育出版社,1992:124.

象同书本知识联系起来,及时地根据观察结果做出明确结论。①

(二)参观法

参观法是根据教学目的,组织学生到大自然或社会特定场所,观察、接触客观事物或现象以获取新知识和巩固验证已学知识的教学方法。在各科教学中都可运用,它能有效地使教学和实际生活紧密地联系起来,帮助学生更好地去领会所学的知识;能扩大学生的眼界,激发学生的求知欲望;使学生在接触社会生活实际的过程中,受到生动的思想政治教育。按照教学任务不同,可分为准备性参观、并行性参观和总结性参观。按照学科不同,可分为生产性参观、自然和科学性参观以及历史文学性参观。② 参观的步骤和要求:①准备。确定参观的目的和地点,事先了解参观地点和对象的情况,制定参观计划。②进行。要求学生集中注意力,去看主要的东西,并获得深刻的印象,启发学生提问,并给予解答。③总结。指导学生系统地整理有关材料,座谈或撰写报告,将感性认识上升到理性认识。③ 参观的类型主要有四种:感知性参观,是使学生获取必要的感性材料,为学习新课奠定基础而组织的参观;并行性参观,在学习某一课题的过程中,为便于理解、丰富和记忆知识而组织的参观;验证性参观,在某一课题的结束后,为了用事实来检验和论证学生已学到的知识而组织的参观;总结性参观,在讲完某一课题后,组织学生结合所学的内容,到现场做出结论或验证结论而进行的参观。④

三、实践性教学方法

实践性教学方法,是以形成学生的技能技巧或行为习惯等实际训练为主要形式的教学方法。其特点是学生在接受知识的过程中手脑并用,学以致用。实践性教学方法主要包括练习法、实验法和实习法。

(一)练习法

练习法是学生在教师的指导下,依靠自觉的控制和校正,反复地完成一定的动作,借以巩固基本知识,形成基本技能、技巧的一种教学方法。

练习法在中小学各科教学中都普遍采用,尤其是语文、外语、数学等工具性学科和体育、音乐、美术等技能性学科应用得更多。练习法对于巩固知识,形成技能,引导学生把知识应用于实际,培养学生分析问题和解决问题的能力,锻炼学生克服困难的意志和性格,都具有重要的意义。

练习的种类很多,一般有下面几种:听说读写的练习、解答问题的练习、绘图制图的练习、运动和文娱技能的练习、创造性的练习等。

练习过程大致可分为三个基本阶段:①开始阶段。教师提出练习的目的要求,说明练

---

① 余文森,刘家访,洪明.现代教学论基础教程[M].东北师范大学出版社,2007:135.
② 于增举.学生操作技能培养十法略论[J].天津市教科院学报,2005(06):81-82.
③ 中国小学教学百科全书总编辑委员会教育卷编辑委员会.中国小学教学百科全书:教育卷[M].沈阳:沈阳出版社,1993:146.
④ 潘洪建,刘华,蔡澄.课程与教学论基础[M].江苏大学出版社,2012:186.

习依据的原理和方法,做必要的示范。②中间阶段。学生独立进行练习,教师进行个别启发、诱导。③结束阶段。教师进行检查、小结、评价。

运用练习法的一般要求:练习开展的自觉性和目的性;练习安排的计划性和系统性;练习内容的基本性和创造性,把典型练习、变式练习和创造性练习结合起来;练习时间的合理性;练习方式的多样性;练习进行的经常性;练习效果的反馈性,建立教与学双方的反馈联系。

练习法的基本要求:练习要有周到的计划与适切的步骤,要有恰当的分量和适当的难度,要有科学的时距与有效的方法,要有正确的态度与良好的习惯,要有及时的检查与认真的总结。①

（二）实验法

实验法是学生在教师指导下,运用一定的仪器设备进行独立作业,以获得知识、应用知识、发展智能、培养实验技能的一种教学方法。在物理、化学、生物、地理和自然常识等学科的教学中,实验是一种重要的方法。

一般实验是在实验室、生物园地或农业实验园地进行的。有的实验也可以在教室里进行。

实验法是随着近代自然科学的发展而兴起的。实验法可以使学生把书本知识和实际事物联系起来,获得比较完全的知识,又能够培养学生对待科学的严谨态度、求实精神、独立探索能力、实验操作能力和科学研究的兴趣。

实验法因教学的具体任务不同,一般可以分为三种:探索性的实验、验证性的实验、巩固知识的实验。因实验组织方式的不同,可分为小组实验和个别独立实验。

实验法运用的基本要求:①编写实验计划,做好实验准备,保证实验效果;②实验开始前,教师要对实验的目的和要求、依据的原理、应使用的方法、操作过程等做出充分的说明;③做好实验指导,发现和纠正过程中的问题;④实验结束后,要有小结和实验报告。

（三）实习法

实习法又称实习作业法,是学生在教师的组织和指导下,将书本知识应用于实践,进行实际工作锻炼的一种教学方法。这种方法通常多在物理、化学、数学、自然常识、劳动等学科的教学中运用。

实习作业能体现理论联系实际的原则,便于教育与生产劳动相结合,有利于促进学生深入掌握知识,锻炼实际工作能力,学会分析问题和解决实际问题的真本领。

因实习场所不同,实习法可分为课堂实习、校内校外工厂实习、农场实习和实验园地实习等。由于学科性质不同,实习的内容和方式也不同,如数学课有测量实习,理化课有生产技术实习,生物课有作物栽培和动物饲养实习,地理课有地形测绘实习等。

运用实习法的一般要求:实习作业前,要组织学生学习有关的理论知识,提出实习作业的任务和要求,说明操作方法和注意事项,划分好实习小组;实习作业进行中要对学生进行具体指导;实习结束时做好检查、评定、总结,评阅实习作业报告。

---

① 余文森,刘家访,洪明.现代教学论基础教程[M].长春:东北师范大学出版社,2007:135-136.

四、研究性教学方法

研究性教学方法,是以学生间的集体讨论或自我发现等为主要形式的教学方法,具有探讨、商榷、深化的特点。研究性学习方法主要包括讨论法和发现法。

(一)讨论法

讨论法指学生在教师指导下,就教学中的某一问题进行独立钻研,共同进行讨论、辩论的教学方法。① 讨论有三种基本类型:①用于扩大和加深有关学科的理论知识而组织的系统的专题讨论;②就某门学科中个别主要问题或疑难问题而组织的讨论;③日常教学中采用的带有研究性的讨论。讨论法的优点在于能更好地发挥学生的主动性、积极性,有利于培养独立思考能力、口头表达能力和创造精神,有利于促进学生灵活地运用知识,提高分析问题、解决问题的能力。讨论是一种多向信息交流活动,学生在听取不同发言时可进行比较,取长补短,共同提高。②

运用讨论法的基本要求:讨论前,教师要提出讨论的题目和讨论的具体要求,并指导学生阅读课文或参考材料,或进行调查访问,认真准备讨论意见。讨论时,要善于启发引导,既要鼓励学生大胆地发表意见,又要抓住问题的中心,把讨论引向深入。讨论结束时,教师要进行总结,对讨论中的不同意见,要进行辩证的分析,做出科学的结论,也可根据实际情况,提出需要进一步探讨的问题。③

(二)发现法

发现法为美国心理学家布鲁纳所倡导。布鲁纳认为,发现并不限于寻求人类尚未知晓的事物,而应指人们用自己的头脑亲自获得知识的一切方法。核心主张是教会学生如何学习,即教给学生解决问题的各种策略,目的是使学生养成探究的思考方法,自主地掌握学科知识,促进其智力发展。一般过程是:由教师掌握学习课题,创设一定情境,让学生在情境中遇到矛盾;教师提供材料,由学生自己去做出假设,寻找解决问题的各种可能的答案;学生从理论上或实践上检验假设,对问题做出结论,从而获得理论知识。布鲁纳认为此法的优越性有:(1)发挥学生的智慧潜力;(2)使学生产生学习的内在动机,增强自信心;(3)培养学生的学习技巧、提出问题解决问题的能力和创造发明的态度;(4)增强对知识的记忆、理解,并能很好地运用。此法需要学生具备相当的知识经验和一定的思维发展水平,还需要逻辑严密的教材和具备较高水平的通晓本学科科学体系的教师,并不是对儿童的任何发展阶段和任何学科的学习都适用。④

教学方法分为教师教授的方法与学生学习的方法,古人在教学中就已经强调"授之以鱼,不如授之以渔",然而,当前教师在教学过程中过于重视教师教授的方法,忽视了学生学

---

① 中国小学教学百科全书总编辑委员会教育卷编辑委员会.中国小学教学百科全书:教育卷[M].沈阳:沈阳出版社,1993:87.
② 杨中艳.讨论式教学法在思想政治教学中的应用[J].文教资料,2011(10):131-132.
③ 刘蔚华,陈远.方法大辞典[M].济南:山东人民出版社,1991:567.
④ 车文博.当代西方心理学新词典[M].长春:吉林人民出版社,2001:77.

习的方法,导致部分学生没有掌握较好的学习方法,无法形成元认知,进而导致学习效果不佳。

第六节 教学工作的基本环节

一、备课

备课是教师根据学科课程标准的要求和本门课程的特点,结合学生的具体情况,选择最合适的表达方法和顺序,以保证学生有效地学习。备课分个人备课和集体备课两种。备课的内容有课程标准、教材、学生、教法、学法。备课是教师教学工作的起始环节,是教师上好课的先决条件。

备课一般分为学期(或学年)备课、单元(或课题)备课、课时备课三种。三种备课要制定三种计划:①学期(或学年)教学进度计划。在学期(或学年)开始以前制定。它的作用在于明确整个学期(或学年)教学工作的任务和范围,并做出通盘的安排。它一般由两部分组成:一是总的说明,包括教材、学生基本情况的分析、教学目的、教学总时数、预定复习、考试和考查时间等;二是教学进度计划表。②单元(或课题)计划。在一个单元(或课题)的教学开始以前制定。它的作用在于对一个单元的教学工作进行全面安排。包括单元(或课题)名称、教学目的、课时分配、课的类型、教学方法、电化教学手段和教具的利用等项目。③课时计划(教案)。上每节课之前制定。它对每一节课进行缜密的设计,是教师讲课的依据。它一般包括以下几个项目:班级、学科、课题、教学目的、上课时间、课的类型、教学方法、课的进程和时间分配等。[1]

备课是上课的基础,它对课堂教学质量起决定性作用。备课的主要工作有四项:
(1)钻研教材与大纲,阅读参考资料。
(2)深入了解学生,研究学生的情况。
(3)制定教学计划(学期教学计划、单元教学计划)。
(4)写好教案。

二、上课

上课是保证教学质量的最基本的教学活动。上课在整个教学工作中处于中心地位。备课是为了上课做准备,没有上课,备课就没有意义。布置和批改作业、课外辅导、考查和评定等是为了复习、巩固、检查和扩展上课所学的东西,在一定意义上说是上课的继续和补充。没有上课,这些环节也无从进行。上课是学生各项学习活动中所占时间最长的一项活

---

[1] 中国小学教学百科全书总编辑委员会教育卷编辑委员会.中国小学教学百科全书:教育卷[M].沈阳:沈阳出版社,1993:81.

动,也是学生获得知识、技能和发展的主要途径。教师教学水平的高低,也主要是通过上课来表现的。因此,教师应该十分重视上课这个环节,一定要把课上好,利用好上课的每一分钟,使学生得到最大的收获。

(一)课的类型

课的类型主要有以下四种:
①传授新知识的课(新授课)。主要任务是向学生传授新知识。
②复习巩固知识的课(复习课)。主要任务是复习巩固前一段时间所学的知识,并加以系统和概括。
③培养技能技巧的课(练习课)。主要任务是培养学生运用知识,形成有关的技能和技巧。
④检查课。主要任务是了解学生学习和掌握知识、形成技能和技巧的情况。

综合课,又称混合课,是指在一节课内同时完成两种以上教学任务的课,即完成教学基本阶段中某两个或两个以上阶段任务的课。在小学特别是小学低年级采用较多。课的类型有时又按每节课所采用的教学方法划分,如观察课、讨论课、阅读指导课等。

(二)课的结构

课的结构即课的组成部分及各部分进行的顺序和时间分配,构成课的基本部分有组织教学、检查复习、学习新教材、巩固新教材、布置课外作业。不论综合课还是单一课,一般都是由这几个部分或由其中某几个部分组成的。教师只有通盘考虑各方面的因素,如教学目的任务、学科性质、教材特点、教学方法、学生年龄特征和知识能力水平等,才能灵活地、创造性地安排每一节课的具体结构。

综合课的结构一般由五部分组成,通常称为课的五个步骤。其安排的次序和时间的分配大体如下:[①]

(1)组织教学。组织教学是上课开始教师所采取的必要手段,目的在于安定课堂秩序,集中学生注意,唤起学习情绪,使学生在精神上、物质上做好听课的一切准备,以保证课堂教学有个良好的开端,并有秩序地、顺利地进行下去。组织教学是任何类型的课所不可缺少的教学步骤,一般占用1~2分钟。认真组织教学并坚持始终,不仅能够很快地集中学生的注意,把学生吸引到渴求知识的情绪中来,而且久而久之,可以培养学生自觉遵守纪律和良好的学习习惯。组织教学不只是上课开始的必要步骤,而且要注意贯彻到全课的始终。[②]

(2)复习过渡,又叫导入新课。组织教学后,不是立即讲授新课,而是进行检查提问,复习已学过的知识。通过检查提问,了解学生对所学知识的掌握程度、课外作业完成的情况等。复习提问的目的,一方面在于督促学生及时复习和完成作业,巩固已学的知识,培养按时完成学习任务的责任感和良好的习惯,并借此了解教学效果,发现问题,及时补救;另一方面更在于加强新旧知识的联系,为顺利导入新课、学习新知识打下基础。[③] 因此,复习提

---

① 全国成人高考专家指导组编.教育理论[M].北京:中国科学技术出版社,2001:187.
② 石鸥.小学教学论[M].长沙:中南大学出版社,1999:222-223.
③ 刘春梅.浅谈课堂小结要注意"四性"[N].学知报,2011-07-04(E05).

问的内容可以是上节课学习过的,也可以是以前学习过的。通常的做法是,尽量复习提问与本节课讲授内容有内在联系的问题,以便在复习后顺利地导入新课,也为学生接受新课内容提供认识基础。

复习检查占时不宜过长,一般在 5~10 分钟内完成。提问方式可以灵活多样,或口头回答,或黑板演算,或书面回答,或几种方式并行。检查作业可以全面查阅,也可部分抽查。值得注意的是,检查提问后,一定要给学生以公正的评定,肯定优点,指出不足。

(3)讲授新教材。这是综合课结构中的中心部分,目的在于向学生传授新的知识,并在传授知识的过程中发展学生的认识能力。讲授新课是教师进行逻辑推理,进行比较、分析、综合、概括的过程。要抓住重点,巧破难点,揭示本质,要精练地将知识的基本要素展现出来。讲授中要全面贯彻教学原则,体现启发式教学思想,善于根据教材和学生的特点选择最灵便、最有效的讲授方法,既发挥教师的主导作用,又积极地引导学生主动地探求知识。为此,讲授开始,要向学生简要说明学习新课的目的、意义和要求,以便学生从总体上有所把握,引起学习的愿望与动机。讲授结束时要进行小结、归纳,概括讲授要点,使学生获得系统、完整的印象。

讲授新课是综合课要完成的主要课题,对一堂课的成败有决定性的影响。经验证明,导课固然要好,讲授内容更要明晰,生动有趣,一板一眼,皆非虚设;一钉一铆,都在实处。这样才能把课讲得生动活泼,学生学得积极主动。

(4)巩固新教材。综合课在传授新知识后,一般都要随堂进行复习巩固,目的在于使学生对本节课所教的知识能当堂消化理解,加深巩固。没有巩固,就不能发展记忆,不能形成技能、技巧。随堂复习巩固不仅可以判明学生理解、掌握新知识的程度,有针对性地纠正错误,弥补遗漏(如属普遍未理解的主要问题,还需安排在下节课中重新讲解),而且可以通过初步运用新知识的练习,形成一定的技能,为顺利完成课外作业打下基础。

随堂巩固新知识的方法多种多样,可以依据教材特点灵活运用,如由教师复述讲授的要点,并进行归纳总结;或由学生复述讲解重点内容;或组织学生反复诵读课文,划出重点;而更多的是设计适量的课堂作业,让学生独立完成,教师随堂检查指导,并列举典型问题,集体进行分析,等等。①

(5)布置课外作业。上课结束前,一般都要留下两三分钟布置课外作业,目的是使学生独立运用知识于实际,形成技能、技巧;通过练习,加深对知识的理解,培养独立分析和解决问题的能力。② 课外作业的内容要体现讲授重点,分量适当,难易相间,富于启发性,避免让学生完全机械地重抄课文。

布置课外作业应向学生提出要求,指出需注意的问题和完成的时限。对于难度较高的习题,必要时还可以做一些启发性的提示,指明思考范围,排除学生练习时的障碍。学生完成作业后,应及时收交检查,认真批改、评阅。

(三)一堂好课的基本要求

(1)目的明确。教学目的是一堂课的出发点和落脚点,考查课的好坏,首先就看这节课

---

① 王守恒,查晓虎.教育学教程[M].合肥:安徽大学出版社,1999:135.
② 章莉莉.小学数学练习课教学的几点思考[J].数学学习与研究,2018(12):61,63.

的目的是否明确和目的是否达到。确定教学目的,不仅要考虑传授什么知识,还要考虑培养什么能力,以及使学生的身心得到什么发展等,力求把目的定得明确、具体,不笼统或公式化。不仅教师要明确教学目的,还应该用各种方法让学生也明确,这样才能调动学生的积极性,师生共同努力,达到预定的目的。

(2)内容正确。即上课所讲授的内容应具有科学性、思想性、系统性,重点突出,难点讲透,理论联系实际。课堂上讲授的知识、技能必须是真理性的。因为学生年龄小,见识少,如果接受了错误观点,则长期都会产生不良影响。思想性是指在传授知识的同时,要给予正确的思想教育,教育学生爱党、爱社会主义,学习先进人物的优秀品质。系统性则指在课上要注意学科的逻辑体系,讲清知识的前后联系,当然还应注意重点突出,主次分明。

(3)方法多样灵活,组织结构严密。选择方法和安排课堂组织结构的目的是充分调动学习的积极性,只有把主体的积极性调动起来,才能产生最佳的教学效果。

(4)态度亲切自然,语言清晰生动,板书工整美观。教态、语言和板书,是教师的三项基本功,也是上课能否成功等重要因素。①

三、课外作业布置与批改

课外作业的布置与批改,是教学工作的有机组成部分,中国古代教育文献《学记》主张"时教必有正业,退息必有居学"。其中"正业"即正式课程,"居学"即课外作业。其作用在于加深和加强学生对教材的理解和巩固,进一步掌握相关的技能、技巧。课外作业的种类主要有:预习和复习教科书的有关部分;阅读各种课外书刊;背诵诗歌和需要精读的课文或单词;熟记有关事实、定理、定义和规律;演算习题、作文、绘制图表、解答问题;进行各种技能技巧的锻炼、实验、生产制作活动和社会调查等。

课外作业的一般要求:

(1)兴趣性原则。兴趣是学生学习的原动力,只要孩子们感兴趣,他们便会全身心地投入。② 因此,教师给学生布置他们感兴趣的作业,学生在完成作业的同时也会体会到学习带来的无穷乐趣。

(2)实用性原则。教师可以要求学生把课堂上所学的知识运用到实际生活中去。

(3)多样性原则。学生对天天做同一类型的作业会反感,而作业类型的多样化会不断激发学生的学习兴趣,从而提高学生完成作业的主动性和自觉性。③

(4)层次性原则。每个学生的学习能力不同,因此在布置作业时我们也不能以同样的标准去要求学生。④ 要尊重学生的个体差异,设计难易度不同的作业让学生去做,确保优生"吃得精",中等生"吃得好",后进生"能吃饱"。

(5)合作性原则。新课程要求把知识、技能教育与情感教育结合起来,创设各种合作学习活动,促使学生相互学习,相互帮助,发扬合作精神。⑤ 因而,布置作业要充分注意合作的

---

① 梁志燊.中国学前教育百科全书:教育理论卷[M].沈阳:沈阳出版社,1995:101.
② 张璠."互联网+"背景下的小学英语作业的有效布置[J].科学大众(科学教育),2018(05):37.
③ 杨杰.小学高年级英语作业的多维化设计研究[D].湖南师范大学,2012.
④ 孙亚玲,范蔚.课堂教学的变革与创新[M].广州:广东教育出版社,2006:61-62.
⑤ 张黄燕.小组合作学习模式在初中英语教学中的应用探析[J].基础教育论坛,2019(16):10-11.

原则。

(6)差异性原则。既不加重学生学习负担,又尽可能发挥学生的潜能。对学有余力或有特别兴趣的学生可以设计不同形式的作业。

(7)激励性原则。教师可以提供机会,让学生参与到作业评判的过程中来。在评判结果上,应尽量使用激励性语言和个性化评语,保护学生的自尊心和进一步学习的积极性。

四、课外辅导

课外辅导是课堂教学的一种必要补充,是适合学生个别差异、实施因材施教的重要举措。课外辅导有集体辅导和个别辅导两种方式,其内容主要包括:(1)给学生答疑解难,指导学生完成作业;(2)给学生补课或教学内容拓展;(3)指导学生学习方法。教师在给学生补课时要根据学生学习的需要确定辅导的内容和措施,正确处理好上课和课外辅导的关系,不能把主要精力放在课外辅导上,更不能搞有偿补课。

五、学业考评

学业考评是指以国家的教育教学目标为依据,运用恰当的、有效的工具和途径,系统地收集学生在各门学科教学和自学的影响下认知行为上的变化信息和证据,对学生的知识和能力水平进行价值判断的过程。学业考评应从两方面入手:一是检查与评定学生的学习效果,二是分析与评价教师上课的效果。学业成绩的考查与评定俗称测验或考试,是以测验的形式定量地评价学生个人的能力。学校通过对学生学业成绩的测量与评价,可以检查教学的完成情况,从检查中获取反馈信息,用来指导、调节教学过程和学习过程,从而改善教学质量。

第七节 教学评价

一、教学评价的概念

教学评价指在教学活动中对教与学双方活动效能进行综合评判。该评价的依据是教学目标和教学原则,然后利用各种测试手段和评价技术对教与学的达标(原则)程度给予评定,以便提供信息,改进教学或对被评对象(教师或学生)做出某种资格的证明。我们对教学进行评价,既要重视教学工作的总结性评价,以便鉴别、甄选,更要重视教学的形成性评价,以利于改进教学;既包括外部机构组织对教学系统的检查评判,也包括学校、教师和学生的评价。教学评价一般包括对教学过程中教师、学生、教学内容、教学方法手段、教学环境、教学管理诸因素的评价,但主要是对学生学习效果的评价和教师教学工作过程的评价。教学评价的两个核心环节是:对教师教学工作(教学设计、组织、实施等)的评价——教师教学评估(课堂、课外)、对学生学习效果的评价——考试与测验。评价的方法主要有量化评价和质性评价。

二、教学评价的功能

(一)导向功能

教育方针,课程计划规定的学校培养目标,各科教学大纲规定的教学目的、任务、内容,是教学评价的基本依据,它们是通过教师的教和学生的学的具体活动实现的。在评价过程中,要把师生的活动分解成若干部分,并制定出评价标准。根据这些标准判定师生的活动是否偏离了正确的教学轨道,是否偏离了教育方针和教学目标,有无全面完成各科教学大纲规定的目的和任务,是否保证教学始终沿着正确的方向发展。教学评价有利于各级各类学校端正教学指导思想和办学方向。[①]

(二)诊断功能

对教学效果进行评价,可以了解教学各方面的情况,从而判断它的质量和水平、成效和缺陷。全面客观的评价工作不仅能估计学生的成绩在多大程度上实现了教学目标,而且能解释成绩不良的原因,并找出主要原因。可见教学评价如同身体检查,是对教学进行一次严谨的科学诊断。

(三)激励功能

评价对教师和学生具有监督和强化作用。评价可反映出教师的教学效果和学生的学习成绩。经验和研究都表明,在一定的限度内,经常进行记录成绩的测验对学生的学习动机具有很大的激发作用,可以有效地推动课堂学习。

(四)调节功能

评价发出的信息可以使师生知道自己的教和学的情况,教师和学生可以根据反馈信息修订计划,调整教学行为,从而使工作达到规定的目标,这就是评价所发挥的调节作用。

(五)教学功能

评价本身也是种教学活动。在这个活动中,学生的知识、技能将获得长进,智力和品德也有发展。

教学评价的方法包括测验、征答、观察提问、作业检查、听课和评课等。

(六)反馈功能

教学评价能使教师和学生知道教学过程的结果,及时地提供反馈信息。反馈信息在教学中具有重要的调节作用。信息工程学表明,只有通过反馈信息来调节行为,才有可能达

---

① 肖远军.教育评价原理及应用[M].杭州:浙江大学出版社,2004:10-11.

到一定的目标。教师获得评价的反馈信息,能及时地调节自己的教学工作,了解自己的教学方法和教学过程组织中的某些不足,诊断出学生在学习上存在的问题与困难;可明确教学目标及其实现程度,明确教学活动中所采取的形式和方法是否有利于促进教学目标的实现,从而为改进教学提供依据。学生获得反馈信息,能加深对自己当前学习状况的了解,确定适合自己的学习目标,从而调整自己的学习。

三、教学评价的内容

教学评价是对教学工作质量所做的测量、分析和评定。它包括对学生发展性评价、对教师教学质量的评价和课程评价。①

(一)学生发展性评价

发展性评价(developmental evaluation)可以追溯到20世纪90年代初英国开放大学教育学院纳托尔(Latoner)和克利夫特(Clift)等人提出的发展性教育评价的思想,他们倡导教育评价要以发展为本,要注重专业发展和个性发展,要相互合作和相互信任,评价也应是开放式的。发展性评价一经提出,就涌现出与发展性评价既有联系又有区别的各种评价方法和评价概念,比如学业成就评价、行为表现评价、身体状况评价等。②

(1)学生学业成就评价是评价学生在校期间学习结果的表现,是对学校教育目标达到程度的重要应答,是反映学生发展水平和学校教育质量的核心指标。

(2)行为表现评价就是在教学过程中对学生活动行为表现的状态和程度以及行为所达成的目标等进行反应性评价。③

(3)身体状况评价是指对学生发育成长、体力、精力、健康生活、卫生习惯等方面的评价。对学生的体质进行综合测量和评价是其重要组成部分。个人体质的好坏,主要表现在以下几个方面:①身体形态发育水平,即体格、体型、姿势、营养状况及身体组成等;(2)生理功能水平,即机体新陈代谢水平及各器官、系统的效能;③身体素质和运动能力水平,即速度、力量、耐力、灵敏、协调、柔韧等素质,及走、跑、跳、投、攀、爬等身体活动能力。④

(4)心理发育水平评价,即个体感知能力、个性、意志、适应能力等方面的评价。

(二)教师授课质量评价

教学质量评价(evaluation of teaching quality)是指对老师的学术业务水平、教学方法、教学态度等进行评价。教育测量学的基本内容之一如何评价教学质量,至今还没有统一的标准。一门课程的教学质量与诸多因素密切相关,如前期各课程的教学质量、本门课程各个教学环节的互相配合、教师的教学效果、学生的素质及学习态度等。

---

① 程书肖.教育评价方法技术[M].北京:北京师范大学出版社,2004:2-3.
② 于开莲.发展性评价与相关评价概念辨析[J].当代教育论坛(宏观教育研究),2007(03):36-38.
③ 唐良平.政治课教师课堂教学的关键能力——基于《普通高中思想政治课程标准(2017年版)》[J].思想政治课教学,2018(10):90-94.
④ 顾明远.教育大辞典[M].上海:上海教育出版社,1998:457.

(三)课程评价

课程评价是指对教学内容、教学过程及教学结果进行的评价,回答"教得怎么样"的问题,可以分为：形成性评价,即在过程中进行的评价,以改善以后的过程；结果性评价,即过程终结之后进行的评价,看其教育结果。也可以分为相对性评价和绝对性评价。相对性评价是指学生与他人或集体的对比情况,绝对性评价是指学生达到标准的情况。

四、教学评价的原则

(一)客观性原则

客观性原则是指在进行教学评价时,从测量的标准和方法到评价者所持有的态度,特别是最终的评价结果,都应该符合客观实际,不能主观臆断或掺入个人情感。因为教学评价的目的在于给学生的学和教师的教以客观的价值判断,如果缺乏客观性就失去了意义,也因此会导致教学决策的错误。[①]

(二)整体性原则

整体性原则是指在进行教学评价时,要对组成教学活动的各方面做多角度、全方位的评价,而不能以点代面,一概而论。教学系统的复杂性和教学任务的多样化,使得教学质量往往从不同的侧面反映出来,表现为一个由多因素组成的综合体。因此,为了反映真实的教学效果,必须把定性评价和定量评价综合起来,使其相互参照,以求全面准确地判断评价客体的实际效果,但同时要把握主次,区分轻重,抓住主要的矛盾和决定教学质量的主导因素。

(三)指导性原则

指导性原则是指在进行教学评价时,不能就事论事,而是要把评价和指导结合起来,要对评价的结果进行认真分析,从不同的角度找出因果关系,确认产生的原因,并通过及时的、具体的、启发性的信息反馈,使被评价者明确今后努力的方向。

(四)科学性原则

这条原则是指在进行教学评价时,要从教与学相统一的角度出发,以教学目标体系为依据,确定合理的统一的评价标准,认真编制、预试、修订评价工具。在此基础上,使用先进的测量手段和统计方法,依据科学的评价程序和方法,对获得的各种数据进行严格的处理,而不是依靠经验和直觉进行主观判断。

(五)发展性原则

教学评价是鼓励师生、促进教学的手段,因此教学评价应着眼于学生的学习进步和动

[①] 田中耕治.教育评价[M].高峡,等译.北京：北京师范大学出版社,2011:125.

态发展,着眼于教师的教学改进和能力提高,以调动师生的积极性,提高教学质量。

五、教学评价的类型

学生学业评价的类型和方法多种多样,基于不同的分类标准,我们可以更清楚地了解评价的方法。

(一)定性评价与定量评价

定性评价与定量评价是学生学业评价的两大类,其他评价方法都可以归入这两大类。

定性评价采用非数量化的语言对学生学业成绩进行评定。定性评价多以等级分数:优、良、中、差(或 A、B、C)等表示,并配以操行评语。

定性评价的优点在于其评价的全面性和真实性,可以把学生学习的真实情况做较为具体的描述和解释。其缺点是容易加入人为因素,不够客观,有时有失公正。

定量评价是用数量化语言对学生学业成绩进行评定,严格以精确分数(主要是百分制)来表示学生的学业成绩。

定量评价的优点在于它的精确性和严密性,甚至可以精确到小数点位。但定量评价比较机械简单,把复杂的知识技能和学生能力水平归结为一个分数,似乎也不能全面客观地评定学生的学业成绩。

定性评价与定量评价相结合,用多种评价方式从多个视角多个层次对学生学业成绩做出等级评定,才可能是最真实的、客观公正的。

(二)纸笔试题编制与标准化测验

标准化测验多采用纸笔测试方式,是一种使用率最高、最方便快捷的学生学业评价方式。人们之所以称之为标准化测验是因为标准化测验的题目设计、监考程序和评分方法的一贯性和统一性。在标准化测验中,所有参加同一种考试的人的应考条件都是统一的,给学生的考试指令、试卷和答题纸、考试时间、考场要求、评分标准等都是一样的。

能够将数量众多的学生成绩进行比较是标准化测验最大的优点,而且相对比较快捷,费用较低。其评分结果也是比较公平客观的。

但是,当标准化测验被滥用,或者其结果被错误解释时,或者试题编制不合理时,标准化测验结果就可能有失公平。

尽管标准化测验存在诸多的问题,但这种评价是不可能取消的,所能做的只能改进。标准化测验的评价质量在很大程度上取决于测试题的编制。

(三)真实性评价与表现性评价

真实性评价与表现性评价是伴随着多元智能理论出现的。多元智能理论认为,智力是解决实际问题的能力和创造有效产品的能力,而非纸笔测验成绩。

真实性评价就是指在真实的生活环境中评价学生的表现。真实性评价任务都是学习过程中有意义的、有价值的重要经历和真实表现。真实性评价包含表现性评价。

真实性评价和表现性评价的主要方式是成长记录袋评价。运用成长记录袋可以帮助教师树立新的评价理念,注重评价方法的多样性、评价主体的多元化、评价过程的重要性等。

成长记录袋的用途主要有三种:展示学生的最佳成果、描述学生学习发展过程以及进行水平评估。前两种以发展性评价为主,可以归入课堂教学评价部分,以促进学生自我评价和自我发展为目的。

由此看来,学生学业评价的类型与方法是多种多样的,每一类型及其相应的方法都有其优势和不足。学生学业评价改革也不意味着完全抛弃传统的评价方式和标准化测验。"学生学业评价改革的关键不在于使传统评价和真实性评价中的一方击败另一方,也不是使这两者以同样受欢迎的程度并存。关键在于它所产生的侧面影响——家长、学生、教师和研究者都积极参与到评价改革的讨论中来,大家互相支持、互相尊重,共同建造通往更高层次的队梯。"[①]

学生学业评价必须坚持科学性、有效性与可靠性的统一。内容要全面,方法要灵活,形式要多样。要把评价与改进教学融为一体,以评价促进学生发展。

六、教学评价的方法

教学评价的客观公正是基于多元评价主体和多样化评价方法实现的。教学评价方法主要有观察法、调查法等。观察法还可以分为现场观察、监视监听、观看录像等,调查法包括访谈法、问卷调查等。

(一)课堂观察法

课堂观察法是课堂教学评价最常用最基本的方法。评课人员应该在上课开始前就进入教室,坐在教室后面或角落里。这样既能看清学生和教师的活动,又能避开任课教师的视线,从而尽可能地减少对任课教师的压力和对学生视线的干扰,消除课堂听课带来的负面影响。

听课过程中,评课者要有所记录,将教师和学生的语言、行为、活动转换的时间等记录下来。要完整记录教师和学生的一言一行是不可能的,听课记录的内容必须根据评价的重点有所侧重和选择。

经验丰富的评价人员比较重视记录教师的导入和过渡语、教师的提问、教师独特的见解、教师对学生回答问题或完成情况的反馈、学生的提问、学生的独特见解、学生的典型错误、学生在听课时的表现、学生在小组活动中的表现、各项教学活动所用的时间等。

评价人员在听课过程中也要积极思考,及时记录自己的感悟和反思,详细记录与整体评价意见或建议有关的教学事件和教学细节,有时还需要填写课堂教学评价记录表。

课堂观察给人以现场感,在身临其境中感受教师和学生的真实表现和真情实感,听课之后的现场评课更是一种综合性评价。教师对教学设计和课堂教学进行自我反思,这种自评与他评结合起来,在互动、对话中达成共识,有利于促进课堂教学的改进。

促进中小学课堂教学改革的一种重要方式就是现场观摩和现场多主体听评课,这已经

---

① 韦伯.有效的学生评价[M].北京:中国轻工业出版社,2003:217.

成为中小学校的校本培训和校本教研工作的主要方式。在听评课中促进自我反思、同伴互助、专业引领三结合,提升教师专业发展水平。

(二)录像评价法

教育技术发展到今天,录像技术和计算机技术也越来越多地运用到课堂教学评价中。这种方式相对于现场观察法要灵活机动得多,不受时间和空间的限制,而且可以回放和重播关键细节,能更有针对性地观察和理解教师和学生的课堂教学行为。

但是,录像评价也有不足之处。由于录像的视角限制,有时不可能同时拍下两个对话的人,或有时注意了教师的行为,就可能看不到学生的行为,等等。录像评价最好与教师访谈结合起来。评价者只有对支撑教师行为的隐藏在背后的想法有所了解时,才能比较真实地公正地做出评价。

录像观察与教师访谈提纲的结合,其实就是他评与自评的结合。教师的自我(教学)反思有助于教师自我调整和自我改进,也有助于他人更真切地了解教师的想法和做法,减少误解和误会。

(三)问卷调查法

课堂观察、录像评价或访谈法都只能是小范围内的定性评价,无法进行较大范围的定量评价。问卷调查则不同,它可以较大范围地进行课堂教学评价,对教师和学生行为进行定量分析。问卷调查中有大量回答易于控制,易于转变为数据文件,以备统计分析,可以实现定量评价。

评价者可以发放编制好的教师问卷、学生问卷或家长问卷,收集相关的课堂教学评价信息。

问卷的题目设计最关键,问卷设计与问卷目的、统计方法等都要统一起来,才有可能收集到有用的信息,并做出客观公正的定量评价。

问卷调查的局限性主要表现在三个方面:首先,评价者对课堂教学的描述可能出现误解,在评价者、教师与学生之间产生歧义,这就会加大问卷调查结果的误差。其次,不是所有的课堂教学行为都可以进行精确表述或定量分析。最后,教师和学生只是简单地回答问卷中的题目,并不能把教师和学生的真实想法和复杂的行为体现出来。问卷得出的结论常常需要评价者的现场观察或访谈记录来补充。

可见,教学评价方法的使用不是单一的、机械的,要想获得有效的课堂教学评价结果,就需要统筹兼顾,相互补充,实现所有课堂教学评价主体和评价方法的优势互补。

七、新课程背景下的课堂教学评价观

随着新教材的广泛采用,新课程改革不断深入,特别是新高考的引领,人们的教学观念得到了进一步的更新,进而课堂评价也会发生变化。这些改变主要从以下几个方面进行:

从评价功能上,淡化评比与选拔,强调发挥评价促进课堂教学质量改进与提高的作用。

从评价主体上,改变过去教师被动接受评价的局面,注重教师的自我评价,并将自评和他评有机统一起来。

从评价内容上,既重视教师的"教",又关注学生的"学",课堂教学要促进学生在知识与技能、过程与方法、情感态度与价值观等几个方面和谐发展。

从评价标准与要求上,体现灵活性与开放性,张扬教师个人的教学风格,鼓励教师创造性地实施课堂教学。

从评价方法上,既要重视案例分析、课堂观察,又要做好成长记录等评价方法的应用。

第八节　我国当前教学改革的主要观点与趋势

一、我国当前教学改革的主要观点

(一)"以生为本"的评价思想观

以学生的发展为本是新课标的核心理念。面向全体学生,关注每一位学生;因材施教,注重每一位学生的成长,发展每一位学生的个性。课堂自然应将促进学生的发展作为出发点和归宿,应该成为学生"自主、合作、探究"学习的主阵地,使每一位学生都能在学习中主动自觉,发展自己的个性,完善独立的人格。

(二)发展性的评价目的观

《基础教育课程改革纲要》指出,"建立促进学生全面发展的评价体系。评价不仅要关注学生的学业成绩,而且要发现和发展学生多方面的潜能,了解学生发展中的需求,帮助学生认识自我,建立自信。发挥评价的教育功能,促进学生在原有水平上的发展。"《中国学生发展核心素养》也强调学生的发展性目标。

(三)"以学论教"的评价方式

新课程要求"以学论教,教是为了促进学"。以学生的主动学习及学习的过程、方法和效果来评价教师的教,以学生学习的内容、速度、进度和程度确定教师教的方法与策略;尊重学生的主体地位,激发学生的学习自主权和责任感,激发学生学习兴趣、学习动力,培养良好的学习行为和品质,促进学生的主动发展;以学习能力为轴心,建立学生的激励评价机制,促进学生在学习品质、道德素养、个性特长、优秀人格的形成等方面更全面的发展。

教师的"教"不单是讲解知识,更重要的是激发学生兴趣,开发学生潜能,教给学习方法,鼓励学生主动学习,互相学习,有效学习,教师的作用在于点拨诱导,反馈问题,及时矫正,为学生搭建交流机会和平台,促进有效合作和大胆展示,从而培养学生的自信心和学习责任感,让每一位学生成为自我发展的承担者和践行者。

(四)多元性的评价主体观

新课程强调建立促进学生全面发展、教师不断提高和课程不断完善的评价体系,在综合评价的基础上,更多地关注个体的进步和多方面潜能的开发。这种"立足过程、促进发展"的评价思想,要求对课堂教学质量的评价重点由结果向过程、由成绩向态度、由显性指标向隐性指标转移。传统的课堂教学评价重视规范、量化和评比,评价标准一般由一系列量化指标体系构成。而新课程背景下的课堂教学评价应关注任课教师在教学上的优势与不足,关注任课教师教学水平的提高,这对传统的量化指标体系提出了挑战。因为课堂教学是一种非常复杂的教育现象,纯粹的、过分的量化描述,容易把教师和学生那种丰富的个性表现泯灭在一组组抽象的数字中,把问题简单化、表面化,甚至引导到庸俗的功利追求上。而质化评价则更多地关注内在的、过程性的东西,通过教师和学生的行为表现去把握二者相互作用、促进发展的机制,抓住了教学中最有意义的、最根本的内容。它是一种描述性的发展性评价。

二、我国当前教学改革的主要趋势

(一)多元教育发展观引领基础教育发展

面向未来的基础教育多元理念主要包括以人为本、创新、有质量的公平和促进可持续发展,各个理念之间相互影响、相互贯通,不能顾此失彼。①

(1)以人为本是指引基础教育发展的根本取向。以人为本的理念贯穿于教育发展观始终,植根于社会变革的现实土壤,是引领并指导国际社会制定与评估发展策略应对全球教育格局变化的根本理念。

联合国教科文组织着眼全球教育发展全局,彰显《富尔报告》和《德洛尔报告》的愿景,在最新具有里程碑意义的报告中重申人文主义教育方法,强化和延展了"以人为本"的发展理念,提出在教育学习方面,要超越狭隘的功利主义和经济主义,包容、不歧视,关注学生、妇女、残疾人等各类群体,采用开放、灵活、全方位的终身学习方法,为所有人发挥自身潜能提供机会,让每个人过上有尊严的生活;同时在信息技术的迅猛冲击之下,仍要将教师和其他教育工作者视为促进学习的核心主体,警惕"唯技术论"的价值取向。②

(2)创新是深化基础教育改革的动力之源。以创新为动力之源驱动教育改革发展是世界主要国家提升未来国际竞争力的一致举措。

现阶段,基于对未来人才储备和劳动力技能的远景预测,世界多个国家或组织陆续制定了面向未来的教育变革策略,如加拿大的《学习 2030》、芬兰的《预测 2030》、美国的《2030的旅程:未来教与学的愿景》等,这些策略重点考虑创新对学习的影响,认为未来的教育教学将是更为复杂的专业。③ 充满活力的技术创新、具有创造力的高素质人才以及更具创新性的教育方式是深化基础教育改革不容忽视的关键影响因素。

(3)有质量的公平是基础教育奋进的主要目标。基础教育发展既要考虑量的增长,更

---

① 檀慧玲,刘艳,罗良.面向人类命运共同体的基础教育发展特征及启示[J].中国教育学刊,2019(02):29-33,41.
② 联合国教科文组织.反思教育:向"全球共同利益"的理念转变[M].北京:教育科学出版社,2017:2.
③ 邓莉,彭正梅.全球学习战略 2030 与中国教育的回应[J].开放教育研究,2017(3):18-28.

要注重质的提升,同时兼顾教育公平,为此,追求"有质量的公平"已成为全球基础教育发展的时代诉求和奋进目标。

(二)信息技术将成为驱动基础教育改革的引擎

信息技术的迅猛推进使基础教育发展迎来前所未有的潜力和机遇,各个国家均已意识到以信息技术新引擎驱动教育改革势在必行。

第一,将信息技术纳入国家战略规划,注重政策连续性与立体化设计,为技术驱动教育发展提供政策保障。在推进教育信息化发展方面,各国政府及国际组织一直将其置于战略地位,当前为快速回应技术发展趋势,政策连续性与立体化设计特征凸显,形成了更为完备的教育信息化政策体系,为技术驱动教育发展提供了有力的政策保障。

第二,推进技术与教育教学深度融合,全方位、多领域革新基础教育。具体到教育教学实践领域,各方积极践行"互联网+教育"新使命,促进技术与教育教学深度融合,推进学习方式、学科教学、教育测评等多领域达成根本性变革与全方位创新。

第三,多方协同发力,形成教育信息化联动发展新格局。联合国教科文组织等国际组织召开国际教育信息化大会,探讨在终身学习框架下建立全球扫盲联盟,举办移动学习周、ICT教育一体化项目,为推动教育信息化提供了良好的跨国平台。

(三)基于大数据的教育评估与决策是基础教育发展的新形式

信息技术与社会的交融引发数据的爆炸式增长,大数据是当前教育领域预测未来、革新弊端的重要资源,催生革命性变化,导致基础教育治理理念与形式的解构与重构。

以深度挖掘和使用数据为新时期研究重点,探索基于大数据的基础教育质量提升。当互联网技术强势变革基础教育之时,基础教育课程改革的研究也呈现出适应新时代发展的特殊走向。①

本章小结

教学是一种重要的教育活动,它是实现教育目的的基本途径,是将课程转化为学生的主体力量的实践条件。教学是学校的中心工作,学校工作必须坚持以教学为主,并围绕教学这个中心安排其他工作,建立学校的正常秩序。教学具有自身特殊的规律和基本要求,深入探讨并掌握教学的基本规律和基本原理,不仅对提高学校教学工作质量具有重要的理论指导意义,而且对教师的专业发展和成长具有现实的促进作用。

思考与练习

1. 教学的任务有哪些?请结合具体学科的教学案例进行分析。
2. 结合教学实例,谈谈你对教学过程本质的理解。

---

① 于海,齐颖,王涛,张勇,徐井华,李东康."互联网+"维度下基础教育课程改革的研究[J].通化师范学院学报,2019,40(10):129-132,136.

3. 教学过程的基本规律有哪些?
4. 有人认为"在未来的社会里,班级授课制将被取消"。你怎么看待这一观念?
5. 如何评价学生的思维发展?
6. 如何进行有效的教学评价?
7. 不同教学方法之间的异同有哪些?
8. 测验信度与效度之间的关系是什么?
9. 信息化教学与传统教学比较有哪些优势?
10. 结合下列材料,试分析启发性教学原则的内涵和贯彻要求。

教师应有一种本领:通过提问,能把学生头脑中模糊的,甚至错误的认识"挤"出来。这与有经验的医生一样,能把病人的病根找到,尽管这种课不能对答如流,但这种课有生气。

一次,听我校一位新教师上课,课上她提出了两个问题。第一问学生顺利答对(教师与学生都很高兴)。回答第二问时,学生刚开口讲一句话,教师便预感到下面要答错。我也有此感觉,心想这下可好了,我就要听这个。可惜,老师怕出"丑",连喊"坐下,坐下",不让学生讲下去。课后我对她讲:"第二问问得好,学生头脑中错的、模糊的认识快要被你'挤'出来了。非常可惜,又被你亲自堵了回去。"

【参考文献】

1. 施良方,崔允漷.教学理论:课堂教学的原理、策略与研究[M].上海:华东师范大学出版社,1999.
2. 黄甫全.现代课程与教学论[M].北京:人民教育出版社,2006.
3. 王道俊,王汉澜.教育学[M].北京:人民教育出版社,1997.
4. 张乐天.教育学(新编本)[M].北京:高等教育出版社,2008.
5. 汪刘生.教育学原理[M].杭州:浙江大学出版社,2007.
6. 马云鹏.课程与教学论[M].北京:中央广播电视大学出版社,2002.
7. 王本陆.课程与教学论[M].北京:高等教育出版社,2004.
8. 王惠.教育学[M].广州:广东人民出版社,2001.
9. 皮连生.智育心理学[M].北京:人民教育出版社,1996.
10. 钟启泉.教学方法:概念的诠释[J].教育研究,2017,38(01):95-105.
11. N.Sandor.教学论[M].东京:明治图书,1979.
12. 王远海,余贞凯.现代体育教学方法的选择与应用思考[J].玉溪师范学院学报,2007(04):93-95.
13. 侯慧敏.新课程改革背景下思想政治课中讲授法的应用[D].内蒙古师范大学,2010.
14. 茹宗志,李军靠.教育学教程[M].西安:西北大学出版社,2016.
15. 余雪芳.论语文教学中讲授法的合理运用[D].上海师范大学,2007.
16. 陈亮亮.谈话法在教学中的重要作用[J].中学政治教学参考,2013(30):52.
17. 潘洪建,刘华,蔡澄.课程与教学论基础[M].镇江:江苏大学出版社,2012.
18. 余文森,刘家访,洪明.现代教学论基础教程[M].长春:东北师范大学出版社,2007.
19. 于增举.学生操作技能培养十法略论[J].天津市教科院学报,2005(06):81-82.

20. 余文森,刘家访,洪明.现代教学论基础教程[M].长春:东北师范大学出版社,2007.
21. 杨中艳.讨论式教学法在思想政治教学中的应用[J].文教资料,2011(10):131-132.
22. 刘蔚华,陈远.方法大辞典[M].济南:山东人民出版社,1991.
23. 石鸥.小学教学论[M].长沙:中南大学出版社,1999.
24. 王守恒,查晓虎.教育学教程[M].合肥:安徽大学出版社,1999.
25. 章莉莉.小学数学练习课教学的几点思考[J].数学学习与研究,2018(12):61-63.
26. 梁志燊.中国学前教育百科全书:教育理论卷[M].沈阳:沈阳出版社,1995.
27. 张璠."互联网＋"背景下的小学英语作业的有效布置[J].科学大众(科学教育),2018(05):37.
28. 杨杰.小学高年级英语作业的多维化设计研究[D].湖南师范大学,2012.
29. 孙亚玲,范蔚.课堂教学的变革与创新[M].广州:广东教育出版社,2006.
30. 张黄燕.小组合作学习模式在初中英语教学中的应用探析[J].基础教育论坛,2019(16):10-11.
31. 肖远军.教育评价原理及应用[M].杭州:浙江大学出版社,2004.
32. 胡中锋.教育评价学[M].北京:中国人民大学出版社,2013.
33. 程书肖.教育评价方法技术[M].北京:北京师范大学出版社,2004.
34. 于开莲.发展性评价与相关评价概念辨析[J].当代教育论坛(宏观教育研究),2007(03):36-38.
35. 唐良平.政治课教师课堂教学的关键能力——基于《普通高中思想政治课程标准(2017年版)》[J].思想政治课教学,2018(10):90-94.
36. 田中耕治.教育评价[M].高峡,等译.北京:北京师范大学出版社,2011.
37. 韦伯.有效的学生评价[M].北京:中国轻工业出版社,2003.
38. 檀慧玲,刘艳,罗良.面向人类命运共同体的基础教育发展特征及启示[J].中国教育学刊,2019(02):29-33.
39. 联合国教科文组织.反思教育:向"全球共同利益"的理念转变[M].北京:教育科学出版社,2017:2.
40. 邓莉,彭正梅.全球学习战略2030与中国教育的回应[J].开放教育研究,2017(3):18-28.
41. 于海,齐颖,王涛,张勇,徐井华,李东康."互联网＋"维度下基础教育课程改革的研究[J].通化师范学院学报,2019,40(10):129-132.

第九章　学校德育

【学习目标】
1. 认识德育的内涵,理解德育的功能。
2. 认识德育目标的内涵,理解德育基本内容及其新发展。
3. 认识品德的内涵,理解品德发展的基本理论。
4. 理解品德发展的规律,掌握德育的基本过程。
5. 理解德育的主要原则,掌握德育的主要途径,领会和运用常用的德育方法。

【知识导航】

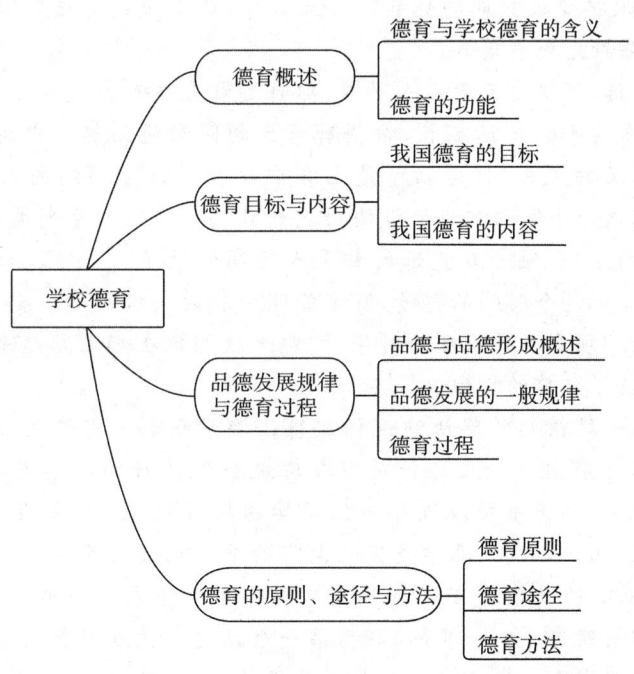

【引子】

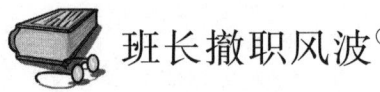
班长撤职风波[①]

中午用餐的时候,纪律委员小启匆匆跑到我跟前说:"值班班长小嘉把作业借给小天抄。"听到之后,我一股燥热火气从脚底直窜脑门。犯事主角一个是一班之长,一个是最近被各个任课老师顶在大拇指头上夸的班级进步之星。

小嘉回家吃饭了,小天在场。我按捺下情绪,简单地询问了小天此事的来龙去脉,原来是小天有题目不会,向小嘉求助,小嘉不想教,就直接把作业本丢给小天抄了。想起最近小嘉的表现:作业敷衍,上课走神,屡次劝说无果,我当场宣布将小嘉撤职。

说完之后,我又有一丝疑虑,教室的现状是女生普遍优秀,而男生里面突出的本来就不多,还指望着小嘉能够成为男生的领头羊,如果把小嘉撤职了,男生士气会大减,他自己也会受到打击。正值青春期的男孩子,最看重面子了。怎样来破解这个僵局呢?解铃还须系铃人,这个局只有小嘉自己能破。忐忑不安的小嘉被我喊到办公室。

"有什么需要和我说的吗?"他疑惑,沉思,"我把作业给小天抄了。"

"你的班长被撤职了,服气吗?"他点点头。

"真服气?"他摇摇头。

"我们叫树人一班,做人的品质得过硬。你是班长,今天的这个行为就严重违反了班训班规,所以,你也必须接受被撤职的惩罚。今天放学,我会重新竞选班长,能不能抓住机会就看你自己了!"小嘉疑惑地看着我。

"既然是重新竞选,那机会面前人人平等,你自己看着办吧。"

我在教室里宣布要重新竞选班长,希望有意愿的同学能站起来申请。话音刚落,品学兼优的大富、公平正义的文文,开学初惹是生非但现在正能量满满的云涛纷纷站起来了。小嘉的头一直低着,这个小家伙难道还没明白我的意思?这次的重新竞选就是给他下的台阶。但出乎我意料的是,和他一起竞选的都是人气高的孩子。一秒,二秒……小嘉还是满脸通红地站起来了。他是个聪明的孩子,肯定能明白我的良苦用心。全班同学看到小嘉站起来后都大笑,此时必须有一种正确的引导。"哪里跌倒就在哪里站起来,为小嘉的勇气鼓掌!"此时的笑已经没了之前的调侃。

云涛擅长英语,一段精彩的英语演说词赢得了满堂喝彩。更何况,刚入学的他现在能如此蜕变,除了决心还有勇气。文文针对现在班级公约执行的一些弊端提出了自己的建议,并表明了"坚决公平公正维护班级每一位同学的权益"的决心,一位真正的务实派定会有她的有力支持者。阳光、自信、品学兼优的大富的演说词让人感动:"我当过班长,但做得不够好,失去了这个职位(其实是因身体状况需要偶尔外出求医);第二次竞选,我失败了,可能是我不够优秀(当时有个叫一凡的孩子,第一个站起来竞选班长,一位成绩中等的孩子有如此勇气,我选择了成全);这次我还是要竞选班长,不管结果怎样,我站在这里把这些话讲出来就心满意足了。"

小嘉最后出场。他也被三位同学的善良、真诚、坚持感染了。"我是一位刚刚被撤职的

[①] 陈琳.班长撤职风波[J].班主任之友(中学版),2020(4):50-51.

班长,对于之前一系列不负责任的行为,我向大家道歉,向树人一班道歉,愧对大家对我的信任,也请同学们能再给我一次机会,谢谢。"一个真诚的鞠躬表明了小嘉的态度。

那同学们的票会投给谁呢?

小嘉还是以相当高的票数当选。不是文文、大富、云涛不优秀,只是我们的孩子们都有一颗包容之心,他们愿意再给小嘉一次机会。我相信,树人一班在小嘉的带领下会越来越好,相信,小嘉在树人一班这个大家庭里也会越来越好。

第一节 德育概述

德育是人类社会较早产生的教育现象,德育的概念则长期与教育的概念混同起来使用。直到 18 世纪后半叶,在西方社会形成了"德育"的概念术语。19 世纪中叶,斯宾塞发表《教育论》,把教育明确划分为"智育""德育""体育",由此"德育"逐渐成为教育学术的一个基本概念。"德育"术语于 20 世纪初传入我国。1912 年,蔡元培提出"五育"并举的思想,并影响了国民政府颁布"注重道德教育,以实利主义教育、军国民教育辅之,更以美感教育完成其道德"教育方针,标志着"德育"成为我国教育界的常用术语。[①]

一、德育与学校德育的含义

人们对德育概念的认识,其实反映了不同的德育观,也将对学校德育实践产生不同的影响。了解德育、学校德育的含义以及学校德育新模式,有助于树立正确的德育观,增强学校德育活动实施的针对性和实效性。

(一)德育的含义

从狭义上说,德育专指道德教育,是道德教育的简称,指伦理道德教育以及有关的价值观教育。从广义上说,德育是教育者根据一定的社会要求和受教育者的需求,遵循品德形成和发展规律,采取有效的方法和手段,通过受教育者主动的生成与构建,以形成思想品德的活动。在一定意义上说,广义的德育包含整个社会意识形态教育,包括思想教育、政治教育、道德教育、法治教育和个性心理品质教育等内容。具体说来,思想教育是指对事物的思想观点的教育,主要包括人生观、价值观和世界观方面的教育。政治教育是指按照国家特定的政治观,向受教育者传播相应的政治理论和政治价值,帮助其树立正确的政治立场和政治信仰的教育,主要包括对民族、阶级、政党、国家、政权、社会制度和国际关系的情感、立场、态度的教育。道德教育主要是指个体和个体、个体与群体、个体和社会、个体与自然的行为规范和准则的教育。法治教育是指在一个法治国家里,对每个公民进行应具备的民主与法制观念和法律规范的教育,使公民具有依法行使民主权利、履行义务,依法管理各项工

[①] 王道俊,郭文安.教育学[M].北京:人民教育出版社,2016:257.

作的素质。个性心理品质教育主要是指培养学生良好人格和个性、提高学生心理素质的教育。

（二）学校德育的含义

学校德育是指教育工作者组织适合德育对象品德成长的价值环境,促进他们在道德价值的理解和道德实践能力等方面不断建构和提升的教育活动。①

改革开放40多年来,我国学校德育领域产生了一批具有较大学术影响与实践影响的德育模式,主要有生活德育模式、情感德育模式、生命德育模式、欣赏型德育模式和制度德育模式。②

生活德育模式的提出是对传统知性德育的批判与反思。生活德育模式倡导学校德育要回归儿童的生活世界,以儿童的生活经验作为起点,重构道德与生活的内在联系,使学校德育在生活中、为了生活而展开。学校德育的基本要素是"人""道德""生活",学校德育的根本使命是成人,指向美好生活。生活德育模式的实践运用,一方面,在国家教育政策层面,体现在小学《品德与生活》《品德与社会》及初中《思想品德》的课程标准研制中;另一方面,该模式被运用到教育部统编教材《道德与法治》的编写之中。该模式的代表人物是鲁洁教授和高德胜教授等。

情感德育模式是在对传统德育中情感陶冶、情感关系、情感交流被忽视的批判中提出的。情感德育模式的基本理念是学校德育应以人的情感发展为主要目标,要重视人的生理—心理、社会—文化、精神—价值三个层面的情感交往,应重视生命的情感叙事。学校情感德育以情感体验为基础,以情感与认知相互影响、彼此促进为主要进程,以情感态度的养成为基本表征,从而有效地培养受教育者的道德人格。情感德育模式的实践应用主要有"情境教育""小主人教育""和谐教育""乐学教育""赏识教育""情趣教育"等样式。该模式的代表人物是朱小蔓教授。

生命德育模式的提出是对现代社会以及现代教育中生命异化现象的反思与拷问。生命德育模式的基本理念是,生命是道德的基础,学校德育必须基于生命、关怀生命、涵养生命,满足生命的需要,提升生命的意义,完善生命的品格。生命德育模式将学生看成一个有血有肉、有思想感情的生命体,将德育看作寻找生命本义的过程。生命德育模式实施坚持敬畏生命原则、生命体验原则、生活化原则、主体间交往原则。生命德育模式的实践应用,一方面,在政策上渗透到教育部《中小学公共安全教育指导纲要》和《中小学幼儿园应急疏散演练指南》等文件之中;另一方面,在一批中小学校开展生命教育联盟学校实践之中。该模式的代表人物是冯建军教授、刘慧教授和刘济良教授。

欣赏型德育模式是对我国德育理论和实践中表现出的功利主义德育"症候群"的反思与批判。欣赏型德育模式的基本理念包括：价值引导与自主建构的统一,追求真善美的德育境界,以及建构伙伴式师生关系,德育课程的情境化和审美化,在欣赏中完成价值选择能力和创造力培养的实践路径。欣赏型德育模式是基于德育美学的理论研究,探索一种内在的借鉴审美精神,实现解放教育对象和提升教育对象的双重教育使命,主张走审美育德的

---

① 檀传宝.学校道德教育原理[M].北京:教育科学出版社,2000:6.
② 冯建军等.中国教育改革40年:学校德育[M].北京:科学出版社,2018:173-204.

道路。欣赏型德育模式的实践应用,一方面融入我国首部大型青少年德育画本《我的家在中国》的编写之中,另一方面在一批欣赏型德育模式实验学校中应用。该模式的代表人物是檀传宝教授。

制度德育模式是对经济和道德背离时代难题的回应,也是对我国传统德育理论忽视制度德育重要性的反思。制度德育模式的基本理念包括:制度德性是个体德性的基础,比个体德性更具有普遍性;制度是不可忽视的德育资源,制度德育的目的是通过道德制度培养道德的人;学校制度应进行德性的反思与变革,以符合社会发展和人的德性发展需要。制度德育模式实践应用,一方面推动一批学者开展学校制度德性现状研究,另一方面影响一批校长和教师反思自己学校和班级中的制度问题,通过提高学校制度和班级制度的道德性,滋养学生道德成长。该模式的代表人物是杜时忠教授。

二、德育的功能

20世纪90年代,德育功能是我国德育理论界的热点问题之一,通过研讨,人们认识到随着社会的变化,对德育功能的认识将不断丰富与完善。正确的德育功能观有助于确定合理的德育目标,有助于开展适度的德育实践,有助于开展科学的德育评价。

(一)德育功能的含义

德育功能是指德育系统内容诸要素之间以及系统与环境之间相互作用所产生的结果。德育功能反映"德育本来能够干些什么"。按照不同的标准,可以将德育功能进行不同的分类。从德育功能作用的对象来说,可以分为社会性功能和个体性功能;从德育功能的实现方式来说,可以分为规范功能和发展功能;从功能的实现过程来说,可以分为应然功能和实然功能;从德育功能的表现形式来说,可以分为显性功能和隐性功能。

(二)德育的主要功能

根据国内学者的研究,德育的主要功能包括三个方面:德育的社会性功能、德育的个体性功能和德育的教育性功能。[①] 德育的社会性功能是指学校德育能够在何种程度上对社会发挥何种性质的作用。德育的社会性功能主要指德育对社会政治、经济、文化以及生态环境等方面发生影响的政治功能、经济功能、文化功能、生态功能。正确认识德育的社会性功能,应树立全面的德育社会性功能观,应注意德育社会性功能实现的间接性,应注意文化功能是学校德育功能的中介。

德育的个体性功能是指德育对德育对象个体发展能够产生的实际影响。德育的个体性功能表现为德育对个体生存、发展、享用发生影响的三个方面。德育促进个体生存,体现了"德福一致"的原则,正如道德虽然本质上是利他的,但是在总体概率上道德有利于个体的生存及其质量的提升。德育促进个体发展功能是指对个体品德结构发展的作用。在德育过程中,个体在品德图式基础上不断发展,形成丰富的个体道德人格。德育的个体享用功能是指个体在德育中实现其某种需要、愿望,从中体验到满足、快乐、幸福,获得一种精神

---

① 檀传宝.学校道德教育原理[M].北京:教育科学出版社,2000:27-35.

上的享受。这种个体享用的实质是个体在道德学习与生活中阅读、领会并体验道德人生的幸福、崇高,人格的尊严和优越。

德育的教育性功能包括两层含义:一是德育的"教育"或价值属性,二是德育作为教育子系统对平行系统的作用。德育的教育性是指德育的价值教育属性,德育的教育性的实现实质上是整个教育活动精神本质的实现。德育作为教育子系统会对智育、体育、美育等平行系统产生动机作用、方向作用,以及习惯和方法上的支持。

第二节 德育的目标与内容

德育目标是学校德育工作的起点,也是归宿。德育内容是实现德育目标的关键。明确德育目标,理解德育内容,是中小学德育工作开展的基础。

一、我国德育的目标

德育目标制约着整个中小学德育活动及其进程,了解德育目标的含义及确立的依据,有助于科学贯彻我国现行德育目标,具体设计校本德育目标和班级德育目标。

(一)德育目标的概念

德育目标是指一定社会对教育所要造就的社会个体在品德方面的质量规格总的设想或规定。换言之,德育目标是人们对于把受教育者培养成具有何种品德的人,在观念中所具有的某种预期的结果或理想的形象。德育目标是德育工作的出发点和归宿,贯穿于德育工作的始终,影响着整个教育目的的实现,决定着德育内容的确定、德育方法和形式的选择,以及德育效果的评价,对整个德育工作发挥导向、激励、协调和评价作用。

(二)确立德育目标的依据

德育目标是人们一定的道德价值观的主观呈现,以时代和社会发展的道德要求、青少年身心发展的规律为依据。这是确定科学的德育目标的基本依据。教育工作者在开展德育活动中,要将德育目标不断具体化,既要掌握一定的目标表述技术,也要有方法论的指导。有研究指出,德育目标确定的方法论应遵循社会本位和个人本位的统一,适应性和超越性的统一,传统美德和时代精神的有机结合,以及民族性和全人类文化因素相融合的原则。

(三)新时期我国的中小学德育目标

新中国成立以来,我国在不同的历史时期曾提出了不同的德育目标。根据《中小学德育工作指南》(教基〔2017〕8号),当前中小学德育总体目标为,培养学生爱党、爱国、爱人民,增强国家意识和社会责任意识,教育学生理解、认同和拥护国家政治制度,了解中华优秀传统文化和革命文化、社会主义先进文化,增强中国特色社会主义道路自信、理论自信、制度自信、文化自信,引导学生准确理解和把握社会主义核心价值观的深刻内涵和实践要求,养成良好政治素质、道德品质、法治意识和行为习惯,形成积极健康的人格和良好的心理品质,促进学生核心素养的提升和全面发展,为学生一生成长奠定坚实的思想基础。

《中小学德育工作指南》对各学段目标做了阐述,具体说来:

小学低年级

教育和引导学生热爱中国共产党、热爱祖国、热爱人民,爱亲敬长、爱集体、爱家乡,初步了解生活中的自然、社会常识和有关祖国的知识,保护环境,爱惜资源,养成基本的文明行为习惯,形成自信向上、诚实勇敢、有责任心等良好品质。

小学中高年级

教育和引导学生热爱中国共产党、热爱祖国、热爱人民,了解家乡发展变化和国家历史常识,了解中华优秀传统文化和党的光荣革命传统,理解日常生活的道德规范和文明礼貌,初步形成规则意识和民主法治观念,养成良好生活和行为习惯,具备保护生态环境的意识,形成诚实守信、友爱宽容、自尊自律、乐观向上等良好品质。

初中学段

教育和引导学生热爱中国共产党、热爱祖国、热爱人民,认同中华文化,继承革命传统,弘扬民族精神,理解基本的社会规范和道德规范,树立规则意识、法治观念,培养公民意识,掌握促进身心健康发展的途径和方法,养成热爱劳动、自主自立、意志坚强的生活态度,形成尊重他人、乐于助人、善于合作、勇于创新等良好品质。

高中学段

教育和引导学生热爱中国共产党、热爱祖国、热爱人民,拥护中国特色社会主义道路,弘扬民族精神,增强民族自尊心、自信心和自豪感,增强公民意识、社会责任感和民主法治观念,学习运用马克思主义基本观点和方法观察问题、分析问题和解决问题,学会正确选择人生发展道路的相关知识,具备自主、自立、自强的态度和能力,初步形成正确的世界观、人生观和价值观。

我国当前中小学德育目标的规定是在总结以往德育工作经验教训的基础上,以教育学、德育学、德育心理学理论为指导,结合中央最新政策要求确定的,体现了现代德育发展性精神即注重个体德性发展。德育目标的组成部分更加完整,德育目标要求体现了层次性,能按照中小学生道德发展水平提出要求,体现了时代性和继承性、基础性和层次性、现实性和超越性、统一性和个体性特点。

二、我国德育的内容

德育内容是实现德育目标的中介,是德育课程的具体素材,也是个体道德学习的内容。了解德育的概念及其内容和拓展,有助于针对性地开展学校德育活动。

(一)德育内容的概念

德育内容是指政府有关部门以法律、文件的形式规定的教育对象必须掌握的政治观点、思想观点、道德规范和个性心理品质的综合。德育内容是德育目标的体现和具体化,是实现德育目标的重要环节。

（二）确立德育内容的依据

确立德育内容的依据主要包括以下几个方面：一是符合德育目标的要求；二是符合学生身心发展水平和品德发展水平；三是符合社会政治经济制度；四是符合社会生产力和经济发展水平；五是符合民族文化传统。

（三）我国中小学德育的主要内容

1. 爱国主义和国际主义教育

爱国主义是指个体或集体对自身所属国家的一种积极认同的态度和行为。爱国主义教育是指树立热爱祖国并为之献身的思想教育。爱国主义品质是个体内化爱国主义后形成的特殊的心理特征和行为习惯，具体包括爱国主义认识、爱国主义情感和爱国主义行为。增强中小学生爱国主义认识，应从对学生进行祖国常识教育入手，让其了解我们的国家，增强国家和民族意识。增强中小学生爱国主义情感，应重点培养学生的民族文化认同感和自豪感。增强中小学爱国主义行为，应强化学生的社会参与和体验，让学生从身边的事情做起。

国际主义教育应培养学生的全球意识，加强学生的国际理解与合作教育，将爱国推及爱人类爱世界和平，为人类进步事业而奋斗。国际主义教育是学校德育的重要内容，其对增强学生的国际交往意识和国际交往能力具有至关重要的作用。在教育目标方面，学校国际主义教育必须面向世界，顺应时代和社会发展需求，以培养具有国际意识、国际知识、态度、技能和行为的中国人为目标，融国际化目标与本土目标为一体，培养既具有国际意识、全球视野又熟悉中国传统文化，既有民族意识又有国际合作精神的中国人。在教育内容方面，要教育学生改变传统的二元对立倾向（全盘否定与全盘肯定），全面、多角度、客观地对待民族传统文化和国外文化；要使得国际主义教育层次循序渐进，小学进行国家间故事、轶事教育，中学进行国际事实和国际化过程教育。在此基础上，开展国民意识教育，了解显性国际知识和隐性国际知识，养成国际交往的基本技能，形成开放、宽容、和谐、可持续发展等国际主义态度。

2. 理想和传统教育

理想教育主要包括生活理想、职业理想和社会理想三个方面的教育。生活理想是对理想生活和理想人格的一种设定和追求；职业理想是对理想职业的憧憬和追求；社会理想是指对未来社会最美好或终极状态的追求，以及对近期社会目标的追求。理想教育的三个方面相互联系，生活理想是基础；职业理想建立在生活理想基础上，是实现生活理想和社会理想的中介；社会理想为生活理想和职业理想提供方向指导。

传统教育主要包括革命传统教育和中华优秀传统文化教育。革命传统是中国人民在中国共产党的领导下，在追求民族解放、国家发展、人民幸福而进行的革命活动中，坚持先进价值、代表人类正义而积累的宝贵精神财富。革命传统既是一种先进的价值观，代表着先进文化的方向，也是千百万人民群众的社会实践，是一种积极的社会行为，表现了坚韧不拔的革命精神和攻坚克难、百折不挠的情感意志。它既是中国人民在革命斗争实践中凝结的文化成果，是确保革命胜利的重要保障，也因其广泛的群众性和极强的实践性而具备广泛的传承性。文化自信是坚持中国特色社会主义道路自信、理论自信、制度自信的基础，加强革命传统教育,是增强中国特色文化自信的重要举措,也是当代中国青少年实现全面健康发展的迫切需要。革命传统教育,不能靠空洞的说教,更不能只成为纪念日的应景。必须提高对青少年革命传统教育必要性、重要性的认识,自觉把革命传统教育纳入中小学德育工作范畴。要彻底摒弃革命传统教育已经过时的错误观念,深刻理解革命传统的价值,认识革命传统在文化价值、行为模式和健康心理等方面的丰富内涵。要特别注重创新拓展。革命传统教育的核心在于坚定对青少年的价值引领,采用符合新时期青少年心理生理特征、适应他们所处生长环境的内容和形式。要重视整合与运用社会文化资源,充分调动社会力量,例如,学校周边的革命遗址、纪念地等机构或场所可以建成教育基地,老一辈革命先烈、英雄人物等可以成为革命传统教育的有效载体和人生导师。中华优秀传统文化教育将在我国中小学德育内容的新要求中进行阐述。

3. 集体主义教育

集体主义教育就是用集体主义观点对青少年进行关心集体、助人为乐的情感和善于在集体中生活、在集体中努力实现个人价值的教育。集体主义是我国社会主义国家人们相互关系的基本原则,也是人们对集体和国家的基本行为准则。以集体主义精神教育中小学生,培养学生具有为人民服务的思想感情是学校德育的重要使命。集体主义教育的主要内容包括培养集体主义思想、培养热爱集体的精神,以及正确处理集体与个人利益的关系等内容。

需要指出,片面的集体主义教育曾导致妨碍个性自由、窒息个人创造性的弊端;应该扬弃泯灭个性的虚假集体的存在,将集体主义教育建立在现实的集体主义原则基础上。具体的学校德育实践应教会学生采取一种积极的集体主义立场,注意个人利益和集体利益矛盾时采取集体至上原则。

4. 劳动教育

劳动教育是指以促进学生形成劳动价值观(即确立正确的劳动观点、积极的劳动态度,热爱劳动和劳动人民等)和养成良好劳动素养(形成劳动习惯,有一定劳动知识与技能,有能力开展创造性劳动等)为目的的教育活动。劳动教育是国民教育体系的重要内容,是学生成长的必要途径,具有树德、增智、强体、育美的综合育人价值。通过劳动教育,使中小学生初步理解和形成马克思主义劳动观,牢固树立劳动最光荣、劳动最崇高、劳动最伟大、劳动最美丽的观念;体会劳动创造美好生活,体认劳动不分贵贱,热爱劳动,尊重普通劳动者,培养勤俭、奋斗、创新、奉献的劳动精神;具备满足生存发展需要的基本劳动能力,形成良好的劳动习惯。劳动教育要以日常生活劳动、生产劳动和服务性劳动为主要内容,同时结合产业新业态、劳动新形态,注重选择新型服务性劳动的内容。

小学低年级要注重劳动意识的启蒙,让学生学习日常生活自理,感知劳动乐趣,知道人人都要劳动。小学中高年级要注重卫生、劳动习惯养成,让学生做好个人清洁卫生,主动分担家务,适当参加校内外公益劳动,学会与他人合作劳动,体会到劳动光荣。初中要注重增加劳动知识、技能,加强家政学习,开展社区服务,适当参加生产劳动,使学生初步养成认真负责、吃苦耐劳的品质和职业意识。普通高中要注重丰富职业体验,开展服务性劳动,参加生产劳动,使学生熟练掌握一定的劳动技能,理解劳动创造价值,具有劳动自立意识和主动服务他人、服务社会的情怀。①

5. 纪律和法治教育

纪律教育是指学校根据中小学生的身心发展水平和需要而制定的具有导向性的教育要求,并通过有效的途径组织学生予以实施,帮助学生根据要求规范自己的言行,提高道德素质的过程。纪律教育对学生良好行为习惯的养成和学校教育工作的影响都很大。纪律教育有利于增强学生集体的凝聚力,有利于促进学生的全面发展,有利于培养学生的责任感。教育要求是纪律教育的基础,纠正行为习惯是纪律教育的重点,养成教育是纪律教育的核心。

对学生实施纪律教育必须遵循以下基本原则:

人本性原则。人本性原则是指纪律教育过程中,必须把提高学生素质作为出发点,把帮助学生成人成才作为最终目标。

可行性原则。可行性原则是指纪律要求必须明确、具体,对实际的学习生活产生积极的引导作用,便于学生对照实施,便于自我检查,培养学生良好的言行习惯。②

层次性原则。层次性原则是指纪律教育过程中,学校根据学生的学龄特点和个性差异,进行有针对性的纪律教育,保证纪律教育既有统一的要求,也体现人文关怀。

法治教育是以社会主义核心价值观为引领,以宪法教育为核心,以法律常识、法治理念、法治原则、法律制度为主要内容,有目的、有计划、有针对性地让中小学生学习自由、平等、公正、民主、法治等理念,宪法法律至上、权利保障、权力制约、程序正义等法治原则,立法、执法、司法以及权利救济等法律制度,促进中小学生法治知识、技能、思维和情感、态度、价值观不断发展的教育活动。中小学法治教育内容设计要围绕中小学生的身心特点和成长需求,结合中小学生与家庭、学校、社会、国家的关系,分阶段、系统地安排公民基本权利义务、家庭关系、社会活动、公共生活、行政管理、司法制度、国家机构等领域的主要法律法规以及我国签署加入的重要国际公约的核心内容;按不同的层次和深度,在不同学段的教学内容中统筹安排、层次递进。③

6. 辩证唯物主义世界观和人生观教育

世界观是人对世界的总体认识和根本看法。世界观包括人对自然、社会和人类的根本观点和看法。人生观是关于人生目的、态度、价值和理想的根本观点。当前我国社会价值观念日趋多元,对中小学生初步形成辩证唯物主义世界观和人生观构成挑战;加强中小学生初步形成辩证唯物主义世界观和人生观教育,对他们逐步树立正确的政治方向和远大的人生理想具有重要意义。

世界统一于物质、物质决定意识的原理,事物矛盾运动的原理,认识和实践辩证关系的原理,是辩证唯物主义最基本的原理,也是辩证唯物主义世界观的基本内容。世界观教育,就对象性关系而言,主要是以教育的方式来引导受教育者在自己的心中建构起社会为他们预制好的世界观。这种在教育者引导之下的世界观建构,在本质上并不是一种知识的获

---

① 中共中央、国务院关于全面加强新时代大中小学劳动教育的意见[EB\OL].[2020-3-26].http://www.gov.cn/zhengce/2020-03/26/content_5495977.htm.
② 夏心军.对纪律教育的再认识[J].教育科学研究,2008(2):49-52.
③ 青少年法治教育大纲[EB\OL].[2016-6-28].http://www.moe.gov.cn/srcsite/A02/s5913/s5933/201607/t20160718_272115.html.

得,而是一种心灵习性的养成。由此,辩证唯物主义世界观教育,不仅仅是从知识获得意义上学习辩证唯物主义世界观的基本内容,更为重要的是养成立足于辩证唯物主义世界观基本内容的"思维方式",即心灵习惯。

(四)我国中小学德育内容的新要求

1. 理想信念教育

开展马列主义、毛泽东思想学习教育,加强中国特色社会主义理论体系学习教育,引导学生深入学习习近平新时代中国特色社会主义思想,领会党中央治国理政的新理念、新思想、新战略。加强中国历史特别是近现代史教育、革命文化教育、中国特色社会主义宣传教育、中国梦主题宣传教育、时事政策教育,引导学生深入了解中国革命史、中国共产党史、改革开放史和社会主义发展史,继承革命传统,传承红色基因,深刻领会实现中华民族伟大复兴是中华民族近代以来最伟大的梦想,培养学生对党的政治认同、情感认同、价值认同,不断树立为共产主义远大理想和中国特色社会主义共同理想而奋斗的信念和信心。

2. 社会主义核心价值观教育

把社会主义核心价值观融入国民教育全过程,落实到中小学教育教学和管理服务各环节,深入开展爱国主义教育、国情教育、国家安全教育、民族团结教育、法治教育、诚信教育、文明礼仪教育等,引导学生牢牢把握富强、民主、文明、和谐作为国家层面的价值目标,深刻理解自由、平等、公正、法治作为社会层面的价值取向,自觉遵守爱国、敬业、诚信、友善作为公民层面的价值准则,将社会主义核心价值观内化于心、外化于行。

3. 中华优秀传统文化教育

开展家国情怀教育、社会关爱教育和人格修养教育,传承发展中华优秀传统文化,大力弘扬核心思想理念、中华传统美德、中华人文精神,引导学生了解中华优秀传统文化的历史渊源、发展脉络、精神内涵,增强文化自觉和文化自信。正如习近平总书记指出的:"培育和弘扬社会主义核心价值观必须立足中华优秀传统文化,要认真汲取中华优秀传统文化的思想精华和道德精髓,大力弘扬以爱国主义为核心的民族精神和以改革创新为核心的时代精神,深入挖掘和阐发中华优秀传统文化讲仁爱、重民本、守诚信、崇正义、尚和合、求大同的时代价值,使中华优秀传统文化成为涵养社会主义核心价值观的重要源泉。"[①]

4. 生态文明教育

加强节约教育和环境保护教育,开展大气、土地、水、粮食等资源的基本国情教育,帮助学生了解祖国的大好河山和地理地貌,开展节粮节水节电教育活动,推动实行垃圾分类,倡导绿色消费,引导学生树立尊重自然、顺应自然、保护自然的发展理念,养成勤俭节约、低碳环保、自觉劳动的生活习惯,形成健康文明的生活方式。

5. 心理健康教育

开展认识自我、尊重生命、学会学习、人际交往、情绪调适、升学择业、人生规划以及适应社会生活等方面教育,引导学生增强调控心理、自主自助、应对挫折、适应环境的能力,培养学生健全的人格、积极的心态和良好的个性心理品质。

---

① 习近平.把培育和弘扬社会主义核心价值观作为凝魂聚气强基固本的基础工程[N].人民日报,2014-02-26(1).

(五) 我国中小学德育内容的新拓展

近年来,我国处于全球化、信息化浪潮和全面建设新时代中国特色社会主义的历史时期,面对自然灾害频发、社会风险集聚、生存压力增大和生活意义缺失等问题,将中小学德育内容拓展,包括生存教育、生活教育、生命教育、安全教育以及升学指导教育,具有现实针对性和重要意义。

1. 生存教育

生存教育是帮助学生学习生存知识,掌握生存技能,强化生存意志,把握生存规律,提高生存适应能力、发展能力和创造能力,树立正确生存观念的教育。生存教育强调学习生存知识,保护和珍惜生态环境,关心社会和自然,强化生存意志,提高生存的适应能力和创造能力。生存教育有广义和狭义之分,狭义的生存经验强调提高生存素质而进行的生存教育,侧重于保存生命的基础知识、基本技能的训练;广义的生存教育将联合国教科文组织《学会生存——教育世界的今天和明天》报告作为思想资源,渗透到整个学校教育变革之中。开展中小学生存教育应坚持人本性原则,创设中小学生存教育校本课程;坚持活动性原则,深化中小学生的生存教育体验;坚持可持续发展原则,构建学校、家庭、社会三位一体实施路径。

2. 生活教育

生活教育是帮助学生了解生活常识,掌握生活技能,在生活实践过程中体验幸福美好人生的教育。生活教育提倡珍视生活,了解生活常识,掌握生活技能,养成良好的生活习惯,关心他人和集体,树立正确的生活目标。新时期开展中小学生活教育,实践过程应积极借鉴我国著名教育家陶行知先生的生活教育思想,结合新时代背景创造性地实施。陶行知生活教育思想的基本观点主要有:"生活即教育","社会即学校","教学做合一","即知即传、即传即联","把生活提高到教育所瞄准的水平,把教育普及到生活所包含的领域"。

3. 生命教育

生命教育是让学生树立正确的生命观,培养尊重、珍惜自己与他人生命的态度,增强社会责任感,使学生在人格上获得健全的发展。国内学者肖川认为,生命教育的宗旨是捍卫生命的尊严,激发生命的潜能,提升生命的品质,实现生命的价值。生命教育的目标是关注生命,尊重生命,珍爱生命,欣赏生命,成全生命,敬畏生命。实施生命教育需要把握三个层次。生命教育的第一个层次是,生命教育作为教育的价值追求,不仅要对学生的升学考试负责,更要对学生一生的生命质量负责,要为学生的幸福人生奠基。生命教育的第二个层次是,生命教育作为教育的存在形态,就是为了生命主体的自由和幸福所进行的生命化的教育。生命教育的第三个层次是,生命教育作为教育的实践领域。例如,让儿童远离意外伤害的教育;意外伤害的救护和自我救护;了解个体生命的成长历程;艾滋病和毒品预防教育;珍爱生命与预防自杀;自尊、自信与直率性格的培养;生命情怀的养育;临终关怀与死亡教育;人权教育,等等。[①]

4. 安全教育

安全教育是提高中小学生安全意识和保护自身安全能力的教育。根据我国《中小学公

---

① 肖川.生命教育:为幸福人生奠基[J].人民教育,2007(12):9-10.

共安全教育指导纲要》,中小学公共安全教育的主要内容包括预防和应对社会安全、公共卫生、意外伤害、网络信息安全、自然灾害以及影响学生安全的其他事故或事件六个模块。中小学公共安全教育的目标是,通过开展公共安全教育,培养学生的社会安全责任感,使学生逐步形成安全意识,掌握必要的安全行为知识和技能,了解相关的法律法规常识,养成在日常生活和突发安全事件中正确应对的习惯,最大限度地预防安全事故发生,减少安全事件对中小学生造成伤害,保障中小学生健康成长。中小学公共安全教育的实施策略是,开展中小学公共安全教育,要遵循学生的身心发展规律,把握学生认知特点,注重实践性、实用性和实效性;坚持专门课程与在其他学科教学中的渗透相结合;课堂教育与实践活动相结合;知识教育与强化管理、培养习惯相结合;学校教育与家庭、社会教育相结合;国家统一要求与地方结合实际积极探索相结合;自救自护与力所能及地帮助他人相结合。

5. 升学与就业指导教育

升学与就业指导教育是指根据学生群体的学段特点,学生个体不同的能力和个性特征,以及与之相适应的升学空间、职业适应性要求等,进行有针对性的全体指导和个别指导,帮助学生树立正确的职业理想,明智地选择升学或就业方向的教育。20世纪90年代,上海市教科所探索形成了"升学和就业指导教育"研究成果,总结了普通中学初中阶段学生开展指导活动的具体方法、步骤和途径方面的经验,探索了指导学生把社会需要和自身素质特征相结合做出正确的升学或职业选择的策略和方法。

新时期,升学与就业指导教育以生涯教育的方式融入整个中小学。中小学生涯教育是运用系统方法,指导学生增强对自我和人生发展的认识与理解,促进学生在成长过程中学会选择、主动适应变化和开展生涯规划的发展性教育活动。中小学生涯教育的主要内容包括自我认识、社会理解、生涯规划三个方面。中小学生涯规划是在学生充分的自我认识和社会理解的基础上,掌握学业规划与职业规划的主要方法,综合各类信息,平衡个人发展和社会发展的需求,制定适合自己的学业发展目标和计划,初步设计合理的职业和人生发展路径。小学阶段的生涯教育侧重于生涯启蒙,初中阶段的生涯教育侧重于生涯探索,普通高中阶段的生涯教育侧重于生涯规划,中等职业学校的生涯教育侧重于职业规划。中小学生涯教育实施路径主要有开设生涯教育课程,组织生涯教育活动,提供生涯发展辅导,建立学生成长档案,开展家庭教育指导等。①

第三节 品德发展规律与德育过程

一、品德与品德形成概述

培养中小学生的良好品德是中小学德育的核心任务。了解品德的概念、结构及其相关

---

① 上海市教育委员会文件(沪教委德〔2018〕8号)上海市教育委员会关于加强中小学生涯教育的指导意见[EB\OL].[2018-3-19].http://edu.sh.gov.cn/web/search_engine.html.

理论,有助于根据学生心理特点、年龄特征,科学有效地培养学生品德。

(一)品德的概念

品德即道德品质,是社会道德在个人身上的体现,是指个人依据一定的社会道德行为规范(道德行为准则)行动时表现出来的比较稳定的心理特征或倾向。它是一种个体现象。

(二)品德的心理结构

一般来说,品德的心理结构主要由道德认识、道德情感、道德意志和道德行为四种心理成分构成。

1. 道德认识

道德认识是一种对道德行为的是非、善恶、美丑及其执行意义的认识,其中包括道德观念与道德信念的形成以及运用这些观念去分析道德行为,对人或对事做出符合自己认识水平的道德评价。道德认识是个体品德中的核心部分。道德观念、道德信念的形成有赖于道德认识。个体对某一道德准则有了较系统的认识时,就形成了有关的道德观念;一旦认识继续深入,达到坚信不疑的程度,并能指导自身的行动时,就形成了道德信念。道德信念对行为具有稳定的调节和支配作用,是道德品质形成的关键因素。

2. 道德情感

道德情感是伴随着道德认识所产生的一种内心体验,是产生道德行为的内部动力,是实现知行转化的催化剂。道德情感从表现形式上主要包括三种:①直觉性道德情感体验,是由对某种情境的感知而引起的迅速的、突然的情感体验。②形象性道德情感体验,是与具体的道德形象相联系的情感体验。③伦理性道德情感体验,是一种意识到道德伦理的更自觉的情感体验,是把道德的感性认识和理性认识结合在一起,对道德要求及其意义有较深刻认识的最具概括性的情感体验。

3. 道德意志

道德意志是人们自觉地确定道德行为的目的,积极调节自己的活动,克服各种困难,以实现既定目的的心理过程。道德意志也要受到道德认识的支配,是人们利用自己意识的控制和理智的权衡作用去解决道德生活中的内心矛盾(如动机间的冲突及行动过程中坚持与动摇的斗争等)与支配行为的力量。道德意志通常表现为一个人的信心、决心和恒心。

4. 道德行为

道德行为是指一个人遵照道德规范所采取的言论和行动,它是实现道德动机的手段,是道德认识和道德情感的具体表现和外部标志。道德行为主要通过道德行为方式的训练和道德行为习惯的养成等途径来培养。其中,形成良好的道德行为习惯是培养道德行为的关键。只有学生具有良好的道德行为,才能使学校的品德教育具有社会价值。道德行为是衡量道德品质的重要标志。

(三)品德发展的基本理论

1. 皮亚杰的道德发展阶段理论

皮亚杰通过对一些对偶故事的观察实验,揭示了儿童道德判断的发展进程。他认为儿童的道德认知发展经历了一个从他律到自律的过程,他律水平和自律水平是儿童道德判断的两级水平。皮亚杰提出了道德发展阶段理论，把儿童的品德发展划分为四个阶段：

(1) 自我中心阶段(前道德阶段)

自我中心阶段(2~5岁)是从儿童能够接受外界的准则开始的。这时期的儿童还不能把自己同外在环境区别开来，而是把外在环境看作自身的延伸。规则对他来说不具有约束力。皮亚杰认为儿童在5岁以前还是"无律期"，顾不得人我关系，以"自我中心"来考虑问题。

(2) 权威阶段(他律道德阶段)

权威阶段(5~8岁)也称作"他律期"。该时期的儿童服从外部规则，接受权威指定的规范，把人们规定的准则看作是固定的、不可变更的，而且只根据行为后果来判断对错。例如，妈妈不在家，一个小孩为了帮助妈妈做事，打碎了一盘玻璃杯；另一个小孩为了偷柜上的糖果吃，打碎了一个玻璃杯。让处于这时期的儿童做判断，他们往往认为前者错误更大。原因在于处于他律期的儿童一般认为前者更淘气，因为他打碎了更多的玻璃杯，而不考虑两个小孩的行为动机。有人称该时期为道德现实主义或他律的道德。小学低年级儿童一般处于权威阶段，典型的表现是他们常常认为听父母和老师的话就是好孩子。

(3) 可逆性阶段(自律道德阶段)

处于可逆性阶段(8~10岁)的儿童已不把准则看成是不可改变的，而把它看作是同伴间的共同约定。儿童一般都形成了这样的概念：如果所有人都同意的话，规则是可以改变的。他们已经意识到一种同伴间的社会关系，应当相互尊重。准则对他们来说已具有一种保证他们相互行动、互惠的可逆特征。同伴间的可逆关系的出现，标志着儿童的品德由他律阶段开始进入自律阶段。这一时期也称作"自律期"，也就是"自主期"。道德发展到这个时期，儿童不再无条件地服从权威。当然这个时期的判断还是不成熟的，儿童要到十一二岁后才能独立判断。有人称该时期为道德相对主义或合作的道德。

(4) 公正阶段(公正道德阶段)

公正阶段(10~12岁)的公正观念是从可逆的道德认识发展而来的。儿童开始倾向于主持公正、平等。他们认为公正的奖惩不能是千篇一律的，应根据个人的具体情况进行。

2. 科尔伯格的道德发展阶段理论

科尔伯格采用"道德两难故事法"，即让儿童对道德价值上相互冲突的两难情境故事做出判断，以此来研究儿童道德判断发展的水平。

故事是这样的：在欧洲，一名妇女得了一种特殊的癌症，快要死了。医生说只有一种药或许能挽救她的生命。这种药就是本城药剂师最近刚发明的一种新药。每一剂药的成本是400美元，而药剂师却要价4000美元。患病妇女的丈夫名叫汉斯，他向他所认识的每个人借钱并尝试了其他所有的合法手段，但最终也只筹到2000美元，仅够药价的一半。于是，他恳求药剂师将药便宜些卖给他或者让他以后再慢慢还钱。但是药剂师说："不行，我发明这种药就是要用它赚钱。"在万般无奈的情况下，汉斯感到绝望并考虑砸开药店为他的妻子偷药。汉斯该不该偷药呢？为什么？

通过让儿童回答汉斯该不该偷药及原因的问题，科尔伯格将儿童道德发展水平分为三种水平六个阶段。其中，每一种水平又包括两个阶段，且三种水平的六个阶段依照从低到高的层次发展，简称为"三水平六阶段道德发展论"。具体如下：

(1) 前习俗水平

处在前习俗水平的儿童，他们的道德观念的特点是纯外在的。他们为了免受惩罚或获得奖励而顺从权威人物规定的行为准则,根据行为的直接后果和自身的利害关系判断好坏是非。

阶段1:惩罚与服从取向阶段。在这一阶段,儿童根据行为的后果来判断行为是好是坏及严重程度,他们还没有真正的道德概念,服从权威或规则只是为了避免惩罚,认为受赞扬的行为就是好的,受惩罚的行为就是坏的。

阶段2:相对功利取向阶段。在这一阶段,儿童的道德价值来自对自己需要的满足,他们不再把规则看成是绝对的、固定不变的,评定行为的好坏主要看是否符合自己的利益。

科尔伯格认为,大多数9岁以下的儿童和许多犯罪的青少年在道德认识上都处于前习俗水平。

(2)习俗水平

处在习俗水平的儿童,能够着眼于社会的希望与要求,并以社会成员的角度思考道德问题,已经开始意识到个体的行为必须符合社会的准则,能够了解社会规范,并遵守和执行社会规范。规则已被内化,按规则行动被认为是正确的。

阶段3:寻求认可取向阶段,也称"好孩子"取向阶段。在该阶段,儿童的道德价值以人际关系的和谐为导向,谋求大家的赞赏和认可。他们总是考虑到他人和社会对"好孩子"的要求,并尽量按这种要求去思考。他们认为好的行为是使人喜欢或被人赞赏的行为。

阶段4:遵守法规和秩序取向阶段,也称维护权威或秩序的取向阶段。在该阶段,儿童的道德价值以服从权威为导向,他们服从社会规范,遵守公共秩序,尊重法律的权威,以法制观念判断是非,知法懂法。他们认为准则和法律是维护社会秩序的,因此应当遵循权威和有关规范去行动。

(3)后习俗水平

达到后习俗水平的人,其道德判断已超出世俗的法律与权威的标准,有了更普遍的认识,想到的是人类的正义和个人的尊严,并已将此内化为自己内部的道德命令。

阶段5:社会契约取向阶段,也称社会法制取向阶段。处于这一阶段的人认为法律和规范是大家商定的,是一种社会契约。他们看重法律的效力,认为法律可以帮助人维持公正;但同时认为契约和法律的规定并不是绝对的,可以应大多数人的要求而改变。在强调按契约和法律的规定享受权利的同时,他们也认识到个人应尽义务和责任的重要性。

阶段6:原则或良心取向阶段,也称普通伦理取向阶段。这是进行道德判断的最高阶段,表现为个体能以公正、平等、尊严这些最一般的原则为标准进行思考。在根据自己选择的原则进行某些活动时,认为只要动机是好的,行为就是正确的。在这个阶段,他们认为人类普遍的道义高于一切。

科尔伯格认为道德发展的顺序是固定的,但是并不是所有的人都能在同样的年龄达到同样的发展水平,事实上有许多人永远无法达到道德判断的最高水平。

二、品德发展的一般规律

了解受教育者品德发展的基本规律,是德育工作取得成效的前提之一。

虽然不同的道德发展理论在研究的出发点和结论方面存在差异,但在有关人的道德发展的内在机制、一般趋向、影响因素等问题上却取得了许多共识,这些共识,我们称之为个

体品德发展的一般规律。对这些规律,概括如下:

(一)品德发展是主客体相互作用的产物,是主体在活动和交往基础上自我建构的结果

人的品德发展的根据是什么?人们历来有不同的看法:成熟论者或内展论者认为,品德的发展实质上就是人的内心固有的良知良能的展开(如孟子①)或"道德种子"的成熟(如格塞尔②);环境论者或外铄论者(如荀子③、行为主义者,弗洛伊德的观点在逻辑上也没有摆脱这种倾向)认为,人的一切道德品性都是其社会文化价值的反映,都取决于他后天环境的影响;另有一种观点(以杜威、科尔伯格的理论为代表)则强调,品德既不是固有的"道德种子"的成熟,也不是单纯外部环境塑造的产物,而是主客体相互作用的结果,是行为主体在活动和交往基础上自我建构的结果。

人是现实社会的人。他以他的活动与交往同外界建立千丝万缕的不可分割的联系,构成自己的生活环境。随着他的活动和交往范围的日益扩展和方式的日益多样化,他同外界的联系、关系也日益丰富,其生活环境也日益呈现出多方面、多层次、多样化的特性。所有这些联系、关系以及活动与交往方式都是人的现实社会关系,也是他的现实生活、现实存在,人的社会本性是他现实的社会关系的总和。但人并不是环境的消极产物,而是以自己的活动与交往积极作用于外界,并能动地感受外界的影响。而且,外界对人的影响,从人的活动与交往,到人的个性素质的形成或提升,也要经过一个能动的内化过程。只有引导道德主体参与到各种相互作用的活动之中,亲自审视其对人的生存的价值,实际处理各种关系,才能获得对它们蕴含的生活意义、社会理想、高尚情操的深刻理解和认识,才能不断深化自己的道德情感,磨炼自己的道德意志,从而形成坚定的道德信念以及在这种信念引领下的高尚德行与习气,并产生对人的合理存在的新的向往,体悟人生的意义。

可见,人在生活与交往过程中的主客体的相互作用,才是真正实现社会道德个体化、个体道德社会化的基础。活动和交往不仅是思想品德形成与发展的源泉,而且是检验道德发展水平的标准。一个人的思想品德如何,一个人的道德发展到何种程度,只有在一定的社会关系中,在与他人、他物、他事的交往互动过程中才能得以表现和证实。

(二)个体品德发展是在其内部矛盾运动过程中实现的,内部矛盾成为品德发展的动力

品德发展来自主客体的相互作用,来自生活主体的活动和交往的需要。应当看到,在生活和交往中,人从小就会面对"自我中心"与他人共同生活的矛盾,期望得到社会的承认,并萌发对社会认同的愿望;察觉和介入他人对人、物、事的价值评价;激起对人我、利害、好

---

① 孟子认为,人本性善,生来就具有恻隐之心、羞恶之心、恭敬之心、是非之心,即仁、义、礼、智之四端。在他看来,"仁义礼智,非由外铄我也,我固有之也"(《孟子·告心上》)。教育主要是存心养性致良知。

② 格塞尔根据自己的研究,提出儿童身心的发展变化是受机体内部的因素,即生物基因固有的程序所制约,他把这种通过基因来控制发展过程的机制定义为成熟。成熟是推动儿童发展的主要动力,发展是遗传因素的主要产物。

③ 荀子认为,人本性恶,其善者伪也。他看重环境对人的发展的作用,说:"蓬生麻中,不扶而直;白沙在涅,与之俱黑。"他又说:"干越夷貊之子,生而同声,长而异俗,教使之然也。"(《荀子·劝学篇》)

坏、爱恶、荣辱关系的思量;产生对共同生活与个人生活的合理秩序和行为准则的需求;形成有益于生存、关爱、尊严、快乐、自由、公平的态度。这些都是人的道德需要的基础。但是,不是任何现实生活的活动和交往都有益于品德的发展。尽管客观的道德要求与人已有的道德状态之间经常处于矛盾之中,但这种矛盾并不就能促进人的品德的发展。只有当客观的道德要求为人所需要、所接受,并与人已有的道德状态相矛盾时,才能构成人品德发展的内部矛盾,成为人品德发展的动力。

这里的关键在于客观的道德要求怎样才能转化为人自己所选择、所接受、所向往、所乐为的要求,形成其现实自我与期望自我或现实自我与应然自我的矛盾,并引导人自觉、积极地推动现实自我向理想自我的转变,实现矛盾的转化,提升个人的道德境界。这是一个客观道德要求向人主观品德追求的内化过程,也是人品德内部矛盾的能动转化过程,是人的品德的自我修养或自我建构过程。社会对这一过程只能加以引导和规范,切不可越俎代庖。如果说人的灵魂可以塑造,那么塑造者既不是牧师,也不是上帝,只能是人自己。

(三)品德的发展是有阶段的连续发展的过程,是从不自觉到自觉的过程

人的品德发展有无规律性?主要有三种不同的看法。第一种意见(哈特肖恩和梅)认为,人的道德发展无任何规律性可循,不存在不变的发展模式,也无固定的发展阶段。第二种意见认为,所谓发展也就是成熟,如果说这种发展可以划分为阶段的话,那么,也只有因成熟而自然带来的量的增加,并无阶段之间的质的差异。第三种意见(皮亚杰、科尔伯格)认为,人的道德不仅是发展的,而且是有阶段的。这种看法得到了越来越多的人认同。

现代道德心理学的大量研究证明了以下两点:

第一,人的道德的发展所经历的一系列阶段,形成了一个与成熟有关,但不是由成熟决定的发展阶段。就个体而言,道德的发展尽管可能有早迟、快慢的差别,但必然会遵循这一发展的顺序;道德发展的各阶段虽有各自不同的特点,但发展的各阶段又形成了一个连续的、互相衔接的过程;前一阶段已孕育着后一阶段的萌芽,是后一阶段发展的基础,后一阶段又是前一阶段的必然发展,也保留了前一阶段的某些特征。

第二,人的道德发展的过程也是一个从不自觉到自觉、从单纯受外部环境的支配到受行为主体自我控制的过程,即一个充分发挥人的主观能动性,培养个体自我教育的过程。在这一过程中,个体能够控制自己的行为举止,从而抵制不良思想的侵蚀,扬善避恶,修养品德。

三、德育过程

开展德育活动,离不开德育理论的指导,而德育过程论是德育的基本理论,它揭示了德育过程的本质和规律,是进行德育活动的客观依据,是制定德育原则的理论基础。正确理解和掌握德育过程,有助于科学理解和运用德育原则和方法,使德育活动更具实效性。

(一)德育过程的概念

德育过程即思想品德教育过程,是教育者和受教育者双方借助于德育内容和方法,进行施教传道和受教修养的统一活动过程,是促使受教育者道德认识、道德情感、道德意志和

道德行为协调发展的过程,是个体社会化与社会规范个体化的统一过程。

(二)德育过程与品德形成过程的关系

德育过程与品德形成过程既相互联系又相互区别。从联系来说,德育只有遵循人的品德形成发展规律,才能有效地促进人的品德形成发展,而人的品德形成发展也离不开德育因素的影响;从受教育者角度看,德育过程是受教育者个体品德形成发展过程,只不过是在教育者有目的、有计划、有组织、有系统的影响下,受教育者形成教育者所期望的品德的过程,是培养和发展受教育者品德的过程。教育者根据社会发展提出的要求,依据学生特点,以适当的方式调动受教育者的主观能动性,从而将相应的社会规范转化为学生的品德,不断提高学生的道德水平,而品德形成过程是受教育者思想道德结构不断构建完善的过程。品德形成过程属于人的发展过程,影响这一过程实现的因素包括生理的、社会的、主观的和实践的等多种因素。

(三)德育过程的结构和矛盾

1. 德育过程的结构

德育过程的结构是指德育过程中不同质的各种要素的组合方式。它有一定数量的要素(或成分、组成部分);各要素之间有质的区别;它们在德育过程中的地位、作用各不相同,彼此以一定方式相互联系、相互作用,构成有组织的系统。通常,德育过程是由教育者、受教育者、德育内容和方法四个相互制约的因素构成。在德育过程中,它们都有各自的特殊地位和作用,相互间存在着复杂的联系和关系。

教育者包括直接的和间接的个体教育者和群体教育者,是德育活动的组织者、领导者,是一定社会思想和道德要求的实施者、示范者和体现者,在德育活动中起主导作用。

受教育者包括受教育者个体和群体,他们都是德育的对象,他们既是受教的客体,又是道德实践的主体,是影响德育效果的内在因素。

德育内容是用以形成受教育者良好品德的社会思想、政治准则、法纪道德规范的载体,也是受教育者学习、修养和内在化的客体。德育内容应根据学校德育目标和学生思想品德形成发展规律,来确定具有一定范围、层次和序列的内容体系。德育方法是教育者与受教育者相互作用的活动方式,是德育活动赖以进行的重要因素。

德育过程并不是四因素的简单相加或机械凑合,而是通过教育者与受教育者双方的积极互动,使各要素间发生一定的联系和相互作用。

2. 德育过程的矛盾

德育过程的矛盾是指德育过程中各要素、各部分之间和各要素、各部分内部各方面之间的对立统一关系,包括教育者与受教育者的矛盾,教育者与德育内容、方法的矛盾,受教育者与德育内容、方法的矛盾,受教育者自身思想品德内部诸要素之间的矛盾等。德育过程的基本矛盾是社会通过教师向学生提出的道德要求与学生已有品德水平之间的矛盾。这是德育过程中最一般、最普遍的矛盾,也是决定德育过程本质的特殊矛盾。这个矛盾需要通过向学生传授一定的社会思想和道德规范,引导他们进行道德实践,把他们从原有的品德水平提高到教师所要求的新的品德水平上来解决。

（四）德育过程的规律

《庄子》中有这样一个故事：有一只海鸟栖息在鲁国都城的郊外，鲁侯知道后派人把它引到宫殿里，每天给它奏乐，喂牛肉，可海鸟却无心赏乐，也不饮食，不久便死去了。庄子认为，这是"以己养鸟"，而非"以鸟养鸟"，即没有顺鸟之情养鸟，而是凭借自己的主观，逆鸟之性养鸟。这个故事对我们进行德育工作有何启示？

学生思想品德的形成和发展过程，是学生知、情、意、行的培养与开发过程。在德育活动中，通过交往互动，通过学生自己思想内部的矛盾运动，经过长期反复的道德实践来逐步形成和发展为他们自己的道德行为习惯。任何事物都有自身的运动规律，德育也不例外。

1. 学生的知、情、意、行诸因素统一发展的规律

（1）知、情、意、行是构成思想品德的四个基本要素

德育过程，是培养学生知、情、意、行的过程，这四因素既相对独立，又相互联系。

知，即道德认识，是人们对道德规范及其意义的理解和掌握，包括自己的看法；是对是非、善恶、美丑、公私、荣辱的认识、判断和评价，由此而形成的各种道德观。它是德育的基础。

情，即道德情感，是人们对社会思想道德和人们行为的爱憎、好恶的态度，是运用一定的道德观评价自己与他人的品行或某事物时而产生的一种内心体验和主观态度。它伴随道德认识而产生发展，对道德认识和道德行为具有调节作用。

意，即道德意志，是指人们为了达到某种道德目的而行动时所做的自觉努力，是调节道德行为的精神力量。它能排除各种干扰和障碍，使决定采取的道德行为得以坚持下去。它是形成道德行为习惯的内在动力。

行，即道德行为，是指人们在一定的道德认识、道德情感支配下采取的行动，是人的品德的外部表现，也是衡量人的品德好坏的重要标志。一般的道德行为只有经过多次练习，才能形成道德行为习惯，道德行为习惯更能反映出一个人的道德品质。

（2）知、情、意、行之间的关系

品德结构中的四因素各有自己的特点与作用，它们相互联系，相互制约，相互促进，从而推动品德的发展。在德育过程中，它们是相互作用的。道德行为受道德认识、情感和意志的支配、调节，同时又影响道德认识、情感和意志。

其中，道德认识是基础，道德行为是关键。

根据四因素之间的关系，我们对学生进行思想品德教育，一般按照提高道德认识、陶冶道德情操、锻炼道德意志和培养道德行为习惯的顺序进行。由于四因素具有相对独立性和受教育者的知、情、意、行在发展方向和水平上的不平衡性等原因，因此，在德育的具体实施过程中，具有多种开端：或从晓之以理入手，如要学生写保证书等；或从导之以行开始，如学生没打扫好教室卫生，先打扫后再进行教育等；或从动之以情开始，如利用英雄人物或教师自己的人格感化等；或从锻炼道德意志开始，如针对那些做事不能始终如一的学生，需要培养他们克服困难的勇气和毅力，最后达到知、情、意、行的全面和谐发展。

陶行知先生在担任育才小学的校长时，一次，他看到男生王友用泥块砸班上的同学，当即制止了他，并要他放学后到校长室去。

放学后，陶行知来到校长室，王友已经站在那里准备挨训。可一见面，陶行知却拿出一

块糖果递给他,并说:"这是奖给你的,因为你按时来到这里,而我却迟到了。"王友惊疑地接过糖果。随后,陶行知又拿出一块糖果放在他手里,说:"这块糖也是奖给你的,因为当时我不让你再打人时,你立即就住手了,这说明你很尊重我。"王友更诧异了,眼睛睁得大大的。

陶行知又拿出第三块糖果塞到王友手里,说:"我调查过了,你用泥块砸那些男生,是因为他们不守游戏规则,欺负女生。你砸他们,说明你很正直善良,有跟坏人作斗争的勇气!"王友感动极了,他流着泪后悔地说道:"陶……陶校长,你……你打我两下吧!我错了,我打的不是坏人,而是自己的同学呀!"陶行知满意地笑了,说:"你能正确地认识错误,我再奖励你一块糖果,可惜我只有这一块糖果了,我的糖果给完了,我看我们的谈话也该结束了吧!"说完,他和王友一起走出了校长室。

陶行知育人的故事对我们把握德育过程的规律有何启示?

2. 学生在活动和交往中形成思想品德的规律

(1)学生的思想品德是在社会交往活动中形成发展的

学生的思想品德是在积极的活动和交往过程中逐步形成发展起来和表现出来并接受其检验的。正是在社会活动和交往中,人作用于客观世界,客观世界的思想道德关系反映到人的主观世界,形成一定的道德认识,产生一定的道德情感,形成一定社会需要的思想品德。活动和交往是思想品德形成的基础,活动和交往的性质、内容、方式不同,对人的品德影响性质、作用也不同。因此,在德育活动中,我们要选用对学生产生积极作用的德育内容,采用行之有效的德育方法,使学生在活动与交往中受到教育。

(2)德育过程中的活动和交往的特点

德育过程中的活动和交往与人类的一般活动和交往有着明显的不同。其主要特点表现在:

①引导性、目的性、组织性。德育过程中的活动和交往是通过严密的组织在教育者指导下开展的,并服从德育的任务、目标要求,它指明了学生品德发展的方向,并不是自发的、盲目的、无组织的。

②内容、形式的多样性。德育过程中的活动和交往的内容与形式多种多样,如学习活动、劳动、社会政治活动、公益活动、各种文体活动等都能使学生获得思想道德经验,并使其道德行为得到实际锻炼。

③对象的有限性。学生的交往对象相对比较单一,主要是老师和同学。

④科学性和有效性。教育者按照学生思想品德形成发展规律和教育学、心理学原理设计、组织的有目的的德育活动,更能有效地促进学生思想品德的形成与发展。

3. 学生思想内部矛盾转化规律

德育过程既是社会道德内化为个体思想品德的过程,又是个体思想品德外化为社会道德行为的过程。要实现"两化"必然伴随着一系列的思想矛盾和斗争,但其中德育过程的最基本矛盾是社会通过教师向学生提出的道德要求与学生已有品德水平之间的矛盾。

要实现矛盾向教育者所期望的方向转化,最根本的是受教育者思想内部矛盾的转化。因此,教育者要努力创造良好的外部条件,了解受教育者的内在矛盾,促使其积极地接受外界的教育影响,引导他们积极参与道德实践,增强受教育者自我教育的能力,把他们从原有的道德水平提高到教育者所要求的道德水平上来。

自我教育是受教育者在自我意识的基础上,为形成良好的思想品德而向自己提出教育任务,自行实现思想转化和行为控制的活动。受教育者自我教育的能力也不是天生的,而是在德育实践中,在教师主导作用下逐步形成的。受教育者的自我教育能力是德育过程中不可缺少的积极因素和必要条件。只有把教育者的教育和受教育者的自我教育有机地结合起来,才能构成完整的、有效的德育过程。

20世纪80年代,在美国新泽西州市郊一座小镇,在一个家长、老师和学校几乎要放弃了的班级里,一个叫菲拉的女教师接了这个班。新学年开始的第一天,菲拉出了一道选择题:

有三个候选人,他们分别是:

A.笃信巫医,有两个情妇,有多年的吸烟史,而且嗜酒如命;

B.曾经两次被赶出办公室,每天要到中午才起床,每晚都要喝大约一升白兰地,而且曾经有过吸食鸦片的记录;

C.曾是国家的战斗英雄,一直保持素食的习惯,不吸烟,偶尔喝点酒,但大都只是一点啤酒,年轻时从未做过违法的事。

菲拉要求大家从中选出一位在后来能够造福人类的人。毋庸置疑,孩子们都选择了C。然而,菲拉的答案却令人大吃一惊:A是富兰克林·罗斯福,身残志坚,连任四届美国总统;B是温斯顿·丘吉尔,英国历史上最著名的首相;C是阿道夫·希特勒,一个夺去了几千万无辜生命的法西斯恶魔。

"孩子们,"菲拉接着说,"你们的人生才刚刚开始,过去的荣誉和耻辱都只能代表过去,真正能代表一个人一生的是他的现在和将来的所作所为。从过去的阴影中走出来吧,从现在开始,努力做自己一生中想做的事情,你们都将成为了不起的人才……"

正是菲拉的这番话,改变了26个孩子一生的命运。许多人后来都在自己的岗位上做出了骄人的成绩。

菲拉老师遵循了哪些德育过程规律?这对你有何启发?

4. 学生思想品德形成的长期性和反复性规律

德育过程是一个长期反复进行的、内容不断深化、要求不断提高的过程。首先,从学生的主观世界来看,青少年学生的世界观还未形成,需要经过长期的培养和磨炼。青少年具有可塑性和不稳定性,新的思想品德要塑造,不良思想品德要改造,并且这些塑造和改造需要多次反复才能实现。这一切决定了学生思想品德的形成和发展是曲折前进的,需要长期的教育。其次,从客观环境影响来看,学生思想矛盾是客观现实的反映,客观现实矛盾运动的复杂性、曲折性和长期性,决定着学生思想品德形成的长期性和反复性。最后,学生作为社会成员处于各种复杂的社会关系交往中,需要正确处理个人与家庭、集体、社会、国家等各方面的关系,必须具备相应的多种道德品质,而这些道德品质都要在各个阶段螺旋式地反复培养。从这个意义上说,学生反复出现一些违纪现象都是正常的。相反,一个班级从不出现违纪现象,每个学生都"老老实实"倒是不正常的。

心理学家在研究人们学习动作技能的规律时,用学习时间作横坐标,用达到的熟练程度作纵坐标,描绘出一条曲线,称为"动作技能学习曲线",这条曲线形象直观地反映了人在动作技能学习过程中各时间段的不同表现。这条曲线显示,人在学习动作技能时,初始阶段进步较快,中间阶段则是一个明显的停顿,甚至下降的时期,之后才再次进入一个相对进步较快的时期。由于显示(中)间阶段的这段曲线在坐标系中位置较高,而且又平缓,心理学家形象地把其称为"高原现象",并把学习过程的这一阶段叫作"高原期"。其实,我们不仅在学习动作技能时存在"高原期",在学习某一学科、习得某一习惯时,同样存在"高原现象"。

"高原现象"对于我们认识德育过程规律有什么启示呢?

第四节 德育原则、途径与方法

德育原则来自德育实践,它随着社会生活的发展、学校德育实践的丰富和人们对德育过程规律的认识深化而发展和充实。中外历史上许多著名的教育家提出了不少德育的要求或原则,这些宝贵的历史经验仍值得我们继承。不过,今天的学校德育工作出现了许多新情况,面临许多新问题,需要我们与时俱进,发展创新。

一、德育原则

德育原则是教师对学生进行德育应该遵循的基本要求。它以个体品德发展规律和社会发展要求为依据,概括了德育实践的宝贵经验,反映了德育过程的规律性。

现阶段我国学校的德育原则主要有:理论和生活相结合原则,疏导原则,长善救失原则,严格要求与尊重学生相结合原则,因材施教原则,在集体中进行教育原则,教育影响一致性和连贯性原则等。

(一)理论和实际相结合原则

理论和实际相结合原则是指进行德育要注重引导学生把思想政治观念和社会道德规范的学习同参与生活实践结合起来,把提高道德认识与养成良好道德行为结合起来,做到心口如一,言行一致。

德育目的归根到底是引导学生审视生活、评价生活,感悟生活意义与生活追求,形成选择生活、更新生活的意向与能力,因此不能不面向学生的现实生活。对青少年来说,注重理论与生活实践的结合十分必要。道德知识与原理在一定的意义上可以通过言教与学习获得,而道德情感、道德行为与习惯的形成则复杂得多,需要经过长期的生活体验与实际锻炼,克服各种内外的障碍才能达到。所以,在学生品德的发展中,极易出现心口不一、言行脱节的现象。贯彻理论和实际相结合原则的基本要求如下:

1. 理论学习要结合学生的生活实际,切实提高学生的思想水平

思想认识是行为的先导。在德育中,以一定的道德观念和思想政治理论教育学生是必要的。道德源于生活,品德养成于生活,但这并不意味着可以拒斥理论的学习,而是表明理论的教育与学习必须以学生的实际生活为立足点,同学生的实际生活相结合。要知道,德育的理论教育与学习只有同学生的实际生活对话、互动,让学生感兴趣,为学生所需要、所理解、所体验、所内化,学生所学到的思想品德理论才能真正介入、渗透到学生的实际生活中去,提高学生评价生活、选择生活、更新生活的能力。

应当看到,学生的生活既是个人的,又是社会的;既有特殊性,又蕴含着普遍性。不存在无共性的纯粹个人的"学生生活",也不存脱离个人的纯社会的"学生生活"。学生生活既是足迹所到、伸手可及的身临其境的生活,又是兴趣所到、注意所及的心历其境的生活,二者既相联系,又不等同,共同构成学生的"生活世界"。借助语言符号和传媒信息,使学生的心历时空寓于身历时空,又远远超出其身历时空。正是由于学生生活的社会性及其心历时空能够超越其身历时空的特性,所以,作为人类文化的道德观念和思想政治理论才能与学生生活对话、互动,开展所谓"视域交融",思想沟通,情感交流,从而引导学生摆脱自我中心而胸怀社会、胸怀人类,形成以人为本的价值观、人生观、社会观;正是由于学生生活是个人的,德育面向学生生活不仅要面向学生的"身历世界"的特殊性,而且要重视他们的"心历世界"的兴奋点,了解他们在想什么,希望什么,有什么困难和烦恼,所以,德育的理论教育或学习只能是对话而不是灌输,只能是思想情感上的交流与沟通,而不是生硬说教或强迫命令。

2. 注重实践,培养道德行为习惯

德育要以生活为基础,要寓于经常的活动与交往。德育的理论学习要见诸行动,要注重引导学生的实践活动与交往,组织他们适当地参加集体生活、公益劳动、社会服务、政治活动,让他们在实践中锻炼成长,深化思想认识和情感体验,养成好的行为习惯,这是学校德育不可或缺的方面。苏霍姆林斯基很重视通过实际活动来培养学生的行为习惯,认为行为习惯在品德的形成与发展中具有重要作用。他指出:"由道德概念通向道德信念的通道是以行为和习惯为起点的,而这些行为和习惯则是充满深切情感并含有孩子对待他所做的事和他周围发生的事情的个人的态度。"[①]确实,青少年学生只有在经常的社会活动和道德实践中,在养成诸如见师长就问好、认真听讲、先举手后发言、积极打扫教室、见地上有纸屑便拾起等行为习惯的过程中,才能激发出他们遵守道德规范的积极态度和深厚情感,才能使他们获得的道德知识转化为道德信念,形成高尚的品德。

还应当看到,道德信念具有抽象性、普遍性,而生活则是具体的、特殊的,学生即使具有一定的道德信念,但遇到复杂的生活问题时,也往往会不知所措、束手无策。这也是学生常常说得多、做得少或做事的动机好、效果却不好的原因之一。在这个意义上,也需要让学生在实践中训练道德行为方式,锻炼应变能力。

(二)疏导原则

疏导原则是指进行德育时要循循善诱、以理服人,从提高学生认识入手,调动学生的主动性,使他们积极向上。疏导原则也称为循循善诱原则。

青少年学生正处在道德认识迅猛发展时期。他们向往未来,要求上进,积极追求自己人生的价值。但他们的社会经验毕竟有限,辨别是非、善恶的能力也不足,所以看问题容易简单片面。在这种情况下,就需要对他们进行正面教育,说服诱导,以提高思想认识。况且青少年学生单纯、热情、耿直,敢想敢说,他们的思想总是要表现出来,就像奔腾的河水一样,堵是堵不住的。对他们的思想认识问题,如果试图用"堵"、"压"的办法去解决,就会激化矛盾,造成对抗;应该像大禹治水一样,重在疏导,使他们明白事理,提高认识,自觉自控。

---

① 苏霍姆林斯基.帕夫雷什中学[M].赵玮,等译.北京:教育科学出版社,1983:200.

因此,要想提高学生的思想认识和道德自觉,最好采取疏导的方式,以理服人,而非压服。

贯彻疏导原则的基本要求如下:

1. 讲明道理,疏通思想

对青少年进行德育,要注意摆事实、讲道理,深入细致地做思想工作,启发他们自觉认识问题,自觉履行道德规范。即使学生有了缺点、毛病,行为上有过失,也要以疏为主,提高认识,启发自觉。对于学生的思想认识问题,宜疏导,不宜压制。压制往往不利于学生进步,唯有疏导才能使学生自我觉醒,自觉改进。疏导的进行有赖于对学生思想和心理状态的认识和理解。有时,学生习以为常,并未感到有什么不对,这就更要启发他们认识到自己思想行为上的不足或失误。

孔子说:"不愤不启,不悱不发。"①学生处于不愤、不悱状态,教师就无从启发、疏导。有时,学生的表现也有他自己的缘由或理由,教师需要设身处地弄清楚。单凭主观印象就加以批评、指责,会让学生感到委屈、痛苦,甚至形成心理障碍。师生之间一旦没有共同语言,疏导也就难起作用了。

2. 因势利导,循循善诱

青少年学生活泼爱动,精力旺盛。他们在课余生活中,唱唱跳跳,奔跑喊叫,积极参加自己喜爱的活动,是学生身体和心理健康的表现,是很自然的事。不可一味要求他们安安静静,循规蹈矩,像小大人一样。重要的问题在于,要善于把学生的积极性和志趣引导到正确的方向上来。

初三开学不久,我无意地发现胡斌在英语课本封底上写着:"最近比较烦,上课根本听不懂,考上高中是不可能的,倒不如喘喘气,轻松轻松……"当时我没有太在意。几天后,多位值日老师向我反映说,胡斌晚上喜欢偷偷到校外网吧上网。我知道后,一天早上起床前,我有意等在他寝室门口,将外出归来的他逮了个正着。他无奈地交代了错误:他特别爱玩"热血江湖"、"魔兽"等网络游戏,经常深夜偷偷摸摸溜出学校去网吧,玩游戏上瘾耽误了学习……

怎么办好呢?我在寻找转变这个网虫的最佳"契机"。于是,我便捕捉他身上的"闪光点",因势利导。正如苏联著名教育家马卡连柯所说,"培养人就是培养他对前途的希望"。这个网虫成绩差,但他擅长书法。在一次"校园十佳书法家"比赛中,我特意安排他参与"十佳书法家"的角逐,并提前问他:"你还信任老师吗?"他点点头。果然,他不负众望,在比赛中一举夺魁,为班级赢得了荣誉。我及时抓住这一"闪光点",在班上予以表彰,并任命他为我班书法兴趣小组组长,扩大了他在同学中的影响,让他尝到了成功的甜头。我特别注意到,当我表扬他的时候,他竟红着脸,低下了头。这幅美丽的画面永远定格在我心灵的底片上。

从那以后,他自己也觉得天天偷偷摸摸上网的行为不好,而且让其他同学在学习上超过了他,突然觉得不能再这样下去了。于是,他真正与网络游戏说"Goodbye"了,一心扑在学习上。我也一直关注着他,经常利用周末帮他补习英语基础知识,鼓励他积极主动地向各科老师请教不懂的问题。当他成绩止步不前时,我鼓励他永不放弃;当他成绩有进步时,我表扬他再接再厉。在大家的一起努力下,他的成绩不断出现新的起色,终于在2010年黄

---

① 《论语·述而》。

冈市中考中以优异的成绩考取了省重点高中麻城一中,成为我校毕业生中的佼佼者、周围人叹服的"黑马"。①

3. 以表扬、激励为主,坚持正面教育

青少年学生积极向上,有自尊心、荣誉感,但往往有孩子气,不能正确认识社会和人生问题。教师要给以启示、指点,使他们放眼社会,懂事明理,从幼稚中醒悟,关心他人、祖国和世界,树立自己的理想。在他们的成长过程中,要坚持正面教育,对他们表现的积极性和微小的进步都要注意肯定,多加赞许、表扬和激励,引导他们步步向前,以培养他们的优良品德。批评与处分只能作为辅助的方法。

这个学期我班新来了一个听力有障碍的学生。记得第一次见到她:乱糟糟的头发下面藏着一张脏兮兮的小脸,一双大眼睛游离不定。她一进我的办公室,就开始乱翻东西,在我和她家长谈话的半个多小时里,她不停地跳来跳去。第二天,她从跨进教室的那一刻起就没安分过,那双大眼睛从没专注地看过我,你说什么她都不理会,只顾自己玩。

不久后的一天,当我拿着几台赞助来的助听器进教室,将其中一台戴在她耳朵上,轻声问她有没有听到声音时,她突然用一种极其热烈的目光看着我。那天,她上课特别专心,下课也没再乱跑。课后,当批改到她的作业时,我发现她的字比往常要写得认真些,就当着全班学生的面对她说:"今天,你进步最大,真棒!"从这一天起,就是这看似平常的一句赞语,竟如同灵丹妙药似的改变了她。她好像换了一个人:上课专心了,课后斯文了,还开始学着关心别人了。有一天她见我拿着脸盆准备去打水擦桌子,竟一把接了过去,打来了水,仔细地擦起桌子来。

至此,为人师者都会如我一般心生感触。一个人生活轨道的改变竟然缘于一句赞赏,这带有几分偶然,然而,从心理学的角度分析,来自教师的夸奖、鼓励最能唤起学生的自尊和自信,成为激发他们奋发学习的动力,甚至成为他们人生道路转折的契机。

对我们每个教师而言,说一些赞赏鼓励的话,绝非难事,而对学生,尤其是那些身体残疾,平日里听惯了批评之声的孩子而言,这一声夸奖显得格外珍贵。老师啊,我们在尽心竭力对学生不吝"赐教"时,能否也对他们不吝赞赏,让孩子们在获取知识技能的同时,还能平添一份自信。一句赞赏如一条清的小溪,可以洗净学生身上的自卑、懒惰、疑虑;一句赞赏如一阵和煦的春风,可以吹绿学生心中曾枯萎的小苗;一句赞赏如一把金色的钥匙,可以开启学生美好的心灵。

老师们,让我们都学会赞赏吧!②

(三)长善救失原则

长善救失原则是指进行德育要调动学生自我教育的积极性,依靠和发扬他们自身的积极因素去克服他们品德上的消极因素,促进学生的道德成长。

《学记》明确提出:"教也者,长善而救其失者也。"但当时主要强调教师教的职责,而未注意到调动学生主体的积极性。今天,人们认识到,德育只是学生品德发展的外因,外因必

---

① 袁祖德.网虫变成了重点高中生[EB/OL].中国未成年人网.[2011-06-03].http://www.kids21.cn/xjz/xjzwxb/ztzw/201106/t20110603_58406_1.htm.

② 董建富.不要吝啬赞赏[N].教育文摘周报,2007-08-15.

须通过内因起作用,即德育应激发学生自我教育的积极性,引导他们发扬自身的积极因素,克服自身的消极因素。学生的品德发展,主要在于他们思想情感内部的矛盾运动,在于其中积极一面不断得到发扬并战胜消极一面,他们才能表现出进步。一个学生,只有逐步养成一些诚实的行为才能克服说谎的毛病,只有养成遵守纪律的习惯才能改正自由散漫的行为。如果积极一面得不到巩固、壮大,那么消极落后一面是克服不了的。在这个意义上,所谓长善救失,也就是引导学生自己战胜自己,自己超越自己。

贯彻长善救失原则的基本要求如下:

1. "一分为二"地看待学生

正确了解和评价学生是正确教育学生的前提。有的教师不能有效地教育学生,往往是因为不能以"一分为二"和发展的观点看待学生。例如,只看到一个学生的优点而放松了对他的要求,或只看到一个学生的缺点以致简单粗暴地对待他;或只注意过去而不重视他的发展与现时表现,对他老是抱有成见。所以,对学生既要看到他积极的一面,也要看到他消极的一面;既要看他过去的表现,也要看他后来的变化和现时的表现;要看到优秀学生的不足之处,懂得"响鼓也要重锤敲",还要善于发现后进生身上的闪光点,以便长善救失,促进他们的转变。

2. 发扬积极因素,克服消极因素

全面而深入地了解学生,为教育学生打下了良好的基础,但要促进他们的品德发展,根本的一点在于调动其积极性,引导他们自觉地巩固和发扬自身的优点来抑制和克服自身的缺点,才能养成良好的品德,获得长足的进步。

我班有一位叫蒋××的女孩子,她一头短发,一身运动服,戴着一副黑边眼镜,典型的"假小子"。她无心学习,上课爱讲话,搞小动作,注意力不集中。第一学期期中考试科科成绩都挂"红灯"。

我曾批评过蒋××,但她无所谓,自由散漫的毛病有增无减。我无计可施,只好与其家长联系。她的母亲在电话里哽咽地告诉我:蒋××上初一后,他们夫妻俩便到国外打工,孩子就一直寄居在姨妈家中。由于父母不在身边督促,她逐渐变得我行我素起来,把姨妈的话当作耳边风,养成了自由散漫、不爱学习的坏习惯。更不幸地是在她初三即将毕业时,父亲因工伤去世,葬身异国他乡。丧父之痛使得自控能力较差的她,心灵上又蒙了一层阴影,心理负担更重。于是,我下决心要帮助她改掉坏毛病。

我发现蒋××有一个优点:自尊心强,集体荣誉感强。为参加学校第二十一届运动会,她自告奋勇地报了800米比赛等多个项目。比赛前,她认真地做着准备活动,一副信心十足的样子。上午800米比赛时,本来一直跑在第一位的她,在距终点不到20米处突然倒了下来。我和两位学生赶紧跑过去,背她到医务室。经诊断,因早饭没吃,赛前喝了冷饮,发力过猛,导致身体不适。蒋××伏在我肩膀上哭了起来,我问她是否是痛得厉害,她摇摇头哽咽地说:"我让老师和全班同学失望了。"我的心颤动了一下,心想,这孩子多要强呀。下午,我让她不要参加比赛了,她愧疚地看着我说:"不,老师,我要参加,我能坚持,我要为班级拿分。"第二天蒋××又主动参加了接力赛。运动会上,她为班级共夺得了宝贵的8分,并因她的事迹和全班同学在运动会上的表现,班级荣获了大会组委会颁发的精神文明奖。

事后,我和蒋××坐在教室里聊了起来。我说:"蒋××,你知道吗?运动会上你让老师、同学感动了,不是因为你为班级夺得了8分,而是你坚持不懈、奋力拼搏的精神打动了我们,班上的同学都暗地里叫你英雄呢。我还打电话将这件事告诉了你妈妈。你妈妈好高兴,并说如果你爸爸在九泉之下知道女儿能如此出色也会欢欣鼓舞的。""真的吗?老师、同学、我妈是这样夸我的吗?"她红着脸激动地问道。"是的,老师没有骗你,你强烈的集体荣誉感让所有的人都为你感动,为你鼓掌。"

从那以后,我发现蒋××看我的眼神里充满了依赖和期待。我知道她的心扉开始向我敞开了。①

3. 引导学生自觉评价自己,勇于自我教育

引导学生长善救失,固然需要教师起主导作用,但主要靠学生自我教育,自觉发扬优点来克服缺点。然而,青少年学生往往不易正确评价自己,或评价过高,骄傲自满,阻碍进步;或评价过低,自卑不已,无法振作。所以,要帮助学生善于虚心听取父母、教师、同学等各方面的意见,勇于解剖和正确评价自己,能够对自己的思想与行为自觉地进行反省与反思,为自己的优点而自豪,为自己的缺点而自责、内疚,自觉地进行道德修养。

(四)严格要求与尊重学生相结合原则

严格要求与尊重学生相结合原则是指进行德育要把对学生的思想品行的严格要求与对他们个人的尊重信赖结合起来,使教育者的严格要求易于转化为学生主动的道德自律。

要教育人,首先就要把人当人。人都有自尊心和荣誉感,只有受到尊重与信赖,才能充分激发他的能动性与上进心。青少年学生尤其这样,他们单纯、热情、积极向上,如果得到师长的尊重、信赖与鼓励,他们会充分发挥主动性,努力提高个人的品德。如果对他们不是尊重、信赖,而是厌恶、歧视、侮辱、压制,甚至体罚,那就必定会对他们的个性发展造成伤害。

苏联教育家马卡连柯提出并明确阐述了这个原则,他说:"要尽量多地要求一个人,也要尽可能地尊重一个人。""我们对个人所提出的要求,就表示出对个人的力量和能力方面的尊重;而在我们的尊重里,同时也表示出我们对个人的要求。"②我们要建立和发展平等、友爱、团结、互助的新型人际关系,发扬尊重人、关心人的社会主义人道主义精神,必须把严格要求学生与尊重学生结合起来,作为德育的一个重要原则。这样才能在德育实践中真正调动学生的主动性,激发上进心,严格要求自己,使德育获得好的效果。

贯彻严格要求与尊重学生相结合原则的基本要求如下:

1. 尊重和信赖学生

青少年学生是祖国的花朵、人类的未来。每个青少年学生都有一颗自尊自爱、向善求善、希望得到社会理解和肯定的心。尊重、呵护与信赖学生是一个优秀教师必须具备的基本品德。苏霍姆林斯基指出:"一个好教师意味着什么?首先意味着他是这样的人,他热爱孩子,感到跟孩子交往是一种乐趣,相信每个孩子都能成为一个好人,善于跟他们交朋友,关心孩子的快乐和悲伤,了解孩子的心灵,时刻都不忘记自己也曾是个孩子。"③爱护、尊重

---

① 陈舒泛,张荣胜.心灵的碰撞艺术的展示:职业院校教育案例集锦[M].北京:高等教育出版社,2010:131-132.

② 马卡连柯.论共产主义教育[M].刘长松,等译.北京:人民教育出版社,1962:270-271.

③ 苏霍姆林斯基.帕夫雷什中学[M].赵玮,等译.北京:教育科学出版社,1983:44.

与信赖孩子是教好孩子、获得良好德育效果的一个重要条件。皮格马利翁效应证明了这个道理。

皮格马利翁效应又称罗森塔尔效应。相传古代的塞浦路斯岛有位俊美的青年国王叫皮格马利翁,他精心雕刻了一尊象牙少女像,每天都含情脉脉地迷恋她。精诚所至,少女真的活起来了。这是一个美丽的神话故事。现实生活中竟有这样的事,这就是皮格马利翁效应。1968年,心理学家罗森塔尔和雅各布森来到美国的一所小学,从1~6年级各选3个班级,对18个班的学生"煞有介事"地做发展预测,然后以赞赏的口吻将"有优异发展可能"的学生名单通知有关教师。名单中的学生,有的在老师的意料之中,有的却不然。对此,罗森塔尔做过相应的解释:"请注意,我讲的是他们的发展,而不是现在的基础。"他叮嘱不要把名单外传。

8个月后,他俩又来对这18个班进行复试。结果他们提供的名单里的学生成绩增长比其他同学快,并且在感情上显得活泼开朗,求知欲旺盛,与老师的感情也特别深厚。原来,这是一项心理学实验。所提供的名单纯粹是随机的。他俩通过自己"权威性的诺言"暗示教师,坚定了教师对名单上学生的信心,调动了教师独特的深情……通过眼神、笑貌、嗓音,滋润着这些学生的心田,使这些学生更加自尊、自信、自爱、自强。这就是教育心理学上所谓的罗森塔尔效应。如果我们把教师真实的爱将导致学生智力、情感、个性的顺利成长叫作"罗森塔尔正效应",那么教师的嫌恶将导致学生智力的衰退、精神的痛苦和情感的畸变,就叫作"罗森塔尔负效应"。[①]

这说明,期望和爱在孩子健康发展中具有重要意义。

2. 严格要求学生

教师向学生提出的教育要求应当是正确的、简明的、有计划的、积极的和严格的。"正确"是指提出的要求切合学生实际,符合学生的年龄特征,令人信服,经过努力,可以做到;"简明"是指要求易被学生理解、掌握,便于记住和知道怎么履行;"有计划"是指学生的要求一次不能提得过多,要由易到难、有步骤地、循序渐进地提出;"积极"指的是要求要给学生指明方向,激发学生向善、为善的自尊心、自信心,唤起学生对自己行为的责任感;"严格"指的是对学生的要求一旦提出,就要不折不扣、持之以恒地引导与督促学生做到。有时,关乎纪律和义务的要求,有必要以命令的形式呈现。

没有要求就没有教育。在一定意义上说,德育就是对学生品德发展的引导和规范,主要表现为对学生的严格要求。对学生的缺点和错误,尤其是对那些"好学生"的缺点和错误,不能视而不见、姑息纵容,或因其年纪小而原谅不究,要注重防微杜渐。要懂得,溺爱,以俊掩丑,重"赏识"轻"要求",或把"放任"当"宽容"都不利于培养学生良好的品德。当然,严格要求应当与尊重、信赖学生很好地结合起来。只有要求是出于关爱的、真诚的,是有利于学生树立自尊心、自信心的,学生才乐意接受,积极履行,并逐渐从"他求"转向"自求",从他律转向自律。这是教师在德育上获得成功的一项重要的艺术。

(五)因材施教原则

因材施教原则是指进行德育要从学生品德发展的实际出发,根据他们的年龄特征和个

---

① 朱作仁.教育词典[M].南昌:江西教育出版社,1987:197-198.

性差异进行不同的教育,使每个学生的品德都能得到最优的发展。孔子积累了因材施教的丰富经验。他善于了解学生,提出了"视其所以,观其所由,察其所安"的了解学生的有效方法,擅长根据学生特点进行有区别的教育。

教育的对象是活生生的学生,他们的品德发展既有一般规律与年龄特征,又有各自的个性、优点与不足,以及特定情境中的心态。对他们进行德育必须依据这两个方面的实际状况,特别要考虑学生的个性和心态,这样才能真正做到因材施教,才能有效地促进他们品德与个性的发展。否则,不但不可能调动他们进行道德修养的积极性,而且会压抑学生个性,阻碍学生的进步。贯彻因材施教原则的基本要求如下:

1. 深入了解学生的个性特点和内心世界

这是进行德育的前提和基础,也是因材施教的前提和基础。

俄国教育家乌申斯基说:"如果教育家希望从一切方面去教育人,那么就必须首先从一切方面去了解人。"[①]学生是班集体的主人,但学生的发展又存在着差异,老师要教育好学生,就得先了解和研究学生,这是做好班级工作的先决条件。了解和研究学生的内容主要有两个方面。一是了解和研究班集体,包括集体的基本情况,如总人数、性别结构、生源状况、年龄分布等;班级的基本情况,如学习好中差学生的比例、学生思想品德的表现、班级取得的成绩与存在的问题等;班级的其他方面,如学生生活社区环境、学生家庭条件、学生在校外的表现等。二是了解和研究学生个人,包括学生的基本情况,如姓名、性别、年龄、健康等;学生的家庭情况,如父母的文化水平、职业、经济状况、居住条件等;学生的思想品德和学习情况,如遵规守纪、文明礼貌、集体观念以及学习成绩、学习态度、兴趣特长等;学生的个性情况,如智力特点、情感意志特点、性格和气质类型等。

了解和研究学生,要注意全面性、经常性和发展性。全面性就是要全面地看待学生,既看到学生的优点,也看到学生的不足;既看到校内的表现,也要看到校外的表现。经常性就是要把了解和研究学生作为班主任的常规工作,充分利用一切场合条件,做到常抓不懈。发展性就是要用发展的观点看待学生,既看到学生的过去,也要看到学生的今天,还要预见到学生的明天。

2. 根据学生的个人特点有的放矢地进行教育

由于学生各人都有自己的生活环境、成长经历、个性特点和精神世界,因而对他们的教育必须区别对待、有的放矢,采用不同的内容和方法来因材施教。通俗地说,就是"一把钥匙开一把锁"。为了打开每个学生的心灵之锁,必须善于找出并运用特定的钥匙,也就是要打破"一般化""老一套"的教育方法,找到能适合学生特点、开启学生心灵的德育内容和方法,创造性地进行教育。

有位老师的班上,有两个学生,他俩无视纪律,不服管教。但老师看到了两人的不同,采取了不一样的方法因材施教,收到了良好的效果。

章生自尊心强,不能受一点委屈,做错了事也不肯当面承认,常与教师顶牛,搅得课也上不成。但他接受能力强,记忆力好。新学期开始,他突然要求退学,为达到目的,甚至故意捣乱课堂。经了解,他是家中长子,备受娇宠,性格骄横。父亲工资低,要维持全家七口生活,连学费都交不起,又不愿申请免费。15岁的章生懂得父亲的苦衷,产生退学赚钱的念

---

① 胡生.小学教育学教程[M].北京:人民教育出版社,1995:456.

头。老师就从解决他的生活困难入手,关心他,要求学校给他助学金,并免去他的学费。他家中养猪,靠他打猪草喂猪,老师准许他早上晚到校一会儿,下午早回家一会儿。这样,孩子从内心感谢老师,老师讲的话也听得进去,以后再也不跟老师作对,进步很快。

刘生生活在军人家庭,父亲是营级干部,生活优裕,瞧不起人,不愿受纪律约束。在集体活动中,他稍不如意便撂挑子不干,搞得老师和同学十分被动。他有音乐天赋,不到一年工夫,很难掌握的京胡他都拿下了,伴奏很有京味。父母和老师喜欢,同学羡慕,年少得志,产生骄傲。只能表扬,不能批评,一批评就闹情绪。老师对他从严要求,让他由习惯听表扬转到习惯听批评,使他变得谨慎起来。一次,他因为排练缺席,受到了老师的批评,就闹情绪,不来演出。当时教师毅然决定换人,最后,演出成功。通过这件事,他发现没有他也无碍大局,他没有左右一切的能耐。而且老师帮助他再三认识,认识不好就不让他参加集体的文艺排演活动,这对一个爱好文艺的孩子来说是一件痛苦的事情。教师又争取家长的配合,促使他认识和改正了错误。后来,他学习刻苦,进步显著。[①]

3. 根据学生的年龄特征有计划地进行教育

学生思想认识与品德的发展有明显的年龄特征,因而进行德育有必要研究和弄清每个年级学生的思想特点。

一般来说,初一学生,刚入中学,新鲜好奇,力求上进,但他们的自觉性、自制力弱,对中学课程多和人际关系陌生而不适应,容易思想茫然、不知所措,出现掉队者。

初二学生进入青春期,对男女问题敏感,不愿在异性面前暴露自己的缺点;开始考虑人生理想,才结束少先队生活,又向往加入共青团,学习上难度也加大,智、德、美、体各个方面都容易出现困扰与分化。

初三学生开始对升学和学校及专业的选择考虑多,易侧重学科知识的学习而对品德有所放松;情绪不稳,易冲动,时常因渴望独立自主,保护个人隐私,而与父母、教师产生误会与矛盾;爱交友,易搞小圈子,不善于处理与广大同学的关系。

高一学生,刚入高中,愿做新的努力,充满希望;生理发展趋于成熟,渴望自主、自理,要求别人理解、尊重自己;希望生活丰富多彩,易视道德、纪律为小事。

高二学生,接近成人,重实力、讲竞争,不满足于课堂所学知识,注重自学和课外活动,争取锻炼与提高自己的能力;思想活跃,爱发议论,容易脱离社会现实而只强调自我;爱与异性在一起,对自己的思想行为要求不严格,社会责任感尚不够强。

高三学生,面临毕业,常考虑自己的人生、专业、前途与理想;学习负担重、时间紧,思想紧张,心事重重,但比较冷静、沉着;留恋班集体和同窗好友,但也做好了进入社会生活或深造的准备,为打开自己的人生通途而努力。

我们只有掌握每个年级学生的年龄特征和思想特点,才能对中学德育做出整体规划、系统安排,以保证德育切合学生实际,取得更大成效。

(六)在集体中教育原则

在集体中教育原则是指进行德育有赖于学生的社会交往、共同活动,注意依靠学生集体,通过集体活动进行教育,充分发挥学生集体在教育中的巨大作用。

---

① 宋国瑞.青少年品格形成与教育[M].石家庄:河北人民出版社,1984:48-52.

学生集体不仅是教育的对象,也是教育的主体,具有巨大的教育力量。马卡连柯指出:"只有建立了统一的学校集体,才能在人的意识中唤起舆论的强大力量,这种舆论的力量,是支配人行为并使它纪律化的一种教育因素。"① 特别是培养学生的社会主义、集体主义思想品质,不能离开集体的生活与活动,而必须依靠学生集体和通过学生集体来实现。

贯彻在集体中教育原则的基本要求如下:

1. 引导学生关心、热爱集体,为建设良好的集体而努力

要发挥学生集体的教育作用,关键是要把学生群体培养成为良好的学生集体。培养学生集体的过程,也是一个教育和提高学生、促进他们的品德发展的过程。所以,许多优秀教师和班主任在培养学生的品德时,往往从组织和发展班级学生集体开始。

实践证明,一个良好的集体可以培养学生各种优良个性品质,改变不良行为习惯,甚至可以教育好品质恶劣的学生。因此,要发挥学生集体的教育作用,就要耐心组织、精心培养一个具有共同奋斗目标、正确的舆论、良好的风气和传统、严格的组织纪律、朝气蓬勃、团结友爱的坚强的学生集体,让学生在集体中受到熏陶和潜移默化的教育。

2. 通过集体教育学生个人,通过学生个人转变影响集体

要发挥集体的教育作用,首先,教师要把集体当作教育的主体,先向集体提出要求,然后让集体再去要求、教育和帮助它的成员。由于教育是通过集体来教育学生个人,所以,集体教育个人也就是教育者在教育个人,这二者是并行不悖的。马卡连柯称这种方式为"平行教育影响"。② 其次,在集体中教育,也要注意通过学生个人来影响集体。这样,教育了某一个学生,也就教育了全班其他的学生。最后,更为重要的是引导、组织学生积极参与班集体的学习、工作、课外活动与社会服务等共同活动,从中学会并养成为了实现共同的目的而分工合作、遵守纪律、团结奋斗的品德,并形成人人热爱集体、对集体负责、为集体争取荣誉的风气。总之,要把学生集体和个人都摆在教育主体的地位,建立既有个人热情,又有正确舆论的个人与集体之间的民主和谐的互动关系,这样,既有利于班集体的建设,又有助于学生个人品德的养成。

3. 把教师的主导作用与集体的教育力量结合起来

充分发挥集体的教育力量,并不否定教师对集体活动的引领作用。马卡连柯指出:"这绝不是说,我们教育家和一般成人的集体领导者,只是站在一边旁观。恰恰相反,我们要时时刻刻地运用我们的思想和经验、我们的机智和意志去分析集体中各种各样的现象、希望、倾向,并且用忠告、影响、意见,有时甚至用我们的意志来帮助集体。这是一项非常复杂的紧张的工作。"③

(七)教育影响一致性和连贯性原则

教育影响一致性和连贯性原则是指德育应当有目的、有计划地把来自各方面对学生的影响加以组织,使其优化为教育的合力前后连贯地进行,以获得最大的成效。学生的品德是在学校、家庭、社会多方面的长期影响下发展的。这些影响纷繁复杂,不仅相互之间往往

---

① 马卡连柯.论共产主义教育[M].刘长松,等译.北京:人民教育出版社,1962:353.
② 马卡连柯.论共产主义教育[M].刘长松,等译.北京:人民教育出版社,1962:292-293.
③ 马卡连柯.论共产主义教育[M].刘长松,等译.北京:人民教育出版社,1962:58.

存在着矛盾,而且变化无常、前后脱节而不连贯。如果不加以组织,则必将削弱学校教育对学生的影响。尤其在现代社会,科学技术的进步,使学生活动和交往的范围扩大,通过书刊、影视和网络接受的信息量大大增加。在这种情况下,学校有责任调节各方面影响,以便优化教育的合力,确保德育目的的实现。

贯彻教育影响一致性和连贯性原则的基本要求如下:

1. 组建教师集体,使校内对学生的教育影响一致

教师是学生德育的组织者、教育者、领导者。可是,一个班就有好几位教师,一个稍大一点的学校就有数以百计的教师,他们的知识、能力、经历与思想、习性各不相同,对学生的要求及影响也大不一样,常常在许多具体问题上出现不同的甚至是对立的影响与要求,这既不利于工作的推进,更有损于德育的效果。为了提高德育工作的效率和效果,使全体教师对学生的影响与要求一致起来,有必要组建相应的教师集体。

为了组建教师集体以便对学生的影响一致,首先,全校教职员工应当明确对学生进行德育的目的、任务和学生应遵循的行为准则及要求,使对学生的德育工作步调一致地开展起来。其次,应当分工协作,互通情况,定期研究,协同一致地解决学生思想品德发展中存在的主要问题,以便切实有效、自觉主动地推进德育工作。这不仅有利于统一对学生的要求,而且有助于德育工作的及时总结、改进和教师素养的提高。

2. 做好衔接工作,使对学生的教育前后连贯和一致

对学生的教育影响前后不连贯、不一致,时紧时松、时宽时严,不仅直接影响学生良好品德的形成,而且易使学生的思想松弛,出现起伏、退步。所以,德育要做好衔接工作,包括做好小学与初中、初中与高中以及学期之间的思想教育衔接工作,做好班主任和教师因工作调换而产生的衔接工作;这不仅要求后来的教育者应当了解前一阶段学生的教育情况,使学生的思想教育紧密衔接、前后一贯,并有所增强,而且每个教师都要防止德育中出现前紧后松、一曝十寒的现象,这会给学生品德的成长带来不良的后果。

3. 发挥学校教育的引领作用,使学校、家庭和社会对学生的教育得到整合、优化

学生除了在学校学习外,还生活在家庭与社区中,每天都受到来自多方面的影响。这些影响有时一致,有时不一致,经常发生激烈的矛盾与对立,社会急剧发展与变革的时期尤其是这样。有人形象地说:学校讲集体主义,家庭讲个人主义,社会讲实用主义。面对这种复杂的局面,我们应当有清醒的认识,不要以为单靠学校德育就能"包打天下",单方面决定学生品德的发展;更不能以为学校教育能够"控制"家庭和社会方面的影响。

然而,学校德育绝不能无所作为,绝不能放弃引领学生道德发展的责任,应该审时度势,有所作为。首先,学校应与家庭和社会的有关机构建立和保持联系,形成一定的教育协作制度。其次,要及时或定期地交流情况,制定互相配合的举措。再次,要分工负责,控制和消除环境中对学生不良的自发影响。最后,最重要的是,要引导学生在多种多样甚至相互冲突的影响中,学会独立思考,明辨是非,以锻炼和提升学生自我修养的能力。

二、德育途径

学校的全部生活,学生参与的各种活动和交往,都有德育价值,都是德育的途径。但就目前我国学校德育的构成来看,主要有下述德育途径。

(一)思想政治课与其他学科教学

思想政治课与其他学科的教学作为学校德育的重要途径,是有很高的要求与条件的,否则,在教学中易出现这样或那样的偏差,很难落到实处。例如,学科教学往往只是专注于学科知识的教与学,这就意味着德育在教学中没有到位或没有完全到位。要知道,知识,包括思想政治课的知识,的确能为学生品德的形成奠定认识基础,但它还不是品德。所以,知识可以进教材、进课堂、进试卷,但不一定能形成学生的思想品德,见诸行动。所以,人们对以思想政治课的成绩来判定学生品德的做法持怀疑态度。必须懂得,知识转化为品德还需要将知识与学生生活相联系,与学生思想"对话",以激发学生的道德需要,并用这些道德认识来探寻做人的道理,调节对人对事应持的态度,并付诸行动。只有在这种条件下,不仅人文、社会学科的教学能促进学生品德的发展,就是自然学科的教学也有助于使学生形成尊重事实、破除迷信、坚持真理、实事求是、精益求精和锐意创新的科学精神。

此外,教师对学生以及学生之间的态度与关系,日复一日地长期反复呈现,也会对学生品德产生潜移默化的影响。这些影响可能是正面的,也可能是负面的,需要教师正确鉴别与引导,以加强对学生的正面影响,减少负面效应。

(二)劳动和其他社会实践

这是学校德育尤其是劳动教育的重要途径。它的特点在于:让学生在做中学,在交往中学。通过劳动和其他社会实践,学生容易对劳动、对科学与技术、对社会现实产生兴趣,激发出巨大的热情与潜力,经受思想行为上的严峻磨炼,看到自己的成绩,体验成功的喜悦。有意义的劳动和社会实践,能够提高学生的责任意识、服务意识,使学生形成勤俭、朴实、艰苦、顽强等良好的道德品质,在德育上有着不可或缺、不可替代的意义。

(三)课外活动和校外活动

课外活动不受教学计划的限制,学生可以根据兴趣、爱好自愿选择活动,自主地制定一定的计划与规则,以组织协调人际关系、开展丰富多彩的活动。这是生动活泼地向学生进行德育的一个重要途径。通过课外活动进行德育,能调动学生的积极性,培养他们的自律能力,形成互助友爱、团结合作、尊重规则等品德。

(四)学校共青团、少先队活动

共青团、少先队是青少年儿童自己的组织。青少年儿童热爱自己的组织,积极参加团队活动,渴望加入团队组织。因而,开展团队活动,能激发学生强烈的上进心、荣誉感,使他们能够严于律己,自觉提高思想品德。它是德育的重要途径。

(五)心理咨询

心理咨询是培养学生健康心理品质的有效途径。中小学生处于身体的快速变化时期,中学生还面临着升学或择业的压力,易产生一系列生理和心理问题。通过个别谈心、咨询、讲座等多种方式对学生进行心理健康教育,可以帮助学生处理好学习、交往、择业等方面问题,使他们成为积极向上、心理健康的人。

(六)班主任工作

班级是学校教育工作的基本单位,班主任是班级教育系统的主导力量。通过班主任工作,学校不仅能有效地管教学生基层组织和个人,而且能对教育学生的其他途径的活动起协调作用,是学校德育的一个特别重要的途径。

(七)校园生活

校园生活指包括上述活动在内的全部学校生活。但近年来,在一些学校里,除课堂教学和班主任工作以外,劳动和社会实践活动被边缘化了,课外、校外活动罕见了、变味了,团队活动也淡化了,心理咨询与职业指导则可有可无,学生的活动与交往大部分都局限在课堂内,很少有跨越班级的社会活动。学校对校园生活的管理,只重纪律、秩序的遵守,忽视学校文化生活的独立、自主与创新。这种缺乏丰富文化,单调、枯燥、变味的校园生活,是不利于学生生动活泼地、主动地得到全面发展的。我们无意对学校妄加指责,学校的做法也大都出于无奈。但必须指出,校园生活问题是一个值得探讨和改进的问题。

学校原本就是一个社会,为何杜威要把学校办成雏形社会?在我们看来,杜威是要把学校从自在的社会转变为自为的教育社会,这对我们是有启示的。校园生活是学生重要的生存方式和交往、学习方式,是学生品德发展的基础。课堂教学对学生品德的发展固然重要,但它偏重于道德认识,存在局限性。学生的道德行为习惯的养成,情感的转变,为人处世的习得,还得通过社会生活与交往的历练才能形成。如果我们只关注在德育课堂见"思想",在"做好事"时见行动,而在广阔的校园生活中却忘了德育,是很难获得德育成效的。我们要推进"素质教育",就要开展有益的丰富多样的校园活动,不应该在上完课后,就把学生全部清出学校。这样做的结果是,学生放任自流了,道德教育缺失了,家长手足无措了,"素质教育"就成空中楼阁了。要建立良好的校园生活,一是要研究如何使德育在各个途径中真正到位,使之互相补充,形成整体效应;二是要根据学校实际,研究如何增加跨越班级的活动与交往,逐步形成学校特色;三是要研究如何使校园生活能够体现时代精神,蕴含深厚文化,让学生在生活中养成现代文明习气和人文情怀。

三、德育方法

德育方法是师生为完成德育任务而采取的活动方式的总和。它有两层含义:

第一,它是师生共同活动的方法。以为德育方法只是教师进行德育的方法,是一种误解。例如,说理、奖惩主要是教师用来影响学生的方法,以教师活动为主,但其效果仍取决于学生的认识与感悟;锻炼、修养,虽然在教师引导下,但以学生的道德践行和自觉修养为主;陶冶,虽要教师创造一定的环境,但主要靠学生与环境的互动和历练,潜移默化地养成良好品行。

第二,它是为实现德育的目标、要求服务的。目标、要求不同,德育方法也不相同。没有脱离德育目标、要求而孤立存在的方法。有的教师把教育培训看成方法培训,只想模仿、照搬他人的先进方法,却不愿研习方法背后的教育理念,不愿听"大道理",其效果很不理想。要知道,同一种方法,有的人用起来得心应手,卓有成效,有的人则生硬死板,毫无效果。原因在于后者只会依葫芦画，没有深入研究和真正掌握选择与运用方法的科学原理。

我国中小学德育的一般方法有明理教育法、榜样示范法、情境陶冶法、实践锻炼法、自我修养法、奖惩法等。

(一)明理教育法

明理教育法是通过引导学生摆事实、讲道理，经过思想情感上的沟通与互动，让他们悟明道德真谛、自觉践行的方法。明理法是德育的一个基本的方法，因为运用其他德育方法都要以明理为基础或结合明理进行才能有效，才能让学生在思想品德的发展上做到自主、自律。

学校德育对青少年学生运用明理法一般采取说理或说服的方式，要求教师把道理讲清楚，使学生明白为什么要这样做。只有这样，学生才能自觉自愿遵守、履行。当前学校德育的一个突出问题就是：要么强迫命令，要么讲不清楚道理，总之，未重视讲明道理。试问，教师昏昏，何以能使学生昭昭！

然而，明理法仅仅重视说理是不够的。从以往学校的德育工作看，说服法往往易犯"重说轻服""重理轻悟""重言轻行"的毛病，因此，我们不仅要讲明道理，而且特别需要教师与学生在思想情感上的沟通、交流与互动，让学生能够联系学校生活和社会交往实际，在思想上领悟道德风纪的真谛，在情感上真诚地认同、共鸣，以便能够心悦诚服地信奉与践行。

明理教育法包括讲理、沟通、报告、讨论、参观等。

(1)讲理。这是一种比较系统地阐述道德规范和价值观，提高学生认识水平的方式。比如，向学生讲清马克思主义的基本观点、社会主义的道德规范、规章制度和行为准则等。讲理一定要联系学校生活与社会生活实际，使学、思、行结合起来，以获得良好效果。

(2)沟通。一般是指师生通过思想情感上的连通、交流与互动以了解、关怀学生，化解师生之间存在的偏见、分歧与矛盾，让学生提高认识，转变态度，积极参与社会群体活动来提高思想品德的方式。沟通是不拘一格地进行德育的常用方式。其方式可以灵活多样，但都应精心准备，要了解学生的个性特点、以往的状态及其近来的思想动向，要尊重、关怀学生，耐心倾听和沟通，避免简单粗暴。

(3)报告。当学生思想认识上有一些共同问题需要解决时，采用报告或讲座较有效，如形势报告、英雄模范事迹报告、法制教育讲座等。报告可以帮助学生较系统而深入地认识问题，但报告的次数不宜多，每次报告的时间不宜太长。

(4)讨论。是就某个思想道德问题各抒己见、辨明真理以提高思想认识的方法。尤其是当学生对某些社会或道德问题产生分歧，感到迷茫时，通过讨论、争辩，不仅能对问题理解得更深入，而且能培养学生尊重他人、尊重事实、坚持真理、修正错误的良好品质。

(5)参观。参观是通过接触实际来提高学生的思想认识。如参观历史博物馆、烈士陵园等对学生进行传统教育，参观现代化工厂、新农村和大型建设工地等进行爱国主义教育。"事实胜于雄辩"，真实而典型的事实最具教育意义。

运用明理教育法要注意以下几点要求：

(1)要有针对性。要针对要解决的问题，有的放矢，触动和启发学生的心灵。切忌一般化、空洞冗长、唠叨，使学生感到单调、厌烦，产生抵触情绪。

(2)要有知识性和趣味性。青少年渴求知识，期望更多地了解社会、人生。故说理要注意给学生以新知,使他们喜闻乐见,深受启示,并乐于去实践。

(3)要善抓时机。说理的成效,往往不取决于花多少时间,讲了多少道理,而取决于是否善于捕捉教育的时机,拨动学生的心弦,引起他们的情感共鸣。

(4)要注重互尊互动。对学生说理,教师的态度要诚恳、深情,要语重心长、与人为善,同时要尊重学生,耐心倾听学生的意见,不能一个人喋喋不休。

(二)榜样示范法

榜样示范法是以他人的高尚品德、模范行为和卓越成就来影响学生品德的方法。青少年学生的模仿性强,可塑性大,喜欢效法父母、师长,向先进同学看齐,尤其崇拜伟人、英雄、学者。榜样把道德观念和行为规范具体化、形象化、动态化了,具有极大的感染力。在良好的环境里,榜样能给学生以正确方向和巨大动力。但在缺乏正确舆论的地方,榜样的作用将受到干扰及影响。

榜样多种多样,既有好的榜样,也有坏的榜样。教师应向学生提供好榜样,主要有四类:历史伟人,现实的英雄模范,优秀教师、家长,优秀学生。运用榜样示范法要注意以下几点要求:

(1)榜样必须是真实可信的。选好榜样是学习的前提。从古到今,人们都习惯拔高榜样,甚至编造一些美德故事来美化榜样,这是不可取的。尤其当学生有了自己的判断能力之后,这样做只会令人反感,适得其反。

(2)激起学生对榜样的积极情感。学生是通过模仿榜样的言行举止来习得其中的道德价值和行为方式的,这种模仿的倾向有赖于学生对榜样的积极情感,没有这种积极情感,模仿的行为是不会产生的。因此,需要引导学生深入了解榜样,包括榜样的身世、奋斗的经历、卓越的成就,尤其是那些感人至深之处,使他们在心灵深处对榜样产生惊叹、爱慕、敬佩之情。

(3)给不同年龄段的学生树立不同的榜样。中小学时期长达12年,跨度大,学生的道德发展也经过了多个不同阶段,这就需要教师为学生树立不同的榜样。比如,小学低年级的学生,处于道德发展的他律阶段,模仿性较强,应该多树立师长一类的榜样;到了少年期,他们崇拜英雄人物、文艺体育明星,应该多树立正面、积极的偶像性榜样;高中学生志向高远,可为他们树立历史伟人与当代名人的榜样。

(4)要注重教师自身的示范作用。德育的教育效果,在很大程度上取决于教师本人的以身作则。尤其是低年级学生,视教师为说一不二的权威,这就更需要教师加强自身的修养,要求学生做到的,自己一定要先做到。

这学期,我接了一个学校有名的乱班。第一天走进教室就让我目不忍视:桌仰椅翻,纸片飞舞,污物满地。看到这种情景,我一声不吭地拿起扫帚把地面打扫干净,然后把桌椅重新摆好,一切都整理好了,才请同学们进教室上课。坐在老师亲手打扫过的教室里,全班学生一个个都出奇地规矩。第二天,我依旧如此。有一些同学说话了:"张老师,让我们扫吧。"我微笑地说:"不,这一周张老师做值日。"一个星期后,我安排了值日表,每天值日的学生都非常认真负责,就连屋角也打扫得干干净净。

教室卫生向来由学生轮流打扫,很少见过老师也做教室值日的。我不仅这样做了,而且做在学生之前,做得一丝不苟。学生由起初的费解到后来于心不忍,以至最后肃然起敬。

这就使师生之间产生感情上的理解和交流，让学生真切地感受到教师对班级的热爱、对学生的尊重，也使学生从中感到一种压力——我们应该像老师那样做。

常言道："喊破嗓子，不如做出样子。"在我以身作则的带动下，我们这个学校有名的"乱班"周周都能得到卫生流动红旗，还经常得到学校的表扬。这件事进一步加深了我对"身教重于言教"的理解。①

（三）情境陶冶法

情境陶冶法是指通过创设良好的教育情境，潜移默化地培养学生品德的方法。它利用暗示原理，让学生通过无意识的心理活动来接受某种影响。它既不向学生传授系统的道德知识，也不对学生提出明确要求，而是寓教育于情境之中，通过按教育要求预先设置的情境来感化与熏陶学生；既没有强制性的措施，也难有立竿见影之功，但对学生有潜移默化的效果，给学生品德发展以深远的影响。

我国古代教育很重视陶冶的方法。孔子提倡用诗歌、音乐来陶冶学生的性情。孟子、荀子也重视环境对人的陶冶作用。董仲舒明确提出了陶冶的概念。他认为，人的性情"或仁或鄙，陶冶而成之，不能粹美，有治乱之所生，故不齐也。"②这就是说，人的不同性情是由不同的环境陶冶而成的。在西方，自文艺复兴以来，许多人文主义教育家都很重视陶冶学生的个性与人格。今天，陶冶已成为德育和美育的一个重要方式。情境陶冶法包括人格感化、环境陶冶和艺术陶冶等。

（1）人格感化。这是教育者以自身的品德和情感为情境对学生进行的陶冶。在这种情况下，教师不是通过说理和要求来教育学生，而是以自己的高尚品德、人格魅力，以及对学生的深切期望和真诚的爱来触动、感化学生，促进学生思想转变和积极进取。教师的威望越高，对学生的关怀和爱越真挚，对学生人格感化的力量就越大。有的学生对教师讲大道理很反感、听不进去，就需要从关怀入手，致力于感化，以水滴石穿的关爱，使学生思想转变。

（2）环境陶冶。它对学生品德成长有重要的陶冶作用。一般情况下，良好的环境总是养成人的良好品德，不良境遇则往往导致人的不良习性。我国古代就重视环境对人的陶冶作用，"孟母三迁"的故事至今传为佳话。今天，我们应当更自觉地为学生创设良好的环境，比如，清洁美观的校园、朴实庄重的校舍、明亮整洁的教室，有秩序、有节奏的教学活动和作息安排，良好的班风和校风，合乎社会规范的、文明的、人性化的人际关系等，以便学生形成良好的品德。

（3）艺术陶冶。艺术包括音乐、美术、舞蹈、雕塑、诗歌、文学、影视，是人类智慧的结晶。它来自生活，高于生活，形象生动，寓意深厚，感人至深，不仅给学生以美的感受，而且熏陶了他们的性情。我国古代教育注意用音乐与诗歌陶冶学生，孟子曾说过："仁言不如仁声之入人深也。"③我们应重视组织学生阅读文学诗歌，聆听音乐，欣赏画展，观看影视，或引导他们自己去创作、表现、演出，从中获得启示，受到陶冶。

---

① 张月娥.喊破嗓子，不如做出样子[J].人民教育，2000(5):6.
② 孟宪承.中国古代教育文选[M].北京：人民教育出版社，1979:133.
③ 《孟子·尽心上》。

运用情境陶冶法要注意以下几点要求:

(1)创设良好的情境。良好的情境是陶冶的条件和工具。要有效地陶冶学生,行不言之教,必先创设良好的情境。学校领导要考虑如何创设一个良好的学校环境,班主任则应千方百计地创设一个良好的班级环境。这种环境包括美观、朴实、整洁的学习与生活环境,团结、紧张、严肃、活泼、尊师爱生、文明而有激情、民主而有纪律、自由而有秩序的班风、校风。同时,还要改变和消除对学生可能产生不良影响的各种情境。

(2)与启发引导相结合。为了更有效地发挥情境的陶冶作用,不能只让创设的情境自发地影响学生,还需要教师有意识地引导与启发,使学生感受到情境的美好与可贵,认同、珍惜这种良好的情境,并在自己的身上培养起相应的良好品德与作风。

(3)引导学生参与情境的创设。良好的情境不是固有的,需要人为地创设;也不能只靠教师去做,应当激励学生自己去创设、优化。例如,组织学生参加学校劳动、环境清扫、教室布置,对正常作息制度和教学秩序的维护等。学生在积极创建美好情境的活动中可以得到锻炼,发挥自主性、创造性,体验到满足、自豪、自尊,更加严格要求自己,他们的品德也会得到更好的陶冶。

(四)实践锻炼法

实践锻炼法是有目的、有组织地安排学生进行一定的生活交往与社会践行活动以培养品德的方法。我国古代教育十分重视通过艰苦的生活磨炼来培育人才。孟子说:"天将降大任于斯人也,必先苦其心志,劳其筋骨,饿其体肤,空乏其身,行拂乱其所为,所以动心忍性,曾益其所不能。"[①]我们应发扬这一传统。但是,今天我们学校的德育存在一种不良倾向,重言而不重行,重说服而不重品行的锻炼与养成。实践锻炼包括练习、委托任务和组织活动等。

(1)练习。培养青少年的良好行为习惯,如爱清洁、讲礼貌等,可以通过反复的练习来养成。比如,培养学生用"您好、请、对不起、谢谢、再见"等礼貌用语的良好习惯,光讲道理不行,应当让他们在交往中练习、践行,才能形成习惯。

(2)委托任务。由教师或集体委托学生个人完成一定的工作任务,也是一种重要的实际锻炼。例如,委托学生担任课代表,办墙报、布置教室、筹备晚会、担负某项社会工作等,不仅能提高学生的能力,而且培养了他们多方面的良好品质。

去年,我和另外四位同学接受同学们的委托,很荣幸地成了学校谈校长的小助理。谈校长说,小助理就是同学们推选出来的小主人,看到学校、老师做得不好的地方,就要提出改进的建议。

第一个建议该提什么呢?当上小助理后,我的脑子就被"建议"两字挤满了,走路、吃饭都想着这事。我中午在学校吃饭。那天,当食堂的师傅先给我拿了一个碗盛饭菜,又拿了一个碗盛汤时,我就盯着这两个碗想开了。"要是只用一个碗,吃完饭后再盛汤,这样就不仅节省了水资源,又节省劳动量(洗碗)了吗?"听食堂的师傅伯伯们说,每洗一个碗,学校还要向清洁公司支付一角钱的洗碗费。

这种"芝麻小事",校长能听进去吗?为了完善建议,我又算了笔账:每天在学校吃饭的

---

① 《孟子·告子下》。

学生大约有200人,如果只用一个碗,每月学校就能省下600多元!

谈校长对我的建议很认同,连夸我肯动脑筋。几天后,这项建议就在全校实施了,连老师吃饭也只用一个碗!我的心里甭提多高兴了!

此后,我的热情一发不可收拾。一个学期下来,我提了一二十条建议。比如,早晨到学校,发现路灯还亮着,在我的提议下,学校成立了路灯管理小分队。

又如,每逢"六一"儿童节,老师都规定,我们走走玩玩后还得写篇作文,儿童节反倒成了负担。今年"六一"前,我把同学们的呼声反映给校长后,校长下令取消了这一不成文的规定。直到现在,还有同学感谢我"让大家过了个快乐的儿童节"。

真的,当上小助理后,我觉得自己都像个"侦察员"了。碰到什么事,我会下意识地分析一下这事合不合理,还需不需要改进,我的观察、分析能力也提高了不少哩!

我还有个特别任务——给来校参观的专家、老师当解说员。这事看起来简单,做起来可费神。我不仅要了解学校的历史,还得自己收集资料,写串讲词。平时,只要老师讲到有关学校的知识,我就把它记下来,"原汁原味"的解说词当然更有感染力。到目前为止,我已经成功完成了四五十次大型接待。当小助理不仅锻炼了我的胆量,更锻炼了我的口才和应变能力,让我变得更加自信!①

(3)组织活动。组织学生参加各种实际活动是很重要的道德锻炼。这些活动包括学习、课外活动、劳动以及各种社会实践活动等。在活动中,学生要遵循一定的规范,克服许多困难,经受多方面的锻炼,这些都有助于学生的品德成长。特别是社会调查和社会服务,能使学生接触社会,了解国情,正确理解党的政策,形成正确的价值观和人生观。

运用实践锻炼法要注意以下几点要求:

(1)调动学生的主动性。锻炼的主体是学生,只有激发学生的主动性、积极性,使他们内心感到锻炼是有益的、有价值的,他们才能自强不息,自觉严格要求自己,获得最大的锻炼效果。

(2)教师给予适当的指导。有时,学生虽有良好的道德动机,但不善于选择适当的道德行为,特别是当他们碰上复杂的情境时,会在行动上感到困惑,甚至可能出现"好心办坏事"的情况。因此,对学生的道德活动应视学生的能力给予适当的提示、指导,以提升学生的锻炼效果。

(3)坚持严格要求学生。任何一种锻炼,若不严格要求,而是马马虎虎,就会搞形式主义,不可能使学生得到真正的锻炼和提高。有经验的教师都懂得,对学生品德的锻炼贵在一个"严"字,丝毫不能放松。"一处松,处处松",对一个学生马虎,对个个学生都可能马虎,教师的要求便流于形式。

(4)及时检查并长期坚持。良好的习惯与品德的形成,需经历长期反复的锻炼过程,贵在持之以恒。前紧后松,一曝十寒,时冷时热,不仅无益于品德的培养,而且一旦造成学生疲沓散漫的习气,将严重影响德育的进行。故对学生的锻炼,既要强调自觉,又要注意对他们督促、检查,让他们长期坚持下去。

---

① 邹博.我给校长当助理——武汉市崇仁路小学学生宋蔓的故事[N].楚天都市报,2000-06-26.

（五）自我修养法

自我修养法是在教师引导下学生经过自觉学习、反思和自我改进，使自身品德不断完善的一种方法。学生品德的提高是学生在与社会环境相互作用基础上能动的发展过程，是现实自我向期望自我、理想自我的转化过程。学生的年龄越大，主动性越强，自我修养在其自身品德发展中的作用就越重要。故德育不能不重视学生的自我修养。我国古代教育在方法论上的一个重要特征就是重视自我修养。孔子提倡君子要注重"内自省""内自讼"，曾子强调"吾日三省吾身"，孟子主张"自反""自强"，荀子说"君子博学而日参省乎已，则知明而行无过矣"。① 他们都注重通过坚持反省、修养来提高个人的品德。当代，更重道德主体的自我修养。刘少奇指出："革命者要改造和提高自己，必须参加革命的实践，绝不能离开革命的实践；同时，也离不开自己在实践中的主观努力，离不开在实践中的自我修养和学习。如果没有这后一方面，革命者要求得自己的进步，仍然是不可能的。"②

自我修养一般包括立志、学习、反思、箴言、慎独等。

(1) 立志。指确立道德理想或期望自我。这既是修养的一种内容，也是修养的一个重要方法。我国古代教育很重视学生立志。孔子就很重视道德修养中的主观努力，他说："仁远乎哉？我欲仁，斯仁至矣。"《学记》也强调"士先志"。今天，我们仍要弘扬这一传统，激励学生立志。要引导学生从小就有理想、有志向，能根据社会的需要，结合自身的志趣，确立自我的奋斗目标，开创个人光明的前景。

(2) 学习。这是指为提高思想认识而进行的学习。个人道德修养的提高，离不开学习人类积累的文化知识和道德经验。孔子说："三人行，必有我师焉。择其善者而从之，其不善者而改之。"在交往中，学习他人的长处、借鉴他人的教训，是学习的重要方面。教师要注意指导学生善于学习，尤其是善于通过学习他人的长处来提高自己的品行。

(3) 反思。它包括自我认识、自我反省、自我评价等，是学生进行自我修养常用的一种方法，对提高思想觉悟、防止不良习气和自我纠正过失有重要意义。要引导青少年学会自我反思，这有利于他们思想品德的发展。要让学生懂得人无完人，要看到和承认自己的缺点、不足；但也要让学生看到自己的优点和长处，因为修养的过程也是学生依靠自我的优点、长处克服自我的缺点、不足的过程。否定优点和长处，就意味着否定自我修养的动力和信心。

(4) 箴言。引导学生确立奋斗目标，选出有针对性的格言、箴言作座右铭，用以自励、自警，经常对照自己，长期坚持，以提高修养水平。这是修养的一种好方法，其效果取决于是否能够严于律己。

(5) 慎独。这是自我修养的最高境界。慎独要求一个人在无人监督的独处情况下，也能自觉地按道德规范严于律己。我们对青少年的品德修养不能要求过高、过急，但我们要培养他们道德修养的自觉性，鼓励他们向慎独方向努力。

指导学生运用自我修养法要注意以下几点要求：

(1) 培养学生自我修养的兴趣与自觉性。引导学生自我修养，首先要培养他们的情趣，

---

① 《荀子·劝学篇》。
② 刘少奇.刘少奇选集(上卷)[M].北京：人民出版社，1981：99.

使他们愿意去实践。一个有效的办法是为学生树立学习榜样。比如,介绍历史上和现实中的杰出人物是如何通过"格言""座右铭"顽强地进行自我修养的,从而使学生景仰、向往,并产生修养的冲动。

有一位初中的班主任,注意引导学生背一些古诗作为格言以自勉。入学所背的第一首诗是《有志》:"天下无难事,在乎人为之,不为易亦难,为之难亦易。吾非千里马,然有千里志,旦旦而为之,终亦成骐骥。"要求连续数日天天背,鼓励学生从小长志气,点滴为之,三年后显出成绩。第二首是《早起》:"朝日初上窗,起身勿彷徨,勤惰从此分,习惯遂为常。"希望学生养成早起习惯,做一个勤奋的人。这样获得了很好的效果,培养了学生一些好品德、好习惯。①

(2)指导学生掌握修养的标准。以什么作为修养的标准,决定着修养的方向性质,因而指导学生掌握正确的修养标准是极为重要的。学生在正确思想和榜样引导下,能够选择正确的道德典范和规范、准则来要求自己,但在错误思想影响下,也可能选择消极的思想言论来调节自己的思绪和行为。我们应当提高他们分辨是非的能力和自我修养的水平,帮助他们坚持正确标准,克服错误思想。

(3)引导学生积极参加社会实践。指导学生修养绝不可脱离生活、脱离社会,相反,要引导他们广泛接触社会生活,积极参加社会活动,从中体验自我修养的必要性及其重大价值,到火热的社会变革中汲取思想营养,在与先进模范人物的接触中获得教益。

(六)奖惩法

奖惩是对学生的思想和行为做出评价,包括表扬、奖励和批评、处分两个方面。表扬、奖励是对学生的良好思想、行为做出的肯定评价,以引导和促进其品德发展的方法。批评、处分是对学生不良思想、行为做出否定的评价,以帮助他们改正缺点与错误的方法。公正、严明的奖惩,可以帮助学生分清是非、善恶、美丑,认识自己的优点、好处和缺点、错误,明确努力的方向;可以培养学生的荣誉感、羞耻感、道义感,使他们认真进行自我修养,长善救失,提高个人道德水平,自觉维护社会的道德规范。

(1)表扬与批评。这是德育常用的方法,一般以表扬为主、批评为辅。二者相辅相成,缺一不可。运用之妙,在于恰当。

表扬是教师对学生好的思想、行为和进步表现的称赞、欣赏和肯定,或以口头表示,或以点头、鼓掌等动作示意。学生一有好的表现,可立即做出肯定评价,及时鼓励,以便促进其巩固和发展。表扬要实事求是,要依据学生现实的良好表现,着眼于他的发展、进步,还要考虑学生们的意见,这样才能获得好的效果。批评是对学生不良思想、行为的指责。一旦发现学生有某种不良表现,就应及时给予适当批评,提醒学生注意并立即改正。批评既可以只对被批评者进行,也可以当众进行批评,具体如何应根据实际情况来确定。批评要弄清事实原委,慎重对待,与人为善;切忌主观臆断,感情用事,随随便便,不讲分寸。对不良现象,教师要理直气壮地指出,不放任姑息,才能制止不良行为。但批评并非只有一种方式,板起脸孔训斥,可以采取不同方法,讲究艺术,以获得更好的效果。

(2)奖励与处分。奖励是对学生突出的优秀品行做出较高的评价,一般包括下述等级:

---

① 王道俊,王汉澜.教育学[M].北京:人民教育出版社,1989:406.

颁发奖状、发给奖品、授予称号。处分是对学生所犯错误的处理,一般包括以下等级:警告、记过、留校察看、开除学籍。运用奖励与处分要注意以下几点:

首先,要公平公正,正确适度,合情合理。当奖则奖,当罚则罚,实事求是。

其次,要发扬民主,获得群众支持。奖惩由少数人决定,难免主观武断,出现差错,得不到大家的支持。只有发扬民主,听取大家的意见,才能公平合理。

最后,要注重宣传与教育。奖励与处分旨在教育学生,故要有一定的形式与声势,在一定范围内宣布,并通过墙报、广播、橱窗等进行宣传,以便收到更好效果。

总之,上述德育方法各有特点与作用,每种方法都是进行德育所不可缺少的,但又不是万能的,它们之间相互补充、配合,构成了德育方法的完整系统。所以,教师要熟悉全部德育方法,善于机智地、创造性地加以选择和整合运用。至于如何选择德育方法,一般要考虑德育的具体目标、任务、学生的年龄特征和具体教育情境等因素。

 本章小结

1. 德育和学校德育的概念:德育是教育者根据一定的社会要求和受教育者的需求,遵循品德形成和发展规律,采取有效的方法和手段,通过受教育者主动的生成与构建,以形成思想品德的活动。学校德育是指教育工作者组织适合德育对象品德成长的价值环境,促进他们在道德价值的理解和道德实践能力等方面不断建构和提升的教育活动。

2. 德育功能:德育功能指德育系统内容诸要素之间以及系统与环境之间相互作用所产生的结果。德育的主要功能包括三个方面:德育的社会性功能、德育的个体性功能和德育的教育性功能。

3. 德育目标与内容的概念:德育目标是指一定社会对教育所要造就的社会个体在品德方面的质量规格总的设想或规定。德育内容是指政府有关部门以法律、文件的形式规定的教育对象必须掌握的政治观点、思想观点、道德规范和个性心理品质的综合。

4. 品德的概念及其结构:品德即道德品质,是社会道德在个人身上的体现,是指个人依据一定的社会道德行为规范(道德行为准则)行动时表现出来的比较稳定的心理特征或倾向。品德的心理结构:一般来说,品德心理结构主要由道德认识、道德情感、道德意志和道德行为四种心理成分构成。

5. 品德发展的基本理论:

(1)皮亚杰的道德发展阶段理论

皮亚杰通过对一些对偶故事的观察实验,揭示了儿童道德判断的发展进程。他认为儿童的道德认知发展经历了一个从他律到自律的过程,他律水平和自律水平是儿童道德判断的两级水平。皮亚杰提出了道德发展阶段理论,把儿童的品德发展划分为四个阶段:自我中心阶段(前道德阶段)、权威阶段(他律道德阶段)、可逆性阶段(自律道德阶段)、公正阶段(公正道德阶段)。

(2)科尔伯格的道德发展阶段理论

科尔伯格采用"道德两难故事法",即让儿童对道德价值上相互冲突的两难情境故事做出判断,研究儿童道德判断发展的水平。据此,科尔伯格将儿童道德发展水平分为三水平六阶段,每一水平包括两个阶段,三种水平的六个阶段依照从低到高的层次发展,即三水平六阶段的道德发展阶段论：前习俗水平（包括惩罚与服从取向阶段和相对功利取向阶段）、习俗水平（包括寻求认可取向阶段和遵守法规和秩序取向阶段）、后习俗水平（包括社会契约取向阶段和原则或良心取向阶段）。

6. 品德发展的一般规律有：(1)品德发展是主客体相互作用的产物，是主体在活动和交往基础上自我建构的结果；(2)个体品德发展是在其内部矛盾运动过程中实现的，内部矛盾成为品德发展的动力；(3)品德的发展是有阶段的连续发展的过程，是从不自觉到自觉的过程。

7. 德育过程及其规律：德育过程即思想品德教育过程，是教育者和受教育者双方借助于德育内容和方法，进行施教传道和受教修养的统一活动过程，是促使受教育者道德认识、道德情感、道德意志和道德行为协调发展的过程，是个体社会化与社会规范个体化的统一过程。德育过程的基本规律有：(1)德育过程是对学生知、情、意、行的培养与提高过程；(2)德育过程是一个促进学生思想内部矛盾斗争的发展过程，是教育与自我教育相结合的过程；(3)德育过程是组织学生的活动和交往，统一多方面教育影响的过程；(4)德育过程是一个长期的、反复的、逐步提高的过程。

8. 德育原则是根据教育目的、德育目标和德育过程规律而提出的指导德育工作的基本要求。我国中小学主要的德育原则有：(1)导向性原则；(2)疏导原则；(3)因材施教原则（从学生实际出发）；(4)知行统一原则；(5)集体教育和个别教育相结合原则（平行教育原则）；(6)尊重信任学生与严格要求学生相结合的原则；(7)正面教育与纪律约束相结合的原则；(8)依靠积极因素，克服消极因素的原则（长善救失原则）；(9)教育影响的一致性和连贯性原则。

9. 德育途径是指学校教育者对学生实施德育时可供选择和利用的渠道，又称为德育组织形式。具体有：(1)思想品德课（思想政治课）与其他学科教学；(2)社会实践活动；(3)课外、校外活动；(4)共青团、少先队组织的活动；(5)心理咨询；(6)班主任工作；(7)校园生活。

10. 德育方法是为达到既定德育目的在德育过程中教育者和受教育者相互作用的活动方式的总和。我国中小学德育的一般方法有明理教育法、榜样示范法、情境陶冶法、实践锻炼法、自我修养法、奖惩法等。

思考与练习

1. 简述德育的主要功能。
2. 简述我国学校德育的主要内容。
3. 简述德育过程的基本规律。
4. 简述德育的主要途径。
5. 简述运用实际锻炼法的要求。
6. 案例分析题

(1)小王是班上出了名的"调皮鬼"，上课不专心，课后追逐打闹，乱花钱，无节制，甚至连回家的钱都向老师借，老师找他谈话后他答应改，但并无实际行动。

问题：假如你是小王的老师，将如何运用有关德育过程基本规律来解决这一现实问题？

(2)我是初二(3)班的班主任，有一天我收到班上学习较差同学的一封信。信上说："您知道吗?我一直想拿到一个奖状回家,让爸妈高兴,那样他们就能带上我出去旅游了。"看了信,我内心久久不能平静,我们扪心自问:我深入学生心灵深处了吗?我关心他们的渴望了吗?反思中我萌生一个念头,午间,我请来了班上学习后进的学生。我手里拿着一本书、一支钢笔、一个足球、一张奖状。我问他们,如果让你选择一样的话,你们会选择什么?想不到大家都选择了奖状。于是我说:"那好,如果你们想要奖状,可以根据自己的特长,想想自己在哪方面努力就可以得到它,请你们写下来。"开始他们有些茫然,在我的一再鼓励下和启发下,他们各自写了自己的长处。接下来的日子里,这些同学们发挥自己的长处,努力表现自己,果然,"每月一评"发奖那天,他们各自得到了"讲故事能手""环保卫士""劳动标兵""体育健将""电脑高手"等奖状,他们终于在同学们中抬起头来了。为了提高奖状的"含金量",使他们在下个月能够得到"月明星"的称号,我对他们提出了进一步的要求:"讲故事能手"要写一篇班级同学故事一则,"环保卫士"要在班上做一次"减少雾霾从我做起"的发言,"劳动标兵"要为班上展开的义务劳动制定活动计划,"体育健将"要给大家讲一则体育运动规则,"电脑高手"要给全班同学培训一次"电脑常用英语单词"。于是,原来这些不肯读书,不爱写作,不喜欢学习英语,不愿思考的学生动起来了,各科老师也发现,他们学习比以前认真多了,成绩也有了较大提高。

问题:(1)该班主任贯彻了哪些主要的德育原则?请结合材料加以分析。

(2)该班主任采用了哪些主要的德育方法?请结合材料加以分析。

【参考文献】

1. 王道俊,郭文安.教育学[M].北京:人民教育出版社,2016.
2. 全国十二所重点师范大学联合编写.教育学基础(第2版)[M].北京:教育科学出版社,2008.
3. 教育部.基础教育课程改革纲要(试行)[S].2001-06-08.
4. 孙培青.中国教育史(第三版)[M].上海:华东师范大学出版社,2009.
5. 施良方.课程理论——课程的基础、原理与问题[M].北京:教育科学出版社,1996.
6. 叶澜.新编教育学教程[M].上海:华东师范大学出版社,2006.
7. 教育部.中小学德育工作规程[S].1998-03-16.
8. 联合国教科文组织国际教育发展委员会.学会生存[M].上海:上海译文出版社,1979.
9. 赞可夫.和教育谈话[M].杜殿坤,译.北京:教育科学出版社,1980.
10. 赞可夫.教学与发展[M].杜殿坤,等译.北京:文化教育出版社,1980.
11. 南京师范大学教育系.教育学[M].北京:人民教育出版社,1980.
12. 赵祥麟.杜威教育论著选[M].上海:华东师范大学出版社,1981.
13. H.巴班斯基.教学与课程[M].冯春难,译.北京:人民教育出版社,1982.
14. 张焕庭.西方资产阶级教育论著选[M].北京:人民教育出版社,1983.
15. 莫里斯·L.比格.学习的基本理论与教学实践[M].张敷荣,等译.北京:文化教育出版社,1983.
16. 科恩.中学高年级学生心理学[M].陈贤文,等译.北京:知识出版社,1985.
17. 华东师范大学教育系,杭州大学教育系.西方古代教育论著选[M].北京:人民教育出版社,1985.
18. 柳海民.教育学[M].长春:东北师范大学出版社,2000.
19. 筑波大学教育学研究会.现代教育学基础[M].上海:上海教育出版社,1986.
20. 陈心五.中小学课堂教学策略[M].北京:人民教育出版社,1998.
21. 李丹.儿童发展心理学[M].武汉:华中师范大学出版社,1987.
22. 郭娅玲.德育与班级管理[M].长沙:湖南师范大学出版社,2015.
23. 班华.现代德育论[M].合肥:安徽人民出版社,2005.
24. 鲁洁,王逢贤.德育新论[M].南京:江苏教育出版社,2002.
25. 罗昂.小学教育学[M].长沙:湖南科学技术出版社,2014.
26. 黄超文.教育学[M].北京:北京教育出版社,2009.

第十章　班级管理

【学习目标】
1. 识记班级、班级管理、班集体的基本概念,了解班级管理的模式及原则。
2. 熟悉班集体的形成及发展。
3. 了解课堂管理的原则,理解影响课堂管理的因素;了解课堂气氛的类型,理解影响课堂气氛的因素,掌握创设良好课堂气氛的条件。
4. 了解课堂纪律的类型,理解课堂结构,能有效管理课堂;了解课堂问题行为的性质、类型,分析课堂问题行为产生的主要原因,掌握处置与矫正课堂问题行为的方法。
5. 识记课外活动的概念,了解课外活动的特点、意义、内容、组织形式及课外活动组织管理的基本要求。
6. 了解并掌握班主任工作的内容和方法;掌握培养班集体的方法。

【知识导航】

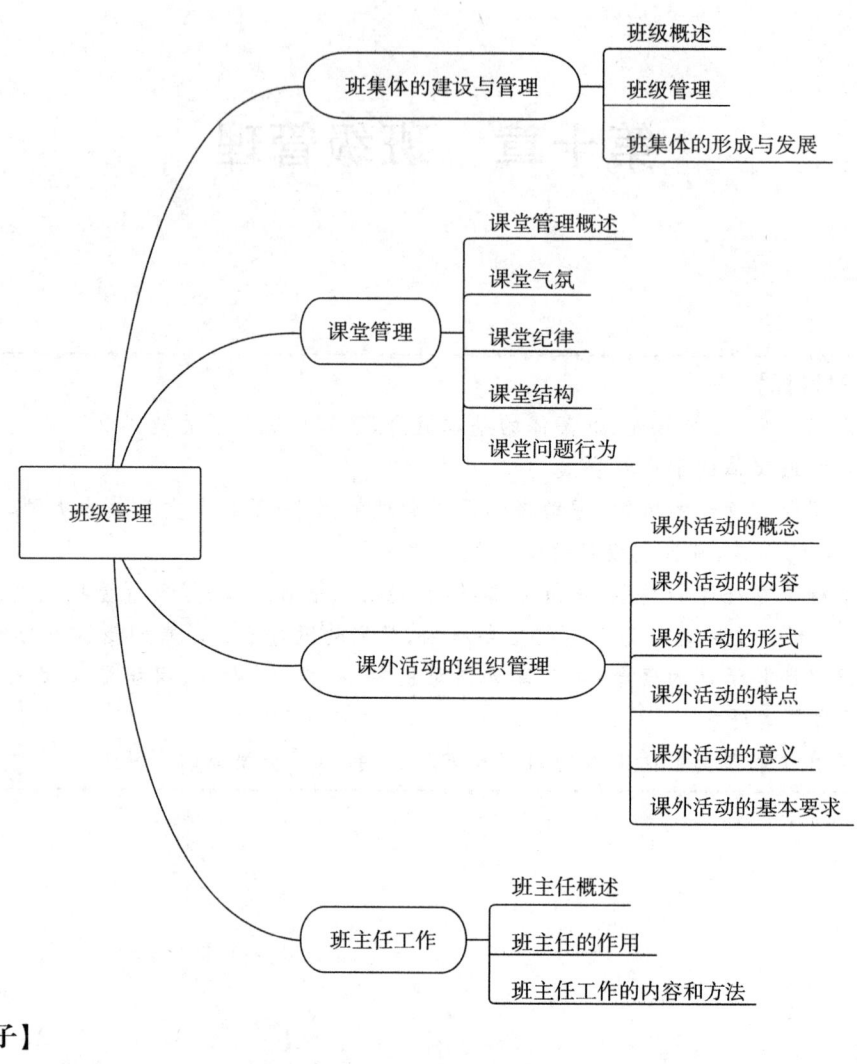

【引子】

 万世师表陶行知[①]

陶行知(1891—1946)，中国人民教育家、思想家，伟大的民主主义战士，爱国者，中国人民救国会和中国民主同盟的主要领导人之一。1914年金陵大学文学专业毕业后赴美国伊利诺伊大学、哥伦比亚大学学习，获得政治学硕士学位。在哥伦比亚大学学习期间，师从著名教育家杜威、孟禄等人。1917年回国后，历任南京高等师范学校教授、东南大学教育系主任、北京中华教育改进社主任干事、南京安徽公学校长等职。

1917年回国后的陶行知目之所及之中华面目疮痍，国家贫困到难以想象的程度，陶行知说这病根乃在教育。中国那时候有两亿文盲，有七千万儿童没有任何机会接受教育。那时候的陶行知，以他之所知，本可以转身而为人上之人；以他之所学，本可以谈笑于鸿儒之

---

① 熊浩.万世师表陶行知[J/OL].https://www.sohu.com/a/281165700_488492.

间,而他用目光死死盯住中国的最底层社会。陶行知振聋发聩地说:"这个国家以农立国,人们十之八九生活在乡下,所以中国的教育就是到农村去的教育,就是到乡下去的教育,因为农村如果没有改观,国家就没有希望。"这样的状况让他下定决心:"要筹募一百万元基金,征集一百万位同志,提倡一百万所学校,改造一百万个乡村,使个个乡村都得着充分的新生命。"

陶行知这么说,然后就这么做。他脱下西装,辞掉自己大学教授的优渥待遇,放弃了一个月四百现大洋的工资,开始推行平民教育。他四处奔走,曾在南京、安庆、北京、南昌创办了不少平民读书处和平民夜校。由于陶行知等人的工作,南京一地就出现了126所平民学校,学生近5000人。他还精心编写平民教材,大力推行平民教育。后来,他移居到南京郊外的晓庄,这是一个极为落后贫困的中国普通村落,他住到牛棚中。他和老乡们相识,他渐渐有了一个看上去不可实现的愿望,那就是为中国培养一百万乡村教师。

在晓庄,陶行知带领学生们自己耕作,自己劳动,自己修建校舍,他说:"流自己的汗,才能吃自己的饭,自己的事你得自己干。"

1927年3月15日,晓庄师范正式开学,陶行知称之为"生活教育从理论到实践的第一天"。他将"小庄"改为"晓庄",一字之差,南京城外的这块荒郊野地由此成了"天亮的地方"。"晓庄"不远处的"老山",同样也被他改名为"劳山"。"晓庄"与"劳山"合在一起,显示出陶行知先生要用"劳动"和他的"师范学校"来培养真正能将贫困的乡村改造好的教师。

陶行知认为,在贫困的乡村经历此番锻炼,培养出来的教师才会对农民有感情,才可以造就既适应贫困的农村,又能以知识来改造农村的"导师",所以"劳动创造的生活"成了晓庄师范"每天的课程"。他将杜威的"教育即生活,学校即社会",变为"生活即教育,社会即学校"。费正清日后评价说:"陶行知是杜威的学生,但他正视中国的问题,则超越了杜威。"

陶行知不是要培养高高在上的知识分子,而是那些在人民之中的老师。他邀请自己的朋友、学者到晓庄授课,传播新的知识和观念。渐渐地,这个在晓庄极不起眼的大学堂,从几十人发展到数百人。他的晓庄平民教育为农民办了无数好事。晓庄在南京北郊偏僻的山村,树起了一面与众不同、独放异彩的教育革命的旗帜。它以其革新的精神闻名中外,吸引了许多教育家、名流和各界人士前往参观、访问和学习。

1946年7月25日,陶行知因积劳成疾,突发脑溢血在上海逝世,那年他55岁。12月1日,先生的灵柩回到南京,南京城里的老百姓自发为先生扶灵。他们要送这个人,送他回他的晓庄,沿路上的人们唱着哭着:"你去了,我们穷孩子的保姆,我们的朋友,人民的导师。"挽联在飘,上面写着"行知先生千古",而旁边是宋庆龄亲笔题写的四个苍劲大字——"万世师表"。

毛泽东评价陶行知:"伟大的人民教育家。"

郭沫若评价陶行知:"两千年前的孔仲尼,两千年后的陶行知。"

习近平总书记在北京师范大学师生代表座谈会时也特别强调新时代的教师和学生要践行陶行知先生的教导——"千教万教,教人求真;千学万学,学做真人"。

美国东南联合大学副校长布莱恩·库朋高度评价陶行知:"陶行知先生的教育思想不仅是中华民族教育史上的一枝奇葩,也是世界教育之林的一面旗帜。"

哥伦比亚大学哲学、教育学教授维·汉森将陶行知与美国的杜威、意大利的蒙台梭利等,并列为世界最具影响力的十大教育思想家。

陶行知他以他的生命质量,撑起"老师"这两字的隆重分量,他以他自己的生命光亮,点亮"老师"这两字的生命光华。

第一节 班集体的建设与管理

一、班级概述

自从夸美纽斯在理论层面提出班级授课制后,班级作为学校生活中的基本组织单位一直沿用下来。班级是学校教育、教学活动的基本组织,也是学生全面发展和成长的重要环境。

(一)班级的概念

班级是学校为实现一定的教育目的,按照一定的规章制度,将年龄和知识程度相近的学生编班分级而形成的、有固定人数的基本教育单位。班级是学校行政体系中最基层的行政组织,是开展教学活动的基本单位。文艺复兴时期的著名教育家埃拉斯莫斯(又译伊拉斯谟)最先提出"班级"一词。

班级是历史发展的产物。16世纪,随着资本主义工商业的发展和科学技术的进步,教育对象范围的扩大和教学内容的增加,需要教学有比较固定的结构和模式,教育者便采取了将相同年龄和相近知识经验的学生组织起来施教的教学方式。这种学生群体就是最初的班级组织。此后班级教学就代替了经久以来的主要教学方式——个别教学,成为学校教学的主要形式,班级也成为师生从事教育活动及学校管理活动的基本单位。

17世纪,捷克教育家夸美纽斯为班级授课制的确立奠定了理论和实践的基础。他提出"一个教师同时教很多学生是有可能的"假设,进而对课堂教学的课程、时空模式、班级组织等进行了界定。但是,对班级教学的实施产生重要推动作用的当数"导生制"。到了19世纪,德国教育家赫尔巴特进一步设计和实施了班级教学,班级教学日趋规范。后来,苏联教育家凯洛夫又集夸美纽斯、赫尔巴特之大成,提出了分科课程论、教师主导论和课堂教学原则、环节等,构筑了班级授课制的教学论模式。在这个理论模式中,作为班级授课制基本组织形式的是教学班,"班"与"课"是形势与内容、手段与目的的关系,授课是教学班唯一的内容和目的。

(二)班级的特点

学生一进入学校就被编入特定的班级,作为班级的一员接受指导。一般来说,班级具有如下特点:

1. 学习性

对于班级中的学生而言,首要的身份就是学习者,其基本任务是学习。学生学习是为了将来进入社会生活做准备的奠基性学习,班级正是由几十个担负着这种奠基性学习任务的学生所构成的特殊社会组织。在现代社会中,青少年学生的奠基性学习,尤其是社会文化的奠基性学习不可能在个体独处的空间里完成,而必须在群体生活环境中进行。班级组织正是为青少年学生提供一种在校期间群体生活的基本环境。

2. 不成熟性

班级区别于其他社会组织的一个重要之处在于它是非成人组织。作为班级组织主体的学生处于身心发展的过程之中,尽管这一发展的水平因学生的年龄而异,但就其整体相对于成人来说,学生仍是社会成员中的未成熟者。因此,班级不可能进行完全的自我管理,必须在一定程度上依靠成人的力量。经验表明,在中小学教育的整个过程中,学生的这种依赖意识是不会完全消失的,只不过依赖程度随年龄的不同而不同。

3. 教育性

班级的教育性是在任何发展阶段都具有的特点。这是班级作为学校教育的单位对学生最大的影响。班级的教育性体现在促进学生社会化方面和个性化方面的发展。学生社会化发展主要体现在学习社会的文化、掌握社会的价值观念和道德规范等。学生的个性化发展体现在培养全面发展的、具有个性的、"充分、自由、和谐发展"的人。

4. 社会性

人的活动的首要特征是社会性,无论活动指向客观对象(如使用劳动工具),还是指向个人或集体(如人际交往),都不能脱离人的社会生活和社会关系。人的活动是包括在整个社会系统中的。脱离了社会关系,人们的活动就不复存在。班级的活动既反映着社会对教育者的培养要求,又反映着社会环境的渗透和影响。在班级中,学生要和教师、同学这些群体中的成员打交道,这都构成了学生们的社会关系。

(三)班级的功能[①]

班级的功能是由其结构和特点决定的。班级是一种社会组织,也是由不同个体组成的群体,这就决定了班级组织既具有社会化功能,又具有个体化功能。

1. 班级的社会化功能

班级的社会化功能主要是指班级活动如何发挥功能以培养个人的社会信念与知识能力,以便适当扮演个人未来的成人角色。社会化功能主要体现在:

(1)传递社会价值观,指导生活目标

班级组织按照社会需要和教育目标,在组织学生开展班级活动和社会实践活动中,向学生进行世界观、人生观、道德观、审美观和知识观教育,引导学生正确处理个人目标、集体目标与社会目标的关系。

(2)传授科学文化知识,形成社会生活的基本技能

班级教学目标的规范性、课程结构的系统性以及教学过程的简约性和可控性,是学生学习社会经验,获取文化科学知识、技能的独特条件。教育者通过班级组织将人类长期积

---

① 全国十二所高校师范大学联合编写.教育学基础[M].北京:教育科学出版社,2013:289-290.

累的文化科学知识传递给学生,使他们获得社会生产生活的经验和技能,并为进一步发展社会文化科学知识奠定基础。

(3)教导社会生活规范,训练社会行为方式

班级组织的教育教学活动是在师生交往及同龄伙伴交往中展开的,而班级的人际交往和社会关系必然形成相应的社会规范。如班级制度、课堂规则、学生守则、学习纪律,加之集体的传统、舆论、风气等,还有学生之间使用的特别的语言、行为方式,教师的举止、言谈、衣着、仪表等,都扮演着传递社会规范的角色,对学生具有一种同化力和约束力,使生活在其中的学生潜移默化地受到影响和熏陶,这对培养学生的社会态度和社会行为方式具有重要作用。

(4)提供角色学习条件,培养社会角色

一个人要符合社会的要求,取得社会成员的资格,就必须通过学习以适当的角色进入社会,获得一定的地位。在班级组织中,每位学生都需要承担其服务者、管理者和被管理者的多重角色,为他们的角色学习提供多方面的条件:班集体的目标、规范和人际关系结构对每个学生提出了明确的角色期望,而学生在课程学习中的态度、成绩和教师、伙伴的社会评价决定了他们在人际关系中的角色地位。班级教学过程中的师生交往和小组学习中的伙伴交往,以及集体生活的多种多样的教育情境,为学生积累交往经验、学习变换角色、提高担当角色的能力,提供了锻炼和体验的机会和条件。

2. 班级的个体化功能

在班级组织中,通过解决团体需求与个人需求之间及学生之间存在的矛盾,履行团体要求的责任和义务,获得丰富的情感体验等,使学生个体获得全面而系统的发展。具体表现为:

(1)促进发展的功能

学生是正在成长的人,班级组织应该为每一个成员提供多元的、不同层次的发展机会。学生的发展涉及多个领域:①知识及认识的发展。包括知识的增长、认识的深化、观点的扩大、自我理解和对他人理解水平的提高等。②情感的发展。包括友情、亲和感、共鸣感、优越感、自卑感以及称赞、嫉妒、憎恨、敌意等或消极的个体情感的产生和深化。③兴趣和态度的发展。包括对自己、对他人、对规范和规则、对文化与社会的关心与态度等方面的发展。④社会技能的发展。包括自我控制的能力、讨论与决策的技能、人际沟通的技能、处理人际关系矛盾的技能、解决社会问题的技能等水平的提高。

(2)满足需求的功能

人处于一个团体中,会对团体产生各种需求,良好的班级组织应当能够满足学生的正当需求。班级组织既能提供满足归属的需求、亲和的需求和依存的需求等基本需求的机会,又能创造满足自我实现的需求与社会有用性的需求等高级需求的途径。

(3)诊断功能

学生置身于班级组织中时,其人格及能力上的特点、差异以及不足就会显现出来。在班级开展的各项活动中,每一个成员都会通过自己和他人的表现以及所获得的评价,判断其表现的优势与不足。特别是在班级组织有团体要求时,学生违反这种要求的倾向将会显现无遗。这些问题的暴露,为班主任或教师开展有针对性的教育、引导矫正学生的不良倾向创造了有利条件。

(4)矫正功能

班级组织在发挥诊断功能的基础上,还可以通过各种活动和集体舆论,有针对性地让学生扮演一定的角色、承担一定的责任,以形成学生的能力、责任感、自信心及合作意识。例如,以自我为中心的学生会因受到伙伴的批评而改变行为。

二、班级管理

班级管理是学校管理活动的具体化,从学校整体工作来看,班级管理又是学校管理的第一步,学校的工作应该是从班级工作起步的,因为学生的活动基本上都是在班级内进行的。因此,只有实施有效的班级管理,学校工作才能有整体的提高和稳定的发展。

(一)班级管理的概念

班级管理是一个动态的过程,是学校班主任及教师根据一定的目的和要求,采用适当的方法和措施,对全班学生的思想、学习、劳动、生活等各项活动的管理,以及带领全班学生对班级中的各种资源进行计划、组织、协调、控制,以实现教育目标的组织活动过程。① 班级管理的对象是班级中的各种管理资源,包括人、财、物、时间、空间、信息,而主要对象是学生,班级管理主要是对学生的管理。班级管理是一种组织活动的过程,它体现了教师与学生之间的双向活动,是一种互动的关系。

(二)班级管理的功能

班级管理对班级活动的顺利开展、学生个性的形成、教师专业发展、教育目的的达成都有着重要的维持功能和促进功能。具体来说,班级管理的功能主要有以下三方面:

1. 有助于提高学生的学习效率

班级组织产生的根本原因是为了更有效地实施教学活动,因此,如何运用各种教学技术手段来精心设计各种不同的教学活动,组织、安排、协调各种不同类型学生的学习活动,是班级管理的主要功能。

2. 有助于形成良好的班风

班级是学生全体活动的基础,是学生交往活动的主要场所,因此,调动班级成员参与班级管理的积极性,共同建立良好的班级秩序和健康的班级风气,是班级管理的基本功能。

3. 有助于锻炼学生的自治自理能力

班级组织中存在着最基本的人际交往和社会联系,存在着一定的组织层次和工作分工。因此,班级管理的重要功能就是不但要帮助学生成为学习自主、生活自理、工作自治的人,而且要帮助学生进行社会角色学习,获得认识社会、适应社会的能力,而这对促进学生的人格成长是极其重要的。

(三)班级管理的内容

通常,我们将班级管理分为班级制度管理、班级教学管理、班级活动管理和班级文化管

---

① 顾明远.教育大辞典(卷2)[M].上海:上海教育科学出版社,1990:25.

理四方面。

1. 班级制度管理

制度是调节人与人之间关系的行为规范,作为班级管理,制度是管理的具体表现。按制度的形式,可分为成文制度和非成文制度。成文制度是指政府、学校、班级制定的规章制度,它反映了国家、社会的价值观和要求。不成文制度是约定俗成的,主要包括班级的传统、舆论、风气、习惯等。

2. 班级教学管理

对一个教学班的教学管理,是班主任最重要的管理职能之一。教学是学校的中心工作,教学质量管理是班级教学管理的核心。班级教学管理的内容包括以下几个方面:(1)明确教学管理的目标和任务;(2)建立行之有效的班级教学秩序;(3)建立班级管理指挥系统;建立班级管理指挥系统主要包括三个方面:以班主任为核心的班级任课教师群体;以班长为骨干力量,以班干部成员为辅助力量;以各学习小组为中心;(4)指导学生学会学习。

3. 班级活动管理

班级活动是班级在班主任和教师的指导下,根据学校整体安排或班级学生发展而进行的全员性活动的总称。班级是一种教育组织,班级活动是对学生进行全面教育的载体,是对全体学生进行德育、智育、体育、美育和劳动技术教育的有效形式,所以,班主任和教师要加强对活动的管理,确保达到应有的效果。

4. 班级文化管理

班级文化是班级的所有或部分成员共有的信念、价值观、态度的复合体,是班级群体的精神底色,决定着育人的方向和效果。班级文化通常是以班级的传统、舆论、风气、习惯等为表征的。每一位班主任或教师都会以自己独特的方式对待和要求班级的学生,而每一位学生在班级中的地位也是由其个性特征和具体的行为方式决定的,由此班级就形成了特定的文化时空,诸如班级的风气、传统等。作为班主任,既要用心塑造好班级成员的言行倾向、班级人际环境、班级风气等主题标识,又要精心设计好班级的墙报、黑板报、活动角及教室内外环境布置等。

(四)班级管理的模式

管理模式一般涵盖了管理理念、系统结构和操作方法。班级管理是学校管理工作的重中之重,也是一项复杂的系统工程,班级管理质量的好坏直接影响着学校教育教学的效果。班级管理模式一般可以概括为以下几种模式:

1. 班级常规管理

班级常规管理是指通过制定和执行规章制度来管理班级的经常性活动。班级常规管理是建立良好班集体的基本要素。遵守班级规章制度是对每个学生的基本要求,也是每个学生必须履行的基本义务和职责。

开展以班级规章制度为核心的常规管理,是班主任工作的重要内容之一。一般来说,班级的规章制度主要由三部分组成:教育行政部门统一规定的有关班集体与学生管理的制度,如学生守则、日常行为规范等;学校根据教育目标、上级有关指示制定的学校常规制度,如考勤制度、奖惩制度、作业要求等;班集体根据学校要求和班级实际情况讨论制定的班级规范,如班规、值日生制度、考勤制度等。

2. 班级平行管理

班级平行管理是指班主任既通过对集体的管理去间接影响个人，又通过对个人的直接管理去影响集体，从而把对集体和个人的管理结合起来的管理方式。

班级平行管理的理论源于马卡连柯的"平行影响"的教育思想。马卡连柯认为，教师要影响个别学生，首先要影响学生所在的这个班级，然后通过学生集体与教师一起去影响这个学生，这样就会产生巨大的教育力量。

班主任实行平行班级管理时，要实施对班集体与个别学生双管齐下、互相渗透的管理，既要充分发挥班集体的教育功能，使其真正成为教育的力量，又要通过转化个别学生来促进班集体的管理与发展。

3. 班级民主管理

班级民主管理是指班级成员在服从班集体的正确决定和承担责任的前提下参与班级全程管理的一种管理方式。班级民主管理的实质是在班级管理的全过程中，调动学生自我教育的力量，发挥每一个学生的主人翁精神，使人人都积极主动地参与班级事务，让每个学生都成为班级的主人。

实行班级民主管理主要应该做好两方面的工作：一是组织全体学生参与班级全程管理，即在班级管理的计划、实行、检查、总结的各个阶段，都让学生参与进来；二是建立班级民主管理制度，如干部轮换制度、定期评议制度、值日生制度、值班生制度、民主教育活动制度。

4. 班级目标管理

班级目标管理是指班主任与学生共同确定班级总体目标，然后转化为小组目标和个人目标，使其与班级总体目标融为一体，形成目标体系，以此推动班级管理活动，实现班级目标的管理方法，目标管理是由美国管理学家德鲁克提出来的。

在班级中实施目标管理，就是要围绕全体成员共同确立的班级奋斗目标，将学生的个体发展与班级进步紧密地联系在一起，并在目标的引导下，实施学生的自我管理。

（五）班级管理的原则

1. 方向性原则

方向性原则是指班级管理工作必须坚持正确的方向，用正确的思想引导学生。这是班级工作受社会政治、经济制约的客观规律的反映，也是由我国社会主义教育的性质、目的、任务及特点决定的。

2. 全面管理原则

学生管理必须面向全体，从整体着眼。这是学生管理的主要特征，也是所有班级管理者应该充分认识的。班级管理过程中要始终坚持使学生全面发展，并且要把所有学生作为管理对象，一视同仁，兼顾全局。这里的全面发展，不仅不排斥个性发展，而且是以每个人的自由发展为条件的，这就是全面管理原则。

3. 尊重学生原则

尊重学生原则是指以学生的人格完善和全面发展为指向，一切从学生出发，以有利于学生发展的目标进行管理。基本要求为：尊重学生天性；给学生更多自由，对学生进行积极期待；尊重全体学生，对学生严格要求，搭建师生尊重的桥梁。

4. 自主参与原则

自主参与原则是指班级成员参与管理，发挥其主体作用。班级的各种组织机构的干部成员都应该由学生民主选举产生，并授予他们进行管理的权力，不能随便干预。他们遇到困难时，要帮助解决，但不要代替。这也就是我们通常所说的"班干部能做的班主任不做，学生能做的班干部不做"。

5. 管教结合原则

管教结合原则是指班级的教育工作和班级的管理工作要辩证统一起来。具体来说，就是班级管理者对学生既要坚持正面引导，耐心教育，又要凭借必要的规章制度要求学生，约束其行为，实行严格的教育管理。只有这样，才能获得教育的实际效果。

6. 全员激励原则

全员激励原则是指激励全班每个学生，充分发挥他们的智力、体力等各方面的潜能，实现个体目标和班级总目标。

7. 平行管理原则

平行管理原则，是指管理者既通过对集体的管理去间接影响个人，又通过对个人的直接管理去影响集体，从而把对集体和对个人的管理结合起来，以收到更好的管理效果。

三、班集体的形成与发展

（一）班集体的概念

班集体是按照班级授课制的培养目标和教育规范组织起来的，以共同学习活动和直接性人际交往为特征的社会心理共同体。

班集体是学生学习、生活和成长的重要场所，班级管理是以班集体为基础展开的。因此，建设和培养良好的班集体是班级管理的核心工作，也是班主任工作成果的体现。没有良好的班集体，集体教育就难以存在，班级成员不仅不能凝聚成一种相互激励、相互影响的力量，反而会形成一些反作用力；没有良好的班集体，许多班集体活动就不能开展，对学生的教育也难以实现。

（二）班集体的特征

一般来说，班集体是指达到一定组织化与结构化水平的班级群体。班集体建设就是班级的组织化与结构化过程，即班级中正式结构与非正式结构形成与稳定的过程。[1] 班集体不同于一般的群体，成熟的班集体在目标、组织、规则、成员关系等方面表现出一定的特征：

1. 明确的发展目标

班集体的发展目标是由班集体成员共同制定的，共同的目标是班集体活动的导向，能够增强班集体的凝聚力，使班集体成员在认识和行动上保持高度的一致，学生在内心将自己与班级融为一体，班级的目标同时成为个人的奋斗目标，从而推动班集体和个体共同发展。

---

[1] 冯建军.现代教育学基础[M].南京:南京大学出版社,2003:386.

2. 有机的组织机构

班级是一个群体,更是一个有组织、结构化的群体。班级中涉及正式组织与非正式组织。这里所说的组织结构指正式的组织,典型的如班委会,还可以包括各种学习与发展小组等。班级的有效组织能增强学生的归属感与班级的凝聚力。

3. 共同的生活规则

班级生活只有在一定规则下运行才能保持有序,因此,共同的生活规则是班集体的又一重要特征。共同的生活规则指班级的各项规章制度,这在班级的制度中已经有过论述,这里不再重复。

4. 正确的舆论与良好的班风

正确的舆论是班集体成员意愿的反映,是在班级中占优势的、为多数学生赞同的言论和意见。它以议论的方式肯定或者否定集体的动向或集体成员的言行。正确的舆论作为同伴间的一种压力,对学生的成长有重要作用。班风简言之就是班级的凝聚力、士气、组织结构等班级气氛,是班集体长期形成的言论、情绪和行动等方面的共同倾向,是学生思想、道德、人际关系、舆论力量等精神面貌的综合体现。良好的班风一旦形成,就会对班级成员有一种激励与推动作用,而且这种作用是一种隐形的、"润物细无声"的熏陶,容易被学生接受。

(三) 班集体的教育作用

班级既是学校教育教学工作的基本单位,也是学生学习、活动的基层集体,良好的班集体对学生的健康成长是非常重要的,为此,班集体建设具有相当重要的意义。

1. 有利于形成学生的群体意识

通过班集体活动和学生群体间的交往,学生不仅积累了集体生活的经验,发展了自己的志趣和爱好,而且学会合作、学会交往,学习做人之道,从而促进学生良好品德和个性品质的形成。

2. 有利于训练学生的自我教育能力

自我教育能力是指学生自觉主动地把思想道德规范在内心加以理解和体验,并通过实践转化为自己比较稳定的自觉的行为能力。班集体是学生自己的集体,有它的组织结构,有学生参与制定的集体规则。学生在班集体从事学习、锻炼、交往活动,也需要遵守一定的规则,依据一定的程序。学生在集体中的活动既有"自由",又要遵循规则。这无疑能有效锻炼和提高学生的自我教育能力。随着班集体活动的有序开展,学生的自我教育也将提高到自觉的程度。班集体是训练班级成员自己管理自己、自己教育自己、自己开展活动的最好载体。

(四) 班集体的形成过程

班级刚刚组建时,往往班级成员基本上没有学习的自发性,他们由于各种原因被"偶然地"划分为学校的一个班级,正式的结构和非正式的结构与组织都没有建立起来,同学之间还没有形成较稳定的依赖关系,班级的纪律与规则也没有成为学生行为的自觉准则,这样的群体是松散的,由松散的学生群体转变为健全的班集体,大致要经过组建、形核和发展阶段。

1. 班集体的发展阶段

(1)组建阶段

这一阶段是班集体发展的初级阶段,班集体的基本特征已经出现。不过,这时的集体特征还不稳定,同学之间和师生之间由于交往不足,彼此还比较陌生,每位同学只是按照课表进入同一教室上课或根据班主任的统一安排共同参加活动而已。这时,学生的群体意识较差,班级的奋斗目标和行为规范尚未完全变成学生的自觉行动。因而,这一时期是班主任工作最繁忙的时期,也是班主任工作能力经受考验的关键期。因此,有经验的班主任都十分重视从以下几方面进行新班级的组建工作。首先,抓紧时间全面了解学生,尽快掌握熟悉班级和学生的整体情况,注意发现、选择和培养积极分子。其次,建立班级规章制度,加强班级常规教育,对学生的学习、生活提出明确而严格的要求。最后,组织和开展班级活动,促进同学之间、师生之间的交流,增进了解,提高班级的吸引力。

(2)形核阶段

形核阶段即形成核心的阶段。这一时期班集体出现许多新特点,如同学们交往增多,友谊加深;班级积极分子涌现出来,集体有了骨干力量,开始协助班主任开展各项工作。但是,班级仍然离不开班主任的组织、指挥。此时,正确的舆论与良好的班风尚未形成。

(3)发展阶段

这一阶段是班集体趋向成熟的时期,集体的特征得到充分而完全的体现,并为集体成员所内化,全班已成为一个组织制度健全的有机整体,学生积极参与班级活动,并使自己的个性特长得到发展,整个班级洋溢着一种平等、和谐、上进、合作的心理气氛。班主任已经开始成为班级领导者,主要任务是根据学校教育计划,加强班集体的特色化建设,同时根据对每位学生的了解,为学生提出发展规划建议,促进学生的个性发展。

2. 组织和培养班集体的方法

(1)确定班集体的发展目标

目标是班集体发展的方向和动力,一个班集体只有具有共同的目标,才能使班级成员在认识上和行动上保持统一,才能推动班集体的发展。班集体的发展目标要依据班级的具体情况与相关的要求确定,从实现的时间与目标的难度可以分为短期目标、中期目标和长期目标。

短期目标是在很短的时间内完成的,一般不超过一个学期,具有具体性和可操作性。它一般与学校的日常活动相结合,例如,抓好课堂纪律,搞好教室卫生,做好课前准备等,这样的目标见效快,对学生的情绪影响较大。因此,目标一定要与班级的实际情况相结合,不能过高过难。

中期目标是相对较长的目标,它可以是一个学年的,也可以是一学期的,要求学生要经过相当一段时间的持续努力才能达到,例如,各方面发展在年级评比中的名次、各项重要比赛的成绩、养成良好的行为习惯等。中期目标是以短期目标的实现为基础的。

长期目标是班级的最终发展目标,是班级所有活动的最终目的的导向,其难度也最大。它是各种短期、中期目标基础上的一种质的飞跃,具有概括性、全局性、根本性。班级的最终目标是使所有班级成员都能获得最好的发展,实现自己这一阶段的发展目标,是教师与同学长期坚持不懈努力的结果。这一目标也是与国家的发展目标相一致的。

(2)建立得力的班集体核心队伍

班级是一个小社会,更是一个教育组织。一个纪律严明、健康向上的优秀班集体,不仅要有一位称职的班主任,更要有一支素质良好、能独立工作的班集体核心队伍。班干部是班级的骨干和领导核心,在学生中能起到带头作用,是班主任的得力助手,对班集体目标的实现有积极的推动作用。有了良好的班干部队伍,班级才会有活力,才会有发展。况且,班集体建设主要是学生自己的事,应当充分发挥学生的主体作用,而选拔和培养班干部则是班集体建设目标的组织保证,也是建设优良学生集体的重要力量。

班主任要根据自己班级的具体情况,选择适当的方法确定班级的核心队伍,同时要注意避免给班级的核心成员特殊的政策与待遇,否则会造成同学中的人为分层,影响班级的团结与学生的发展。

(3)建立班集体的正常秩序

班集体的正常秩序是指班级的各项规章制度的确定,是维持和控制学生在校生活的基本条件,也是教师开展班级工作的重要保证。

(4)形成正确的舆论和班风

正确的舆论与班风是一个班的集体价值导向的体现,能起到明辨是非、去邪扶正、凝聚人心、催人奋进的正向作用,对学生树立积极、正确的价值观与人格成长有重要的作用。在班级舆论与班风的形成中,班主任起着关键作用。

正确的舆论与和谐的班风依赖于民主、和谐的师生关系。这就要求班主任首先要有正确的学生观,摆正班主任在班级中的位置。班主任要认识到学生是班级的主体,班主任的作用在于积极主动地为学生的发展创造条件,以促进学生全面的发展。其次,班主任要了解、理解、亲近、信任、尊重和热爱学生,主动缩短与学生的距离,让学生感受到集体的温暖。再次,正确处理师生间的冲突。班主任是体现社会对学生要求的代表,在工作中难免会与正在成长中的学生发生各种冲突与矛盾,在这种情况下,要从爱护学生的角度出发,利用教育的机智,宽容地对待学生,化解矛盾。最后,班主任要把自己当作班级的一员,以平等的态度帮助学生,在工作中,对事不对人,以赢得学生的理解与信任,从而引导班集体形成正确的班级舆论与积极向上的班风。

(5)组织形式多样的教育活动

班集体是在全体成员积极参与各项共同的教育活动中成长起来的,学生参与共同的教育活动的过程是学生成长的过程,也是班级成员相互了解、展现才华以及班集体成长的过程。

总之,班集体建设是一个逐步增进学生间的互相信任与友谊,增强班集体的团结与凝聚力的过程,贯穿在班级的所有活动中。良好的班集体,是学生健康成长的有利环境。

第二节 课堂管理

一、课堂管理概述

(一)课堂管理的内涵

课堂是学校教育的细胞,是学生获得学习和发展的主要场所,也是教师职业生涯展开的最重要的阵地。因此,想要了解课堂管理,首先要了解和认识课堂。在日常生活中,人们往往认为课堂和教室是等同的概念,它们在英文中也均为"classroom",泛指进行各种教学活动的场所。但是,课堂和教室并不能画等号。课堂是指教师与学生在一定的场所和时间内,按照一定的规范共同组织起来的具有特定教学目标、结构和活动的学习系统。它主要由教师、学生、课堂环境、时间、知识信息、教育目标六要素构成。[①] 随着素质教育的推进及教学活动的不断变革和更新,课堂已经日益发展为体现多元文化、具备多种功能、完成多重任务的一种复杂的综合形态。

20世纪80年代,我国一些学者才从国外引进"课堂管理"这一概念,并逐渐使用于学校课堂教学领域。课堂管理是教师为顺利开展课堂活动所进行的计划、组织、控制、监督过程,包括课堂物质环境的安排、课堂秩序的建立和维护、对学生行为的监督、对违反课堂纪律的处理、对课堂突发事件的处理以及指导学生学习等。由于课堂活动以教学活动为主,常被视为实现教学目标与维持秩序的关键。研究表明,学生学习量数与有效管理指数往往呈显性正相关。其中包括一系列教师行为。如学年开始时的计划安排与秩序建立;学日开始时的活动与检查;全班、小组、课外活动的有效组织;教室设备及空间的科学设置;奖励、惩罚手段的合理使用;教学与课程的组织、安排与管理等。

(二)课堂管理的功能

课堂管理涉及课堂的所有方面,而且贯穿课堂活动的始终,可以说是无处不在、无时不有。它影响着课堂学习活动效率、质量和学生的发展,是课堂学习活动赖以生存的最基本条件。良好的课堂管理必然会成为保证课堂学习活动顺利进行和促进课堂不断生长的动力,无效的课堂管理无疑是阻碍课堂活动顺利进行和影响课堂活动质量的障碍。没有积极有效的课堂管理,课堂中的任何活动不仅不能正常开展,而且还会因各种内在和外在的冲突与矛盾而变得消极和无助。著名课堂管理专家布罗菲和埃弗森曾经指出:"几乎所有关于教师效能的调查都指出,课堂管理技能足以决定教学的成败,因此课堂管理在教学上非同小可,举足轻重"。[②] 美国学者马格里特等人通过一些专项研究也得出结论:"在影响学生

---

① 邓栎.小学课堂管理[M].北京:北京师范大学出版社,2015:4.
② Vernon Jones,Louise S.Jones.全面课堂管理[M].北京:中国轻工业出版社,2002:3.

学习的 28 个变量中,课堂管理是作用最大的直接变量之一。"[1]可见,课堂管理对课堂教学活动有着不可忽视的作用。它的具体作用与功能具体表现在以下三个方面:

1. 建立稳定的课堂环境

这是课堂管理的首要功能,是指在课堂教学中教师通过一定的管理手段和方法较持久地维持课堂教学的基本秩序,形成比较稳定的教学环境,保障课堂活动的顺利进行,经过师生的共同努力完成教学任务,实现教学目标。

2. 约束和控制有碍课堂教学的问题行为

有效的课堂管理能够及时地预见和排除影响课堂教学正常进行的各种不利因素,从而起到维持良好的课堂教学秩序的效果。例如,当课堂教学面临新的情境时,通过课堂管理使学生迅速适应课堂情境的变化;当课堂里出现师生关系和学生关系紧张时,通过课堂管理缓和与解决各种冲突,形成与维持和谐的人际关系;当课堂里出现问题行为与意外事件时,运用课堂行为规则来协调课堂教学步骤,处理与化解行为问题,排除各种干扰,维持课堂良好的学习状态。

3. 激发课堂活力以释放学生潜能

有效的课堂管理不仅能营造良好的课堂环境和消除问题行为,而且还能激发课堂活力,促进课堂"生长",激励学生的参与精神,让学生处于积极主动参与的学习状态,从而激发学生潜能的释放,提高教学效率。

(三)课堂管理的影响因素

良好的课堂管理不仅与正确的管理指导思想和恰当的管理方法密切相关,而且还要受到管理者的素质、课堂自身的状况等多种因素的影响。认识和了解这些因素,我们就能掌握、学会和改善课堂管理的方向和路径,这对于课堂管理的实践活动无疑是具有指导意义的。综合来看,课堂、教师和学生三方面是影响课堂管理的主要因素。

1. 课堂自身状况

(1)课堂学习的物质环境。安静优雅的教室环境有利于学生的学习,也有利于教师的课堂管理。如果教室临近马路,嘈杂之声不时传来,何谈良好的课堂管理?近年来对课堂学习的外在物质环境的研究渐渐增多。研究发现,教室的色彩、照明、噪声、温度、教室的设计与布置、班级规模、座位编排等物质环境因素对学生的课堂行为有着不同程度的影响,而这直接影响了课堂的管理。例如,班级规模越大,学生人数越多,课堂管理的跨度就越大,课堂管理的难度也就增大。

(2)课堂教学。课堂管理问题通常是教学问题,精心策划、进度合理、与学生生活息息相关、生动活泼的教学是课堂管理的关键因素。课堂教学对课堂管理的影响是复杂的,它包括教学设计的质量、材料准备的充足、教学活动过程的合理组织与推进等。例如,如果教师教学设计粗糙,没有精心设计课堂的各个环节和预测可能出现的问题,仓促上讲台,课堂管理的隐患必然会增多,课堂管理的效果也会打折扣。

2. 学生的需要和特点

学生是课堂的主体,所有活动都是围绕他们展开的,学生因素是影响课堂管理的最重

---

[1] 马格里特.为有特殊需要的学生服务:平等与机会[J].教育展望,1996(2):56.

要的因素之一。每个学生受遗传素质、所处的环境、个人经历等多因素影响,因而他们有着不同的需求和个性特点。研究表明,对学生寄予切合他们自身实际的期望,鼓励学生主动学习,采取合作学习、探究学习、体验学习等学习方式,综合考虑学生的个性特点、文化背景、学习风格等多种因素,充分考虑学生的需要和特点,将有助于减少课堂问题行为,也会使课堂管理更加高效。

3. 教师的专业素养

(1)教师的组织管理能力和技能。教师是课堂的组织者和领导者,课堂中的主要课堂活动都是由教师主导进行的。无论建立了多么良好和稳定的课堂环境,必要的组织管理能力仍然十分关键。一方面,有效教学的开展需要一定的组织协调能力;另一方面,积极的课堂管理更需要借助有效的组织管理能力构建积极的课堂环境,减少学生的行为问题,并在学生产生问题后迅速促使学生检查和矫正自己的不当行为。

(2)教师的领导作风。利皮特和怀特(Lippitt & White)对教师的领导作风进行了研究,他们把教师的领导方式分为专制型、放任型和民主型。这三种领导作风对学生的影响,有的是消极的,有的是积极的。专制型风格的教师,决定课堂中的一切,学生对教师敬而远之,教师在场,学生的学习积极性高,课堂秩序好;教师不在场,学生的学习活动效率就明显下降。放任型教师在教学中采取一种被动的姿态,给学生充分的自由。这样容易导致学生在课堂上各行其是,造成无组织、无结构、放任自流的课堂气氛,课堂中问题行为也会比较多。而民主型风格的教师在课堂以民主的方式教学,课堂上呈现一派思维活跃、积极向上的和谐的学习氛围。可见,不同的领导作风,会对应产生出不同的课堂气氛,所面对的课堂问题和所使用的课堂管理策略也是不同的。

二、课堂气氛

(一)课堂气氛的内涵

课堂气氛是指在课堂中师生之间和学生之间围绕教学目标展开的教与学活动而形成的某种占优势的综合的心理状态。这种综合的心理状态是教师与学生在教学活动中的心境、情感体验,以及对待教学活动的态度和行为的综合反映。良好的课堂气氛标志为:师生情感交融,产生更多的相互作用和影响,学生对学习表现出更大的兴趣和愉快,无紧张和畏惧感,有更多自由表达的机会等。①

(二)课堂气氛的类型

我国学者黄希庭将课堂气氛划分为积极的、消极的、对抗的三种类型,如表 10-1 所示。②

---

① 顾明远.教育大辞典(卷 2)[M].上海:上海教育科学出版社,1990:904.
② 黄希庭.心理学[M].上海:上海教育出版社,1997:89.

表 10-1 课堂气氛的类型

类型 心理状态	积极的	消极的	对抗的
注意状态	注意稳定与集中,全神贯注	分心,做小动作,发呆,打瞌睡	1. 学生常常故意注意与课程无关的对象 2. 教师为了维持纪律而被迫中断教学
情感状态	师生融洽,积极愉快,情绪饱满	无精打采,无动于衷,压抑,不愉快	1. 学生有意捣乱,敌视教师,讨厌上课 2. 教师不耐烦,发脾气
意志状态	能坚持,克服困难	叫苦连天,抱怨逃避,畏难	冲动
思维状态	思维活跃,师生互动频繁,学生理解和解答问题迅速准确	思维出现惰性,反应迟钝	不愿意动脑筋,不愿意参与学习

1. 积极的课堂气氛

这是一种理想的课堂气氛。它主要表现为以下特征:师生双方有饱满的热情,教与学态度端正,目标明确;课堂活动井然有序;学生求知欲强,注意力集中,思维活跃;师生间情感交流充分,学生参与面广,双方处于互动积极的状态,洋溢着为实现教学目标而获得成功的喜悦与满足感。总之,积极的课堂气氛使教师教的主导作用和学生学的主体作用的发挥达到和谐的统一。

2. 消极的课堂气氛

这是一种被动的、带有明显缺陷的课堂气氛。它通常表现为这样一些现象:教师以权威自居,学生是作为一个被动对象在接受教师的教导;相当一部分学生上课精神状态欠佳,情绪压抑,注意力分散,出现和学习无关的行为;师生间缺乏交流,学生要么心不在焉,要么心有所惧。

3. 对抗的课堂气氛

这是一种紧张、对立、混乱、失控的课堂气氛。教师失去了对课堂的驾驭和控制能力,师生关系恶劣,同学关系不友好,敌对的团伙常在课堂上惹是生非,课堂气氛紧张、失控、混乱,教师不得不停止讲课而维持秩序。因此,正常的教学活动难以开展,教与学的任务常常不能完成。

上述三种课堂气氛中,积极的课堂气氛无疑是最有利于课堂管理与学习活动展开的,而对抗的气氛对课堂管理和学习活动起到最坏影响。教师应该根据具体的课堂气氛不断调整教学和管理策略,以期取得理想的教学和管理效果。

(三)课堂气氛的影响因素

1. 教师领导课堂的风格

在前面课堂管理的影响因素中,我们已经提出教师的领导作风是影响课堂管理的重要因素,同样,教师的领导作风也是制约课堂气氛的重要因素。教师是创造课堂气氛方面的关键人物。心理学家勒温、利皮特和怀特的实验结果表明,具有民主作风的领导者与学生合作和谐,学生有极大的活动兴趣;具有专制作风的领导者对儿童要求苛刻、专横时,儿童的表现不是冷淡就是有敌意。可见,领导者的作风和态度对集体的心理气氛起着制约作用。许多研究也表明,当教师们的行动更民主时,课堂气氛就更加活跃、生动活泼。

2. 教师威信

教师具有较高的威信有利于良好课堂气氛的形成,学生对有威信的教师的课程会认真学习,而对没有威信的教师则会表现出满不在乎、懒散的状态。原因在于,当教师有较高的威信时,学生就会信任教师,信任教师所讲的课程和对学生进行的指导,会提高学习和接受知识的主动性。有威信的教师的表扬也会使学生感到愉快和自豪,并激发学生内在的学习动机,促使学生积极上进。

3. 师生的情感关系

大量研究表明,师生情感关系的质量影响着学生的学业成绩和课堂行为,教师关爱、温暖的情感态度会形成和谐积极的课堂气氛并减少对立行为的产生,隔膜乃至对立会形成消极或对抗的课堂气氛。虽然师生的情感关系隐含于课堂教学活动中,却是长期而深刻地影响课堂教学气氛的一种因素。

4. 学生的参与

在课堂气氛的影响因素中,除了要发挥教师的主导作用以外,还要发挥学生的主体作用,调动学生的积极性和主动性,让他们能够积极主动地参与到教学过程中来。学生的参与程度能够影响教师的教学积极性,如果学生的学习态度积极,会增加教师的自信心,提高教师的自我效能感,激励教师以更积极的态度搞好课堂教学,进而形成良好的课堂气氛,反之,则形成消极的课堂气氛。

(四)良好课堂气氛的创设

为创设良好的课堂气氛,教师应在以下几方面做出努力。

1. 合理安排教学进程

教学进程蕴含着一定的逻辑主线,每个教学环节都应合理安排。在导入环节,教师要根据不同的教学任务、教学对象、教学内容、教学目的等选择不同的导入方式。导入环节的时间长短和导入内容的选择和切入点也很关键。在教学主体环节,教师能否做到条理清晰、主次分明、重难点突出,讲解能否深入浅出等,都将对学生的注意力、兴趣等产生显著影响。在教学接近尾声时,教师应言简意赅地总结或者在此基础上提出难度适宜的课后思考题,无疑会巩固学生所学的知识、技能,满足学生学有所获的心理需求,激发其进一步学习的积极性和主动性。

2. 选择恰当的领导方式

课堂气氛属于群体气氛,不是自然产生的,与教师的领导方式有一定关系。在不同的领导方式下,学生的学习状态有很大的差异。大量调查表明,学生普遍喜欢的是民主型领导方式,最讨厌的是专制型领导方式,而且随着学生年龄的增长,对专制型的讨厌程度也有所增加。因此,教师应端正态度,认识到学生在学习过程中的主体地位,深刻理解民主、专制、放任的含义,调整自己的领导方式,向民主型方式努力。

3. 创造良好的班级风气

教师对班风的形成起着最主要的渲染作用。教师应密切联系学生,尊重学生,培养积极向上、具有较强凝聚力的班集体。同时,教师要重视非正式群体对班风的影响。教师要善于分析非正式群体,区别对待;主动与非正式群体多沟通,发现他们的长处,因势利导,有意帮助他们将优势方面的表现迁移到弱势方面;适当地多为他们提供课堂发言、为班级争光的机会,可以培养其中表现较好的学生成为班干部,使非正式群体对积极班风的形成与维护产生正面影响。对于起破坏作用的非正式群体,要以情感沟通、真诚关心、积极鼓励为主,必要时辅以学校及班级规章制度的约束作用,最大限度地减少其对班风及课堂气氛的消极影响。

4. 全面掌控课堂局面

课堂教学是一个动态过程,要求教师要眼观六路,耳听八方,随机应变,反应迅速。教师不仅要讲课,还要随时观察学生的反应,善于从细节中捕捉学生对教学内容的理解状态、思维状态及情绪状态,及时对教学行为进行调节。对偶发事件的处理要果断、及时,尽量采用智慧与幽默相结合的方式,避免使用冷言恶语,以免降低学生学习的积极性。

5. 营造最佳物理环境

课堂中的物理环境是指班级人数、座位安排、教学设施、光线、色彩、室内空气等。课堂物理环境对学生的心理、生理的影响应加以关注。班级人数太多,让人感到拥挤、烦躁,学生彼此干扰的因素增加,教师注意力分配难度加大,易产生课堂问题。此外,不同的光线、色彩及空气新鲜与否都会给学生带来不同的感受,影响学生的情绪与思维敏捷性。

6. 建立崇高的教师威信

崇高的教师威信能够让学生感到威严而信服的精神感召力量。实践证明,有威信的教师让学生感到心悦诚服、亲切而不失威严,对其所传授的知识及思想观点深信不疑;其表扬让学生感到骄傲与自豪,其批评学生也会欣然接受。

三、课堂纪律

(一)课堂纪律的概念

课堂纪律是课堂上学生的行为准则与秩序,反映课堂中师生之间、同学之间的关系,受教学任务要求的制约。课堂纪律是保证教学活动顺利进行,实现教学任务的条件之一。课堂纪律亦可稳定学生情绪,加强他们对行为的自我控制,有利于促进学生社会化,以及良好个性品质的形成。学生良好个性品质的形成需要有必要的教师指导与控制以及同伴集体准则、舆论的约束,而自律能力的加强以及学习任务的安排能引起学生的兴趣,反过来又成为学生良好个性品质形成的最佳途径。[1]

(二)课堂纪律的类型

依据课堂纪律形成的原因,可以将其分为教师促成纪律、集体促成纪律、任务促成纪律和自我促成纪律。

---

[1] 顾明远.教育大辞典(卷2)[M].上海:上海教育科学出版社,1990:903.

1. 教师促成纪律

所谓教师促成的纪律,主要指在教师的帮助和指导下形成的班级行为规范,教师为学生学习和工作设置一个有结构的情境,即组成一个良好的集体结构,并对这个结构进行监督和指导,这样的结构就是教师促成纪律。教师促成纪律的方法具体包括结构创设和体贴。其中,结构创设包括指导、监督、惩罚、规定、限制、奖励、操纵、组织、安排日程和维护标准等;体贴包括同情、理解、调解、协助、支持、征求和采纳学生意见等。

2. 集体促成纪律

集体促成的纪律是指同辈集体形成的行为规范与准则要求,从学生入学以后,同辈集体在学生社会化方面起着越来越大的作用。学生开始对同学察言观色,以便决定应该如何思考、如何信仰和如何行事。学生常常以"别人也这么干"为理由从事某些事情,他们的见解、偏见、信奉、爱好与憎恶往往都视集体而定。

3. 任务促成纪律

任务促成的纪律是指因某一特定学习任务的需要而提出的纪律要求。每一项学习任务都有其特定的纪律要求,有时某一项学习任务会引起学生的高度注意,而对其他诱人的活动不予理会。任务促成的纪律是以每个人对学习任务的充分理解为前提的,学生对任务的理解越深刻,就越能自觉遵守纪律。这就要求教师要加强学习目的性教育,培养学生对学习的间接兴趣,明确学习任务的重要性。

4. 自我促成纪律

自我促成纪律实际上是学生自律的形成过程。学生在认识到学习对于自己、家庭和社会发展的意义的时候,能自觉地将课堂纪律内化到自我意识之中,成为约束自我的行为准则。教师维持纪律的最终目的是形成并促进学生的自律。如果学生能够评价他自己的和所处集体的行为标准,便能够对新的和更好的集体标准的发展做出贡献。当外部的纪律控制被个体内化成为个体自觉的行为准则时,自律便出现了,表现为能够正确评价自己的和集体的行为准则,并在此基础上发展新的更好的集体准则。

(三)课堂纪律的功能

一般来说,课堂纪律对维持课堂秩序,促进课堂有效教学具有重要的积极意义。科学、有效的课堂纪律不仅能维持和建设良好的课堂氛围,还有利于顺利完成教学任务,提高教学质量,同时也能促进学生的身心健康发展。具体来看,课堂纪律具有如下几个方面的功能。

1. 社会化功能

课堂纪律有助于学生的社会化,它使学生了解在各个场合所赞同或默许的行为准则。学生选择、遵守课堂纪律的过程,也是学习社会所认可和教师所赞同的社会行为准则的过程。

2. 优化个性功能

课堂纪律有助于学生人格的成熟,使学生在对持续的社会要求与期望做出反应的过程中,形成和发展独立性、自信、自我控制、坚持、忍受挫折等成熟的人格品质。

3. 道德强化功能

课堂纪律有助于学生道德准则和道德义务的内化,使学生将外部的行为准则与自己的自觉要求有机地结合起来,从而在个人学习和生活中能够自觉地遵守道德规范,更好地发展道德品质。

4. 调控监督功能

课堂纪律是学校和教师用以约束学生、调控学生的学习活动、维持课堂秩序的工具和手段。

四、课堂结构

课堂结构是指在以班级为基本单位的班级授课制下,为了达到预定的教学目标而对教学诸要素整合的方式和呈现的形式。学生、学习过程和学习情境是课堂的三大要素。这三大要素相对稳定的组合模式就是课堂结构,它包括课堂情境结构与课堂教学结构。

（一）课堂情境结构

1. 班级规模的控制

一般而言,班级规模越大,学生的平均成绩越差,教师态度、学生态度和课堂处理的得分就越低。班级过大容易限制师生交往,减少学生参加课堂活动的机会,阻碍课堂教学的个别化,有可能导致课堂出现较多的纪律问题。因此,课堂规模越大,课堂纪律越难控制。

2. 课堂常规的建立

课堂常规是每个学生必须遵守的最基本的日常课堂行为准则,如上课前起立、发言先举手等。课堂常规可以安定情绪,使学生把注意力集中到当前的学习活动上来。课题常规也赋予学生的课堂行为以一定的意义,使学生明白行为所依据的价值标准,具有约束和指导学生课堂行为的功能,从而使课堂行为规范化,对形成良好的课堂纪律有一定的促进作用。

3. 学生座位的分配

座位安排是影响师生关系和学生之间关系的重要因素,当学生的座位被调到前排或中间时,他们大多能感受到教师的关注和重视,体验到教师对自己有较高的期望,容易集中注意。而当座位被调往左右两边或后面时,学生常有被教师忽视的感觉,容易自由散漫,或者发生违纪行为。所以,学生座位的分配,一方面要考虑对课堂行为的有效控制,预防违纪问题的发生;另一方面,又要考虑促进学生之间的正常交往,形成和谐的师生关系。

（二）课堂教学结构

课堂教学结构是指在一定的教育思想、教学理论和学习理论指导下,在某种环境中展开教学活动进程的稳定的结构形式。教师通过精心设计课堂教学结构,能够有条不紊地进行教学,也更容易引起并维持学生的注意和兴趣,把注意力集中在学习上。

1. 教学实践的合理利用

一节课中的"黄金分割点"约在一节课的 25 分钟,由此向前适当扩展,可以推算出一堂课中最佳教学实践大致在 10～35 分钟。因此,应把握好这段时间,教学的主要任务和重难点应力争在此时间段内得到解决,才能取得良好的教学效果。

2. 课程表的编制

课程表是使课堂教学有条不紊进行的重要条件,它的编制首先应尽量将语文、数学和外语等核心课程安排在学生精力最充沛的上午第一、二、三节课,将音乐、美术、体育和书法等技能课安排在下午。并且,也要注意将文科与理科、形象性的学科与抽象性的学科交错安排,避免同类刺激长时间地作用于大脑皮层的同一部位而导致疲劳和厌烦。

3. 教学过程的规划

教学过程的合理规划是维持课堂纪律的又一个重要条件,不少纪律问题是因教学过程的规划不合理造成的。教学过程的规划是指在实施教学之前对教学的设计和组织,对教什么、怎么教、达到什么结果和如何评价进行设计。具体而言,教学设计包括教学目标设计、教学内容设计、教学环境设计、教学过程设计、教学方法设计、教学评价设计等内容。

五、课堂问题行为

课堂教学的质量和效果受各种因素的制约和影响,其中课堂问题行为是影响和制约教学的重要因素之一。课堂问题行为不仅会干扰课堂教学的正常进行,影响教育目标的实现,而且对师生的身心健康也会产生很大的负面影响。因此,研究和探讨课堂问题行为,对有效提高课堂教学的质量有着重要的意义。

(一)课堂问题行为的内涵

课堂问题行为是指师生在课堂上,违反课堂规则,与课堂行为规范和教学不一致,并影响正常课堂秩序或教学效率的行为。我们主要关注学生的课堂问题行为。

课堂问题行为主要具有如下几方面的特征:

1. 课堂问题行为具有普遍性

学生的课堂问题行为是经常发生的,涉及的学生比较广泛,具有很大的普遍性。不仅差生、后进生有问题行为,优秀生也有问题行为。只是优秀生和后进生的课堂问题行为在数量多少、发生频率和程度轻重等方面不同而已。

2. 课堂问题行为的程度、时段等具有差异性

首先,课堂问题行为的程度以轻度为主,而且持续时间短,易变性强。其次,课堂问题行为表现出一定的阶段性。学生课堂问题行为的发生存在不同的时段,通常以课初和课末时段为主。而且在不同的时段,课堂问题行为的表现会不太一样。例如,在课初和即将下课的时段,学生比较容易发生讲话、做小动作等问题行为;在课中,学生容易发生注意力不集中、传纸条、递东西、看课外书籍等问题行为。

3. 课堂问题行为具有一定的危害性

虽然课堂问题行为的程度都以轻度为主,但对处于发展阶段的学生还是有不能忽视的危害。具体表现为:妨碍学生自身的学习和发展,造成学习效率低下、质量不高,影响良好习惯、品德以及人格的形成和发展;干扰其他同学的学习与发展,分散其他学生的注意力,影响其他同学的听课效果;干扰课堂活动的正常进行,降低课堂教学质量和效率。

(二)课堂问题行为的类型

对于课堂问题行为的类型,不同学者从不同角度进行了划分,以下介绍几种常见的分类。

1. 根据课堂问题行为的表现进行分类

美国的威克曼(E.K. Wickman)把问题行为分为两类：扰乱性的问题行为和心理性的问题行为。扰乱性问题行为是指破坏课堂秩序、不守纪律和不道德方面的行为；心理性的问题行为是指退缩、神经过敏等方面的行为。[1]

还有心理学家认为，根据学生行为表现的主要倾向，课堂问题行为可以分为两大类：一类是外向性问题行为，另一类是内向性问题行为。外向性问题行为是直接干扰课堂正常教学活动的攻击型行为，这些行为容易被察觉，主要包括行为粗暴、相互争吵、交头接耳、迟到、早退、随意走动、离开课堂等行为。内向性问题行为是不容易被察觉的，对课堂教学活动正常进行不构成直接威胁的退缩型行为。主要包括上课心不在焉、胡思乱想、发呆、打瞌睡等注意分散行为及害怕提问等行为。

2. 根据课堂问题行为的主体进行分类

布罗菲(Brophy)和罗尔肯珀(Rohrkemper)根据课堂问题行为的主体将课堂问题行为分为三类：第一，属于教师的问题。学生的行为使教师的要求受挫，从而引起教师的不快或烦恼。第二，属于学生的问题。由于一些意外事件或他人(除教师外)的干扰，学生的要求受挫。第三，师生共有的问题。即师生彼此使对方的要求和目标受到相同的挫折。

3. 根据课堂问题行为产生的原因进行分类

心理学家德雷克所(Dreikurs, R.)根据问题产生的原因把学生问题行为归结为四类：获得注意、寻求权力、寻求报复和表现无能(自暴自弃)。日本心理学家古泽赖雄把问题行为分为五种类型：一是由心理原因引起的神经性行为；二是由不良的性格特征引起的人格问题上的行为；三是由智力因素引起的智力活动上的行为；四是由精神病引起的精神病行为；五是社会性行为。

4. 根据课堂问题行为持续时间长短进行分类

王都留将问题行为分为两类：一类是暂时性课堂问题行为，即学生偶尔发生的、与情绪波动相关的、能很快纠正的行为，如上课说话、走动、睡觉等。另一类是长期性课堂问题行为，即学生经常发生的、与个性及习惯相关的很难在短期内纠正的行为，如好动、注意力缺损等。

(三)课堂问题行为产生的原因

学生在课堂中表现出来的问题行为受多种因素的影响，是学生的学习、生活环境和社会环境相互作用的结果，是各种问题的综合反映。综合起来，学生课堂问题行为的产生主要有学生、教师、环境三个方面的因素。

1. 学生因素

学生生理上的不健康或者神经功能障碍等都可能导致出现问题行为。男生自控力弱，较容易产生外向性问题行为；学生的心理缺失或者以消极的方式来获得他人的关注都容易诱发问题行为。

2. 教师因素

有些学生的问题行为的诱发者可能是教师。教师片面追求升学率，只看重学生的分数

---

[1] 邓栩.小学课堂管理[M].北京：北京师范大学出版社，2015：243.

和学习成绩,给学生带来过大的学习压力,可能导致学生出现问题行为。此外,如果教师的个性冷漠、武断、固执、抑郁、易情绪化,教师对课堂和学生放任自流,不能公平对待所有学生,教学低效无趣都容易引发学生的问题行为。

3. 环境因素

课堂问题行为的产生,除了取决于教师和学生方面的因素外,还与环境的影响有关系。环境影响主要包括家庭、大众媒体、学校等方面的影响。生活在不和睦的和教养方式错误的家庭中的学生,受大众媒体传播的色情、暴力等不良信息影响的学生,以及生活在缺少关爱和利用惩罚教育及物理环境恶劣的学校里的学生容易出现问题行为。

(四)课堂问题行为的处置和矫正[①]

课堂问题行为具有普遍性,是教师经常遇到而又非常敏感的问题,处理不好,就会损害师生关系,破坏课堂气氛,影响教学效率。课堂问题行为的恰当处理取决于教师对管理策略的有效运用。

1. 运用先行控制策略预防问题行为

最好的管理就是采取先行控制,在问题行为产生之前,实施预防性管理,避免或减少问题行为产生的可能性。

(1)确立学生的行为标准。明确学生常规的行为标准是一种有效的先行控制方法。一般而论,确立学生的行为标准时,应考虑几个方面的问题:行为要求是否影响教学目标的实现和学生的身心发展;行为要求是否影响课堂秩序和学生的学习;行为要求是否体现了对课堂成员的尊重;行为要求是否具有改变或修正的可能性;行为要求是否具有切实可行性。课堂行为标准确立起来之后,还要及时加以巩固,必要时要予以修正。

(2)促成学生的成功经验,降低挫折水平。学生因失败而导致的挫折感往往是有些问题行为产生的原因。因此,教师要确保学生在课堂活动中适当的成功率,尤其是将课堂活动规划在既不太容易也不太难的适度范围内。因为太容易就会导致学生厌倦,太难就会导致学生受挫,它们都会增加问题行为产生的可能性。教师对学生学习材料和学习活动的适度选择有助于学生的成功体验,有利于学生形成成功感受,进而减少问题行为产生的可能性。

(3)保持建设性的课堂环境。课堂行为与课堂环境直接相关,有效的课堂行为管理在很大程度上建立在良好的课堂环境基础之上,因为良好的课堂环境不仅可以减少产生问题行为的可能性,而且可以消解许多潜在的问题行为。

保持建设性的课堂环境,教师可以从以下几个方面去努力:①保持课堂的整洁、有序和优雅,增强课堂成员的秩序感、责任感;②要科学合理地安排调整学生的座次;③把握课堂的情感环境,搞好教学设计,在课堂活动之前确定好目标、教学方案和教学策略;④采用悬念和讨论的方法,不断变换刺激角度,集中学生的注意;⑤合理安排课堂活动的内容和节奏,控制学生的疲劳度。此外,还要建立和谐的师生关系。

2. 运用行为控制策略终止问题行为

选择有效方法,及时终止问题行为。通常采用的方法包括以下几方面:

---

① 王志彦.班级管理[M].北京:科学出版社,2018:242-246.

(1)信号暗示。对发生问题行为的学生提供信号,例如,突然停顿、走近学生、用眼神暗示等,用以提醒、警告学生,进而终止刚刚发生的问题行为。信号暗示适用于小而持续的问题行为。使用信号暗示的一个明显的优点就是不用打扰其他学生就可以处理这些小的不良行为。

(2)使用幽默。以下几种情况教师都可以使用幽默。第一种是课程刚开始不久,学生还没有进入学习状态,各种问题行为不断出现时;第二种是课堂气氛沉闷,学生注意力下降,从而产生问题行为时;第三种是教学正常进行时,学生无意中出现问题行为。教师可用轻松幽默的语言来调节气氛和提示学生,以防止问题行为的出现,制止或纠正已有的问题行为。

(3)创设情境。有些学生在课堂中容易走神,这时可适当创设一些活动情境,让学生参与一些活动,或让他们做一些相关的别的事情,像小竞赛、小表演、小制作等,以避免问题行为乘虚而入。

(4)有意忽视。如果课堂行为很小又没有什么破坏性,最好的课堂管理就是不行动,教师有意忽视,学生会自觉没趣而改变其行为。应该强调的是,有意忽视必须限制在特定情境中,否则,就等于是鼓励闹事或者去捅更大的篓子。

(5)提问学生。临时对发生问题行为的学生提出问题让他回答,以示提醒,并转换他的注意,使其自觉纠正。

(6)转移注意。对于那些自尊心比较强的学生产生问题行为时,如果当面直接制止,可能会出现相反的效果或留下后遗症,这时,可运用比喻,声东击西地加以暗示,使之转移注意,从而停止其问题行为。

(7)移除媒介。有时学生在课堂中做不相干的事,如读漫画书、玩电子游戏等,教师可将这些东西拿走,清除媒介物,从而制止这种行为。

(8)正面批评。如果很多方法对制止学生的问题行为都不奏效,那就要正面严肃批评,指出其缺点,制止其行为。当然,正面批评要建立在尊重学生的人格基础上。正面批评无论是针对个人还是针对集体,教师都应该考虑到它的真实性、可能会产生的结果,以及被规劝者的自我抵御等多种因素。同时,正面批评应该具有一定的权威性,让学生能够接受。

(9)劝离课堂。有时学生之间会发生对抗性冲突,造成怒气冲天的状态,教师可以将他们劝离课堂,避开怒气情境,使其情绪缓和,再做决断。

(10)利用惩罚。对于有些较严重而又难以制止的问题行为,可适当利用一些惩罚措施,运用得当,也可起到制止问题行为的作用。

3. 运用行为矫正策略转变问题行为

课堂问题行为矫正是一个复杂的过程,需要做深入细致的工作,在整个过程中应遵循多奖少罚、坚持一致性、与心理辅导相结合的原则。课堂问题行为矫正的原则有以下几方面:

第一,多奖少罚原则。奖励和惩罚是矫正课堂问题行为最常用的方法。实践证明,奖励的矫正作用大于惩罚,多奖少罚对矫正课堂问题行为能起到更有效的作用。

第二,一致性原则。课堂问题行为是由很多因素引起的,因此,课堂问题行为的矫正不能只考虑学校因素,还应同家庭因素、社会因素联系起来,相互传递信息,发挥学校、家庭、社会三位一体的教育网络作用。

第三,与心理辅导相结合原则。心理辅导主要是通过调整学生的自我意识,排除自我潜能发挥的障碍,帮助学生正确认识自己和评价自己来改变学生的外部行为。心理辅导能否奏效取决于师生之间是否真正建立起信任、融洽、合作的人际关系,能否展开真诚的思想、情感交流。

根据行为分析原理,对课堂问题行为可以采取以下步骤实施行为矫正。

第一,细致观察,觉察问题行为。觉察课堂中的问题行为和潜在的问题行为是矫正的第一步,如果教师根本未能察知问题行为,就没有矫正的必要。因此,教师要善于观察与分析,敏锐地发现问题行为。

第二,准确了解问题行为的原因。发现了问题行为,就要立即运用有效的方法,如访问、谈话、测验等深入了解问题行为产生的原因。准确了解这些原因是合理矫正的基础,通过了解,判明问题行为的性质及严重程度。

第三,在诊断的基础上制定矫正目标。一个完整的行为矫正程序应该先从确定目标行为开始。所谓目标行为是指采取行为矫正时所要矫正的违规行为。确定目标行为有两个原则:一是清楚可见的外显行为,即学生的某种违规行为是教师和其他学生都看得很清楚的;二是选择出现较多且较严重为目标行为,因为如果同时矫正数种行为,其效果将因不能连续渐进处理而无从显现。

第四,给予积极强化,矫正问题行为。教师在使用后效强化原则时,要遵守两个原则:一是忽视学生的违规行为;二是学生的适当行为一出现,立即给予强化。典型的课堂强化物,包括教师的肢体语言(如点头、微笑、抚摸等)、口头表扬、给予优待、授予奖品等。

第五,对问题行为改正的成效应及时加以评定,如发现效果不良,应进行检查,察看有无缺失,诊断是否正确,目标是否合理,改正过程是否得当,直到完全消解问题行为为止。

第六,消除了问题行为,还要进行追踪,进行新的强化,塑造和发展良好的行为,直至良好行为的表现趋于稳定为止。

案例:此时无声胜有声[①]

一天,我精神饱满地走进教室,准备讲课,就在我踏进教室的那一刻,全班爆发出哄堂大笑,我被笑得莫名其妙,心里一慌:是否我哪个地方出错了,还是……

出于职业的习惯,我环视了教室一周,原来黑板上有一幅漫画,样子很滑稽,且旁边有一行小字"生物老师自画像",这不明摆着,是我的自画像吗?

气愤,还是气愤,我良好的上课心态一下子变坏了,只觉得有种被愚弄的感觉;这是否说明自己在学生心目中没有威信呢?当时我心里很想把搞恶作剧的那同学找出来,狠狠批评一通。教室里依旧有些笑声,仿佛在看我如何处理这件事,一些爱凑热闹的同学似乎在等待看搞恶作剧的那个同学被批评。

我在讲台前沉默了几秒钟后,快速调整了心态,想出了冷处理的办法。我一下子又轻松了,而且很平静,仿佛没发生什么事一样,我对着漫画看了一眼,很随和地说了句:"这个漫画的作者水平较高,只是选择作画的时间欠妥,课后我请他再给我作一幅画像",然后拿

---

① 谢国军.此时无声胜有声[J/OL].http://218.4.151.91:8060/jks/2/8.htm.

起黑板擦把黑板擦干净。我的平静让学生们出乎意料,反而让教室里安静了下来,大家自觉地翻开课本等着我讲课。

我也很快进入角色,上起课来。不知不觉,一节课很快就结束了,只是下课时,我计划的内容还有一点没能讲完,我略带惋惜地说:"时间真快,还有一点内容只能留到明天的课上讲了。"说完我观察了一下学生们的反应,发现有好几个同学都朝一个同学张望,而那个同学低下了头。我心里有底了,漫画的作者肯定是那个同学了。我像往常一样回到办公室,但我凭经验觉得那个同学应该会来找我的,果然那个同学在课间主动来向我道歉,承认了错误,我因此不但没批评他,反而鼓励他在搞好学习的同时,可以发挥自己的特长,培养自己的业余爱好,调节紧张的学习生活。

事后,我想想,假如当时发火了,狠狠批评了那个同学,不但会影响那个同学的上课情绪,而且会影响到其他同学的听课情结,这样这节课的损失就大多了,所以在处理一些突发事件时,一定要注意方法,慎重,再慎重!

在上述的案例中,我们可以看出课堂问题行为在课堂上是司空见惯的,经常会干扰正常教学,如果处理不好,就会损害师生关系,破坏课堂气氛,影响教学效率。但教师不能只追求立竿见影式"逼迫学生就范"的状态的达成,而应从长远的角度去考虑自己的管理方式是否真正有利于学生自律行为的养成。案例中,教师便采用了轻松幽默的语言来调节课堂气氛,稳定学生上课情绪,保证教学活动顺利进行。

第三节 课外活动的组织与管理

课外活动的产生和发展历史悠久。中国两千年前的《礼记·学记》即提出:"大学之教也,时教必有正业,退息必有居学。"倡导在规定时间内上正课,休息时间从事种种课外活动。20世纪初期兴新学以后,1904年颁布的《奏定初等小学堂章程》将学生的游戏列入学校工作范围。1939年颁布的《训育纲要》将各种学科自动研究、课余娱乐活动的开展作为实施训育内容。中华人民共和国成立后,除注意开展校内的课余活动以外,还在全国各地广泛设置少年宫、儿童公园等校外活动和教育机构。进入20世纪80年代,各国较普遍地将加强课外活动作为教育改革的一项内容,并就此展开理论的研讨和实践的探索与创新。在西方,文艺复兴时期的教育家从发展学生个性、进行有效学习出发,提倡开展游戏等课外活动。如夸美纽斯规定:国语学校每天上课不超过4小时,余下时间可用于家事或某种形式的娱乐。近现代西方教育对课程外活动、教室外活动或课余教育更为重视。[①]

一、课外活动的概念

课外活动是教学大纲范围以外、学生自愿参加的多种教育活动的总称。广义的课外活

---

① 顾明远.教育大辞典(卷2)[M].上海:上海教育科学出版社,1990:905.

动包括正式课程以外的校内外各种教育活动;狭义的课外活动仅指校内的课程活动。课外活动是实施全面发展教育的重要途径,旨在培养学生兴趣、爱好和特长,以适应个性发展的需要;发展智力、能力,创造才能,扩大知识领域;提高思想品德修养和审美能力,陶冶情操,丰富精神生活,培养文明行为,愉悦身心,增进健康等。①

二、课外活动的内容

(1)思想品德教育活动。课堂教学中严谨的思想品德教育更多地给学生以理性的认识,而课外鲜活的现实活动则能给学生切实的感受,更能震撼学生心灵。思想品德教育在不同的时期有不同的主题。

(2)学科活动。它是以学习和研讨某一学科的知识或培育某一方面的能力为主要目的的活动,可以分学科组成不同小组,也可根据某一专题成立小组。各小组通过开展形式多样的活动来进一步学习、理解、掌握学科知识。这类活动是学校课外活动的主体部分,学校应高度重视,分科组织落实。

(3)科技活动。这是以让学生学习和了解科技知识为目的的课外、校外活动。与课堂上学习系统知识的学科知识相比,科技活动更强调动手过程,让学生在动手实践中综合利用已有知识,全面地认识事物和解决问题。在实际操作过程中,增长学生对某一领域的知识经验和动手能力,是科技活动的主要目的。

(4)文学艺术活动。文学艺术类活动主要是围绕书法、歌咏、音乐、手工、摄影和雕刻等展开,其主要目的是培养学生对文学艺术的爱好与兴趣,提高他们的欣赏能力,并为创造能力的发展打好基础。

(5)体育活动。这类活动的主要目的是发展学生的体能,增强他们的体质,训练他们的运动技能,培养他们吃苦耐劳的精神和对体育运动的兴趣,并尽可能地满足体育爱好者的需要,及早发现和培养体育专业人才。

(6)社会活动。社会活动是让学生走出学校,接触社会,了解科学技术发展,了解社会生活、经济建设实际状况的教育活动,包括社会调查、参观、考察、访问以及各种无偿的社会服务和公益劳动。

(7)传统的节假日活动。传统的节假日承载着丰富的文化内涵,是中小学生学习祖国文化的重要途径。

(8)课外阅读活动。课外阅读活动是指在课堂教学范围之外,学生根据自己的兴趣爱好或某一方面的需要进行的一种自觉的读书活动。课外阅读的目的在于使学生及时接触和吸收新知识,扩大他们的知识视野,培养他们的自学能力和思维能力。

三、课外活动的形式

按照活动人数和规模,课外活动的形式有群众性活动、小组活动和个人活动。②

---

① 顾明远.教育大辞典(卷2)[M].上海:上海教育科学出版社,1990:905.
② 顾明远.教育大辞典(卷2)[M].上海:上海教育科学出版社,1990:905.

(1)群众性活动。群众性活动是一种面向多数或全体学生的带有普及性质的活动。它可以在较短的时间内使较多的学生受到教育,对活跃学校生活有较大的帮助。这种活动有全校性的或校际性的,有全班性的或班际性的。群众性活动的方式主要有报告会、讲座、社团、集会活动、竞赛活动,参观、访问、游览和调查活动,文体活动、墙报和黑板报活动,以及社会公益劳动和主题系列活动等。

(2)课外活动小组。亦称课外教育小组,是由学校或校外教育机构领导,学生自愿参加,在课外进行活动的组织。在中国,普通中小学一般有科技小组,如电工、气象、航模、良种培育、教具制作等小组;艺术小组,如合唱、舞蹈、乐器、戏剧、美术等小组;体育小组,如田径、游泳、球类、棋类等小组,以及各门学科的兴趣小组和公益服务小组等。小组活动的目的在于培养学生良好品德,开发智力,增进健康,发展兴趣爱好和特长。小组人数视活动性质而定,3~20人不等。组内一般订有公约,在组长主持下开展经常性工作。①

(3)个人活动。个人活动是指学生在教师指导下,在课外进行的活动。它往往与小组或群众性活动相结合,由小组或集体分配任务,根据个人的兴趣和才能单独进行。个人活动的主要内容是阅读课外书稿、写读书心得、课外小制作、小型调查研究、艺术创作等。这种活动充分发挥每个学生的积极性与创造性,锻炼他们独立工作的能力。教师要积极组织个人课外活动成果的交流,如读书交流会、成果展示会等,使学生的经验得到共享,学生得到激励,并提高学生对活动的信心。

四、课外活动的特点

(一)选择性和自愿性

从活动的性质上看,课外活动具有选择性和自愿性。这是与课堂教学的根本区别。课堂教学是教师根据课程计划、课程标准的要求和范围,指导学生学习系统的科学文化基础知识,发展智力,培养能力,进行情感、态度和价值观教育的一种教育形式,而课外活动则是学生根据自己的兴趣、爱好、特长和能力,自由选择、自愿参加的一种活动,学校和教师对学生的活动选择可以提出要求和指导,但不宜做强制规定。因此,学生在活动中能充分地表现自己的才能和特长,能够较好地发挥自己的主动性和积极性。

(二)伸缩性和广泛性

从活动的内容上看,课外活动具有伸缩性和广泛性。课外活动不受课程计划、课程标准的限制,内容的深度、广度以及学习的进展速度,是以参加者的愿望、爱好、特长、接受水平及当地的实际条件和学校的实际情况来确定的。内容的伸缩性和广泛性可拓展学生的学习空间,丰富学生的生活内容,因而能充实学生的精神世界。

(三)灵活性和多样性

从活动的形式上看,课外活动具有灵活性和多样性。课堂教学在教学内容、要求、方

---

① 顾明远.教育大辞典(卷2)[M].上海:上海教育科学出版社,1990:905.

法、时间、进度等方面强调标准化、同步化和统一化,而课外活动在形式上则表现出灵活多样性。例如,活动的内容、要求、规模、时间、场地、形式以及参加活动的学生等,都可依据活动本身的特点,学生的兴趣爱好和才能特长,学校或校外指导的力量,以及校内外各种环境条件等具体情况,做出灵活多样的组织和安排。组织的灵活多样性是吸引学生积极参加课外、校外活动的重要手段。

(四)独立性和自主性

从活动的方法上看,课外活动具有独立性和自主性。课堂教学具有一定的强制性,与课堂教学相比,学生在课外活动中具有更大的自主性。课外活动是以学生为主体,由学生独立自主参与的。课堂教学是在教师直接组织指导下进行的,自始至终发挥教师的主导作用;而在课外活动中,教师处于辅助地位,由学生自己设计、自己组织、自己动手操作,充分做到自主、自治和自理,在活动中锻炼、培养学生独立自主的意识、精神和能力。

此外,课外活动还有参与性和实践性的特点。课外活动侧重于使学生获得实践经验,培养学生分析问题、解决问题的能力。在实际活动中,学生通过直接观察、亲手实验、应用理论知识于实践,获得在课堂的统一授课中无法得到的直接经验,形成较强的进行各种社会活动的实践能力。

五、课外活动的意义

课外活动是实现教育目的的重要途径,它的总任务在于根据学生的特点,组织和指导学生的课余生活,积极促进学生全面发展,培养学生的创新精神和实践能力。

(一)课外活动有利于学生开阔眼界

在课外活动中,青少年可以根据自己的兴趣爱好广泛阅读各种课外读物,参加各种科技活动、文体活动,广泛接触社会和自然界,吸收来自各方面的知识信息。这样,他们既能够拓宽、加深已学知识的广度和深度,还能扩大视野,获得新知识。

(二)课外活动有利于培养学生的各种能力

课外活动的整个活动过程是学生手脑并用,运用知识并发挥聪明才智的创造性过程。课外活动既使学生经受各种锻炼,还能有效地培养学生的思维能力、自学能力及各种实际工作能力,对发展学生智力有重要作用。

(三)课外活动是进行德育的重要途径

课堂教学对学生进行思想品德教育,多是通过摆事实、讲道理来提高学生的道德认知。但是,学生思想品德的形成只有通过行为实践才能转化为自觉的行动。另外,学生在课外活动中能接触实际的人和事,能得到较为深刻的感性认识,受到情感上的感染,往往可以收到比单纯的说服教育更有效的教育效果。

(四)课外活动是因材施教,有助于发展学生的个性特长

课外活动可以弥补课堂教学完全按照课程计划、学科课程标准进行系统知识传授而不

能照顾到学生个别差异的缺陷。它的活动内容丰富,能满足学生的不同需要,学生可以自愿选择参加各种活动。学生在活动中自主学习,可获得更多的亲身体验。

案例:我校的"校园十佳歌手比赛"[①]

　　每年五四青年节,我校都会举行"校园十佳歌手比赛",这是一项全部由学生自己负责的赛事活动,学校只提供场地。
　　那么,音响、服装、道具、奖品、麦克风、背景宣传画等必需品从哪里来呢?所有这些必需品,不管是租还是买都需要钱,这些钱又从哪里来?
　　这些钱都是学生拉赞助拉来的。今年,学生总共拉到近两万元的赞助。学生从哪里拉来这么多赞助呢?
　　从今年的广告条幅来看,赞助的主要有品牌手机专卖店、品牌运动服装专卖店、肯德基、文化培训学校、发型设计店等。稍稍留意就会发现,这些单位有一个共同的特征:消费主体以学生居多。
　　拉这么多赞助需要耽误学生多少时间呢?事实上一点儿也没有耽误,学生都是利用周末的时间去拉赞助。
　　那么,比赛歌手的初选、主持人的确定、主持人演讲稿的撰写,特别是赛场布置等也都是学生自己做的吗?
　　是的,从头至尾的工作都是学生自己做的,除了音乐老师被学生请去当评委,在整个比赛活动的准备及进行中,再也找不到老师的身影。
　　"校园十佳歌手比赛"成为我校一项固定的活动并令全校老师引以为傲,是因为学生自己就能把赛事活动办好,独立解决问题的能力比较强。我们不得不承认,对于一些活动的策划、组织,学生有时比我们做得好而且好得多。所以,策划、组织一些活动时,我们不妨让学生去做。
　　一方面,学校举办活动,是为了培养学生的精神品质,锻炼学生的能力,同时让学生消除繁重的学习压力,达到劳逸结合的目的。既然是为了学生,班主任完全可以让学生去做。
　　另一方面,不难看出,学生的力量比我们想象的要大。只要学生集体愿意干,愿意心往一处想,劲往一处使,表现出来的潜力和能力都是惊人的。学生集体去做,比班主任一个人去做更容易成功。

　　在上述案例中,我们可以看出,整个课外活动都是由学生策划、组织和实施的,从拉赞助到初选歌手,从主持人的确定到评委的确定,从服装道具到广告宣传,从音响设备到现场布置等,教师完全没有插手,学生亲力亲为,不仅体现了学生的主体地位,也充分发挥了学生的才智和创造力,以及组织能力、管理能力和协调能力。学生们在活动中学习,在活动中成长,在活动中培养能力。课外活动的意义和价值得到了充分的体现。

[①] 赵坡.班级管理实战指南[M].上海:华东师范大学出版社,2013:137-138.

六、课外活动的基本要求

课外活动的基本要求是根据学校培养目标、青少年年龄特征和课外活动的特点,组织和指导学生进行活动的基本准则。

(一)要有明确的目的性、计划性

组织课外活动必须要从全面贯彻教育目的、落实培养目标的高度确定每一项课外活动的具体要求,目标的确定要做到明确、具体,要始终坚持寓教于活动中,预防将活动流于形式。加强课外活动的计划性是保证课外活动目标实现的重要手段之一。

(二)活动要富有吸引力

课外活动是学生自愿参加的活动,不是教学计划规定的必修课。要吸引广大学生参加课外活动,通过活动对他们进行教育,首先就要使活动符合学生的兴趣和需要。不同年龄的学生,由于积累的知识与经验不同,他们的兴趣与需要也不同。因此,选择课外活动的内容、形式和方法就要考虑学生的年龄特点。课外活动要尽可能开展得丰富多彩,以便适应多种不同的兴趣爱好。课外活动本身应具有知识性、趣味性和新颖性,使学生每次参加活动都能增长见识,有所得益。另外,学生的兴趣易变,在组织课外活动时还要注意对学生的兴趣进行引导以及培养新的兴趣,使学生能够参加各种各样的活动。

(三)充分发挥学生的主动性和创造性

课外活动的主体是学生。他们根据自己的兴趣爱好自由选择参加活动,根据自己的理解与意愿独立自主地进行活动。因此,能否激发学生的积极主动性与创造精神,能否发挥学生的主体作用,是课外活动能否取得实效的关键。

发挥学生在活动中的主体作用和创造精神,除了活动要能引发学生的兴趣外,最主要的是要让他们在活动中动手动脑、独立思考,参与活动的设计、实施、管理与评价的全过程。通过运用知识、深化知识来提高技能、增长才干,使学生真正成为活动的主人。教师要信任学生,学生自己能完成的活动,教师就不要插手或包办代替,否则,学生的积极性、主动性、创造性将会受到抑制。

(四)要因地、因校制宜

我国幅员广阔,各地经济和文化发展很不平衡。东中西部、城市和农村的学校在学校物质条件与师资水平上相差很大。因此,开展课外活动不能强求一律,要因地、因校制宜。条件较好的学校可以开展各种课外活动项目,包括一些先进的科学项目。条件较差的学校可以根据学校的条件开展适合学生的课外活动。学校也可根据本校的特色文化开展课外活动,发扬本校的特色文化。

第四节　班主任工作

现代学校是以班级授课制为基本模式的,班级制度随着班级授课制而产生和发展。许多国家的学校教学和生活指导都是以班级为单位实施的。班作为现代学校教育最小的单位,其稳固和发展关系到学生、学校和社会的发展和进步。鉴于班级在学校教育和学生发展中的重要地位和作用,我们必须确保做好班级的组织、管理、教育与建设工作,使学校教育有序且高效地进行。这一系列的工作就要有专门的人——班主任来做。班主任是建立、巩固和发展班集体的专职教师,是班集体的组织者、教育者和领导者,在学校的教育工作和学生的成长中有着重要的作用。

一、班主任概述

我国最早在晚清就出现了级任教员,新中国成立后,我国学习当时苏联的经验,在全国的中小学一律设班主任,以班为单位的班主任成为学生、学校、家庭和社会之间的一座由此达彼的桥梁。班主任是近、现代学校教育中随着班级授课制的出现而产生和设置的一种工作岗位的称谓。1904年清政府颁布《奏定学堂章程》,其中规定:"小学各年级置本科正教员一人","通教科目","任教授学生之功课,且掌所属之职务"。这是我国班主任工作的开始。1932年国民党统治时期,中学规定设立级任制。1938年,我国又把这种级任制改为导师制,把负责班级教育工作的教师称为级任导师。1949年新中国成立后,学习当时的苏联经验,在全国中小学一律设置了班主任。1951年我国政务院颁布的《关于改革学制的决定》正式确立班主任制。1952年《中学暂行规程》的颁布,标志着我国社会主义教育班主任制的确立。

《中国大百科全书》为班主任所下的定义为:"班主任是学校中全面负责一个班学生思想、学习、健康和生活等工作的教师,是一个班级的组织者、领导者和教育者,也是全体科任教师教学、教育工作的协调者。"可见,班主任在班级管理过程中担当重要的角色,班主任应该在不同的教育情境中,扮演好不同的角色,协调和处理好各种关系,促进学生的发展和班级的建设。[①]

二、班主任的作用

班级作为学生学习和活动的基层集体,是学校各项教育工作开展的基本单位,只有把一个班的学生很好地组织起来进行教育和教学活动,才能够使班里的学生在德智体美劳等方面获得很好的发展。因此,班主任在学校教育工作和学生的成长生涯中有着重要的作用,可以概括为以下几方面:

---

① 顾明远.中国教育大百科全书(卷2)[M].上海:上海教育出版社,2012:25.

（一）班主任是班集体的组织者和建设者

班级是由年龄大体相当、身心发展水平很接近、来自不同家庭的少年儿童组成的。要将一个班级建设成为真正的班集体，就需要班主任付出大量艰辛的、创造性的劳动，建立和完善班集体机构，从组织上把学生紧密地连接在一起，并且要结合本班实际情况，进行各种教育；确立班级个体奋斗目标，提高思想认识，创建班级各种制度，形成班级文化，指导学生开展各种各样的活动，努力促使班集体的每一个学生都能得到全面的发展，在促进学生个性发展的同时，努力使班级成为具有凝聚力、积极向上、团结友爱的班集体。这一切取决于班主任能否充分和正确地扮演班集体的组织者和教育者的角色。

（二）班主任是学生全面发展的指导者

中小学处于长身体和长知识的重要时期，由于年龄都比较小，他们缺少生活经验，对世界和自身的认识还不成熟，同时，自身的独立生活能力还比较差，因此，需要班主任对学生进行专门辅导。如何促进每个学生的全面发展，如何根据每个学生的特点充分发展他们的个性和特长，学生要获得充分的发展需要做出什么样的努力、参加什么样的活动都需要班主任的具体指导。

（三）班主任是联系学生集体和任课教师的纽带

学校的教学工作是以班为单位进行的，一个班级中会有几门学科的任课教师同时指导和教育学生。他们在教学时，一般是以教师个体形式进行的，但教学劳动成果不是单个教师所能创造的，而是教师集体长期共同劳动的结晶。各任课教师必须相互配合、交流学生情况，才能产生最大的教育合力。要使各任课教师协调一致，就必须依靠班主任的力量，协调各任课教师之间的相互关系，调整各项教育、教学措施，增强教育的整体效应。

（四）班主任是学校领导贯彻实施教育方针政策的得力助手和骨干力量

班级是学校重要的基层组织，我国学校教育实施的教育、教学活动通常都是以班级为单位进行的，国家有关的教育政策的贯彻落实，学校领导对教育、教学工作的决议和计划，教导处、总务处、后勤处等机构有关学生教育和生活方面的指示和要求，以及共青团、少先队、学生会和社团组织、课外活动组织等一系列的活动，都需要班主任来贯彻和落实。此外，学校促进学生身心发展的一系列的措施，尤其是促进学生思想道德素质提高的一些措施更是需要班主任的具体工作。因此，班主任是学校完成教育和教学任务的得力助手和骨干力量，是促进学生发展的中坚分子。

（五）班主任是沟通学校与家庭、社会的桥梁

除了学校教育系统外，影响学生的教育环境还有家庭和社会。在学校、家庭、社会三方面的教育中，学校教育在学生发展过程中起主导作用。而学校教育主导作用的发挥又要依靠班主任去沟通与家庭、社会的联系，利用家庭访问、定期召开家长会加强家校联系，争取家长参加班级的有关活动，也可组织学生进行社会调查，参观企事业单位或参与社会公益活动，使学校教育与家庭教育、社会教育密切结合。同时，班主任还要根据当地条件，主动

地争取社会各界的支持,关心青少年健康的成长,借助社会教育力量促进学生发展。

三、班主任工作的内容和方法

班主任工作是一项复杂的专业劳动,具体来说,完成班主任工作,要注意抓好以下几项主要工作,这几项工作既是班级的常规工作,也是班主任开展班级工作的方法。

(一)了解和研究学生

了解和研究学生是班主任工作的前提和基础,班主任只有全面地了解和研究学生,才能够明确工作目标,确定工作计划,使教育工作更加具有针对性和实效性。

1. 了解和研究学生的内容

(1)了解和研究班级个体的主要内容

个体方面主要指学生个人的情况,包括以下四个方面:学生的基本情况,如性别、年龄、身体状况、兴趣爱好、个性倾向等;学生的社会关系,如家长职业、家庭经济状况、家庭结构、家庭关系、家庭所在的社区环境等;学生的学业和品德状况,如学习态度、学习习惯、学习性向、智力发展水平等;学生的品德形成与社会性发展状况,如行为习惯、人际关系、人际交往的方式、思想道德面貌等。

(2)了解和研究班级群体的主要内容

了解班级群体是在了解个人情况的基础上进行的,了解班级群体主要包括以下四个方面:班级成员的基本构成,如生源状况、年龄层次、性别比例等;班级群体的学业状况,包括不同学业程度的具体情况和不同学科程度的具体情况;班级群体的发展状况,如班级组织、班级规范、人际关系、班级舆论、班风、班级传统等;班级日常行为表现,如学习习惯、课堂内外的纪律等。对于一个新组建的班级,主要是侧重于第一项内容的把握。

2. 班主任了解学生的方法

班主任获得学生信息有很多具体的方法,在实际运用时各种方法不是固定、孤立的,常常是根据实际情况和学生的身心特点而灵活运用。

(1)资料分析法。这是了解学生基本情况的最简易的方法,班主任在初识班级和学生时,通过查阅学生的有关资料,可以较快地了解学生的情况,如入学登记表、成绩单、操行评定、健康档案、原班主任的工作手册、班会和班委会记录、作业本、试卷以及学生的成长记录袋等,特别是看学生的作文、周记、日记,不仅可以了解学生的语文水平,还可以了解学生的内心活动和思想状况,以及智力发展水平。通过书面材料了解学生,要同其他方法结合起来,注意真实性。

(2)观察法。这是班主任了解、研究学生的最基本方法。即在自然条件下,班主任有目的、有计划、长期反复地对学生的各种行为表现进行观察。正确运用观察法应当要注意几点:第一,要有明确的观察计划,确定观察什么和为什么观察;第二,要有科学而可行的观察计划,主要解决做什么的问题;第三,要及时做好原始记录,主要是确保材料的客观真实性;第四,要对材料进行整理和分析,去伪存真,透过现象找到本质;第五,写出结论,对观察做出准确、全面的终结性评价。

(3)谈话法。指班主任通过与学生本人或者学生家长、任课教师面对面谈话来深入了解学生情况的基本方法。它具有灵活、方便、容易了解事情细节、有利于感情沟通等特点。为了使谈话取得良好的效果,在谈话前班主任要认真做好准备;在谈话中,态度要自然、诚恳、亲切,循循善诱,启发引导,同时还要考虑谈话对象的特点。例如,有的直率,谈吐大方,有的沉默寡言。谈话后,班主任要把所得到的情况及时记录下来,以便结合平时观察和调查的结果进行分析。

谈话法有集体谈话(如座谈会调查)和个别谈话。座谈会调查是班主任根据事先拟定的调查提纲,向到会的学生或者家长、教师提出问题,展开讨论,借以取得信息的一种方法。参加座谈会的必须是知情者,有一定的代表性,教师要注意引导,以获得有用信息,时间不宜过长,不要让参加者感到有负担。个别谈话是班主任根据一定的要求,通过口头问答等方式获得学生信息、交流思想的一种方法。个别谈话能够让教师更多地了解学生的个性特征,同时有利于形成良好的师生关系。

(4)调查法。调查法是班主任为了深入了解或弄清有关学生教育的某个问题,或专门为了了解某件重要事情而采用的方法。调查对象主要是学生本人,或者学生的家长、亲友、任课教师、原班主任教师,以及其他有关的知情者。调查对象应该根据具体调查的任务来确定。班主任对通过调查了解到的情况,要认真地、实事求是地进行分析,去掉虚假的现象以及一些片面的认识,做出正确的判断,不能凭主观印象轻率地做结论。

调查法可分为综合调查和专题调查。综合调查主要是为了在新的时期或新的阶段如每学期开学之初,了解学生德智体美劳等各方面发展的总的规律变化,以及表现出来的优点、缺点与问题等,以便制定班主任工作计划。专题调查是为了了解学生个人或集体中存在的某个方面的问题,深入而全面地掌握有关情况,以便采取有效措施,使其得以正确地解决和处理。通过调查法可获得大量第一手材料,反映的问题比较深刻全面。

(二)有效地组织和培养优秀班集体

组织和培养班集体是班主任工作的中心环节。良好班集体的组织虽然会因学校、教师、学生等条件不同而在方法上有异,但是良好班集体的形成和发展有一定规律可循。因此,组织和培养班集体的要求和方法也有很多共同之处。首先,要确定班集体的奋斗目标,围绕集体目标制定个人目标;其次,建立班集体自我管理机构,让学生进行自我教育和自我管理;再次,培养正确的舆论和良好的班风;最后,要组织开展丰富多彩的班级活动,这是实现班级目标的重要途径。

(三)协调校内外各种教育力量,形成教育合力

每个学生的成长都受到家庭、学校和社会等多方面的作用和影响,所以必须要争取校内外各种教育力量的配合,调动各种积极因素,如果这些积极的教育影响相互配合,协调一致,那么就能够很好地促进学生的健康成长,我们把这种教育力量称为教育合力。在教育合力的形成过程中,班主任起着关键的作用。

1. 充分发挥本班任课教师的作用

班级中的每个任课教师都承担着重要的教育任务,他们和班级相互影响,相互作用。只有充分发挥任课教师的作用,班级工作才能取得好的效果。所以班主任在平时工作中,应主动与任课教师联系,向任课教师介绍班级学生的情况并向任课教师了解学生的各门功

课的学习情况,与任课教师共同研究、制定班级工作计划,虚心听取任课教师的意见;培养学生的尊师美德,建立学生对任课教师的感情。

2. 做好团队工作

团队组织在学校和班级教育中具有重要作用。学校共青团和少先队是先进的青少年组织,是学校对学生进行教育的富有生机的力量。班级教育与团队教育紧密结合,有助于培养学生的集体主义精神和主动性、积极性、创造性。班主任在团队工作中应当好团队组织的参谋,选择和培养好团队干部,充分调动团队干部的积极性,指导他们开展形式多样且富有教育意义的活动,丰富学生的精神生活,同时,班主任要协调好班委会干部和团队干部的关系,充分发挥他们在班级中的核心作用。

3. 争取家长的密切配合

家庭教育是直接生动的教育,是学校教育的重要补充和延伸,对学生的健康成长有着十分重要的作用。班主任要与学生家庭建立密切的联系,加强学生的思想政治工作。具体而言:①全面了解学生家庭以及学生在家庭中的基本情况;②通过家访,交流学生在校以及在家的情况;③定期召开家长会,共同探讨教育方法,解决教育问题。

4. 运用社会教育机构的力量

社会教育机构是指社会宣传文化教育机构、社会团体进行的各种形式的教育和社会大环境对学生的影响。随着社会的进步,社会教育在青少年成长过程中的影响越来越大。班主任只有正确选择和利用社会教育,才能充分发挥社会教育的积极作用,防止消极因素的渗透,才能帮助学生在社会大环境中分清是非。所以,班主任应主动与街道、少年宫、少年科技馆、少年业余体校等社会教育机构取得密切联系,选择适合学生的活动,争取有效地运用社会教育。

(四)做好个别教育工作

班级虽然是一个集体,但是这个集体是由每个活生生的学生个体组成的。他们的思想、生活经历、性格特点都不一样,要促使他们每个人健康成长,发展他们的个性,班主任还需要根据每个同学的特点,进行因材施教。

1. 促进优秀生的发展和提高

优秀生应该是在班级里德、智、体、美、劳全面发展的学生,这些学生在班级中比较有威信,有一定的影响力,是学生中的骨干,是班主任和任课教师的得力助手。在对优秀生进行教育时,班主任要教育优秀生正确地对待自己的成绩,以免他们形成骄傲自满的性格。此外,班主任还要积极引导优秀生认识到自己的潜力,帮助他们确立更高的奋斗目标,但目标切不可过高过大,应在学生力所能及的范围内。

2. 抓好中等生的教育

班主任要看到中等生的潜力,主动关心和了解他们,帮助他们树立自信心,找到正确的学习方法,提高学习效率;或者为他们安排适当的活动和任务锻炼他们的能力;此外,还可以建立学习互助小组,为中等生在小组里安排恰当的工作,激发他们的潜力,促进中等生向优等生转化。

3. 做好后进生的转化工作

所谓后进生主要是指在思想品德和学习上比较落后或缺点较多的学生。虽然后进生人数较少，但做好后进生的转化工作，不仅关系着一个学生的前途，而且对学生的家庭和社会也有着重要的意义。班主任做后进生工作时，要注意以下几点：首先，要摸清后进生的情况，找准原因后"对症下药"；其次，班主任要善于发现后进生的"闪光点"，做到长善救失；最后，班主任要有正确的教育态度，做到耐心、细致、持之以恒。

（五）组织班会活动

班会是以班级为单位，在班主任的指导下，一般由学生干部主持进行的全班性会务活动。班会有三个特点：集体性、自主性、针对性。班会一般有三类，即常规班会、生活班会和主题班会。主题班会是班级活动的主要形式。主题班会是班主任依据教育目标，指导学生围绕一定主题，由学生自己主持、组织进行的班会活动。主要形式有：①主题报告会；②主题汇报会；③主题讨论会；④科技小组制作成果展评会；⑤主题竞赛；⑥主题晚会。组织主题班会主要有四个阶段：①确定主题；②精心准备；③具体实施；④总结深化。

（六）评定学生操行

操行评定是以教育目的为指导思想，以《学生守则》为基本依据，对学生一个学期内在学习、劳动、生活、品行等方面的小结与评价。操行评定的主要内容有道德品行、学习、身心健康三个方面。操行评定一般采用评语，有的还要评定等级（评优、良、中、差）。

操行评定是进行教育的重要方法。它有助于帮助学生正确认识自己，了解自己的品行表现和优缺点，明确努力方向，扬长避短，继续上进；有助于学生家长了解子女的综合表现，配合学校加强子女的教育；有助于科任教师了解学生，做到因材施教；有助于学校更好地了解和教育学生。所以，操行评定也是班主任必须做好的一项工作。

班主任写操行评定之前，可以让学生自评，或者征求有关教师或者团队干部的意见，以供参考。然后，由班主任考虑到学生平时的实际表现再结合各方面意见写成。班主任做好操行评定应注意以下几个方面：(1)要实事求是，抓主要问题，评定要准确反映学生思想品德的全面表现和发展趋向；(2)要充分肯定学生的进步，并适当指出他们的不足；(3)评语要简明、具体、贴切，严防用词不当伤害学生的情感。

班主任写操行评语应遵循的原则有如下四点：

(1)客观性原则。班主任要实事求是，真实地评价每一个学生。无论是表扬学生的长处，还是指出学生的不足，都应从实际出发，以事实为依据，不能夸大其词。因此，班主任要充分了解学生，经常和学生接触，观察学生的一言一行，并做好记录，同时多征求科任教师的意见。

(2)激励性原则。操行评语重在激励，使学生感到鼓舞、振奋，调动学生的积极性，增强前进的信心。俗话说，"好孩子是夸出来的"。教师要用发展的眼光，通过鼓励的方式与学生交流，对学生的发展和所取得的成绩表示认同，使学生形成健康的自我认识，更好地把握自己未来的发展。

(3)个性化原则。操行评语要避免千篇一律、千人一面的套话或俗语。评语要反映每个学生鲜活的生命个性。

(4)全面性原则。操行评语应从德、智、体、美、劳各个角度全面评价学生，既要注重对学生行为的评价，也不能忽视对学生个性的评价。每个学生都有自己的特点，有的学生学习好,有的学生体育好,有的擅长写生绘画等,对学生的评价既要避免"一俊遮百丑",又要防止"一丑遮百俊"的现象。教师对学生的评价不可以偏概全,要用全面的、发展的眼光看待每一个学生。

(七)做好班主任工作的计划与总结

班主任工作计划一般分为学期计划、月或周计划以及具体的活动计划。其中,学期计划比较完整,一般包括三个部分:(1)基本情况;(2)班级工作的内容、要求和措施;(3)本学期的主要活动与安排。

班主任工作总结是对整个班主任工作过程、状况和结局做出全面的、恰如其分的评估,进行质的评议和量的估计。班主任工作总结一般分为两类:全面总结和专题总结,一般在学期、学年末进行。做好总结应注意两点:一是平时注意对班主任工作资料的积累;二是注意做阶段小结。

本章小结

本章厘定了班级、班级管理、课堂管理、课堂气氛、课外活动、班主任等概念,分析了班级的特点及班级对学生发展的作用;集中论述了班级管理的模式、班级管理的原则,课堂管理的影响因素、良好的课堂气氛的创设、课堂问题行为的预防与矫正,课外活动的类型、特点、意义、实施要求等,以及班主任工作的内容和方法。教师要在掌握班级特点的基础上,进行有效的课堂管理和班级管理,创设良好的课堂气氛,开展丰富多彩的富有教育意义的课外活动,促进学生的发展。班主任要做好常规的教育工作,扮演好学生发展的管理者、引导者、组织者和教育者的角色。

复习思考题

1. 根据你们了解,谈谈开展课外活动必须因地制宜的理由。

2. 结合本章所学的课堂管理和班级管理的知识,分析下面的案例。假设你是案例1中的语文教师和案例2中班级的班主任,你该如何处理?

案例1:某语文教师在上写作课时,刚转身在黑板上写了作文的标题"我的妈妈",突然,教室里一阵骚动。原来,一只麻雀从一个学生的抽屉里飞了出来,在教室里盘旋了好几圈,然后从窗口飞走了。学生们一时转移了注意力,有几位学生趁机捣乱,课堂一下子吵闹了起来。

案例2:一节自习课上,教师不在教室。学生有的说话,有的唱歌,有的喊叫,有的在玩游戏。纸飞机、纸弹满天飞,几个角落里有一些小团伙在进行混战,喧闹声直接影响了周围的班级。

3. 观看《热血教师》《冯志远》《放牛班的春天》等教育影片,结合本章所学的理论,探讨教师如何营造良好的课堂气氛。

【参考文献】
1. 全国十二所重点师范大学联合编写.教育学基础[M].北京:教育科学出版社,2002.
2. 李朝辉,姚玉香.教育学基础[M].北京:科学出版社,2018.
3. 卢晓中.新编教育学[M].北京:北京师范大学出版社,2014.
4. 赵坡.班级管理实战指南[M].上海:华东师范大学出版社,2013.
5. 邓栩.小学课堂管理[M].北京:北京师范大学出版社,2015.
6. 冯建军.现代教育学基础[M].南京:南京大学出版社,2003.
7. 龚浩然,黄秀兰.班集体建设与学生个性发展[M].广州:广东教育出版社,1996.
8. 山香教师招聘考试命题研究中心.广东教师招聘考试·教育教学理论基础[M].北京:首都师范大学出版社,2019.

第十一章 教育法律法规

【学习目标】
1. 理解教育法律法规的一般原理,增强依法治教、依法从教的意识与信念。
2. 熟悉我国主要的教育法律法规,能运用相关教育法律法规分析处理教育教学实践中的法律问题。
3. 理解学生的权利和义务,树立保护学生合法权益的责任意识。
4. 理解教师的权利和义务,熟悉相关教育法律法规对教师教育行为的规范与法律责任的界定。

【知识导航】

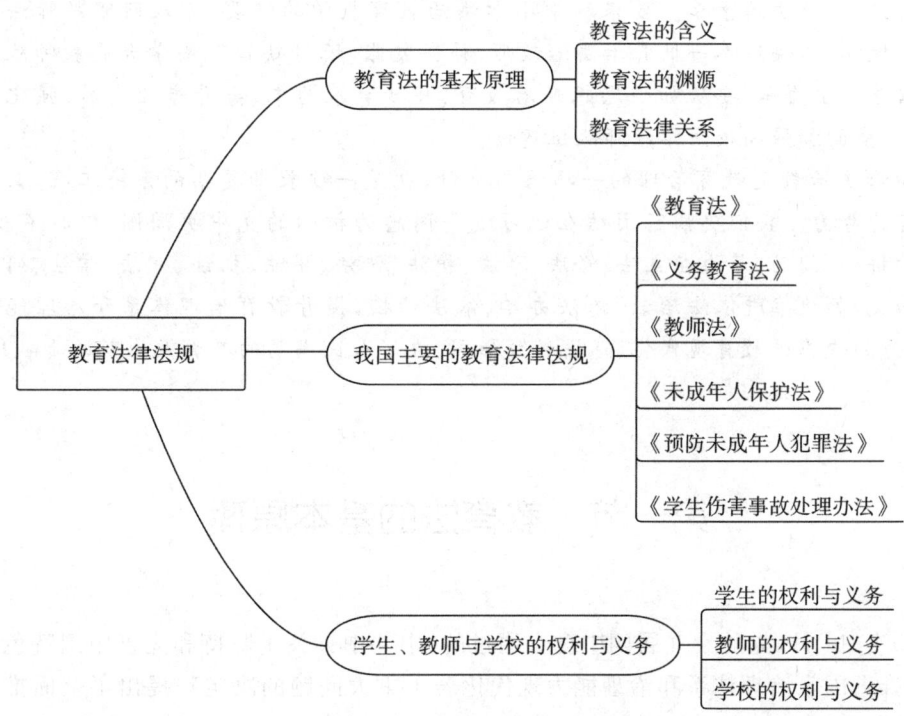

【引子】

 在教育系统营造尊法学法的良好氛围

——陈宝生 2018 年 11 月 29 日在全国教育法治工作会议上的讲话（节选）

习近平总书记在全国教育大会上专门指出要加强青少年法治教育，使学生养成遵纪守法的良好习惯。教育系统要把普法作为一项基础性工作和光荣使命，把树立尊法意识摆上重要日程。为人师表，首先要在尊法上为全社会做出表率。法治教育，要从孩子抓起，从学生突破，营造尊法的氛围、风气，为法律体系的建设和实施提供思想基础。

要着力突出宪法教育的核心地位，发挥课堂主渠道作用、学校主阵地作用，扎实推进青少年法治教育。各级各类学校要原原本本学宪法、认认真真抓普及、扎扎实实搞活动，办出水平、办出特色、办出影响，打造宪法宣传教育的靓丽品牌。要将宪法法治精神有机融入教材，推动教材体系向教学体系、知识体系向价值体系转变。要纵向上打通各学段，形成系统科学、有机衔接的教育体系，横向上打通各学科，努力做到全学科渗透、全要素育人。要把握青少年的认知特点和规律，注重法治教育的实践性、参与性、生动性，增强吸引力和感染力。进一步密切学校和公安、检察院、法院、司法等实务部门的合作，大力开发青少年法治教育资源，利用线上线下资源共同打造青少年法治教育优质平台。

要着力抓好教育系统干部和教师的法治教育。要切实加强教育系统领导干部和广大校长、教师的法治教育，在各类干部培训、教师培训中加大宪法法治教育内容，引导干部树立宪法意识，提升法治素养。要根据中小学法治教育教学的需要，深入研究教师法治教育的方式和规律，尽快培养一批骨干法治教师，补齐欠账、填好缺口。法学专业教师队伍是法治人才培养的主力军，要从加强思想政治教育、坚持育人为本、提升专业素质、强化实践育人等方面，全面加强高校法学教师队伍建设。

全面依法治教是教育治理的一场深刻革命，也是一项长期复杂的系统工程，需要付出长期艰苦的努力。我们要紧密团结在以习近平同志为核心的党中央周围，以时不我待、只争朝夕的拼劲、闯劲，着力在立法、修法、尊法、护法、传法、用法、执法、守法、学法、研法十个方面下功夫，加快推进依法治教、依法办学、依法治校，提升教育治理体系和治理能力现代化水平，为加快推进教育现代化、建设教育强国、办好人民满意的教育做出新的贡献！

第一节 教育法的基本原理

2019 年 11 月，党的十九届四中全会通过的《中共中央关于坚持和完善中国特色社会主义制度、推进国家治理体系和治理能力现代化若干重大问题的决定》，提出了全面推进依法治国，坚持依法治国、依法执政、依法行政共同推进，坚持法治国家、法治政府、法治社会一体化建设，全面推进科学立法、严格执法、公正司法、全民守法，推进法治中国建设。依法治教、依法执教是依法治国的重要组成部分。

教育法律法规是中国特色社会主义法治体系的重要组成部分,是依法治教、依法执教的依据。教育工作者只有熟悉、掌握新时代我国有关的教育法律法规,才能在教育教学工作中切实履行法律法规赋予教师的职责,努力做一名知法、守法、护法的人民教师。本章将围绕中小学教师应掌握的相关法律基本理论知识和概念展开。

一、教育法的含义

教育法律法规统称教育法,它是指国家制定或认可,并由国家强制力保证实施的用以规范教育活动的行为规范的总称。

教育法有广义和狭义的区分。广义的教育法是有关教育方面的法律、法规、规章等规范性文件的总称。教育法体现国家意志,是规定教育法律关系中各主体权利和义务的社会规范。狭义的教育法就是《中华人民共和国教育法》,它是我国教育工作的基本法。

二、教育法的渊源

法的渊源是指法的来源和法律效力等级。教育法的渊源是指教育法是由何种国家机关通过何种方式创立,表现为何种教育法律文件的形式。我国教育法的主要渊源是宪法、教育法律、教育行政法规、地方性教育法规、教育规章等。它们是由不同的国家机关制定或认可的、具有不同法律效力的规范性法律文件。

(一)宪法

宪法是国家的根本大法,是治国安邦的总章程。宪法规定了国家的根本制度、根本任务、基本制度和基本原则。《中华人民共和国宪法》由国家最高权力机关——全国人民代表大会制定、审议通过,具有最高的法律地位和法律效力。宪法作为最高层级的法律渊源,规定了教育法的基本指导思想和立法依据,教育的性质、目的、任务、教育结构、教育制度、公民的受教育权利和义务等内容,是制定教育法律法规的基本依据。

《宪法》第十九条指出了国家发展教育事业的目的、基本原则和任务:"国家发展社会主义的教育事业,提高全国人民的科学文化水平。国家举办各种学校,普及初等义务教育,发展中等教育、职业教育和高等教育,并且发展学前教育。国家发展各种教育设施,扫除文盲,对工人、农民、国家工作人员和其他劳动者进行政治、文化、科学、技术、业务的教育,鼓励自学成才。国家鼓励集体经济组织、国家企业事业组织和其他社会力量依照法律规定举办各种教育事业。"

《宪法》第四十六条规定了公民有受教育的权利和义务:"中华人民共和国公民有受教育的权利和义务。国家培养青年、少年、儿童在品德、智力、体质等方面全面发展。"

(二)教育法律

教育法律是由全国人民代表大会和全国人民代表大会常务委员会制定的规范性法律文件。教育法律分为两种形式:基本法律和基本法律以外的法律。

由全国人民代表大会制定和颁布的《中华人民共和国教育法》是教育基本法律。由全国人民代表大会常务委员会制定颁布的《中华人民共和国教师法》《中华人民共和国义务教育法》《中华人民共和国职业教育法》《中华人民共和国高等教育法》《中华人民共和国民办教育促进法》《中华人民共和国未成年人保护法》等都属于教育法律。

（三）教育行政法规

教育行政法规是指国家最高权力机关——国务院为管理教育事业，根据宪法和教育法律制定的规范性文件。

《宪法》第八十九条规定，国务院有权"根据宪法和法律，规定行政措施，制定行政法规，发布决定和命令"。根据这一规定，国务院根据职权范围、现实需要有权制定和发布教育行政法规和其他规范性文件。教育行政法规制定、审定、发布须经过法定的程序，具有法律的约束力。

我国现有的教育行政法规主要有：《教师资格条例》《教学成果奖励条例》《禁止使用童工规定》《幼儿园管理条例》《中华人民共和国义务教育法实施细则》《学校卫生工作条例》《学校体育工作条例》等。其法律效力仅次于宪法、教育法律。

（四）地方教育行政法规

根据《宪法》第一百条的规定："省、直辖市的人民代表大会和它们的常务委员会，在不同宪法、法律、行政法规相抵触的前提下，可以制定地方性法规，报全国人民代表大会常务委员会备案。"根据这一规定，地方性法规是指省、自治区、直辖市的人民代表大会，省、自治区的人民政府所在地的市和国务院批准的较大的市的人民代表大会，根据本市的具体情况和实际需要，在不与宪法、法律、行政法规和本省、自治区的地方性法规相抵触的前提下，制定的规范性文件的法律形式。

地方性教育行政法规在制定和颁布时，须报省、自治区的人民代表大会常务委员会批准后施行，且需要报全国人民代表大会常务委员会备案。

（五）政府教育规章

教育规章按制定发布机关分为两类：部门教育规章和地方政府教育规章。

部门教育规章由国务院各部、各委员会制定、发布。根据《宪法》第九十条规定："国务院各部、各委员会根据法律和国务院的行政法规、决定、命令，在本部门的权限内，发布命令、指示和规章。"如《教育统计管理规定》《幼儿园工作规程》等。

地方政府教育规章由各级地方政府制定、发布。根据《地方各级人民代表大会和地方各级人民政府组织法》第六十条规定："省、自治区、直辖市的人民政府可以根据法律、行政法规和本省、自治区、直辖市的地方性法规，制定规章，报国务院和本级人民代表大会常务委员会备案。设区的市的人民政府可以根据法律、行政法规和本省、自治区的地方性法规，制定规章，报国务院和省、自治区的人民代表大会常务委员会、人民政府以及本级人民代表大会常务委员会备案。依照前款规定制定规章，须经各该级政府常务会议或者全体会议讨论决定。"

三、教育法律关系

(一)概念

教育法律关系是指由教育法律规范所确认和调整的教育关系主体之间的权利义务关系。教育法律关系既是教育法在调整教育领域中各种社会关系的过程中所形成和确认的一种法律关系,也是教育领域中各种社会关系在法律上的表现形式。

(二)教育法律关系的构成

教育法律关系是由主体、客体与内容三要素构成的。

1. 教育法律关系主体

教育法律关系主体是指教育法律关系的参加者,即在教育法律关系中享有权利或承担义务的人或组织。法律上所称的"人"主要包括自然人和法人。

2. 教育法律关系的内容

教育法律关系的内容是指教育法律关系的主体所享有的权利和承担的义务,也就是教育法律关系的主体依法享有的权利和依法应当履行的责任。如教育行政机关、学校的权利和义务,校长、教师的权利和义务,学生的权利和义务,社会组织的权利和义务等。

3. 教育法律关系的客体

教育法律关系客体是指权利和义务所指向的对象。它是将教育法律关系主体之间的权利与义务联系在一起的中介,包括物、行为、人身权益(包括智力成果)等。

(三)教育法律关系的类型

教育法律关系分为教育行政法律关系和教育民事法律关系。

教育行政法律关系是指教育行政主体在管理教育的过程中与相对人形成的法律关系。包括:(1)教育行政主体与学校及其他教育机构之间的管理与被管理关系;(2)教育行政主体与学校教师及其他教育工作者之间的管理与被管理关系;(3)教育行政主体与教育者及其监护人之间的管理与被管理关系;(4)教育行政主体与其他社会组织等的管理与被管理关系等具体形态。

教育民事法律关系是指受民事法律规范调整和确认的教育者和被教育者之间以及其他组织、公民之间的人身与财产关系。包括:(1)学校或其他教育机构与教师或其他教育工作者的聘用关系;(2)学校或其他教育机构与受教育者或其他监护人之间的关系;(3)学校或其他教育机构与其他民事主体为完成其教育教学职责形成的购销、相邻关系等具体形态。

(四)教育法律责任

法律责任是指教育法律关系的主体因违反了法定义务,或不当行使权利所产生的,由行为人承担的强制性法律后果。法律责任是法律规范的有机组成部分。每一部教育法律法规都对相应的法律责任进行了规定。法律责任首先表示一种因违反法律上的义务关系而形成的责任关系,它是以法定义务的存在为前提的;法律责任还表示为一种责任方式,即承担不利后果;法律责任是由国家强制力保证实施或者追究的。

根据违法行为性质的不同,法律责任一般可以分为:行政法律责任,指行为人因行政违法行为而应承担的法律责任;民事法律责任,指由民事违法行为或特定的法律事实出现所导致的赔偿或补偿的法律责任;刑事法律责任,指由刑事违法行为所导致的受刑罚处罚的法律责任。

(五)教育法律救济

教育法律救济即教育法律关系主体(主要是教育者、受教育者)的合法权益受到侵犯和损害时,通过法定途径请求有关机关获得法律权利的恢复和补救。

法律的根本目的在于规范人们的社会行为,保障人们的合法权益。教育法律救济的根本目的是实现合法权益并保证法定义务履行。在教育教学活动中,当受教育者或教育者的合法权益受到侵害时,可以通过法律救济的方式来恢复受损害的权利或给予补救。教育法律救济具有弥补性,对合法权益受到伤害的法律关系主体进行补救,主要包括三种途径:一是司法救济,又称诉讼救济,指的是权利人受到损害,向人民法院依法提起诉讼,请求补救;二是行政救济,是指行政机关作为救济主体为权利人提供的法律救济方式;三是仲裁救济,是指第三方机构本着教育法的精神与原则,对双方当事人进行调解、仲裁。

《中华人民共和国教育法》第四十二条规定,受教育者对学校给予的处分不服,可向有关部门提出申诉;对学校、教师侵犯其人身权、财产权等合法权益,提出申诉或者依法提起诉讼。

《中华人民共和国教育法》第三十九条规定,教师对学校或者其他教育机构侵犯其合法权益的,或者对学校或者其他教育机构的处理不服的,可以向教育行政部门提出申诉,教育行政部门应当在接到申诉的三十日内,处理;教师认为当地人民政府有关行政部门侵犯其根据本法规定享有的权利的,可以向同级人民政府或者上一级人民政府有关部门提出申诉,同级人民政府或者上一级人民政府有关部门应当处理。

《学生伤害事故处理办法》第十八条规定,发生学生伤害事故,学校与受伤害学生或者学生家长可以通过协商方式解决;双方自愿,可以书面请求主管教育行政部门进行调解。成年学生或者未成年学生的监护人也可以依法直接提起诉讼。

第二节 我国主要的教育法律法规

在新时代依法治国和依法治教的背景下,师范生学习我国常用的教育法律法规显得尤为重要。本节主要介绍《中华人民共和国教育法》《中华人民共和国义务教育法》《中华人民共和国教师法》《中华人民共和国未成年人保护法》《中华人民共和国预防未成年人犯罪法》《学生伤害事故处理办法》等教育法律法规。

一、《中华人民共和国教育法》

《中华人民共和国教育法》(简称《教育法》)于1995年9月1日起施行。《教育法》现行的版本是2015年12月27日第十二届全国人民代表大会常务委员会第十八次会议通过的修正版。《教育法》是根据《宪法》制定的,是我国教育法律法规体系的"母法"和根本大法,具有最高的法律权威。其他教育法律法规的制定和实施,都需以《教育法》为依据,不得与其规范相违背。

《教育法》共计十章,八十六条,内容丰富,对我国的教育性质与方针、基本教育制度、教育管理体制、教育法律关系主体的权利和义务、违反相应规定应承担的责任都做了全面规定。

(一)教育的性质与方针

《教育法》总则对我国教育的性质、方针、教育原则、教育管理体制作了法律规定。《教育法》第三条规定了我国教育事业的社会主义性质:"国家坚持以马克思列宁主义、毛泽东思想和建设中国特色社会主义理论为指导,遵循宪法确定的基本原则,发展社会主义的教育事业。"《教育法》第五条明确了教育方针:"教育必须为社会主义现代化建设服务、为人民服务,必须与生产劳动和社会实践相结合,培养德、智、体、美等方面全面发展的社会主义建设者和接班人。"教育方针是国家教育政策的总概括,是教育发展的总方向。教育方针规定了我国教育的目的:培养德、智、体等方面全面发展的社会主义事业的建设者和接班人。

《教育法》对我国教育工作的领导和管理做出了规定,指出是由国务院和地方各级人民政府根据分级管理、分工负责的原则进行,明确了国务院和地方各级人民政府对教育工作具有义不容辞的法律责任。《教育法》第十四、十五、十六条对我国现阶段教育工作的分级管理、分工负责体制作了具体划分:(1)中等及中等以下教育在国务院领导下,由地方人民政府管理。高等教育由国务院和省、自治区、直辖市人民政府管理。(2)国务院教育行政部门主管全国教育工作,统筹规划、协调管理全国的教育事业。县级以上地方各级人民政府教育行政部门主管本行政区域内的教育工作。县级以上各级人民政府其他有关部门在各自的职责范围内,负责有关的教育工作。

(二)教育基本制度

《教育法》第二章对我国教育的基本制度作了明确规定。

与基础教育相关的教育制度有学校教育制度、义务教育制度、职业教育和继续教育制度、教育督导与评估制度。

学校教育制度简称学制。它规定各级各类学校的性质、任务、入学条件、修业年限以及它们之间的衔接和关系。《教育法》第十七条规定了学校教育制度:"国家实行学前教育、初等教育、中等教育、高等教育的学校教育制度。国家建立科学的学制系统。学制系统内的学校和其他教育机构的设置、教育形式、修业年限、招生对象、培养目标等,由国务院或者由国务院授权教育行政部门规定。"

《教育法》第十九条规定了九年制义务教育制度:"国家实行九年制义务教育制度。各级人民政府采取各种措施保障适龄儿童、少年就学。适龄儿童、少年的父母或者其他监护人以及有关社会组织和个人有义务使适龄儿童、少年接受并完成规定年限的义务教育。"各级人民政府、家长、学校、社会必须保证青少年接受义务教育。

《教育法》第二十条规定了："国家实行职业教育制度和继续教育制度。各级人民政府、有关行政部门和行业组织以及企业事业组织应当采取措施，发展并保障公民接受职业学校教育或者各种形式的职业培训。国家鼓励发展多种形式的继续教育，使公民接受适当形式的政治、经济、文化、科学、技术、业务等方面的教育，促进不同类型学习成果的互认和衔接，推动全民终身学习。"

《教育法》第二十一、二十二、二十三条规定了国家实行考试制度、学业证书制度、学位制度："国家实行国家教育考试制度。国家教育考试由国务院教育行政部门确定种类，并由国家批准的实施教育考试的机构承办。""经国家批准设立或者认可的学校及其他教育机构按照国家有关规定，颁发学历证书或者其他学业证书。""国家实行学位制度。学位授予单位依法对达到一定学术水平或者专业技术水平的人员授予相应的学位，颁发学位证书。"

此外，《教育法》第二十四条还规定："国家实行教育督导制度和学校及其他教育机构教育评估制度。"

（三）法律责任

教育法律责任的认定，就是认定哪些是违反教育法的行为和由谁来追究这些违法行为的法律责任。《教育法》对教育活动中的违法行为规定了相应的法律责任。

1. 违反教育经费规定的法律责任

《教育法》第七十一条规定："违反国家有关规定，不按照预算核拨教育经费的，由同级人民政府限期核拨；情节严重的，对直接负责的主管人员和其他直接责任人员，依法给予处分。违反国家财政制度、财务制度，挪用、克扣教育经费的，由上级机关责令限期归还被挪用、克扣的经费，并对直接负责的主管人员和其他直接责任人员，依法给予处分；构成犯罪的，依法追究刑事责任。"第七十四条指出："违反国家有关规定，向学校或者其他教育机构收取费用的，由政府责令退还所收费用；对直接负责的主管人员和其他直接责任人员，依法给予处分。"

2. 扰乱教育秩序、破坏、侵占学校财产的法律责任

《教育法》第七十二条规定："结伙斗殴、寻衅滋事，扰乱学校及其他教育机构教育教学秩序或者破坏校舍、场地及其他财产的，由公安机关给予治安管理处罚；构成犯罪的，依法追究刑事责任。侵占学校及其他教育机构的校舍、场地及其他财产的，依法承担民事责任。"扰乱学校正常教学秩序，不仅违反了《教育法》，也违反了《民法通则》《治安管理处罚法》或《刑法》。

3. 使用危险教育设施造成人员伤亡或重大财产损失的法律责任

《教育法》第七十二条规定："明知校舍或者教育教学设施有危险，而不采取措施，造成人员伤亡或者重大财产损失的，对直接负责的主管人员和其他直接责任人员，依法追究刑事责任。"使用危险房屋进行教育教学活动，不但违反了《教育法》，还违反了《未成年人保护法》《刑法》。

4. 违反国家规定向学校收费的法律责任

《教育法》第七十四条对违反国家规定向学校收费的违法行为，给予以下处理：由政府责令退还所收取的费用；由主管部门对直接负责的主管人员和其他直接责任人员，依法给予行政处分。

5. 违法办学、招生及向学生违法收费的法律责任

违反国家规定举办学校或其他教育机构的单位或者个人按《教育法》第七十五条处理：违反国家有关规定，举办学校或者其他教育机构的，由教育行政部门或者其他有关行政部门予以撤销；有违法所得的，没收违法所得；对直接负责的主管人员和其他直接责任人员，依法给予处分。

学校或者其他教育机构违反国家有关规定招收学生的，按《教育法》第七十六条处理：由教育行政部门或者其他有关行政部门责令退回招收的学生，退还所收费用；对学校、其他教育机构给予警告，可以处违法所得五倍以下罚款；情节严重的，责令停止相关招生资格一年以上三年以下，直至撤销招生资格、吊销办学许可证；对直接负责的主管人员和其他直接责任人员，依法给予处分；构成犯罪的，依法追究刑事责任。

在招收学生工作中徇私舞弊的，按《教育法》第七十七条处理：由教育行政部门或者其他有关行政部门责令退回招收的人员；对直接负责的主管人员和其他直接责任人员，依法给予处分；构成犯罪的，依法追究刑事责任。

学校及其他教育机构违反国家有关规定向受教育者收取费用的，按《教育法》第七十八条处理：由教育行政部门或者其他有关行政部门责令退还所收费用；对直接负责的主管人员和其他直接责任人员，依法给予处分。

6. 国家教育考试中舞弊、违法的法律责任

《教育法》第七十九条规定：考生在国家教育考试中有下列行为之一的，由组织考试的教育考试机构工作人员在考试现场采取必要措施予以制止并终止其继续参加考试；组织考试的教育考试机构可以取消其相关考试资格或者考试成绩；情节严重的，由教育行政部门责令停止参加相关国家教育考试一年以上三年以下；构成违反治安管理行为的，由公安机关依法给予治安管理处罚；构成犯罪的，依法追究刑事责任：（一）非法获取考试试题或者答案的；（二）携带或者使用考试作弊器材、资料的；（三）抄袭他人答案的；（四）让他人代替自己参加考试的；（五）其他以不正当手段获得考试成绩的作弊行为。

《教育法》第八十条规定：任何组织或者个人在国家教育考试中有下列行为之一，有违法所得的，由公安机关没收违法所得，并处违法所得一倍以上五倍以下罚款；情节严重的，处五日以上十五日以下拘留；构成犯罪的，依法追究刑事责任；属于国家机关工作人员的，还应当依法给予处分：（一）组织作弊的；（二）通过提供考试作弊器材等方式为作弊提供帮助或者便利的；（三）代替他人参加考试的；（四）在考试结束前泄露、传播考试试题或者答案的；（五）其他扰乱考试秩序的行为。

《教育法》第八十一条规定：举办国家教育考试，教育行政部门、教育考试机构疏于管理，造成考场秩序混乱、作弊情况严重的，对直接负责的主管人员和其他直接责任人员，依法给予处分；构成犯罪的，依法追究刑事责任。

7. 违法颁发学业、学位证书的法律责任

《教育法》第八十二条规定：学校或者其他教育机构违反本法规定，颁发学位证书、学历证书或者其他学业证书的，由教育行政部门或者其他有关行政部门宣布证书无效，责令收回或者予以没收；有违法所得的，没收违法所得；情节严重的，责令停止相关招生资格一年以上三年以下,直至撤销招生资格、颁发证书资格;对直接负责的主管人员和其他直接责任人员,依法给予处分。前款规定以外的任何组织或者个人制造、销售、颁发假冒学位证书、学历证书或者其他学业证书,构成违反治安管理行为的,由公安机关依法给予治安管理处罚;构成犯罪的,依法追究刑事责任。以作弊、剽窃、抄袭等欺诈行为或者其他不正当手段获得学位证书、学历证书或者其他学业证书的,由颁发机构撤销相关证书。购买、使用假冒学位证书、学历证书或者其他学业证书,构成违反治安管理行为的,由公安机关依法给予治安管理处罚。

8. 侵犯教师、受教育者、学校或者其他教育机构的合法权益的法律责任

《教育法》第八十三条指出:违反本法规定,侵犯教师、受教育者、学校或者其他教育机构的合法权益,造成损失、损害的,应当依法承担民事责任。

此外,《教育法》分别对学校及其他教育机构、受教育者、教育者享有的权利作了规定,凡侵犯其合法权益而造成损失、损害的,同时违反了《教育法》和《民法通则》的,均应由人民法院依法追究民事法律责任。

二、《中华人民共和国义务教育法》

《义务教育法》是为了保障适龄儿童、少年接受义务教育的权利,保证义务教育的实施,提高全民族素质,根据宪法和教育法而制定的法律。《义务教育法》于1986年7月1日起施行。现行版本是2018年12月29日第十三届全国人民代表大会常务委员会第七次会议通过的修订版。新修订的《义务教育法》,对各级政府举办义务教育的责任、素质教育的实施、义务教育的均衡发展等重大问题进行了法律规定,为义务教育全面发展提供了法律保障、管理机制与制度支持。

(一)立法目的

《义务教育法》第一条开宗明义,明确把提高全民族素质作为制定法律的重要宗旨之一。第三条明确规定:"义务教育必须贯彻国家的教育方针,努力提高教育质量,使儿童、少年在品德、智力、体质等方面全面发展,为提高全民族的素质,培养有理想、有道德、有文化、有纪律的社会主义建设人才奠定基础。"这一规定,体现了我国义务教育的根本指导思想和根本宗旨。贯彻国家的教育方针、努力提高教育质量,是义务教育的一项基本任务。义务教育是全面发展的教育,需要面向全体适龄少年、儿童的全面发展。

(二)《义务教育法》的性质

作为一项教育制度和法律制度,义务教育具有独特的属性,具有免费性、强制性、统一性等特点。

(1)免费性是义务教育的重要特征。《义务教育法》第二条明确规定:"义务教育是国家统一实施的所有适龄儿童、少年必须接受的教育,是国家必须予以保障的公益性事业。实施义务教育,不收学费、杂费。"

(2)强制性是义务教育的最本质特征。《义务教育法》第二条明确规定:"适龄儿童、少年的父母或者其他法定监护人应当依法保证其按时入学接受并完成义务教育。依法实施义务教育的学校应当按照规定标准完成教育教学任务,保证教育教学质量。社会组织和个人应当为适龄儿童、少年接受义务教育创造良好的环境。"

(3)统一性是义务教育的重要特征。《义务教育法》强调在全国范围内实行统一的义务教育,包括要制定统一的义务教育阶段教科书设置标准、教学标准、经费标准、建设标准、学生公用经费的标准等。其中第三十九条规定:"国家实行教科书审定制度。教科书的审定办法由国务院教育行政部门规定。未经审定的教科书,不得出版、选用。"

三、《中华人民共和国教师法》

《教师法》于 1993 年 10 月 31 日公布实施。《教师法》是我国教育史上第一部关于教师的法律。《教育法》的基本精神是用来维护教师的合法权益,加强教师队伍的规范化管理,确保教师队伍整体素质不断优化和提高,促进我国社会主义教育事业的发展。

(一)立法宗旨

《教师法》以教师为立法对象,适用于在各级各类学校和其他教育机构中专门从事教育教学工作的教师。《教师法》第一条规定了立法的宗旨和目的:"为了保障教师的合法权益,建设具有良好思想品德修养和业务素质的教师队伍,促进社会主义教育事业的发展,制定本法。"

(二)教师的资格和任用

教师的资格和任用制度是教师管理制度的重要内容。教师资格是国家对从事教育教学工作的人员的基本要求,是从事教师职业必须具备的基本条件。

《教师法》第三章对教师的资格条件、认定办法、职务制度、聘任制度等方面作了规定。《教师法》第十条:"国家实行教师资格制度。""中国公民凡遵守宪法和法律,热爱教育事业,具有良好的思想品德,具备本法规定的学历或者经国家教师资格考试合格,有教育教学能力,经认定合格的,可以取得教师资格。"《教师法》第十四条对教师资格的禁止取得也做了明确规定:"受到剥夺政治权利或者故意犯罪受到有期徒刑以上刑事处罚的,不能取得教师资格;已经取得教师资格的,丧失教师资格。"而且明确了取得教师资格应当具备的相应学历,中小学教师资格由县级以上地方人民政府教育行政部门认定。教师的聘任应当遵循双方地位平等的原则,由学校和教师签订聘任合同,明确规定双方的权利、义务和责任。

《教师法》第四章对教师的培养和培训做了规定。如第十八条规定:"各级人民政府和有关部门应当办好师范教育,并采取措施,鼓励优秀青年进入各级师范学校学习。各级教师进修学校承担培训中小学教师的任务。非师范学校应当承担培养和培训中小学教师的任务。各级师范学校学生享受专业奖学金。"

《教师法》第五章对教师的考核做了规定。第二十二条规定:"学校或者其他教育机构应当对教师的政治思想、业务水平、工作态度和工作成绩进行考核。教育行政部门对教师的考核工作进行指导、监督。"

《教师法》第六章对教师的待遇做了规定:教师的平均工资水平应当不低于或者高于国家公务员的平均工资水平,并逐步提高。各级人民政府应当采取措施,改善国家补助、集体支付工资的中小学教师的待遇,逐步做到在工资收入上与国家支付工资的教师同工同酬。

(三)法律责任

《教师法》对教师的人身安全做出特别规定。侮辱、殴打、打击、报复教师的行为需要承担相应的法律责任。《教师法》第三十五条规定:"侮辱、殴打教师的,根据不同情况,分别给予行政处分或者行政处罚;造成损害的,责令赔偿损失;情节严重,构成犯罪的,依法追究刑事责任。"《教师法》第三十六条对打击报复教师的法律责任做出规定:"对依法提出申诉、控告、检举的教师进行打击报复的,由其所在单位或者上级机关责令改正;情节严重的,可以根据具体情况给予行政处分。国家工作人员对教师打击报复构成犯罪的,依照刑法的规定追究刑事责任。"

《教师法》对教师故意不完成教育教学任务及品行不良的法律责任做出了规定。教师有下列情形之一的,由所在学校、其他教育机构或者教育行政部门给予行政处分或者解聘:(一)故意不完成教育教学任务给教育教学工作造成损失的;(二)体罚学生,经教育不改的;(三)品行不良、侮辱学生,影响恶劣的。体罚学生、侮辱学生,情节严重,构成犯罪的,依法追究刑事责任。

对拖欠教师工资的法律责任做出了规定。根据《教师法》第三十八条规定:"地方人民政府对违反本法规定,拖欠教师工资或者侵犯教师其他合法权益的,应当责令其限期改正。违反国家财政制度、财务制度,挪用国家财政用于教育的经费,严重妨碍教育教学工作,拖欠教师工资,损害教师合法权益的,由上级机关责令限期归还被挪用的经费,并对直接责任人员给予行政处分;情节严重,构成犯罪的,依法追究刑事责任。"

对侵犯教师合法权益的法律责任做出了规定。《教师法》第三十九条规定:"教师对学校或者其他教育机构侵犯其合法权益的,或者对学校或者其他教育机构做出的处理不服的,可以向教育行政部门提出申诉,教育行政部门应当在接到申诉的三十日内,做出处理。教师认为当地人民政府有关行政部门侵犯其根据本法规定享有的权利的,可以向同级人民政府或者上一级人民政府有关部门提出申诉,同级人民政府或者上一级人民政府有关部门应当做出处理。"

四、《中华人民共和国未成年人保护法》

在我国,未成年人是指未满18周岁的公民。《中华人民共和国未成年人保护法》于1991年公布,现行的版本于2012年10月26日修正,自2013年1月1日起施行。《中华人民共和国未成年人保护法》的修订完善,对贯彻宪法原则,维护未成年人的合法权益具有重要意义。

(一)立法宗旨

《未成年人保护法》在第一章总则中,简明扼要地规定了该部法律的立法宗旨、未成年人享受的权利、未成年人工作的基本原则以及各级国家机关、其他组织对未成年人保护工作应负的责任。

《未成年人保护法》第一条明确了立法宗旨是为了保护未成年人的身心健康,保障未成年人的合法权益,促进未成年人在品德、智力、体质等方面全面发展,培养有理想、有道德、有文化、有纪律的社会主义建设者和接班人。第五条规定了保护未成年人的工作应当遵循的原则:尊重未成年人的人格尊严;适应未成年人身心发展的规律和特点;教育与保护相结合。

(二)主要内容

未成年人是祖国的未来。"保护未成年人,是国家机关、武装力量、政党、社会团体、企业事业组织、城乡基层群众性自治组织、未成年人的监护人和其他成年公民的共同责任。"

《未成年人保护法》规定对未成年人的保护,分为家庭保护、学校保护、社会保护和司法保护四个方面。

1. 家庭保护

家庭保护是指父母或其他监护人对未成年人进行的保护。这种保护包括在生活上的关心照顾、思想上的教育培养,尊重未成年人受教育的权利。《未成年人保护法》规定:父母或者其他监护人应当创造良好、和睦的家庭环境,依法履行对未成年人的监护职责和抚养义务。父母或者其他监护人应当尊重未成年人受教育的权利,必须使适龄未成年人依法入学,接受并完成义务教育,不得使接受义务教育的未成年人辍学。禁止对未成年人实施家庭暴力,禁止虐待、遗弃未成年人,不得歧视女性未成年人或者有残疾的未成年人。父母或者其他监护人应当关注未成年人的生理、心理状况和行为习惯,预防和制止未成年人吸烟、酗酒、流浪、沉迷网络以及赌博、吸毒、卖淫等行为。

2. 学校保护

学校保护是指学校、幼儿园和其他教育机构对未成年人实施的保护。《未成年人保护法》规定了保护未成年人的受教育权、人身安全和健康、尊重其人格尊严等。《未成年人保护法》规定:学校应当全面贯彻国家的教育方针,实施素质教育,提高教育质量,注重培养未成年学生独立思考能力、创新能力和实践能力,促进未成年学生全面发展。学校应当尊重未成年学生受教育的权利,关心、爱护学生,对品行有缺点、学习有困难的学生,应当耐心教育、帮助,不得歧视,不得违反法律和国家规定开除未成年学生。学校、幼儿园、托儿所的教职员工应当尊重未成年人的人格尊严,不得对未成年人实施体罚、变相体罚或者其他侮辱人格尊严的行为。学校、幼儿园、托儿所应当建立安全制度,加强对未成年人的安全教育,采取措施保障未成年人的人身安全。

3. 社会保护

社会保护是指各社会团体企事业组织和其他组织及公民,对未成年人实施的保护。国家鼓励社会团体、企业事业组织和其他组织及公民,开展多种形式的有利于未成年人健康成长的社会活动。各级人民政府应当创造条件,建立和改善适合未成年人文化生活需要的活动场所和设施。未成年人有不少时间是在社会环境中活动,比如到电影院看电影、到博物馆参观、到科技馆参加活动。国家重视文化设施的建设,让它们为青少年健康成长提供服务。《未成年人保护法》第二十四条规定:"博物馆、纪念馆、科技馆、文化馆、影剧院、体育场(馆)、动物园、公园等场所,应当对中小学生优惠开放。"

4. 司法保护

对未成年人的司法保护,是指公安机关、人民检察院、人民法院以及监狱、少年犯管教所等劳动改造执行机关,依法行使权力,履行职责,对未成年人实施的专门保护。《未成年人保护法》规定:全社会应当树立尊重、保护、教育未成年人的良好风尚,关心、爱护未成年人。各级人民政府应当保障未成年人受教育的权利,并采取措施保障家庭经济困难的、残疾的和流动人口中的未成年人等接受义务教育。任何组织或者个人不得披露未成年人的个人隐私。国家依法保护未成年人的智力成果和荣誉权不受侵犯。

(三)违反未成年人保护法的法律责任

《未成年人保护法》规定,侵害未成年人的合法权益,其他法律、法规已规定行政处罚的,从其规定;造成人身财产损失或者其他损害的,依法承担民事责任;构成犯罪的,依法追究刑事责任。

五、《中华人民共和国预防未成年人犯罪法》

预防未成年人犯罪是社会预防犯罪的关键。《中华人民共和国预防未成年人犯罪法》于1999年11月1日起施行。在预防未成年人犯罪问题上专门立法,对于减少犯罪现象,培养未成年人良好的思想品德和遵纪守法的行为习惯,维护家庭的安宁和社会的稳定,净化优化未成年人成长的社会环境,都具有十分重要的意义。

(一)立法目的

《预防未成年人犯罪法》第一条规定了立法宗旨:"为了保障未成年人身心健康,培养未成年人良好品行,有效地预防未成年人犯罪,制定本法。"《预防未成年人犯罪法》是为了动员全社会对未成年人的健康成长给予更多、更全面的关心和呵护,使未成年人成为社会主义事业的合格接班人。对未成年人来说,预防未成年人犯罪法能为他们提供遵纪守法的法律行为规范。

(二)主要内容

《预防未成年人犯罪法》立足于教育和保护,从小抓起,对未成年人的不良行为及时进行预防和矫治,共八章五十七条,对预防未成年人犯罪的基本内容作了规定。

1. 预防未成年人犯罪的教育

《预防未成年人犯罪法》第六条规定:"对未成年人应当加强理想、道德、法制和爱国主义、集体主义、社会主义教育。对于达到义务教育年龄的未成年人,在进行上述教育的同时,应当进行预防犯罪的教育。预防未成年人犯罪的教育的目的,是增强未成年人的法制观念,使未成年人懂得违法和犯罪行为对个人、家庭、社会造成的危害,违法和犯罪行为应当承担的法律责任,树立遵纪守法和防范违法犯罪的意识。"

在预防未成年人犯罪的法制教育中,司法行政部门、教育行政部门、未成年人的父母或者其他监护人、少年宫和青少年活动中心等校外活动场所、城市居民委员会、农村村民委员会都负有教育义务。《预防未成年人犯罪法》规定,教育行政部门、学校应当将预防犯罪的教育作为法制教育的内容纳入学校教育教学计划,结合常见多发的未成年人犯罪,对不同年龄的未成年人进行有针对性的预防犯罪教育。未成年人的父母或者其他监护人对未成年人的法制教育负有直接责任。学校在对学生进行预防犯罪教育时,应当将教育计划告知未成年人的父母或者其他监护人,未成年人的父母或者其他监护人应当结合学校的计划,针对具体情况进行教育。学校根据条件可以聘请校外法律辅导员。司法行政部门、教育行政部门、共产主义青年团、少年先锋队应当结合实际,组织、举办展览会、报告会、演讲会等多种形式的预防未成年人犯罪的法制宣传活动。

2. 对未成年人不良行为的预防

不良行为泛指违反社会规范的行为。不良行为不构成犯罪,但是许多未成年人最终走上犯罪道路都是从不良行为开始的,如果未成年人的不良行为得不到及时教育和纠正,很容易从行为不良逐步发展到实施违法犯罪行为。《预防未成年人犯罪法》第十四条列举了九类不良行为:(一)旷课、夜不归宿;(二)携带管制刀具;(三)打架斗殴、辱骂他人;(四)强行向他人索要财物;(五)偷窃、故意毁坏财物;(六)参与赌博或者变相赌博;(七)观看、收听色情、淫秽的音像制品、读物等;(八)进入法律、法规规定未成年人不适宜进入的营业性歌舞厅等场所;(九)其他严重违背社会公德的不良行为。未成年人的父母或者其他监护人和学校应当教育未成年人不得有上述不良行为。

学校对有不良行为的未成年人应当加强教育、管理,不得歧视。教育行政部门、学校应当举办各种形式的讲座、座谈、培训等活动,针对未成年人不同时期的生理、心理特点,介绍良好有效的教育方法,指导教师、未成年人的父母和其他监护人有效地防止、矫治未成年人的不良行为。任何人不得教唆、胁迫、引诱未成年人实施本法规定的不良行为,或者为未成年人实施不良行为提供条件。

3. 对未成年人严重不良行为的矫治

《预防未成年人犯罪法》所指的"严重不良行为",是指下列严重危害社会,尚不够刑事处罚的违法行为:(一)纠集他人结伙滋事,扰乱治安;(二)携带管制刀具,屡教不改;(三)多次拦截殴打他人或者强行索要他人财物;(四)传播淫秽的读物或者音像制品等;(五)进行淫乱或者色情、卖淫活动;(六)多次偷窃;(七)参与赌博,屡教不改;(八)吸食、注射毒品;(九)其他严重危害社会的行为。

对未成年人的严重不良行为,应当及时予以制止。具有上述严重不良行为的未成年人,其父母或者其他监护人和学校应当相互配合,采取措施严加管教,也可以送工读学校进行矫治和接受教育。对未成年人送工读学校进行矫治和接受教育,应当由其父母或者其他监护人,或者原所在学校提出申请,经教育行政部门批准。

4. 未成年人对犯罪的自我防范

未成年人应对犯罪进行自我防范。《预防未成年人犯罪法》第四十条规定:"未成年人应当遵守法律、法规及社会公共道德规范,树立自尊、自律、自强意识,增强辨别是非和自我保护的能力,自觉抵制各种不良行为及违法犯罪行为的引诱和侵害。"

未成年人在受到各种不良行为和违法犯罪行为侵害时,可以采取措施防止侵害,保护自己的合法权益。被父母或者其他监护人遗弃、虐待的未成年人,有权向公安机关、民政部门、共产主义青年团、妇女联合会、未成年人保护组织或者学校、城市居民委员会、农村村民委员会请求保护。未成年人发现任何人对自己或者对其他未成年人实施不当行为或者犯罪行为,可以通过所在学校、其父母或者其他监护人向公安机关或者政府有关主管部门报告,也可以自己向上述机关报告。对同犯罪行为作斗争以及举报犯罪行为的未成年人,司法机关、学校、社会应当加强保护，保障其不受打击报复。

5. 对未成年人重新犯罪的预防

对犯罪的未成年人追究刑事责任，实行教育、感化、挽救方针，坚持教育为主、惩罚为辅的原则，防止未成年人重新走上犯罪道路。

司法机关办理未成年人犯罪案件，应当保障未成年人行使其诉讼权利，保障未成年人得到法律帮助，并根据未成年人的生理、心理特点和犯罪的情况，有针对性地进行法制教育。对于被采取刑事强制措施的未成年学生，在人民法院的判决生效以前，不得取消其学籍。人民法院审判未成年人犯罪的刑事案件，应当由熟悉未成年人身心特点的审判员或者审判员和人民陪审员依法组成少年法庭进行。对于审判的时候被告人不满十八周岁的刑事案件，不公开审理。

被拘留、逮捕和执行刑罚的未成年人与成年人应当分别关押、分别管理、分别教育。未成年犯在被执行刑罚期间，执行机关应当加强对未成年犯的法制教育，对未成年犯进行职业技术教育。对没有完成义务教育的未成年犯，执行机关应当保证其继续接受义务教育。未成年人的父母或者其他监护人和学校、城市居民委员会、农村村民委员会，对因不满十六周岁而不予刑事处罚、免予刑事处罚的未成年人，或者被判处非监禁刑罚、被判处刑罚宣告缓刑、被假释的未成年人，应当采取有效的帮教措施，协助司法机关做好对未成年人的教育、挽救工作。依法免予刑事处罚、判处非监禁刑罚、判处刑罚宣告缓刑、假释或者刑罚执行完毕的未成年人，在复学、升学、就业等方面与其他未成年人享有同等权利，任何单位和个人不得歧视。

（三）法律责任

预防未成年人犯罪，保护未成年人的合法权益，是家庭、学校、社会的义务和责任。如果不履行相应的义务，违反《预防未成年人犯罪法》，将依法追究其法律责任。

《预防未成年人犯罪法》第四十九条规定："成年人的父母或者其他监护人不履行监护职责，放任未成年人有本法规定的不良行为或者严重不良行为的，由公安机关对未成年人的父母或者其他监护人予以训诫，责令其严加管教。"第五十一条规定："公安机关的工作人员违反本法第十八条的规定，接到报告后，不及时查处或者采取有效措施，严重不负责任的，予以行政处分；造成严重后果，构成犯罪的，依法追究刑事责任。"第五十六条规定："教唆、胁迫、引诱未成年人实施本法规定的不良行为、严重不良行为，或者为未成年人实施不良行为、严重不良行为提供条件，构成违反治安管理行为的，由公安机关依法予以治安处罚；构成犯罪的，依法追究刑事责任。"

六、《学生伤害事故处理办法》

教育部制定的行政规章《学生伤害事故处理办法》于2002年6月25日教育部令第12号正式颁布，并于2002年9月1日起施行。《学生伤害事故处理办法》是为积极预防、妥善处理在校学生伤害事故，保护学生、学校的合法权益，根据《中华人民共和国教育法》《中华人民共和国未成年人保护法》和其他相关法律、行政法规及有关规定制定的法律文件，以保护学生、学校合法权益为基础，突出强调了学校依法保护学生人身安全、积极预防学生伤害事故的责任,界定了学校对学生伤害事故承担的责任,规定了学生伤害事故处理的途径、程序及赔偿等。该办法具有较强的针对性和可操作性,对学校学生伤害事故的预防和处理具有很强的实用性。

(一)适用范围

《学生伤害事故处理办法》第二条明确了适用范围:"在学校实施的教育教学活动或者学校组织的校外活动中,以及在学校负有管理责任的校舍、场地、其他教育教学设施、生活设施内发生的,造成在校学生人身损害后果的事故的处理,适用本办法。"

(二)事故与责任

根据事故发生的原因,学生伤害事故分为学校责任事故、学生责任事故、第三方责任事故、其他责任事故等。

1. 学校的责任

《学生伤害事故处理办法》第九条规定:"因下列情形之一造成的学生伤害事故,学校应当依法承担相应的责任。"

(1)学校的校舍、场地、其他公共设施,以及学校提供给学生使用的学具、教育教学和生活设施、设备不符合国家规定的标准,或者有明显不安全因素的;

(2)学校的安全保卫、消防、设施设备管理等安全管理制度有明显疏漏,或者管理混乱,存在重大安全隐患,而未及时采取措施的;

(3)学校向学生提供的药品、食品、饮用水等不符合国家或者行业的有关标准、要求的;

(4)学校组织学生参加教育教学活动或者校外活动,未对学生进行相应的安全教育,并未在可预见的范围内采取必要的安全措施的;

(5)学校知道教师或者其他工作人员患有不适宜担任教育教学工作的疾病,但未采取必要措施的;

(6)学校违反有关规定,组织或者安排未成年学生从事不宜未成年人参加的劳动、体育运动或者其他活动的;

(7)学生有特异体质或者特定疾病,不宜参加某种教育教学活动,学校知道或者应当知道,但未予以必要的注意的;

(8)学生在校期间突发疾病或者受到伤害,学校发现,但未根据实际情况及时采取相应措施,导致不良后果加重的;

(9)学校教师或者其他工作人员体罚或者变相体罚学生,或者在履行职责过程中违反工作要求、操作规程、职业道德或者其他有关规定的;

(10)学校教师或者其他工作人员在负有组织、管理未成年学生的职责期间,发现学生行为具有危险性,但未进行必要的管理、告诫或者制止的;

(11)对未成年学生擅自离校等与学生人身安全直接相关的信息,学校发现或者知道,但未及时告知未成年学生的监护人,导致未成年学生因脱离监护人的保护而发生伤害的;

(12)学校有未依法履行职责的其他情形的。

2. 学生或者未成年学生监护人的责任

《学生伤害事故处理办法》第十条规定:"学生或者未成年学生监护人由于过错,有下列情形之一,造成学生伤害事故,应当依法承担相应的责任。"

(1)学生违反法律法规的规定,违反社会公共行为准则、学校的规章制度或者纪律,实施按其年龄和认知能力应当知道具有危险或者可能危及他人的行为的;

(2)学生行为具有危险性,学校、教师已经告诫、纠正,但学生不听劝阻、拒不改正的;

(3)学生或者其监护人知道学生有特异体质,或者患有特定疾病,但未告知学校的;

(4)未成年学生的身体状况、行为、情绪等有异常情况,监护人知道或者已被学校告知,但未履行相应监护职责的;

(5)学生或者未成年学生监护人有其他过错的。

3. 活动组织者的责任

《学生伤害事故处理办法》第十一条规定:"学校安排学生参加活动,因提供场地、设备、交通工具、食品及其他消费与服务的经营者,或者学校以外的活动组织者的过错造成的学生伤害事故,有过错的当事人应当依法承担相应的责任。"

第三节 学生、教师与学校的权利和义务

我国的法律赋予了学生、教师、学校独特的权利与义务。国家法律充分保障学生、教师、学校的各项权利,那么学生、教师、学校也必须认真履行相应的义务。

一、学生的权利与义务

学生指在学校或其他机构接受教育的人。学生作为公民,同样享有宪法、民法所赋予的一切权利,还享有教育法律法规赋予的权利。学生是在依法成立或国家法律认可的学校及其他教育机构按规定条件具有或取得学籍,并在其中接受教育的公民。学生是兼有公民与受教育者双重身份的群体。

(一)联合国关于儿童权利的宣言和公约

青少年儿童是社会的未来、国家的希望。每一位青少年既是独立的个体,又是家庭和社会的一分子。保障青少年儿童的权利,是国际社会的共识。

1.《儿童权利宣言》(1959)

鉴于儿童因其身心尚未成熟,出生前后都需要特别的保障与照料,1959年11月20日,联合国大会通过了《儿童权利宣言》,希望督促父母、男女个人以及志愿组织、地方当局与国家政府,依据宣言中规定的十条原则逐渐采取立法及其他措施竭力维护儿童的权利,保障儿童能有愉快的童年,享受宣言中所载之权利与自由。

儿童应享有本宣言所载之一切权利。所有儿童,绝无例外,一律有权享受此等权利,不因其本人或其家族之种族、肤色、性别、语言、宗教、政见或他种意见、族国或家世、财产、出生或其他身份而有所轩轾或歧视。

儿童应享受特别保护,并应以法律及其他方法予儿童以机会与便利,使其能在自由与

尊严之情境中获得身体、心智、道德、精神、社会各方面之健全与正常发展。为达此目的,制定法律时,应以儿童之最大利益为首要考虑。

儿童有受教育之权,至少在初等阶段应为免费强迫制。儿童所受之教育应足以促进其一般陶冶并使其能在同等机会之下发展其能力、个人判断力、道德及社会责任心而成为社会之有用分子。负儿童教育与辅导责任者应以儿童之最大利益为其指导原则;此种责任首应由父母负之。儿童应有游戏娱乐之充分机会,此种游戏与娱乐之目标应与教育之目标相同;社会与政府当局应尽力促进此项权利之享受。

(摘自联合国《儿童权利宣言》)

2.《儿童权利公约》(1989)

《儿童权利公约》是第一部有关保障儿童权利且具有法律约束力的国际性约定,1989年11月20日由第44届联合国大会第25号决议通过,1990年9月2日生效。1991年12月29日,我国第七届全国人民代表大会常务委员会第23次会议批准了《儿童权利公约》,自此《儿童权利公约》成为我国广泛认可的国际公约。该公约的核心精神是维护青少年儿童的社会权利主体地位。这一精神的基本原则是儿童最大利益原则、尊重儿童尊严原则、尊重儿童观点与意见原则、无歧视原则。

《儿童权利公约》共54条,提到儿童享有一个人拥有的多种权利,如姓名权、国籍权、受教育权、健康权、医疗保健权、受父母照料权、娱乐权、闲暇权、隐私权、表达权等。但其最基本的权利可以概括为五种,即:

(1)生存权——每个儿童都有其固有的生命权和健康权,包括有权接受可达到的最高标准的医疗保健服务。

(2)受保护权——不受危害自身发展影响的、被保护的权利,包括保护儿童免受歧视、剥削、酷刑、虐待或疏忽照料,以及对失去家庭的儿童和难民儿童的基本保证。

(3)发展权——充分发展其全部体能和智能的权利,儿童有权接受正规和非正规的教育,有权享有促进其身体、心理、精神、道德和社会发展的生活条件。

(4)参与权——参与家庭、文化和社会生活的权利,儿童有参与社会生活的权利,有权对影响他们的一切事项发表自己的意见。

(5)受教育权——儿童具有接受免费义务教育的权利,同时公约督促缔约国不断发展教育,为儿童享有受教育权创造必要机会和物质条件。

缔约国确认儿童有受教育的权利,为在机会均等的基础上逐步实现此项权利,缔约国尤应:

(a)实现全面的免费义务小学教育;

(b)鼓励发展不同形式的中学教育,包括普通和职业教育,使所有儿童均能享有和接受这种教育,并采取适当措施,诸如实行免费教育和对有需要的人提供津贴;

(c)以一切适当方式根据能力使所有人均有受高等教育的机会;

(d)使所有儿童均能得到教育和职业方面的资料和指导;

(e)采取措施鼓励学生按时出勤和降低辍学率。

(摘自联合国《儿童权利公约》)

(二)我国法律对学生权利的规定

学生作为受教育的公民,享有公民的一切权利,如人身权、人格权、财产权、文化教育权、社会参与权等。学生作为受教育者,享有的主要是受教育的权利。我国的《教育法》《未成年人保护法》《义务教育法》都对儿童的权利做了规定。

《未成年人保护法》规定,未成年人是指未满十八周岁的公民。我国中小学生绝大部分属于未成年人。《未成年人保护法》第三条规定:"未成年人享有生存权、发展权、受保护权、参与权等权利,国家根据未成年人身心发展特点给予特殊、优先保护,保障未成年人的合法权益不受侵犯。未成年人享有受教育权,国家、社会、学校和家庭尊重和保障未成年人的受教育权。未成年人不分性别、民族、种族、家庭财产状况、宗教信仰等,依法平等地享有权利。"

受教育权是公民作为权利主体依照法律、法规的规定,具有的接受教育的能力或资格。受教育权应包括如下内容:受教育的选择权,公民应有自由去接受教育,他人不得干涉或妨碍公民接受教育的义务。受教育的福利权,包括义务人履行职责和义务保证公民接受教育和公民通过接受教育而享有由此带来的福利。

《教育法》第四十三条规定了学生作为受教育者的权利:
- 参加教育教学计划安排的各种活动,使用教育教学设施、设备、图书资料;
- 按照国家有关规定获得奖学金、贷学金、助学金;
- 在学业成绩和品行上获得公正评价,完成规定的学业后获得相应的学业证书、学位证书;
- 对学校给予的处分不服向有关部门提出申诉,对学校、教师侵犯其人身权、财产权等合法权益,提出申诉或者依法提起诉讼;
- 法律、法规规定的其他权利。

(三)我国法律对于学生义务的规定

学生作为一般社会关系中的公民,既享有宪法所规定的公民的各项基本权利,也享有教育法所规定的教育法律关系主体的各项权利。同时,学生也应履行宪法和教育法规定的各项义务。

《教育法》第四十四条规定受教育者应当履行下列义务:
- 遵守法律、法规;
- 遵守学生行为规范,尊敬师长,养成良好的思想品德和行为习惯;
- 努力学习,完成规定的学习任务;
- 遵守所在学校或者其他教育机构的管理制度。

在实际的教育教学工作中,我们应该杜绝只强调学生权利而忽视学生应尽义务的做法。

二、教师的权利与义务

教师是履行教育教学职责的专业人员,也是学校教育工作的执行者。对师范生来说,认识和理解教师的职业角色、法律地位、权利与义务是从事教师职业的前提。国家法律充分保障教师的各项权利,教师也必须履行相应义务。我国有尊师重道的优良传统,新时代倡导全社会尊师重道,提高教师的地位和待遇,教师也应该不断提升道德修养和专业素养,切实履行教师的义务。

（一）教师的法律地位

教师是在学校中担任教学工作的人员。教师的法律地位是法律所确认的教师的社会地位，即以法律形式规定的教师在各种社会关系中的位置。《教师法》的实施，赋予了"教师"特定的法律含义。《教师法》第三条规定："教师是履行教育教学职责的专业人员，承担教书育人、培养社会主义事业建设者和接班人、提高民族素质的使命。教师应当忠诚于人民的教育事业。"

《教师法》规定的教师法律地位表明：教师是一类专业人员，是从事专门职业的专业人员，必须具备一定的资格；教师是履行教育教学职责的专业人员，直接承担教育教学工作职责，与其他专业人员相区别；教师的工作目的是教书育人、培养社会主义事业建设者和接班人，提高民族素质。

（二）教师的权利

教师的权利可以分为两个部分：一是教师作为普通公民所享有的各种权利；二是作为教师职业的从业者所享有的权利。这两部分权利既有联系又有区别。结合教师的职业特点，《教师法》第七条规定的教师的权利包括以下六项：

1. 教育教学权。"进行教育教学活动，开展教育教学改革和实验。"
2. 科学研究权。"从事科学研究、学术交流，参加专业的学术团体，在学术活动中充分发表意见。"
3. 管理学生权。"指导学生的学习和发展，评定学生的品行和学业成绩。"
4. 获取报酬权。"按时获取工资报酬，享受国家规定的福利待遇以及寒暑假期的带薪休假。"
5. 参与管理权。"对学校教育教学、管理工作和教育行政部门的工作提出意见和建议，通过教职工代表大会或者其他形式，参与学校的民主管理。"
6. 专业发展权。"参加进修或者其他方式的培训。"

（三）教师的义务

教师的义务可以分为两个部分：一是作为普通公民应承担的义务；二是作为教师应承担的义务。结合教师的职业特点，《教师法》规定教师应承担的义务主要有以下六项：

1. 遵纪守法的义务。"遵守宪法、法律和职业道德，为人师表。"
2. 教育教学的义务。"贯彻国家的教育方针，遵守规章制度，执行学校的教学计划，履行教师聘约，完成教育教学工作任务。"
3. 思想教育的义务。"对学生进行宪法所确定的基本原则的教育和爱国主义、民族团结的教育，法制教育以及思想品德、文化、科学技术教育，组织、带领学生开展有益的社会活动。"
4. 尊重学生人格的义务。"关心、爱护全体学生，尊重学生人格，促进学生在品德、智力、体质等方面全面发展。"
5. 保护学生权益的义务。"制止有害于学生的行为或者其他侵犯学生合法权益的行为,批评和抵制有害于学生健康成长的现象。"

6. 提高思想觉悟和教学水平的义务。"不断提高思想政治觉悟和教育教学业务水平。"

另外,《教师法》针对教师受教育权及其职业的特殊性,对教师培养与培训作了专门的法律规定。教师职业是一种专业性很强的社会职业,教育活动有其独特的规律,只有经过严格培养和专门训练的人才能胜任。同时,教师承担着教书育人,培养合格人才,提高民族素质的使命,在培养、造就人才的活动中,起着十分重要的作用。教师的培养与培训是教师专业发展的重要途径,既是教师的权利也是教师的义务:一方面,宪法规定中国公民都有受教育的权利;另一方面,教师是特殊职业者,通过学习提高自身素质和能力是法律赋予的职责。

三、学校的权利与义务

学校是专门从事教育工作的社会组织和机构,是在一定社会制度下所建构的、以专门促进个体发展为核心任务的社会组织和机构。学校的设立和办学需要根据我国相关法律的规定,达到相应的办学标准。为了顺利、有效地开展各项教育教学活动,学校享有特定的权利。国家法律保障学校的各项权利,同时学校也必须履行相应的义务。

(一)学校的法律地位

学校是专门从事教育的机构和组织。学校的法律地位,主要是指学校作为实施教育教学活动的社会组织和机构,在法律上所享有的权利与义务及应承担的法律责任。《教育法》第三十二条规定:"学校及其他教育机构具备法人条件的,自批准设立或者登记注册之日起取得法人资格。学校及其他教育机构在民事活动中依法享有民事权利,承担民事责任。"一般而言,政府、社会所办的学校都是一个具备法人资格的民事主体,其在民事活动中不仅能够独立地享受民事权利,而且能够独立地承担民事责任。

(二)学校设立的条件

根据《中华人民共和国教育法》第二十七条的规定,设立学校及其他教育机构,必须具备下列基本条件:有组织机构和章程;有合格的教师;有符合规定标准的教学场所及设施、设备等;有必备的办学资金和稳定的经费来源。

《教育法》同时规定,学校及其他教育机构的校长或者主要行政负责人必须由具有中华人民共和国国籍,在中国境内定居,并具备国家规定任职条件的公民担任,其任免按照国家有关规定办理。学校的教学及其他行政管理,由校长负责。学校及其他教育机构的举办者按照国家有关规定,确定其所举办的学校或者其他教育机构的管理体制。

此外,《教育法》还规定,学校及其他教育机构的设立、变更和终止,应当按照国家有关规定办理审核、批准、注册或者备案手续。

(三)学校的权利

学校作为依法成立的、实施教育教学活动的专门机构,为完成其基本职能,法律赋予了其不同于其他社会组织的特定权利。教育法规定的学校的权利是学校在法律上享有的,为实现办学宗旨,独立进行教育教学管理,实施教育活动的资格和能力。学校在行使权利时,必须符合国家和社会的公共利益,贯彻国家的教育方针,遵守法律、法规与教育行政规章,不得违反规定滥用权力,也不得放弃和转让。国家保护学校及其他教育机构的合法权益不受侵犯,当学校权利受到侵害时,可依法寻求法律救济。

《教育法》第二十九条规定,学校及其他教育机构行使下列权利:
- 按照章程自主管理;
- 组织实施教育教学活动;
- 招收学生或者其他受教育者;
- 对受教育者进行学籍管理,实施奖励或者处分;
- 对受教育者颁发相应的学业证书;
- 聘任教师及其他职工,实施奖励或者处分;
- 管理、使用本单位的设施和经费;
- 拒绝任何组织和个人对教育教学活动的非法干涉;
- 法律、法规规定的其他权利。

《教育法》在赋予学校上述权利的基础上,还规定了国家保护学校合法权益不受侵犯的原则。侵犯学校合法权益的违法行为要受到司法制裁与行政制裁。

(四)学校的义务

学校的义务,是指学校依法应当承担的责任。教育法规定的学校的义务是法律规定的,学校在贯彻办学宗旨、进行内部管理和组织教育活动中必须履行的职责。有关学校及其他教育机构履行义务,对于端正办学思想,规范办学行为,保护社会公益,提高教育质量,有着重要意义。

根据我国《教育法》第三十条的规定,学校及其他教育机构应当履行下列义务:
- 遵守法律、法规;
- 贯彻国家的教育方针,执行国家教育教学标准,保证教育教学质量;
- 维护受教育者、教师及其他职工的合法权益;
- 以适当方式为受教育者及其监护人了解受教育者的学业成绩及其他有关情况提供便利;
- 遵照国家有关规定收取费用并公开收费项目;
- 依法接受监督。

上述这六个方面的义务,是同办学自主权相对的,是在贯彻办学宗旨、进行内部管理和组织教育活动中必须履行的,而不是作为社会组织的学校的全部义务的表述。学校或其他教育机构不履行法律规定的义务的行为,应按法律规定,分别追究法律责任。

(五)法律责任

学校如果在办学和教育教学活动中有违法行为,必须承担具有强制性的法律后果。《义务教育法》关于学校违法的法律责任有如下内容:

第五十五条规定,学校或者教师在义务教育工作中违反教育法、教师法规定的,依照教育法、教师法的有关规定处罚。

第五十六条规定,学校违反国家规定收取费用的,由县级人民政府教育行政部门责令退还所收费用;对直接负责的主管人员和其他直接责任人员依法给予处分。学校通过向学生推销或者变相推销商品、服务等方式谋取利益的,由县级人民政府教育行政部门给予通报批评;有违法所得的,没收违法所得;对直接负责的主管人员和其他直接责任人员依法给予处分。

第五十七条规定,学校有下列情形之一的,由县级人民政府教育行政部门责令限期改正;情节严重的,对直接负责的主管人员和其他直接责任人员依法给予处分:拒绝接收具有接受普通教育能力的残疾适龄儿童、少年随班就读的;分设重点班和非重点班的;违反本法规定开除学生的;选用未经审定的教科书的。

本章小结

本章首先介绍了教育法的一般原理、教育法律渊源、教育法律关系、教育法律责任等概念,并对中小学和幼儿园教师资格考试标准和考试大纲要求掌握的我国主要的教育法律法规《教育法》《义务教育法》《教师法》《未成年人保护法》《预防未成年人犯罪法》《学生伤害事故处理办法》和联合国的《儿童权利公约》进行了详细介绍,最后对学生、教师、学校的权利与义务进行了具体阐述。

思考与练习

1. 什么是教育法的渊源?教育法有哪些渊源?
2. 什么是教育法律关系?它有哪些类型?
3. 什么是教育法律救济?权利人权益受到损害,有哪些途径和方式进行法律救济?
4. 《教育法》的立法宗旨是什么?违反《教育法》有什么法律责任?
5. 违反《义务教育法》的行为种类有哪些?有何法律责任?
6. 各级政府在实施义务教育中有哪些责任?
7. 学校能不能让正在接受义务教育的适龄儿童退学?为什么?
8. 教师有哪些权利和义务?
9. 违反《教师法》的行为及其法律责任有哪些?
10. 《未成年人保护法》主要从哪些方面对未成年人的权利进行保护?
11. 侵害未成年人的合法权益将承担哪些法律责任?
12. 《预防未成年人犯罪法》中所指的不良行为和严重不良行为是哪些?
13. 在预防未成年犯罪中,学校应如何加强未成年的法制教育工作?
14. 为什么全社会,尤其是学校、教师有保护未成年人的责任与义务?
15. 《学生伤害事故处理办法》规定在哪些情况下,学校要承担法律责任?
16. 学生在教育活动中,享有哪些权利?应履行哪些义务?
17. 教师在教育教学活动中,享有哪些权利?应履行哪些义务?
18. 联系实际,谈谈你对学校权利和义务的理解和认识。
19. 案例分析:

某学校的操场一角正在施工。体育老师在操场上组织学生踢足球,没有告知操场施工可能存在的风险。学生李某与另一名同学争抢时不慎碰撞到施工建筑材料,感到左腿疼痛难忍,随后报告老师。体育老师立即将李某送往医院,经检查,李某右膝骨折。学校陪同学生家长进行治疗,治疗结束后,李某家长要求学校赔偿李某治病的全部费用。

问题:(1)学校的行为是否违反了法律规定?请根据相关法律分析。

(2)体育老师的行为是否违法?

20. 案例分析:

某校教师谢某参加市里组织的学术研讨会,事先未向学校请假,也没有和其他教师调课,以致他所任教的两个班当天的课未上。学校根据该校的规章制度,对其按旷工处理,扣发其当日的工资和本月全勤奖,并在全校提出批评,取消其全年的评先评优资格。谢某对学校做出的处理不服,向这所学校的主管部门提出了申诉。其申诉理由是依据《教师法》第七条第二款规定,"教师享有从事科学研究、学术交流、参加专业的学术团体、在学术活动中充分发表意见的权利。"他要求返回学校扣发的工资奖金,取消对其所做的批评等。

问题:请根据相关法律分析,学校是否侵犯了谢某的合法权益?

【参考文献】

1. 华东师范大学教育学编写组.基于教师资格考试的教育学[M].上海:华东师范大学出版社,2019.

2.《中华人民共和国宪法》.

3.《中华人民共和国教育法》.

4.《中华人民共和国义务教育法》.

5.《中华人民共和国教师法》.

6.《中华人民共和国未成年人保护法》.

7.《中华人民共和国预防未成年人犯罪法》.

8.《学生伤害事故处理办法》.

9. 联合国《儿童权利公约》.

第十二章 教育科学研究

【学习目标】
1. 理解教育科学研究的概念、类型和意义。
2. 理解教育文献研究的概念,掌握教育文献研究的类型,学会运用教育文献研究的程序。
3. 理解教育历史研究的概念和特点,学会运用教育历史研究的程序。
4. 理解教育观察研究的概念,掌握教育观察研究的类型,学会运用教育观察研究的记录方法。
5. 理解教育调查研究的概念,掌握教育调查研究的类型,学会运用教育调查研究的程序。
6. 理解教育实验研究的概念,掌握教育实验研究的类型,学会运用教育实验研究的程序。
7. 理解教育个案研究的概念,学会运用教育调查研究的具体方法。
8. 理解教育行动研究的概念,掌握教育行动研究的类型,学会运用教育行动研究的程序。
9. 理解教育叙事研究的概念,掌握教育叙事研究的类型,学会运用教育叙事研究的程序。
10. 理解教育比较研究的概念,学会教育比较研究的程序。

【知识导航】

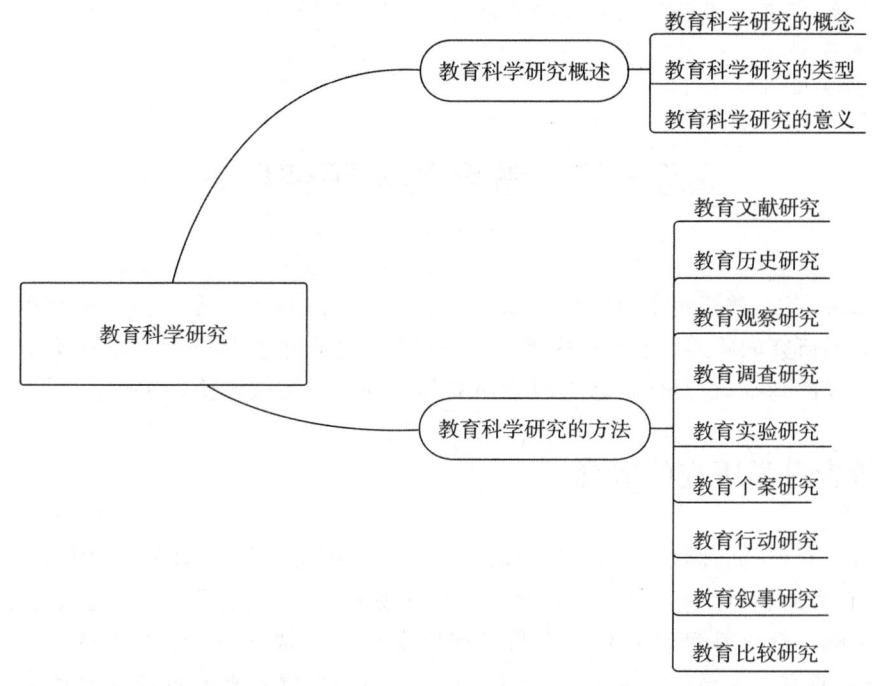

【引子】

 魏书生的科研之路[①]

魏书生老师1995年曾说：我教了近18年的书，当了17年的班主任。这17年中，我当了7年多副教务主任，当了7年多书记兼校长。除此之外，我还做了以下一些事，分别为我所任的30多个社会兼职尽一部分责任。

在国内外的海、陆、空中跑了40多万公里路，参加各种会议、讲学、办各种杂事。

在全国除台湾、澳门、青海以外的29个省、市、自治区做了550多场报告。

在全国26个省、市、自治区讲公开课480次，接待全国28个省、市、自治区的36000多人次来校听课、访问、指导。

处理了11000多封国内外来信。

写了210多万字的日记，发表了84篇文章，出版了自己主编的3本书、3本论文集以及1本专著。

魏书生身兼数职，又做了那么多的事，还坚持搞科研，并取得累累硕果，他在时间运筹上主要靠两条原则：一是把每天大部分的时间用在工作、学习和研究问题上；二是不蛮干，力将实干和巧干相结合。所以他能取得较好的工作成绩和丰硕的科研成果。

魏书生的成功案例说明：中小学教师参与教育科研的主要价值在于它能解决实际教育

---

① 徐世贵.中小学教师教育科研[M].沈阳：辽宁民族出版社，2001：47.转引自江芳.教育研究与实践[M].合肥：中国科学技术大学出版社，2017：8.

中的问题。参与研究是教师专业成长的一种重要方式。新时代呼唤广大中小学教师向专业化方向发展,而教师专业化的核心要素就是"教育科研素养"。

第一节 教育科学研究概述

凡事都讲方法,教育科学研究更是如此。苏联著名的心理学家巴甫洛夫就曾一针见血地指出,"初期研究的障碍,乃在于缺乏研究方法"。理解并掌握教育科学研究方法是开展教育科学研究的基础,也是保证教育科学研究具有理论与实践价值的关键。

一、教育科学研究的概念

教育科学研究,简称教育科研,是指研究者以教育问题为研究对象,运用科学的研究路径和方法,有目的、有计划、系统、深入地认识教育现象,探索教育规律,建构教育理论,进而服务教育实践。教育科学研究是社会科学研究的一个组成部分。[①] 在现代社会发展过程中,教育科学研究的水平已经成为一个国家教育改革与发展水平的重要标志之一。

二、教育科学研究的类型

教育科学研究的类型很多,根据不同的角度和分类标准,可以将教育科学研究分为以下几种常见的类型。

(一)基础研究、应用研究、发展研究、评价研究和预测研究

根据研究目的的不同,可以将教育科学研究分为基础研究、应用研究、发展研究、评价研究和预测研究。基础研究主要是分析教育现象和揭示教育规律,从而产生新理论、新原理或新方法的研究,其主要目的是发展和完善理论。比如,对教育价值、教育本质等的研究都属于基础研究。应用研究是为解决实际教育问题和教育难题而进行的研究,其主要目的是解决现实的教育问题。比如,中小学课业负担的研究、提高德育实效性的途径研究。中小学教育科研的主要目的是服务于教育教学工作,提升教育教学水平,其研究的重点为应用研究。发展研究主要是根据基础研究和应用研究已取得的成果和基础,将之直接运用于教育实践的有效的方法和策略,其回答的是"如何改进"的问题。比如,教育发展战略规划问题、贫困地区义务教育实施策略等。评价研究主要是根据一定的标准,对收集而来的教育资料进行分析,并对其做出价值判断的过程,其回答的问题是"好不好""行不行"的问题。比如,某个实验教材与传统教材的比较分析、教学方法的对比分析等。预测性研究主要是分析教育现象或问题未来的发展前景和趋势,它回答的是"将会怎么样"的问题。比如,未

---

① 《教育学原理》编写组.教育学原理[M].北京:高等教育出版社,2019:320.

来 10 年中学教育教学改革展望等。

(二) 探索性研究、描述性研究和解释性研究

根据研究任务的不同，可以将教育科学研究分为探索性研究、描述性研究和解释性研究。探索性研究，也称"先导性研究"，是对研究对象或问题进行试探性与摸索性的研究，以获得对其的初步印象和感性认识，继而为接下来的深入研究奠定基础。描述性研究又称"叙述性研究"，是指对实际的教育现象、教育事实和教育案例做出全面描述的一种研究，回答"是什么"或"怎么样"的问题。解释性研究也称"因果性研究"，是指对研究对象内部要素之间的因果关系的研究，回答"为什么"的问题。

(三) 定量研究和定性研究

根据研究性质的不同，可以将教育科学研究分为定量研究和定性研究。定量研究又称"量化研究"，即用数量来反映研究对象，运用科学的方法对这些数量进行整理和分析，从而揭示教育规律的研究方法。定性研究又称"质性研究"，即用文字来描述对象，研究者运用文献分析、访谈、观察等方法获得处于自然情境中的资料，并用非量化的手段对其进行整理与分析，以获得研究结论的方法。定性研究与定量研究的区别见表 12-1。

表 12-1 定性研究与定量研究的区别表①

比较维度	定性研究	定量研究
资料的来源	自然情境	经过严密控制的情境
研究成果的表现形式	文字或图片	数据
对研究关注的方面	过程	结果
分析资料的方法	归纳分析	演绎分析
关心的基本事情	意义与理解	变量与操作
学术属性	社会学、历史学、人类学	心理学、经济学、物理学
目标	描述现实、提高认识	检验理论、证实事实
设计	灵活、一般、可引申	有结构、预定的、正式具体
技术或方法	观察、漫谈	实验、有组织的交谈
与被试者的关系	热情接触，被试者即朋友	疏远，被试者为研究者
工具或手段	录音机等	项目表、问卷

(四) 横向研究和纵向研究

根据研究任务的不同，可以将教育科学研究分为横向研究和纵向研究。横向研究又称"横断研究"，是指在某一具体时间点对教育研究对象进行的研究。纵向研究又称"追踪研究"，是研究某一教育研究对象在某一段时期内的情况。

---

① 郑金洲,陶宝平,孔企平.学校教育研究方法[M].北京:教育科学出版社,2003:27.

（五）宏观研究、中观研究和微观研究

根据研究范围与视角的不同，可以将教育科学研究分为宏观研究、中观研究和微观研究。宏观研究是根据国家和地区政治、经济、社会和文化发展的需要，对教育事业的发展方向、速度、规模进行全局性、综合性、系统性的研究，如教育与社会的关系、教育与文化的关系等。中观研究介于教育宏观研究与教育微观研究之间，特别注重理论与实践相结合，是对一个系统或一个范围的教育问题的研究。比如，乡村教育研究等。微观研究对某一个具体的教育问题进行具体细致的研究，如学科教学方法研究等。

三、教育科学研究的意义

教师作为研究者，以研究的态度和行为对待教育工作，其意义主要从以下几个方面体现出来。

（一）有利于解决教育教学的实际问题

教师的工作是培养人的工作，培养人是一个复杂而系统的工程，会面临各种各样的问题。教育科学研究有利于教师通过科学有效的方法去解决各种各样的问题。

案例分享：研究的过程是一个学习的过程——一个物理教师的研究之路[①]

张老师教物理课。在接受两个初中班的教学时，通过查阅学生的学习成绩，张老师发现存在两个问题：一是学生个体之间的学习水平差异极大（比如，期末考试，最高分 100 分，最低分才 29 分）；二是有相当一部分学生认为物理难学，对物理学习缺乏兴趣。张老师开始与学生谈话，包括找那个最低分的同学和一些成绩比较差的同学谈话，寻找原因。通过谈话，他将原因归结为两个方面：从学的方面来看，这些学生对物理学科的学习自信心不足，自我效能感低下，有的甚至认为自己是"白痴"，学不好物理；从教的方面来看，评价存在明显的问题，学生的自我效能不高与教学评价有关。

根据所寻找到的原因，张老师开始学习相关的理论，寻找解决问题的突破口。比如，通过学习班杜拉的"自我效能"理论，为解决学生的学习动机和自信心问题指明了方向。而提高学生的自我效能有四条途径，其中，最有效的就是让学生在学习中获得"成功经验"。而要让学生获得成功经验，就必须改变原有的教学评价方式。现在的评价存在什么问题呢？张老师又开始学习有关教育测量与评价的相关理论，认识到以往的教学评价存在着注重终结性评价、忽视形成性评价，偏重评价的诊断性和鉴定性作用、忽视评价的激励性作用等问题。因此，张老师决定开始进行"多元评价的方法提高初中学生物理学习自我效能"的研究。

[①] 郑慧琦，胡兴宏.教师成为研究者[M].上海：上海教育出版社，2005：301.转引自蔡笑岳.教师专业发展与教育科研[M].广州：暨南大学出版社，2007：5.

(二)有利于促进教师的专业成长

正如苏联著名教育家苏霍姆林斯基所说:"如果你想让教师劳动能给教师一些乐趣,使天天上课不至变成一种单调乏味的义务,那么你就引导每一位教师走上从事一些研究这条幸福的道路上来。"① 通过开展教育科学研究转变教师的教学理念和行为,帮助教师获得专业成长,使得教师在师德修养、知识、能力、态度等方面得到提升,逐步成长为一名专家型教师。

(三)有利于推进学校的持续发展

教师的教育科学研究要有助于推动学校的持续发展,注意在解决学校当前问题的同时,服务于学校未来的发展。在评价教育科研活动的效果时,既要看它是否解决了当前的问题,也要看它在多大程度上有助于促进学校的未来发展。②

(四)有利于推动教育科学的深入发展

教师的教育科学研究是教育科学发展不可或缺的重要力量。教师不仅是教育实践的主体,而且也应当成为教育科学研究的主体。教师基于实践情境、实践问题和实践智慧而开展的教育教学研究,是对理论性研究的重要补充,是推动教育科学繁荣和发展的重要资源与力量。同时,教师的教育科学研究必然要求教师关注新动向、了解新趋势、掌握新思想、探索新方法,进而对教育教学保持一种开放的心态,学习和内化新的教育教学理论,而这些理论又通过教师的实践探索,落实到特定的教育教学情景中,裨益于解决实际问题,这对教育科学的发展又具有非常重要的意义。③

第二节 教育科学研究的方法

教育科学研究方法就是按照某种途径,有目的、有计划、有组织、有系统地进行教育研究和构建教育理论的方式,以教育问题为对象、以获得教育规律性知识为目标的一整套研究手段和途径。简言之,教育科学研究方法就是人们在进行教育研究时所采取的步骤、手段和方法的总称。④ 教育科学研究和教育科学研究方法是既有区别又有联系的两个概念。其区别在于:教育科学研究的形态是活动,教育科学研究方法的形态是步骤、路径和方法。其联系在于:教育科学研究作为一种探索教育规律的认识和实践活动,需要运用教育科学研究方法作为工具进行研究;教育科学研究方法是隶属于教育科学研究的一个分支,教育科学研究方法是解决教育实践问题和丰富教育理论的重要工具。

---

① B.A.苏霍姆林斯基.给教师的建议[M].杜殿坤,编译.北京:教育科学出版社,1984:494.
② 郑金洲.教师如何做研究(第2版)[M].上海:华东师范大学出版社,2012:21-27.
③ 全国十二所重点师范大学联合编写.教育学基础(第3版)[M].北京:教育科学出版社,2014:354.
④ 侯怀银.教育研究方法(第2版)[M].北京:高等教育出版社,2018:3.

一、教育文献研究

教育文献研究是对教育文献进行查阅、分析、整理并力图寻求教育现象的本质属性与规律的一种研究方法。教育文献研究是教育科学研究中最为基本的研究方法之一,它能帮助我们"站在巨人的肩膀上看问题"。以下从教育文献研究的概念、类型和程序来进行阐述。

(一)教育文献研究的概念

教育文献研究主要指研究者全面搜集、查阅、鉴别、整理与研究主题相关的教育文献,通过对这些教育文献进行系统深入的分析与思考,明晰该研究主题的现状、问题和趋势的一种研究方法。教育文献研究是进行教育科学研究的必经阶段,也是教育科学研究中最常用的方法。教育文献研究有利于帮助研究者明确研究方向,界定研究课题;有利于启发研究者的思路和方法,提高研究水平;有利于帮助研究者获得理论依据,避免重复劳动。

(二)教育文献研究的类型

教育文献研究的类型较多,根据不同的分类标准可以做出不同的分类。一般有如下分类:

1. 零次文献、一次文献、二次文献和三次文献

根据教育文献的内容级别来划分,可以分为零次文献、一次文献、二次文献和三次文献。

(1)零次文献。零次文献指某些事件、行为、活动的当事人所撰写的第一手资料,包括未发表付印的书信、手稿、个人日记、教师日志、笔记以及各种原始记录等。零次文献常常能够真实、详细且连续性地记录各种事件的过程或作者的思想认识,是进行教育科学研究的珍贵资料,常常为诸多学者所关注。不过,零次文献也大多具有零散、不系统、难以获得等问题。[1]

(2)一次文献。一次文献又称原始文献,指教育科学研究者以本人的生产、社会活动、科研等实践经验为主要依据撰写并公开发表的文献。它直接记录事件经过和研究成果,渗透着新观点或新技术,具有很高的参考与借鉴价值。一次文献是整个文献中数量最大、内容最多、影响最广的信息源,是文献的主体。它包括专著、期刊论文、学位论文、专利文献、会议资料、研究报告等。

(3)二次文献。二次文献又称检索性文件,指按照一定的原则、方法或体例对大量分散、零乱、无序的一次文献进行加工整理,使之系统化、条理化,便于查找利用。一般包括目录、题录、索引、简介、文摘等。二次文献由于对一次文献进行浓缩和有序化,大大提高了科研效率。

(4)三次文献。三次文献又称参考性文献,指根据二次文献提供的检索,对一次文献进行广泛深入的分析研究并概况论述的再次出版的文献。三次文献是文献研究的成果。它

---

[1] 和学新,徐文彬.教育研究方法[M].北京:北京师范大学出版社,2015:69.

包括两种类型：一是综述研究类，比如动态综述、学科总结、专题述评等；二是参考工具类，比如手册、年鉴、词典、百科全书等。

2. 印刷型文献、缩微型文献、声像型文献、电子型文献和多媒体型文献

根据教育文献的载体形式来划分，可以分为印刷型文献、缩微型文献、声像型文献、电子型文献、多媒体型文献。

(1)印刷型文献。印刷型文献又称纸质文献，是以铅印、油印和胶印等为手段，将信息记载在纸质上而形成的文献。它包括图书、期刊等。印刷型文献是一种传统的文献形式，用途广泛，阅读方便，但储存密度小，体积大，占空间。

(2)微缩型文献。微缩型文献是指以感光材料为载体，通过光学摄影方式将文献的影像固化在感光材料上形成的一类文献，包括微缩胶卷和微缩平片等。微缩型文献的优点是体积小，便于收藏和保存，价格便宜等，但阅读需要有较复杂的阅读设备来支持。[①]

(3)声像型文献。声像型文献又称视听型文献，是指通过特定设备，使用声、光、磁、电等技术将信息转换为声音、图像、影视和动画等形式，给人以直观、形象感受的知识载体，包括唱片、录像带、影视片等。其优点是存取快捷，可闻其声，见其形，易理解。[②]

(4)电子型文献。电子型文献又称机读型文献，是通过编码和程序设计，把文字、图像转化为数字语言和机器语言，并以磁性材料为存储介质，以计算机等设备为记录手段，将形象存储在磁盘、磁带等载体中形成的电子文献，包括电子图书、电子期刊、联机数据库、网络数据库、光盘数据库等。[③] 其优点在于存储密度大，易复制，便于使用。

(5)多媒体型文献。多媒体文献作为一种崭新的文献载体，它采用超文本或超媒体方式，把文字、图片、动画、音乐、语言等多媒体信息综合起来，在内容表达上具有多样性与直观性，并且有人机交互的友好界面。[④]

3. 事实性文献、工具性文献、理论性文献、政策性文献和经验性文献

根据教育文献的功能来划分，可以分为事实性文献、工具性文献、理论性文献、政策性文献、经验性文献。

(1)事实性文献：即专门为教育科学研究提供事实证据的文献，包括古今中外已被发现和证实的各种形式、各种内容的事实资料，如文物、教育史学专著、各种测量量表、各类教育实验报告、教育名家教育实录等。

(2)工具性文献：即专门为教育科学研究提供检索咨询的文献，如工具书、网上检索查询、学术动态综述等。

(3)理论性文献：即专门为教育科学研究提供理性认识的文献，如教育专著、论文、文集、教育家评传、方法论著作等。

(4)政策性文献：即专门为教育科学研究提供政策依据的文献，如规章制度、政府文件与统计资料等。

(5)经验性文献：即专门为教育科学研究提供感性认识的文献，如调查报告、工作总

---

① 胡中锋.教育科学研究方法[M].北京：中国人民大学出版社，2018：43.
② 胡中锋.教育科学研究方法[M].北京：中国人民大学出版社，2018：43.
③ 和学新,徐文彬.教育研究方法[M].北京：北京师范大学出版社，2015：68-69.
④ 胡中锋.教育科学研究方法[M].北京：中国人民大学出版社，2018：43.

结等。

从上可知,教育文献资料的分布非常广泛,主要包括书籍(教育专著、教科书、资料性工具书及科普读物等)、教育档案类(年鉴、教育法令集、教育统计资料、学位论文等)、报刊、非文字资料、专家询问等。

(三) 教育文献研究的程序①

开展教育文献研究需要掌握科学的研究程序,其主要步骤如下:

1. 文献检索

文献检索是指将教育文献按照一定方式集中组织和存储起来,并按照研究的需要查找出有关文献或文献中包含的信息内容的过程。教育文献资料检索的基本方法有:

①顺查法。它是按照时间范围,以所研究课题的发生时间为检索始点,按事件发生、发展的时序,由远及近、由旧到新的顺序查找的方法。

②逆查法,又称倒查法。它与顺查法相反,是由近及远、由新到旧的查找方法。

③引文查找法,又称跟踪法。它是以已掌握的文献中所列的引用文献、附录的参考文献为线索,步步追踪查找有关主题的文献的方法。

④综合查找法。它是将各种方法综合加以使用以达到检索目的的文献查找方法。

同时,教育文献检索一般应遵循以下基本要求:检索要全面;检索要准确;要勤于积累;善于思索。

2. 摘录信息

摘录信息是指从检索出的教育文献中摘取并记录与调查课题有关的信息的过程。

3. 文献分析

文献分析是指对教育文献中的某些特定内容进行分析和研究,来了解其中所反映的外在内容及其本质、规律,以及文献作者的思想、观点、研究方法,进而达到说明调查研究课题的目的。

4. 研究结论

研究结论是指在对教育文献分析的基础上,总结本研究的论点,如本研究的基本观点、基本框架、已解决的问题、尚未解决的问题等。

5. 撰写文献综述

撰写文献综述是指将经过归纳整理、分析鉴别的研究资料,进行系统全面的叙述和评论,以研究报告的形式呈现。

二、教育历史研究

正如英国史学家爱德华·霍列特·卡尔所言:"只有借助现在,我们才能理解过去,也只有借助过去,我们才能充分地理解现在。"②对教育现象和问题进行研究,如不了解其历史

---

① 徐红.现代教育研究方法[M].北京:科学出版社,2018:62.

② 爱德华·霍列特·卡尔.历史是什么?[M].北京:商务印书馆,1981:57. 转引自和学新,徐文彬.教育研究方法[M].北京:北京师范大学出版社,2015:93.

状况,是无法准确把握该教育现象和问题的。以下从教育历史研究的概念、特点和程序这几个方面展开介绍。

(一)教育历史研究的概念

教育历史研究是指研究者通过对教育问题或教育现象的史料进行系统、周密的搜集、鉴别、分析,探求教育发展的历史过程,揭示其发展规律,指导现状、预测未来的一种研究方法。① 正如鲁迅先生说:"无论是学文学的、学科学的,他应先看一部关于历史的简明而可靠的书"。② 教育历史研究有助于借鉴、继承和发展教育事业。

知识窗:历史研究与理论创新的关系③

那种自以为不读前人的著作,只凭一个晚上的冥思苦想就能构造出一个全新的哲学体系的想法,只能是痴人说梦。今人之所以能超越古人,并不在于个体天才的超常发挥,而主要在于今人有条件站在古人的肩膀上,因而能够看得更远、更全面、更深刻。所以,那种天马行空、率性任性、玄妙高蹈而不留痕迹的"原创性"思想,我总觉得不像是真正有学术价值的思想。真正站得住的思想总是在与前人和同时代人的艰苦辩难和反复对话中建立起来。

(二)教育历史研究的特点

为了更好地理解和把握教育历史研究,我们必须了解其特点。

1. 历史性

教育历史研究最大的特点就是其历史性,其历史性集中体现在它的研究对象上。正如恩格斯所言:"历史从哪里开始,思想进程也应从哪里开始。"④

2. 具体性

教育历史研究是建立在具体文献资料基础上的,是关于历史事件的具体记录。教育历史研究对于各种史料的分析,不能脱离具体的历史背景。

3. 逻辑性

教育历史研究用严密的逻辑分析方法对历史事实进行理论概括,能更深刻地认识事物演变历史的规律性,更深刻地认识那些还只是处在萌芽状态、常常表现得模糊不清的东西。

(三)教育历史研究的程序

作为一种特定的研究方法,其核心是操作的程序与步骤。对教育历史研究的程序与步

---

① 和学新,徐文彬.教育研究方法[M].北京:北京师范大学出版社,2015:95.
② 鲁迅.且介亭杂文·随便翻翻[M].上海:三闲书屋,1937:168.转引自陈向明.教育研究方法[M].北京:教育科学出版社,2013:323.
③ 邓晓芒.让学术成为思想的风骨.转引自侯怀银.教育研究方法(第2版)[M].北京:高等教育出版社,2018:80.
④ 马克思恩格斯全集(第2卷)[M].北京:人民出版社,2005:122.转引自和学新,徐文彬.教育研究方法[M].北京:北京师范大学出版社,2015:98.

骤的清晰把握,是指导人们正确应用教育历史研究的关键,对发挥教育历史研究的作用非常重要。

1. 史料的搜集

(1)教育史料的类型学考察。所谓教育史料,指能反映教育研究对象发生、发展过程及其规律性的一切文字和非文字的资料。① 按照史料存在形式划分,可以分成文献史料、实物史料和口传史料。文献史料可以说是数量最多、内容最庞杂、使用最广泛的基本史料类型。文献史料又包括文字史料和图像史料。实物史料,即以实物的形式记载和呈现历史信息的资料。在教育领域,实物史料主要分为两类:一类是教育遗址,即前人曾经从事教育活动的各种场所;另一类是教育遗物,比如前人在教育活动中所使用的设备、教学材料、用具、教科书以及学生作品等。口传史料就是以故事、传说、歌谣或其他口头语言形式记录过去事件的资料。梁启超曾形象地说:"十口相传为古",说明口传史料同样是十分重要的史料形式。②

(2)史料搜集的方法。史料数量众多,种类繁多,要提高史料的应用价值,必须掌握一些搜集史料的方法。首先,充分利用各种工具书。所谓工具书,是专为读者查考字形、字音、字义、词义、字句出处和各种事实等而编纂的书籍,如字典、词典、索引、历史年表、年鉴、百科全书等。③ 其次,分类搜集阅读。梁启超颇重视分类搜集法,他说:"大抵史料之为物,往往有单举一事,觉其无足轻重,及汇集同类若干事比而视之,则一时代之状况可以跳活表现。"④梁启超在考察古代中西交通的道路和学术文化相互影响时,曾运用了这个方法。他从许多记载传说中搜集中国僧人西去印度的姓名可考者 107 人、姓名失考者 80 人,再将这 187 人分时代、籍贯、学业成就、经行路线做种种统计,最后得出"六朝唐时中国人留学印度之风甚胜"的结论,纠正了常人只知中国人西去印度的前有法显、后有玄奘的片面认识。⑤最后,利用已有的史料进行追踪搜寻。追踪搜寻即从已有史料中的正文、注释、参考文献等处,发现与所需史料相关的信息,然后进行追踪查找阅读。这种类似滚雪球的搜集史料的方法,能丰富研究的内容和层次。

2. 史料的鉴别

郭沫若曾说:"无论做任何研究,材料的鉴别是最必要的基础阶段。材料不足,固然大成问题;而材料的真伪或时代如未规定清楚,那比缺乏材料更加危险。因为材料缺乏,顶多得不出结论而已;而材料不正确,便会得出错误结论。这样的结论,比没有更要有害。"⑥教育史料鉴别是对教育史料进行去粗存精、去伪存真的过程,是教育历史研究的重要环节。

---

① 李秉德.教育科学研究方法[M].北京:人民教育出版社,1986:120.转引自和学新,徐文彬.教育研究方法[M].北京:北京师范大学出版社,2015:104.
② 和学新,徐文彬.教育研究方法[M].北京:北京师范大学出版社,2015:105.
③ 现代汉语词典[M].北京:商务印书馆,2012:447.转引自和学新,徐文彬.教育研究方法[M].北京:北京师范大学出版社,2015:107.
④ 梁启超.中国历史研究法[M].上海:上海古籍出版社,1998:63-64.转引自侯怀银.教育研究方法(第2版)[M].北京:高等教育出版社,2018:82.
⑤ 侯怀银.教育研究方法(第2版)[M].北京:高等教育出版社,2018:82.
⑥ 郭沫若.郭沫若全集(历史篇)(第二卷)[M].北京:人民出版社,1986:3.转引自侯怀银.教育研究方法(第2版)[M].北京:高等教育出版社,2018:84.

教育史料的鉴别主要需要对教育史料的真实性和准确性进行考量,也即任何教育历史研究者都需要回答两个关键问题:第一,这个文件真的是我们假定的那个作者写的吗?(即它是真实的吗?)第二,在这个文件中的信息是真的吗?(即它是准确的吗?)[①]

知识窗:梁启超辨伪十二法[②]

第一,其书前代从未著录或绝无人征引而忽然出现者,十有九皆伪。

第二,其书虽前代有著录,然久经散佚,乃忽有一异本突出,篇数及内容等与旧本完全不同者,十有九皆伪。

第三,其书不问有无旧本,但今本来历不明者,即不可轻信。

第四,其书流传之绪从他方面可以考见,而因以证明今本题某人旧撰为不确者。

第五,真书原本经前人称引,确有佐证,而今本与之歧异者,则今本必伪。

第六,其书题某人撰,而书中所载事迹在本人后者,则其书或全伪或一部分伪。

第七,其书虽真,然一部分经后人窜乱之迹既确凿有据,则对于其书之全体须慎加鉴别。

第八,书中所言确与事实相反者,则其书必伪。

第九,两书同载一事绝对矛盾者,则必有一伪或两俱伪。

第十,各时代之文体,盖有天然界画,多读书者自能知之。故后人伪作之书,有不必从字句求枝叶之反证,但一望文体即能断其伪者。

第十一,各时代之社会状态,吾侪据各方面之资料总可以推见崖略。若某书中所言其时代之状态与情理相去悬绝者,即可断为伪。

第十二,各时代之思想,其进化阶段自有一定。如某书中所表现之思想与其时代不相衔接者,即可断为伪。

3. 史料的分析

在教育历史研究中,确定事实和解释事实是研究的两种不同的任务。解释事实更多地体现在对史料的理性加工上。解释事实的方式主要有两种:一种是用统计、归纳性的经验规律做解释,其解释的形式是:因为有某某经验规律,所以有某某事实出现;另一种是不用统计、经验规律去解释,而是用"人之常情"或"常理"去解释,即面对特定的历史情境,以设身处地、以心换心的方式,进行模拟式的体验、思考,从而对之做出合理的解释。[③]

三、教育观察研究

教育观察研究是教育科学研究的基本方法,在教育教学和班级管理等许多领域中得到

[①] 和学新,徐文彬.教育研究方法[M].北京:北京师范大学出版社,2015:108.
[②] 梁启超.中国历史研究法[M].上海:上海古籍出版社,1998:91-94.转引自陈向明.教育研究方法[M].北京:教育科学出版社,2013:330-331.
[③] 侯怀银.教育研究方法[M].北京:高等教育出版社,2009:87-90.

了广泛的运用。以下从教育观察研究的概念、类型和记录方法这几方面进行阐述。

(一)教育观察研究的概念

教育观察研究是教育研究者在自然情境中通过感官或借助一定的科学仪器对教育现象进行有目的、有计划的观察,描述并进行分析、整理、研究的一种方法。[1] 教育观察对教育研究者而言,能扩大其感性认识,不断积累丰富的第一手资料,并对资料进行分析与思考,实现感性认识上升到理性认识。许多教育家之所以有丰富的理论贡献,与他们长期观察研究教育现象有关。如苏联教育家赞科夫"使全班学生包括后进生都得到发展"的教学原则就是他长期追踪观察学生得出的研究结论。苏联教育家苏霍姆林斯基在帕夫雷什中学担任校长23年,他悉心观察学生,对学生了如指掌。为了研究道德教育问题,他先后长期观察了3700名学生,并且做了观察记录。因为观察研究,他撰写了《帕夫雷什中学》《把整个心灵献给孩子》《给教师的100条建议》等41本专著和小册子,发表了600多篇学术论文。教育观察研究具有过程的直接性、情景的自然性、操作的便利性等优点,但它同时存在资料的表面性、资料难以量化、观察对象范围小和观察活动控制性不强、存在观察者效应和观察者偏差等局限。

(二)教育观察研究的类型

教育观察研究的类型较多,根据不同的分类标准可以做出不同的分类。一般有如下分类。

1. 自然观察和实验观察

根据被观察者所处的实际情景的特点,教育观察研究可以分为自然观察和实验观察。

自然观察研究就是被观察者处于完全自然状态的条件下,观察者对被观察者的行为不进行任何的暗示与控制,自然而然地观察被观察者的行为而获取研究资料的一种研究方法。这种方法能使研究者收集到观察对象的常态,但特定情况下的研究对象的表现则不易被观察到。自然观察研究还分为隐蔽观察和公开观察两种。隐蔽观察指的是被观察者并不知道自己被观察。公开观察指的是被观察者知道自己正在被观察,甚至可以看到观察者,如中小学随堂听课时,被观察者可以看到观察者,并能根据观察者的反应,进行反观察。而在微格教学中,被观察者虽然知道自己被观察,但是却看不到观察者。如果要最大限度地避免公开观察对观察对象产生的反应性影响,获取真实的资料,就需要观察者与被观察者之间建立相互信任的关系。

案例分享:观察者与被观察者关系对观察效果的影响[2]

课间操的时候,L老师没有像往常那样站到乙班队伍旁边监督,她选择了一个较远的角落,恰好能观察到学生队伍,又不易被学生看见。结果令L老师有些失望。值日的班干部在散开的广播操队伍还没有完全集中整队、宣布今天的出操情况时就宣布了解散。当学生

---

[1] 张湘洛.教育科学研究方法[M].北京:国家行政学院出版社,2012:90.
[2] 侯怀银.教育研究方法(第2版)[M].北京:高等教育出版社,2018:100.

们像密密麻麻的四散的小麻雀一样奔回教室时,L老师已经候在门前的走廊上了。她首先叫住了那个值日班干部。"怎么还没集中完就解散?你以为我没看见是吗?今天我就是想看看你们的自觉性。你平常都不错,但是老师不在的时候应该跟老师在的时候一个样呀?"做错事的班干部低着头不答话。有其他学生走到L老师后面时冲那个班干部吐了吐舌头。

显然,这位教师与她的学生之间的关系,是难以让学生放心地袒露自己的真实情况的。正因为如此,她不得不采用隐蔽观察的方式去了解学生的真实表现。但是,时间一长,有可能使学生感到自己被监视,导致学生在学校的表现完全成为异常表现。因此,研究者无论采取隐蔽观察还是公开观察,都有必要与被观察者建立良好的人际关系。否则,观察研究的优点就难以体现。

实验观察研究是指对教育现象发生的环境与条件预先进行设计与布置,观察过程中对教育现象出现的现场中的有关因素进行调控,以此引起被观察者的行为或对被观察者进行全面观察的方法。[①] 比如,事先改变教室中课桌椅的摆放形式,使用特定的实验教材,都可以进行实验观察,得出变量产生的效果。

2. 直接观察和间接观察

根据观察者是否借助观察仪器,教育观察研究可以分为直接观察和间接观察。

直接观察是指观察者直接运用自己的感觉器官,不借助任何仪器设备的辅助,观察被观察者活动的方法。直接观察的优点在于能发挥观察者的主动性,灵活调整观察内容,及时处理未曾预料到的情况,获得真实、直接的一手资料。直接观察的缺点在于,观察是依据人的感觉器官进行,人的感觉系统的局限性对观察的效果具有制约作用。

间接观察是观察者借助相关的仪器设备,观察被观察者活动的方法。间接观察常用的仪器设备有单向镜、照相机、录音机、摄像机、录音笔、望远镜等。这些仪器设备的运用能在很大程度上克服人的感觉器官的局限性,提升观察的广度、深度和准确度。但间接观察使用的仪器设备可能对观察对象的心理产生某种影响,从而影响其行为表现。同时,设备需要花费一定的资金,使用者需要事先培训,人力、物力和时间成本较高。

3. 参与观察与非参与观察

根据观察者是否参与到被观察者所从事的活动中去,教育观察研究可以分为参与观察和非参与观察。

参与观察是指观察者参与到被观察者的活动中去,作为活动一员充当相应的角色,与被观察者建立较密切的关系,在相互接触与体验中倾听和观察被观察者的言行,获得有价值的研究资料的方法。观察者深入到被观察者中间,缩短了观察者与被观察者的心理距离,有利于获得较深层的结构和关系的资料。但是,在参与观察中观察者主观因素的介入会影响观察的客观性。[②] 参与观察的优点是可以观察到研究对象的深层内容和全过程,但观察结论容易带有感情色彩。根据被观察者对观察者身份的识别程度,可以进一步划分为完全参与观察和不完全参与观察。完全参与观察就是被观察者对参与观察者的研究身份完全不知晓。不完全参与观察则是被观察者对参与观察者的研究身份是知晓的,研究者处

---

① 孙杰远.教育研究方法[M].北京:高等教育出版社,2016:75.
② 刘淑杰,刘彩祥.教育研究方法[M].北京:北京大学出版社,2016:125.

于"半客半主"的状态。例如,人类学家为了研究不同民族的生活方式,学习该民族的生活习惯和语言,和他们同吃同住,获得直接资料。

非参与观察是指观察者没有参与被观察者的活动,纯粹是作为局外人或旁观者的身份进行观察。例如,研究者每天去教室观摩师生交往行为,连续观察八周后,比较教师期望高的学生与期望低的学生之间是否存在不同的师生关系。非参与观察的优点是能保持相对客观和中立,但又缺乏"身临其境"之感,观察到的现象有可能是表面甚至是偶然的现象。

4. 结构观察和非结构观察

根据观察者在观察前是否将准备观察的内容设计成一定结构的观察项目和指标,教育观察研究可以分为结构观察和非结构观察。

结构观察是根据观察之前设计好的包含具体而详细的观察内容与项目的观察记录表,在观察过程中对每一个被观察者的情况进行严格记录与填写以获取资料的一种观察方法。该方法能收集较大样本且便于量化的资料,但缺乏必要的弹性。

无结构观察是指有总的观察目标和大致主题,但没有周密的观察项目设计和观察记录表,只是在观察过程中根据当时的具体情况进行灵活处理。其主要形式有自然行为的偶然观察、观察日记、轶事记录法。该方法灵活、简便,但资料较为零散,难以进行定量分析与对比研究。

5. 系统观察与非系统观察

根据观察活动是否有规律,教育观察研究可以分为系统观察和非系统观察。系统观察是指在较长的时间里对观察对象的行为进行有目的、有计划的系统观察并积累资料,然后对观察资料进行整理分析的观察。非系统观察是指对观察对象的偶发性行为进行实例记录,以发现和考察个人的问题,或借以提出某种假设,或为教育科学研究提供典型性材料的观察。

需要说明的是,以上分类是按照不同标准进行的,不同分类存在交叉现象,比如自然观察、参与观察等可以是有结构的也可以是无结构的。在进行教育观察研究时,要根据具体的研究目的、研究内容和研究条件,对各类研究方法灵活、综合使用。

(三)教育观察研究的记录方法

进行教育观察研究,需要记载有效的观察信息,其观察信息的记录方法主要如下:

1. 描述记录法

描述记录法是对被观察对象的具体状态、行为表现以及其他有关情况进行详细描述性记载的方法。具体包括实况详录法、日记描述法和轶事记录法。

(1)实况详录法

实况详录法是指在一定的时段内,连续地、详尽地对被观察对象的所有表现或活动进行记录,从而进行研究的一种方法。实况详录法通过记录被观察对象一切行为或活动的所有细节,获得对这些行为或活动的详细的、客观的描述。[①] 实况详录法的优点在于能获得客观、原始和详细的资料,可供日后多角度多层面研究分析。其不足在于对记录技术要求高,传统的记录费时,也容易不准确。如 B.德拉斯于 1895 年 1 月 19 日对他 13 个月零 19 天的

---

① 徐红.现代教育研究方法[M].北京:科学出版社,2018:78.

孩子进行了连续 4 小时的观察,以下是他此次观察记录的节选。

案例分享:B.德拉斯的实况详录法记录节选[①]

儿童拿出一个瓶子,并盛满了水,自己坐下来,慢慢地喝。然后他用右手拿着瓶子,慢慢地向左边的床爬去。儿童站起来放掉瓶子,朝 12 英尺远的母亲走过去。然后儿童抓到另一只装有食物的瓶子,向左转,往回走,向另一个 12 英尺远的瓶子走过去,并试图用一个塞子塞住瓶子,而塞子放在钢琴上的一个盒子里。儿童就拿这个瓶子打钢琴,接着驯服地接受惩罚。然后,这儿童平躺着吃东西,站起来走了 8 英尺,试图敲打一个盛满油的瓶子,向左转,又朝钢琴走去,又走了 8 英尺的路后,就在钢琴的罩子下慢慢地爬行。儿童从罩子下钻出来,拿到他的玩具娃娃,把娃娃扔在地下,又去拿软木塞和瓶子,并设法把塞子塞在瓶子上,咯咯地咬着牙齿,站起来,又坐下来。

(2)日记描述法

日记描述法是对同一名(个别)或同一组(少数)观察对象长期跟踪,进行反复观察,以日记形式描述性地记录其行为表现的观察方式。这种日记常常有两种类型:一是综合性日记,把观察对象各个方面的行为表现都如实地记录下来,为全面研究该观察对象或为研究一类观察对象的某种共有特性所用;二是主题日记,只记录观察对象某一方面或某几方面的行为表现,一般为专项研究观察对象某种特性所用。[②] 该方法的优点在于观察的时间、场合等没有严格限定,观察起来比较方便。观察的场景通常是日常生活环境,所获资料一般比较真实,也可供反复利用。其不足在于该方法属于跟踪观察,需要有长时间的观察投入,同时案例较少缺乏普遍性,难以进行量化处理与分析。

案例分享:使用日记描述法的大师们[③]

在我国,最早使用日记描述法进行观察研究的代表人物是幼教先驱陈鹤琴,他根据对自己孩子的观察记录来研究儿童的一般发展。他对自己的第一个儿子从出生之日起,逐日跟踪观察 808 天,作了详细的观察日记,拍了几百幅照片,据此于 1925 年写成了《儿童心理之研究》,这是我国第一本儿童心理学著作。但事实上,在西方,采用日记描述法研究儿童已有较长的历史,而且这些研究者都是大师级人物。

最早采用这种方法的是瑞士哲学家、著名教育家裴斯泰洛齐。他于 1774 年出版了第一部婴儿日记——《一个父亲的日记》,在日记中,裴斯泰洛齐记录了自己孩子的生长、发展的情况,同时对母亲在育儿中的作用以及其他对儿童生活有重要影响的因素进行了分析。1787 年,又有德国哲学家提德曼的《一个婴儿的日记》问世。

---

① 杨丽珠.教育科学研究方法[M].沈阳:辽宁师范大学出版社,1995:121.转引自刘淑杰,刘彩祥.教育研究方法[M].北京:北京大学出版社,2016:131.
② 孙杰远.教育研究方法[M].北京:高等教育出版社,2016:79.
③ 张燕,邢利娅.学前教育科学研究方法[M].北京:北京师范大学出版社,1999:73-74.转引自刘淑杰,刘彩祥.教育研究方法[M].北京:北京大学出版社,2016:130.

自然科学家也注重日记法的研究。查理斯·达尔文曾观察记录了他的儿子都德成长的最初三年。他还致力于把对婴儿的观察同对其他物种的观察加以比较。他在著名的《物种起源》(1895年发表)中提出儿童是动物与成人之间连接物的观点。他认为,通过观察婴儿的发展,可以窥见物种与人种本身发展之一斑。

1882年,世界上第一本儿童心理学教科书问世,这就是德国心理学家普莱尔所著的《儿童心理的发展》。这是普莱尔花了3年时间,在对自己儿子的发展作了不间断的详细而科学的日记的基础上写成的。书中详细描述了婴儿行为及心理各方面的发展过程。

除了上述较早的研究者外,现代著名儿童心理学家皮亚杰也曾用日记描述法观察研究自己孩子的认知发展过程,并据此出版了《儿童心理学》。

(3) 轶事记录法

轶事记录法又称记事法,是指观察者在观察过程中,观察目的是以记事为主,重点按照事情发生发展的顺序对事件本身进行连续而详细的记录。其优点在于所获资料具有典型性,并且真实可靠,能长期保存和反复研究。其不足之处在于所获资料难以避免观察者的主观性。

三种描述记录法都是对事件和行为进行详细的观察和记录,但它们又有所不同。不同之处在于,它们所强调的重点不同。实况详录法是在一定时间内的某种场景下,连续且详尽地把教育活动和观察对象的所有表现等全部情况记录下来。日记描述法是在较长时间内,对行为和事件做详细记录,有相关背景和情节。轶事记录法是对研究者认为有价值的典型事件进行记录。[①]

案例分享:20世纪40年代巴克尔所作的轶事记录摘录[②]

人物:玛格丽特·雷特(中西部人,女,年龄4岁)

事件:玛格丽特打布莱德雷

有关的人:布莱德雷——玛格丽特的弟弟,1岁半

时间:1946年6月2日下午1:03

玛格丽特一直缠着她妈妈带她到邻居那儿去玩。但雷特夫人坚决地拒绝了她的请求,进屋去了。这时,布莱德雷正在院子里玩。

布莱德雷拣起了一只罐头洋铁桶,摇晃着,桶里有块石头哐啷哐啷地响起来。

玛格丽特转过身,走上去打布莱德雷的腿,打他的背,又打他的后脑勺。布莱德雷似乎知道她会这样做,当她向他走过来时,他好像知道会发生什么,畏缩起来,好像在准备挨打。

玛格丽特没完没了地打布莱德雷。

开始时,她每打他一下,他都要哭一下,但不太大声,最后终于放声大哭。看到布莱德

[①] 杨晓萍.教育科学研究方法[M].重庆:西南师范大学出版社,2006:45.转引自刘淑杰,刘彩祥.教育研究方法[M].北京:北京大学出版社,2016:133-134.

[②] 张燕,邢利娅.学前教育科学研究方法[M].北京:北京师范大学出版社,1999:79-80.转引自徐红.现代教育研究方法[M].北京:科学出版社,2018:80.

雷真的大哭起来,玛格丽特就丢下他不管了。不过她还是念叨着:"我能打你,我能把你给扔了"。

2. 取样记录法

取样记录法是并非准备对观察对象所有的行为或活动进行完整的记录,而是通过以某种标准对准备观察对象的行为或活动进行取样,仅对观察对象被取样的行为或活动进行记录的一种方法。取样记录法既可保证获得可靠的资料,又能节省人力、物力与财力,还节省了记录时间。根据取样的标准不同,取样记录法一般可以分为时间取样法、事件取样法、个人取样法及场地取样法。①

(1)时间取样法

时间取样法是以时间为取样标准,观察并记录被观察对象在这个预先设定的时间长度内的行为表现或活动情景,并把所观察到的结果记录在事先拟定的编码记录表上。时间取样法的主要指标有:①规定时间内某种行为是否出现及出现的种类;②规定时间内行为发生的频率;③规定时间内行为的持续时间。②

案例分享:对小学低年级学生上课时注意力集中时间和程度的观察研究③

记一次 20 分钟的语文字词抄写作业

时间	行为表现	注意力集中程度/%
开始至5分钟	全班学生踏实认真书写,没有任何声音动作	100
5分钟之后	3人开始看别人的作业,并提出别人的书写毛病	7.9
6~10分钟	7人开始有动作,或开始发愣,有的玩铅笔、橡皮等学习用具	18.42
10分钟之后	20人开始有动作、发愣,有的开始发出声音	52.63
13分钟时	6人完成作业	15.79
20分钟时	14人完成作业(24人未完成作业)	36.84
又延续5分钟	又有20人完成作业(4人未完成)	52.63

初步分析:一年级学生在完成一些重复性记忆作业(如字词抄写、生字书写等)时,最佳时间段为10~15分钟。这段时间内,学生有较强的注意力,以认真态度完成作业,符合这一特点布置作业,能达到较理想的效果。

---

① 徐红.现代教育研究方法[M].北京:科学出版社,2018:80-81.
② 杨晓萍.教育科学研究方法[M].重庆:西南师范大学出版社,2006:48.转引自刘淑杰,刘彩祥.教育研究方法[M].北京:北京大学出版社,2016:134.
③ 裴娣娜.教育研究方法导论[M].合肥:安徽教育出版社,1995:191.转引自刘淑杰,刘彩祥.教育研究方法[M].北京:北京大学出版社,2016:138-139.

(2) 事件取样法

事件取样法就是以事件作为取样的标准,对特定的行为或事件进行观察记录并获取研究资料进行研究的一种方法。事件取样法以预先确定的事件或行为表现作为观察样本,通过事件或行为表现的观察推及观察对象一般的行为表现。它关心的是事件的存在,注重行为本身,包括行为是如何发生的、如何变化的、如何终止的,以及结果如何。

(3) 个人取样法

个人取样法是以个人作为取样标准,对单个被试连续取样,在规定时间内根据记录表单记录发生在该个体身上的全部事件和所有行为,然后再选择另一个体被试进行观察并记录,如此反复,最终获得多个个体组成的样本的观察方法。在个体取样中,有一点特别值得注意,即在选择被试时,一定要保证随机选择被试,否则所选的被试将不会具有代表性,且收集到的相关资料会缺乏其应有的价值。比如,如果选择一个九年级的学生进行观察并记录其数学课随堂听讲的情况,那么,在每节数学课正式开讲前二十分钟,观察者就应该首先随机选择一个不同的学生,而后对其数学课堂上的相关行为和事件进行观察,以此反映这个班全体学生的情况。观察者通过对这个班多个不同学生进行观察之后,便可获得有关这个班全体学生在数学课堂上的相关行为。[1]

由以上可知,取样记录法记录简单方便,结果便于分析。三种取样记录法可以综合运用,以保证研究资料收集全面而丰富。三种取样记录法的比较见表12-2:

表 12-2 三种取样记录法比较表[2]

方法	说明	例子
时间取样法	研究者通过更替观察对象和记录时间,对有影响的事件和行为取样	观察者坐于教室中,扫视房间,观察身体攻击性行为一定时间,如20秒,然后以同样时间记录观察的内容
事件取样法	记录所研究的事件,其他活动不记录	对教室中正在发生的一切行为,观察者只记录身体攻击的行为
个人取样法	研究者选择一个个体并记录关于这个个体的全部中心行为和事件	观察者选择一个学生并记录这个学生和他的同龄人之间身体进攻的全部例子。每15分钟,观察者选择一个不同的学生,作为反映这个班所有同学的经历,从而获得资料

四、教育调查研究

教育调查研究作为一种研究活动,与一般的社会调查相比,范围较小,它主要是以当前教育问题为研究对象进行的一系列研究活动。以下从教育调查研究的概念、类型和程序这几方面进行介绍。

---

[1] 徐红.现代教育研究方法[M].北京:科学出版社,2018:82-83.
[2] 刘淑杰,刘彩祥.教育研究方法[M].北京:北京大学出版社,2016:141.

(一)教育调查研究的概念

教育调查研究是在教育理论指导下,通过问卷、访谈等方式搜集资料,从而科学分析教育现状并提出相应建议的研究方法。教育调查研究着重研究的是教育现实情况,区别于以过去发生的教育历史事实为对象的教育历史研究。教育调查研究在自然状态下搜集反映教育实际情况的材料,对研究对象不加任何干涉,因而也区别于以控制研究对象为主的实验研究。① 教育调查研究的特点如下:第一,自然性。它通常是在常态的教育实践中搜集资料,而不必像实验法那样要求控制实验条件。第二,间接性。它主要通过访谈、问卷等间接手段了解教育现象。第三,标准化。通过统一的、标准化的程序来获得信息。只有按标准化程序进行调查,不同的人才能获得相同的信息。第四,代表性强。它能够通过研究具有代表性的部分对象去概括总体的特征。②

(二)教育调查研究的类型

教育调查研究的类型较多,根据不同的分类标准可以做出不同的分类。一般有如下分类。

1. 全面调查、抽样调查和个案调查

根据教育调查的取样范围来划分,教育调查研究可以分为全面调查、抽样调查和个案调查。

(1)全面调查。全面调查又称普遍调查,是对调查对象的总体所包含的每个部分进行的逐一调查,如"对某地区中学教师学历状况的调查"。全面调查有利于了解研究对象的全面情况,具有普遍性。其不足在于工作量大,需要花费大量的人力和物力。

(2)抽样调查。抽样调查是从研究对象的总体中抽取一部分具有代表性的样本进行深入研究,以便推测研究对象的总体情况,即是一种"窥一斑而见全豹"的研究方法,如"某地小学生课业负担的抽样调查"。抽样调查具有时效高、经济性强等优点,其不足在于存在一定的调查误差和偏误的问题。

(3)个案调查。个案调查是对一个或几个有代表性的样本进行深入而全面的研究,如"青春期学生早恋现象的个案研究"。个案调查强调对个案特征的深度分析,有助于全面深入地了解调查对象。其不足在于样本小,缺乏代表性。

2. 现状调查、相关调查、区别调查和发展调查

根据教育调查的目的来划分,教育调查研究可以分现状调查、相关调查、发展调查和预测调查。

(1)现状调查。现状调查是针对调查对象目前状况和基本特征的研究。其目的在于全面了解研究对象当前的真实情况,以便发现问题,改进工作,为制定相关政策或具体对策提供现实依据。如"2020年广州市中学生体质状况的调查"。

(2)相关调查。相关调查是为重点了解研究对象之间的相关性而进行的调查。其重点在于调查两个或两个以上的教育现象或调查对象之间是否存在相关关系。其目的在于寻

---

① 和学新,徐文彬.教育研究方法[M].北京:北京师范大学出版社,2015:218.
② 侯怀银.教育研究方法(第2版)[M].北京:高等教育出版社,2018:125.

找某一教育现象的相关因素,以探索其改进办法。如"中学生的家庭背景与学习成绩的相关研究"。

(3)区别调查。区别调查是通过调查两个或两个以上的教育调查对象,对比分析它们之间的共性与差异的研究方法。如"中外义务教育学区制政策的比较与分析"。

(4)发展调查。发展调查是对某一被调查对象在一个较长时间内的特征变化进行调查,其目的是了解研究对象的发展变化的进程与特点,进而推断出未来某时期研究对象的发展趋势与动态。如"关于人工智能时代基础教育改革的思考"。

3. 问卷调查、访谈调查、电话调查和实地调查

根据教育调查的手段来划分,教育调查研究可以分问卷调查、访谈调查、电话调查和实地调查。

问卷调查研究是调查者将事先设计好的问卷发放给被调查者,通过问卷收集资料的一种调查研究方法。问卷调查实施的基本步骤包括:①提出问题;②查找文献;③设计问卷并进行小范围测试;④分析测试结果并修改问卷;⑤选择样本并发放问卷。问卷调查实施的基本要求:①问题的范围。合理确定问题的范围,需要考虑:问题是用于小范围的典型调查还是大范围的统计调查,是了解思想态度方面的意向性问题还是了解过程方面的事实性材料等。②问题的内容。问题的内容应符合研究目的和假设的需要。③问题的数量。问题的数量要适度,即通过控制时间保持被调查者对问卷的兴趣和认真态度。④问题的文字表述。问题要准确,简明扼要,通俗易懂。⑤问题的排列顺序。问题应分类清楚,层次分明,合乎逻辑。⑥问题中隐含的心理因素。问题不应具有暗示倾向;不要涉及个人隐私,若涉及隐私,填答者一般不愿如实回答。①

访谈调查研究是教育研究过程中,调查者通过面对面的方式与被调查者交谈,以口头问答的形式来了解情况、收集资料的一种调查研究方法。访谈调查研究实施的基本步骤是:①提出访谈问题,确定访谈对象;②制定访谈计划;③拟定访谈提纲;④进行正式访谈;⑤整理访谈资料,分析访谈结果,得出访谈结论。②

电话调查是指主要通过电话与研究对象进行谈话而收集资料的一种调查研究方法。

实地调查是指研究者亲自到研究对象的现场进行实地考察来了解情况、收集资料的一种调查研究方法。

(三)教育调查研究的程序

教育调查研究要取得良好的效果,必须遵循科学的程序,主要如下:

1. 明确调查课题

教育工作中充满着各种矛盾,存在各种问题,这些都可以被选取作为调查对象。我们必须根据教育工作的实际情况和教育的发展趋势,选取能解决现实问题的调查课题进行研究。调查课题必须清晰明确,否则调查会陷入混乱。明确课题常用的方法是逐步界定范

---

① 中公教育教师资格考试研究院.教育教学知识与能力·小学[M].北京:世界图书出版公司北京公司,2012:96.

② 中公教育教师资格考试研究院.教育教学知识与能力·小学[M].北京:世界图书出版公司北京公司,2012:97.

围,即研究者从一个模糊的意向范围入手,不断地加限定词,直至认为范围已经明确为止。例如,研究者想要研究一个有关学生学习负担情况的问题,其明确课题的过程如下:[1]

第一步:学生学习负担情况调查;

第二步:学生课业负担情况调查;

第三步:小学生课业负担情况调查;

第四步:城市小学生课业负担情况调查。

随着限定词的逐渐增多,研究的内容也不断明确。上例中,当限定到第四步时,可以说确定了一个调查研究的课题。如果研究者想要研究得更具体一些,还可以进行进一步的限定。

2. 确定调查对象

调查课题明确后,接下来就需要确定调查对象。调查对象是由调查课题所决定的,是被调查的单位或个人。调查对象的确定常需要用抽样的方法去选取,选择调查样本必须考虑样本的代表性。对样本代表性产生最大影响的是抽样偏差。例如,"某市小学生压岁钱现状调查分析"这一课题,在选择样本时必须考虑不同区域的经济水平差异,选择的样本要能代表这个城市的整体状况。

3. 选择调查方法

不同的调查课题会有与之相适应的调查方法。问卷调查和访谈调查是最常用的调查方法。问卷调查适应面广,操作方便,同时以不记名的方式收集信息能更容易获得真实资料。但问卷调查采用的是事先编制好的问卷,对调查过程中出现的新的情况不能及时采集,缺乏灵活性。而访谈调查较为灵活,可以根据访谈进程灵活调整访谈计划,以便收集完整的资料。研究者可以根据课题选择适当的调查方法。

4. 编制和选用调查工具

确定调查方法后,应根据研究需要,编制和选用相应的调查工具。问卷调查需要编制调查问卷,访谈调查需要编写访谈提纲等。

5. 制定调查计划

调查研究通常是一项系统而复杂的研究任务,需要团队合作共同配合完成。因此,在进行教育调查研究时,需要制定相应的调查计划。

调查计划主要包括以下内容:调查的目的和意义;调查对象的总体、样本数量及抽样方法;调查中使用的方法、手段及工具的说明;调查工作的步骤及日程安排;调查的组织、领导、人员分工以及调查人员的培训;调查资料的汇总方式、分析处理方法;调查报告及其完成时间;调查经费的使用安排等。[2]

6. 实施调查

实施调查是指研究者按照调查计划有条不紊地推进调查工作。这是调查工作的中心环节,它直接关系到调查资料的丰富程度、可靠程度和可分析程度,从而决定了整个调查工作的质量。实施调查应严格按照调查提纲的规定进行操作,避免随意性,力争使调查材料

---

[1] 和学新,徐文彬.教育研究方法[M].北京:北京师范大学出版社,2015:221-222.
[2] 和学新,徐文彬.教育研究方法[M].北京:北京师范大学出版社,2015:223.

具有真实性、客观性和典型性。①

7. 整理和分析调查资料

整理资料是将收集的资料进行归类、提炼和系统化的过程。分析资料是指对收集的资料在去伪存真、去粗取精的基础上,进行分析比较、抽象概括的过程。

8. 撰写调查报告

撰写调查报告是教育调查研究的关键一环。调查报告是以文字形式记录与反映调查过程和结果。调查报告的内容包括研究背景、研究价值、调查对象、调查工具及方法、调查过程、调查结果、对策建议等。

五、教育实验研究

教育实验研究是获得知识、检验理论的一种特殊实践活动。它能检验、修改和完善教育理论,促进教育实践的改革与发展,为新的科学理论假说应用于教育实践寻求操作程序。以下从教育实验研究的概念、类型和程序这几方面来进行阐述。

(一)教育实验研究的概念

教育实验研究是用实验的方法来研究教育问题,是研究者根据研究目的,合理地控制或创设一定条件,人为地变革研究对象,并观察、记录、测定相伴随现象的变化,从而验证假设,探讨教育现象的因果关系,揭示教育工作规律的一种科学研究方法。简单地说,就是在实验过程中,研究者通过引入(或操纵)一个变量(即自变量),以观察和分析它对另一个变量(即因变量)所产生的效果。② 教育实验研究的主要特点有:严格控制自变量和实验条件,主动诱发需要考察的现象,对结果进行分析,得出自变量与因变量之间的相关关系。

(二)教育实验研究的类型

教育实验研究的类型较多,根据不同的分类标准可以做出不同的分类。一般有如下分类。

1. 自然实验和实验室实验

根据实验进行的场所,教育实验可以分为自然实验和实验室实验。自然实验是实际的教育教学活动中,在自然状态下进行的实验研究。研究人员重在实验的设计、观察和结果分析。实验的操作主要是由实验教师来完成。教育教学的状态除实验变量外,其他均与常态一致。由于教育现象及其复杂性,目前我国所开展的大量的教育实验都属于自然实验。相比于实验室实验,自然实验比较容易开展,而且其实验结果的推广价值也较高。实验室实验是指在专门的实验室中,利用专门的仪器设备进行的实验,这种实验控制性强,结论比较准确,但由于脱离实际情景,结论的推广价值受到限制,它更多应用于基础性理论研究。③

---

① 和学新,徐文彬.教育研究方法[M].北京:北京师范大学出版社,2015:223.
② 赵新云.教育科学研究方法[M].北京:中国人民大学出版社,2004:95.转引自徐红.现代教育研究方法[M].北京:科学出版社,2018:156.
③ 和学新,徐文彬.教育研究方法[M].北京:北京师范大学出版社,2015:260.

2. 探索性实验和验证性实验

根据实验研究目的的不同,教育实验可以分为探索性实验和验证性实验。探索性实验是指在教育实验之初,对教育的有关问题的认识还不够明晰、具体,处于模糊朦胧状态,没有形成明确的理论假设时,通过实验使认识逐渐明晰,从而形成理论认识的实验。验证性实验是指在实验之初即有明确的理论假设,实验的目的和任务在于检验这一或一系列理论假设是否正确,以形成科学的认识,丰富教育理论。①

3. 单因素实验与多因素实验

根据同一实验中自变量因素的多少,教育实验可以分为单因素实验和多因素实验。单因素实验是指同一个实验中研究者操纵一个自变量的实验。单因素实验的变量少,操纵容易,实验难度小,如"初中数学自学辅导的实验研究"。多因素实验是指同一个实验中需要操纵两个或两个以上的自变量的实验。由于实验要操纵的实验因素较多,具体实施难度较大。其特点是可以同时考察两个或多个实验因素的效果,以及因素之间的相互作用,如"小学生语文能力整体发展的实验"。多因素实验往往适用于一些复杂的、价值意义重大的教育研究项目。②

4. 前试验、准实验和真实验

根据实验控制的程度,教育实验可以分为前实验、准实验和真实验。前实验是指可以进行观察和比较分析,但对无关因素的干扰和混淆因素缺乏应有的控制的实验。前实验无法随机分配被试,不能有效地控制无关变量,误差高,效度低,因而无法验证自变量与因变量之间的因果关系,也很难将实验推广到实验以外的其他情形。但是,前实验是教育实验早期发展的重要形式,在实践中,有利于教育工作者灵活地进行一些改革性思考。准实验是指那些不能进行随机分配被试,无法像真实验那样完全控制误差来源,但比起前实验来,又给予尽可能的条件控制的实验。准实验是在教育的实际情况中进行的,因而具有推广到其他教育实际中的可行性。之所以说教育实验大多属于准实验,是因为教育实验的情景和教育实验对象的特殊性,教育实验难以满足一般科学实验的规范要求,在许多教育实验中,实验对象是在正常的自然状态中接受实验的。真实验是指能随机分派被试,完全控制无关干扰来源,能系统地操作自变量的实验。真实验相对于前实验和准实验,是最规范的。这种实验有很高的内部效度,能准确、充分地说明自变量和因变量之间的因果关系。但是由于有较大的人为性,设计复杂,外部效度不理想,真实验很难在实际教育情景中普遍推广和应用。③

(三)教育实验研究的程序

教育实验研究要取得良好的效果,必须遵循科学的程序。其主要步骤如下:

1. 确定实验课题

研究者在实践经验、专业背景等条件下,从必要性和可行性的标准出发来确定实验课题。

---

① 和学新,徐文彬.教育研究方法[M].北京:北京师范大学出版社,2015:258-259.
② 徐红.现代教育研究方法[M].北京:科学出版社,2018:161.
③ 徐红.现代教育研究方法[M].北京:科学出版社,2018:160-161.

2. 设计实验方案

实验方案是教育实验最重要和最为关键的环节,它确保了实验工作有目的、有计划和有系统地开展。它主要包括分析实验变量、选择实验对象与分组、选择实验设计模式、制定实验研究方案等。①

3. 实施实验方案

研究人员包括实验教师应该按照实验方案的布置,有序、有计划地将实验方案落到实处。若发现方案存在问题,也应该及时地做出调整与完善。

4. 评价总结实验

这一阶段的主要工作是对实验的全部资料和数据进行整理和统计,得出实验的结论,对实验做出评价,具体包括资料的整理和处理、得出结论和撰写实验研究报告。②

知识窗:弗朗西斯·培根的"实验八法"③

被马克思尊为"英国唯物主义和整个近代实验科学的真正始祖"的英国哲学家弗朗西斯·培根,通过对亚里士多德方法的批判,发展了实验方法。他认为,运用亚里士多德的归纳方法从观察中得出一般原理容易导致错误,要避免错误,不能只局限于被动的观察,而是要扩大科学认识的经验基础,运用实验方法。他指出:"一般说来,要窥探大自然的奥秘,除了实验之外,别无其他门径可入。"他认为,只有通过精心设计和巧妙安排的实验才能揭示人的感官所无法把握的自然界的一些内在过程。他在对实验方法进行系统的研究之后,制定了实验方法的原则,即所谓的实验八法:变化法(改变实验对象的各个方面)、重复法(重复进行实验)、倒转法(就一实验的反面情况再做实验)、转移法(不同实验方法加以转移)、消除法(消除某些因素的干扰)、应用法(将一种实验方法应用于另一实验)、连接法(将某个无用的事物结合起来)、偶获法(用理性对待偶然实验)。培根虽然不像伽利略那样亲自设计和参加实验,但他是一个科学实验的倡导者,对科学实验的必要性和重要性作了充分的论述,而且他制定的实验方法原则对实验工作避免盲目性和偶然性有着重要的指导意义。

六、教育个案研究

教育个案研究是一种重要的质性研究方法,在心理学和教育学研究中都有着举足轻重的地位。在教育科学研究中,通过对个案的观察研究,能发现和总结出学科规律,并用于指导实践活动。以下从教育个案研究的概念和具体方法两方面进行介绍。

(一)教育个案研究的概念

个案研究是社会科学常用的研究方法,最初起源于医学诊治病案和侦破学中的刑事案

---

① 和学新,徐文彬.教育研究方法[M].北京:北京师范大学出版社,2015:264.
② 和学新,徐文彬.教育研究方法[M].北京:北京师范大学出版社,2015:272.
③ 陈向明.教育研究方法[M].北京:教育科学出版社,2013:141.

例,后在医学、人类学、临床心理学、管理科学和历史学中被广泛应用,并逐步成为教育科学研究中一种重要的研究方法。教育个案研究就是对教育领域内的一个有界限的系统,如一个个体、一个方案、一个团体、一个机构、一个地区等,运用多样的技术与手段,如观察、访谈、调查、实验等搜集完整的资料,以做出深入、翔实的描述、阐释与分析,呈现出系统的真实面貌与丰富背景,从而在此基础上做出判断、评价与预测的研究方法。[1] 比如,德国人提德曼以自己孩子的发展为对象,用日记法进行详细的观察记录。瑞士心理学家皮亚杰以自己的孩子为研究对象,提出了著名的"认知结构"阶段理论。我国著名的幼儿教育家陈鹤琴以其长子陈一鸣为研究对象,并以此为基础写成《家庭教育》。

(二)教育个案研究的具体方法

教育个案研究的具体方法一般可以根据研究目的、对象和内容的不同,分为追踪法、追因法、临床法、作品分析法和教育会诊法等。

1. 追踪法

个案追踪法就是在一个较长时间内,连续跟踪研究单个的人或事,详细搜集各种相关资料,揭示其发展变化的情况和趋势的研究方法。追踪研究短则几天、数月,长达几年或更长的时间。追踪法尤其适用于以下三种情况的个案研究。①探究单个研究对象发展的连续性。追踪法一般以相同的对象,做长期连续不断的研究,每个人或每件事情,其自身的发展变化可进行纵向比较,研究者可以从中了解其发展的连续性。②探索单个研究对象发展的稳定性。主要是探索人的某些方面的特质或某些教育现象在各个历史时期的稳定情况。例如,研究智力测验分数的稳定性时,可以从婴幼儿时期开始测量,然后每隔一定的时间再测量,直到青年期为止。这样就可以看出个体智力发展水平是否具有稳定性。③探索早期教育对后续阶段教育的影响。例如,研究者可以选择一些接受早期教育较好的孩子,从小学一年级开始进行追踪研究,对他们的德智体等方面发展情况进行全面的综合考察,从而分析他们多方面的发展与早期教育的关系。[2]

2. 追因法

追因法是根据已经存在的事实,推论出此事实的原因。例如,探究某学校办学质量高的原因,探究某些学生的学习成绩突然下降的原因。追因法与实验法的因果顺序恰好相反,追因法是先有结果,后探究原因,即由果溯因。而实验法是先有原因,后探究结果,即由因导果。

3. 临床法

临床法是研究者通过研究被试对一个问题、一项工作或一个刺激的反应来验证假设的一种方法。临床法往往通过谈话的形式进行,故又称临床谈话法。这一方法既适用于陷入困境儿童的研究,又适用于正常儿童的研究。前者旨在解决个案的问题,后者旨在由特殊个案发现儿童发展的一般规律。临床谈话法的方式可以是口头谈话,即面对面地交谈;也可以是书面谈话,即问卷谈话。口头谈话是会谈双方的一种互动过程,特别是教师对学生的谈话。教师一定要首先解除学生的紧张、焦虑、防御、冷淡的心理,要创造轻松自如的谈

---

[1] 和学新,徐文彬.教育研究方法[M].北京:北京师范大学出版社,2015:167.
[2] 杨晓萍.教育科学研究方法[M].重庆:西南师范大学出版社,2006:115-116.

话气氛。教师要以平等的身份参与谈话,不能居高临下,咄咄逼人。谈话过程不能是教师问一句,学生答一句,要变学生的被动应答为主动回答。同时,教师的提问要以封闭性和开放性问题交替询问。书面谈话一般按问卷要求的程序进行,教师要向学生交代清楚做问卷的具体要求和注意事项。对问卷的评分要严格按照标准,做到公正、客观。对于临床上的复杂个案问题,需要动用两种谈话方法,进行综合判断和分析。①

4. 作品分析法

作品分析法又称活动产品分析法、产品分析法,是通过分析研究对象的活动产品,了解研究对象的能力、技能、倾向、熟练程度、知识范围和情感状态,从而对个案状况做出准确判断。在教育科学研究中,通常可以收集以下三类作品作为研究对象:①反映一个地区或一所学校的教育情况的材料,如各种教育方针政策的决定和指示、通告、工作日志、报表、会议记录、统计资料、规章制度、信件、工作总结等。②反映学生的学习情况、知识掌握情况、道德发展水平、心理状态等的材料,如学生日记、书信、各种作业、实验报告、绘画作品、作文、考试试卷等。③反映教师教育教学情况的材料,如教学工作计划、教学总结与反思、班主任工作日志、教研组研讨记录、听课记录、教案等。②

5. 教育会诊法

教育会诊法是指召集有关教育专家(尤其是教师集体)通过讨论,就个案(学生的行为)进行鉴定,做出对研究对象比较客观公正的结论的一种研究方法。其特点是集体性、公正性和简便性。它适用于问题学生和正常学生的研究。会诊主要是针对学生思想品质及学习方面的问题。苏联教育家巴班斯基认为,教育会诊通常包括六个环节:①明确会诊目的;②确定会诊参加者;③由班主任和任课教师详细说明对某一学生的看法,并列举理由;④组织集体讨论,广泛交换意见;⑤为该生做出鉴定,提出有针对性的教育措施;⑥根据学生的鉴定材料,教师对集体或个人的教育工作进行自我反省,加强自身修养,提高教育教学水平。教育会诊可以提供有关学生行为方面比较全面、客观的信息,同时也是提高教师素质的过程,是一种深受广大教师喜爱的教育个案研究方法。③

七、教育行动研究

教育行动研究是一种适应小范围教育改革的探索性的研究方法,其重点不在于建立理论或发现规律,而在于系统地、科学地解决教育领域中的实际问题。以下从教育行动研究的概念、类型和程序几方面来进行解释。

(一)教育行动研究的概念

对于行动研究的定义,学者们都有自己的规范理解。《国际教育百科全书》"行动研究"词条的撰写人凯米斯(S.Kemmis)把行动研究定义为:"由社会情境(包括教育情境)的参与者为提高对自己所从事的社会或教育实践的理性认识,为加深实践活动及其依赖的背景的

---

① 徐红.现代教育研究方法[M].北京:科学出版社,2018:208-209.
② 杨晓萍.教育科学研究方法[M].重庆:西南师范大学出版社,2006:116.
③ 和学新,徐文彬.教育研究方法[M].北京:北京师范大学出版社,2015:182.

理解,所进行的反思研究。"①英国学者约翰·埃利奥特(John Eliot)认为:"行动研究是对社会情境的研究,是以改善社会情境中行动质量的角度来进行的一种研究取向。"②我国学者在引介教育行动研究时,也对教育行动研究进行了界定,如有人认为:"行动研究法,是指情境的参与者(如教师)基于解决实际问题的需要,与专家学者或组织中的成员合作,将问题发展成研究主题,进行有系统的研究,以求解决实际问题的一种关键方法。"或者是"有计划有步骤地对教育实践中产生的问题,由教师或与专家研究人员合作,边研究边行动,以解决实际问题为目的的一种科学研究方法"。③

综合以上国内外学者对教育行动研究的界定,教育行动研究是指教育情景的参与者为提高对所从事的教育实践活动的理性认识,对教育行动中的具体问题进行系统探究以提高教育行动实效性的研究方法。它的特点是:①研究的目的主要是提高行动质量,改进实际工作,解决实际问题。②研究的主体是实际工作者。③研究的群体提倡实际工作者与专家相互协作、共同研究。④研究的环境是自然的、真实的、动态的工作情景。⑤研究的程序是一个自我反思的、不断螺旋式上升的循环发展过程。⑥行动研究所选择的方法是综合运用各种有利于问题解决的定性和定量的方法技术。⑦行动研究的价值评估重在结果的实效。④

(二)教育行动研究的类型

教育行动研究的类型较多,根据不同的分类标准可以做出不同的分类。一般有如下分类:

1. 独立模式行动研究、支持模式行动研究和合作模式行动研究⑤

根据参与行动研究的主体与主体之间的关系来划分,可以分独立模式、支持模式和合作模式行动研究。⑥

(1)独立模式行动研究。在这种类型中,实际工作者独立进行研究,不需要专家的帮助和指导。他们摆脱了传统的研究理论和实践规范的限制,对自己的研究进行批判性思考,并且采取相应的行动对社会现实进行改造。

(2)支持模式行动研究。在这种类型中,研究的动力来自实际工作者,他们自己提出并选择需要研究的问题,自己决定行动的方案。专家则作为咨询者帮助实际工作者形成理论假设,计划具体的行动以及评价行动的过程和结果。

---

① Husen T. The international encyclopedia of education.1985(1):35.转引自侯怀银.教育研究方法(第2版)[M].北京:高等教育出版社,2018:193.

② Elliot J. Action research for education Change[M].Milton Keynes & Philadelphia:Open University Press,1991:69.转引自侯怀银.教育研究方法(第2版)[M].北京:高等教育出版社,2018:193.

③ 宋虎平.行动研究[M].北京:教育科学出版社,2003:6. 转引自胡中锋.教育科学研究方法[M].北京:中国人民大学出版社,2018:149.

④ 中公教育教师资格考试研究院.教育教学知识与能力·小学[M].北京:世界图书出版公司北京公司,2012:99.

⑤ 和学新,徐文彬.教育研究方法[M].北京:北京师范大学出版社,2015:287.

⑥ 陈向明.质的研究方法与社会科学研究[M].北京:教育科学出版社,2000:451. 转引自和学新,徐文彬.教育研究方法[M].北京:北京师范大学出版社,2015:287.

(3)合作模式行动研究。在这种类型中,专家(或传统意义上的"研究者")与实际工作者一起合作,共同进行研究。研究的问题是由专家和实际工作者一起协商提出的,双方一起制定研究计划,共同商定评价行动的过程和结果。

2. 科学的行动研究、解决实践问题的行动研究和批判性行动研究[①]

按照研究的侧重点教育行动研究可分为科学的行动研究、解决实践问题的行动研究和批判性行动研究。[②]

(1)科学的行动研究。即行动者用科学的方法对自己的行动所进行的研究。持这类观点的人特别强调用测量、统计等科学的方法来验证假设。例如,在柯立尔看来,行动研究者就是实际工作者用科学的方法来解决实践中的问题。不少人认为,行动研究是一种小规模的实验研究,它用统计的方法来验证假设,用科学的方法来解决教室里的实际问题。正如英国课程论专家斯腾豪斯所言:"教育科学的理想是,每一个课堂都是实验室,每一名教师都是科学共同体的成员。"[③]

(2)解决实践问题的行动研究。即行动者为解决自己实践中的问题而进行的研究。此类观点的代表人物有斯腾豪斯等人。他们关心的不仅仅是统计数据,还重视教师和学生的日记、磁带、照片等所有对以后的回忆和评价都有帮助的材料。在他们看来,课程的编制和研究在本质上只能是一个实践问题,而不是理论问题;理论的正确性并不依赖于"科学"的测试,而在于是否从实践中产生。他们对行动研究的典型看法是,行动研究就是由教师或其他实际工作者针对实际问题进行研究的一种方法。

(3)批判性行动研究。即行动者对自己的实践进行批判性思考,以"理论的批判"、"意识的启蒙"来引起和改进行动。此类观点的代表人物有凯米斯等人。他们认为行动研究是追求自由、自主和解放的,从而把行动研究看作教师和其他教育实际工作者所进行的一种自我反思的研究,倡导教师等对自己的实践进行批判性思考。

(三)教育行动研究的程序

行动研究法自产生以来,研究者们都试图寻找一种可以普遍适用推广的操作模式。然而,由于现实问题的复杂和理论背景的差异,不同研究者在其实施行动研究的具体程序与步骤上呈现不同的差异。其中,凯米斯提出了"计划—行动—观察—评价"的四环节说,行动研究是一个螺旋式上升的发展过程,每一个螺旋发展圈包括相互联系、相互依赖的四个环节。杰弗雷·E.米尔斯(G.E.Mills)提出了"辩证的行动研究螺旋"行动研究模式,即确定问题领域、收集资料、分析解释资料、制定行动计划。学者们的研究为我们进行教育行动研究提供了范式参考,我们将教育行动研究的程序总结为以下几个阶段。

1. 确定研究问题

教育问题是教育行动研究的起点。教育问题的来源主要有以下几个方面:第一,从教育教学的疑难中寻找问题;第二,从具体的教育教学情景中捕捉问题;第三,从阅读交流中

[①] 和学新,徐文彬.教育研究方法[M].北京:北京师范大学出版社,2015:284-285.

[②] 郑金洲.行动研究:一种日益受到关注的研究方法[J].上海高教研究,1997(1):23-27.转引自和学新,徐文彬.教育研究方法[M].北京:北京师范大学出版社,2015:284-285.

[③] 罗华陶,韩兵兵.研究型教师的定位及其培养重构[J].现代教育科学,2013(1):67-69.转引自和学新,徐文彬.教育研究方法[M].北京:北京师范大学出版社,2015:285.

发现问题;第四,从学校或学科发展中确定问题。①

案例分享:姜老师的困惑②

姜老师任教高一两个班的数学课,其中一个班的中考数学平均分在全年级五个班排名第五名。姜老师决心改变这个班数学差的现状。他一方面改进课堂教学,另一方面加大作业量,除了课本上的习题一律全做外,还要做区里发的大练习本。一学期结束后,这个班的数学期末考试成绩平均分仍排在年级第五名。他深感这个成绩与学生所付出的心力相比,相差甚远。于是他决定用行动研究来提高班上学生的数学学习效果。为此,他打算在现有的条件下对作业加以改进。

他阅读有关学习理论及有关数学作业改革试验的文献资料,请市教科所研究人员指导,经认真研究,确定"以改进数学作业的量和质,提高练习效果"作为研究主题。

2. 制定研究计划

研究问题确定好之后,教师就需要为行动研究的展开制定可行的计划。计划可以为教师提供详尽的研究步骤,指导整个行动研究的有序开展,也可以为行动研究过程和结果的评价提供参考的框架。同时,教师在制定计划的过程中,也可以进一步分析和论证问题解决的可行性。一份较为完整的行动研究计划大体包括如下内容:课题名称、研究目的与意义、研究问题与假设、研究对象与变量、研究方法、研究进度、研究人员及其分工以及研究成果形式等。③

3. 采取行动

行动研究是"为行动而研究","在行动中研究","由行动者研究"。可见,采取行动是整个行动研究的核心所在。教育行动研究者必须注意:①行动必须以计划为指导。教师在教育行动研究中要尽可能按照计划进行行动与实践,切忌进入工作场域里,习惯性陷入惯有轨道,将计划抛之脑后。②行动必须考虑情境性的影响。教育行动研究具有情景性和当下性,充满着变化与不可控因素,实施计划的行动应该充分考虑现实情况变化,根据实际情况进行必要而合理的调整和完善。③行动必须保持开放性。一方面,行动向教育实践开放;另一方面,行动研究需要向团队合作成员开放。

4. 实施考察

当行动告一段落,对此阶段行动的各方面情况进行系统的考察,对理清研究脉络,反思改进提高显得尤为重要。考察的内容包括:①行动的背景因素及制约方式;②行动过程,包括计划的实施情况、有无意外的变化、如何排除干扰等;③行为的结果,包括预期与非预期的、积极和消极的。④

---

① 郑金洲.教师如何做研究[M].上海:华东师范大学出版社,2005:46-56.
② 宋虎平.行动研究[M].北京:教育科学出版社,2003:8.转引自和学新,徐文彬.教育研究方法[M].北京:北京师范大学出版社,2015:293.
③ 郑金洲,等.行动研究指导[M].北京:教育科学出版社,2004:15-16.转引自胡中锋.教育科学研究方法[M].北京:中国人民大学出版社,2018:156-157.
④ 胡中锋.教育科学研究方法[M].北京:中国人民大学出版社,2018:161.

5. 反思改进

反思改进环节是在行动和考察之后做出的,它是行动研究第一个循环的结束,也意味着新的行动研究循环的开始。这一环节的主要工作可以有整理描述、评价解释,写出研究报告。① 同时,在反思改进环节要注意以研究问题为基点,以研究计划为指导,以教师行动为主体,以改进实践为归宿。反思改进使得教育研究者又重新站在一个新的起点上,是不断实现螺旋式上升的过程。

6. 公开成果

虽然说教育行动研究重在对实践活动的改进与提升,但研究成果的公开是非常必要的。通过公开教育行动研究成果,实践者能在开放性的平台里获得批判性讨论的滋养,进一步丰富教育行动的研究成果。行动研究成果的方式可以多种多样,如口头报告或书面报告、图表、影视媒体手段、电脑网络、展览,还可以研究日志、教育叙事、教育案例、教学课例和教学反思的形式进行表达。②

八、教育叙事研究

教育叙事,即叙述教育故事。非为讲故事而讲故事,而是通过教育叙事展开对现象的思考,对问题的探究,是一个将客观的过程、真实的体验、主观的阐释有机融为一体的教育经验的发现和揭示过程。教育叙事研究以其真实、原汁原味的面貌,推动了教育研究范式的变革与发展。以下从教育叙事研究的概念、类型和程序这几方面来进行阐述。

(一)教育叙事研究的概念

教育叙事研究是研究者(主要是教师)通过对有意义的校园生活、教育教学事件、教育教学实践经验的描述与分析,从而发掘或揭示内隐于这些生活、事件、经验和行为背后的教育思想、教育理论和教育信念,从而发现教育的本质、规律和价值意义。③ 教育叙事研究与文学、心理学等学科中的叙事研究不同。文学中的叙事学研究是对故事文本的叙述结构的分析,心理学的叙事研究也多半是对被试叙说言语结构同一性的研究,简单地说,它们是叙事文本、话语形式化研究,而教育叙事研究则更关注叙事的内容,通过细致描写的教育叙事文本,使人们深入地、丰富地理解教育生活。④ 教育叙事的内容主要包括课堂教学、课堂管理、课程改革、学生管理、个人生活等。

---

① 郑金洲,等.行动研究指导[M].北京:教育科学出版社,2004:15-16.转引自胡中锋.教育科学研究方法[M].北京:中国人民大学出版社,2018:162.
② 和学新,徐文彬.教育研究方法[M].北京:北京师范大学出版社,2015:298.
③ 徐红.现代教育研究方法[M].北京:科学出版社,2018:275.
④ 杨小微.教育研究的理论与方法[M].北京:北京师范大学出版社,2008:242.

案例分享:教师生命叙事[①]

郭晓明是一位中学语文高级教师,是新教育的榜样教师。她在职业生涯的最后五年走进新教育,全力开展晨诵、班级共读、童话剧等新教育儿童课程。五年间,她坚持给家长每天发短信,每周写一封信;此外,她笔耕不辍,为自己留下近百万字的生命叙事。2014年6月,她出版了个人的第二本专著《我是大西洋来的飓风:一个新教育教师的生命叙事》,以个人生活史的方式解读了新基础教育背景下一位优秀教师的成长之路。郭老师回忆了在成都"邂逅"新教育时的自卑与沮丧:"当全场的听众都跟随着常丽华的讲述,一起诵读那些诗歌的时候,我犹如白痴一样只能睁大眼睛张望而张不了嘴,我无地自容。"事实上,当时的她已是引发她做出抉择的重要因素。一次偶然的机会,郭晓明了解到自己曾经的学生"弃文从医",这件事让她内疚不已。她固执地认为是自己当年对该学生诗歌才华的漠视导致其文学天才的夭折,所以决心践行新基础教育。2012年郭晓明的父亲病危,在医院陪伴父亲的日子让她感到生命的脆弱并不断思考生命的意义,拥有了更加透彻的生命体悟。在一边照顾父亲一边工作的日子里,她完成了对学生十多万字的生命教育叙事,例如,班里有孩子极具诗人天赋,但是因为家长的强制而放弃爱好,机械应试,最终名落孙山,丧失学习的兴趣——两次应试的失败折断了"白天鹅的翅膀",她满眼茫然,心痛得想掉眼泪。郭晓明对学生的人生遭遇产生深刻的同情,通过多种方式鼓励该学生重新找回自信并绽放诗人的光芒。教师的专业发展很大程度上取决于教师对生活意义的追寻,最好的教育都源于师生内心的觉醒,从生命的意义反思教育细节。以生命中的关键事件为基础进行行为抉择,不仅是教师叙述研究的内在动力,更是对学生和教师的生命觉醒产生深远影响的持久推动力。

(改编自《基于新教育的教师生命叙事个案研究》)

知识窗:叙事学有何主张[②]

叙事学是一门新兴的学科,从1969年茨维坦·托多洛夫第一次提出"叙事学"的概念算起,该学科的发展历史也不过半个世纪,却产生了深远的影响。叙事学的产生是结构主义和形式主义双重影响的结果。叙事学的发展可以划分为经典叙事学和后经典叙事学两个时期:经典叙事学以文本为中心,将叙事作品视为独立自主的体系;后经典叙事学则将叙事作品视为文化语境中的产物,关注作品与其创作语境和接受语境的关联。

经典叙事学强调对情节结构的研究,代表人物有维克多·什克洛夫斯基、托马舍夫斯基、托多洛夫、热奈特等。根据叙事学研究对象的不同,叙事学产生了三种基本的观点:第一是以托多洛夫为代表的观点,强调对故事的研究,认为叙事学的研究对象是叙事的本质、形式、功能;第二是以热奈特为代表的观点,强调的是对叙事话语的分析,认为叙事作品以

[①] 苏静.基于新教育的教师生命叙事个案研究[J].中国教育学刊,2015(9).转引自侯怀银.教育研究方法(第2版)[M].北京:高等教育出版社,2018:213.

[②] 罗钢.叙事学导论[M].昆明:云南人民出版社,1995:22.转引自侯怀银.教育研究方法(第2版)[M].北京:高等教育出版社,2018:223.

口头或笔头的语言表达为本,叙述者的作用至关重要;第三是以普林斯和查特曼等人为代表,他们认为事件的结构和叙述话语均很重要,因此在研究中兼顾两者。这一派被普林斯称为"总体的"或"融合的"叙事学。后经典叙事学强调文化语境对叙事的意义。"文化语境"的概念最早由马林诺夫斯基提出,其基本观点是"只有一段话置于具体的语境才能理解其意义"。

(二)教育叙事研究的类型

教育叙事研究的类型较多,根据不同的分类标准可以做出不同的分类。一般有如下分类:

1. 自传型叙事和合作型叙事

根据研究的方式不同,教育叙事研究可以分为自传型叙事研究和合作型叙事研究。

(1)自传型叙事。自传型叙事研究就是教师在故事中追溯自己在教育活动中经历的教育事件、解决的实际问题和积累的个体经验,从个人生活史的角度探寻专业成长的机制和实践知识形成的过程。① 教师在回忆记录自己的故事中,改变了以往在教育研究中的"研究对象"的身份,不再是"被动"的地位,而是一位分析自己教育实践的研究者,比如个人传记等。

(2)合作型叙事。合作型叙事研究是指研究者与教师建立平等合作的研究关系,研究者通过对话与反思,将教师的教育故事加以分析和重组,探寻教师的生活经历和专业发展的历程。② 研究者在叙事过程中,充当的是一个解说者的身份,分析教育故事的来龙去脉及背后的教育价值与意义。

2. 教学叙事和生活叙事

根据研究的内容不同,教育叙事研究可以分为教学叙事研究和生活叙事研究。

(1)教学叙事。教学叙事绝不是简单的"镜像"记录教学生活,而是需要有鲜明的主题或引人入胜的问题,有解决问题的情境性、冲突性、过程型的描述,有解决问题的技巧和方法,有解决问题过程中及过程后的反思,有获得的经验和教训。③

(2)生活叙事。教师除了进行课堂教学工作之外还会进行其他教育工作。生活叙事包含教师的学校管理工作和学生班级管理工作,如"德育叙事""管理叙事"等。

(三)教育叙事研究的程序

开展教育叙事研究需遵循科学的程序,才能取得良好的效果。其主要步骤如下:

1. 确定研究问题

教育叙事研究确定的问题,应该是有意义与价值的问题。所谓"有意义的问题"起码有两重含义,一是我们研究者对该问题确实不了解,希望通过此项研究获得答案;二是该问题所涉及的地点、时间、人物和事件在现实生活中确实存在,对被研究者来说具有实际意义,

---

① 和学新,徐文彬.教育研究方法[M].北京:北京师范大学出版社,2015:141.
② 和学新,徐文彬.教育研究方法[M].北京:北京师范大学出版社,2015:142.
③ 中公教育教师资格考试研究院.教育教学知识与能力·小学[M].北京:世界图书出版公司北京公司,2012:100.

是他们真正关心的问题。①

2. 选择研究对象

选择研究对象是研究得以进行的保证。事实上,研究者与研究对象的"共情"能力是保证叙事研究顺利进行的基础,只有研究者充满着对教师的关怀、对教师的生活故事的关注,才能获得真实的第一手资料。选择研究对象是抽样的需要,样本的选择不仅与要研究的典型问题相关,也与研究者和被研究者的关系相关。年龄、空间、性别、个性、地位等都对研究者与被研究者的关系有一定的影响。②

3. 进入研究现场

研究现场是教育叙事研究获得真实资料的直接场域。进入研究现场意味着走进教育事件的时空,通过现场观察,把握教师的观念、行为所赖以产生的深层原因。专业研究者可以通过两种方式进入研究现场。一是通过正式的学校体制进入。研究者常常采用学校介绍信、熟人的推荐或学校社团支教的方式,进入调查学校,认识研究对象。另一种进入现场的方式是通过非正式的渠道进入。研究者通过老师、朋友、熟人、同学、亲戚等个人关系进入调查点,凭借与某个研究对象之间良好的个人关系,研究者可以很快融入社区及学校生活,便于进行深入细致的研究。此外,研究者也可以研究自己熟悉的对象,如自己的家乡、自己的学校、自己的老师等,直接进入研究现场。③

4. 收集研究资料

在现场收集资料的过程是教育叙事研究的关键环节。收集资料的主要方式有:(1)观察。在教育叙事研究中,研究者一般采用实地参与式观察,观察以"谁、什么、何时、何地、如何、为什么"为主要内容。(2)谈话和访谈。谈话是研究对象与他人的一种口头交流方式,谈话是一种纯自然状态下的真实体现。访谈是研究者围绕设计的问题,通过策略性的提问获得更多深层次的研究资料。(3)实物收集。实物收集可以从如下方面进行:①正式的官方资料,包括一些与研究相关的年鉴和编年史、各种有效证件、相关报纸;②照片、个人档案、纪念品等;③日记或教学日记;④书信;⑤自传或传记。④

5. 整理分析资料

教育叙事研究强调的是对教育事件本身的分析,是基于资料事实进行的符合材料客观实际的分析。整理分析资料特别要注意避免研究者原有的偏见影响。研究者要尊重事实,尊重研究对象的声音,要让资料自己说话。整理分析资料可以包括阅读现场文本、编码与转录故事、重新讲述故事等多种方式。

6. 撰写研究报告

撰写研究报告是教育叙事研究的关键环节。研究报告的撰写既包含研究者对所观察到的"事"的故事性描述,也包含研究者对"事"的论述性分析,两者相辅相成,构成了研究报告中的细腻的情感氛围和浓郁的叙事风格。⑤

---

① 陈向明.教师如何作质的研究[M].北京:教育科学出版社,2001:22.转引自孙杰远.教育研究方法[M].北京:高等教育出版社,2016:142.
② 孙杰远.教育研究方法[M].北京:高等教育出版社,2016:142.
③ 和学新,徐文彬.教育研究方法[M].北京:北京师范大学出版社,2015:152.
④ 孙杰远.教育研究方法[M].北京:高等教育出版社,2016:144.
⑤ 孙杰远.教育研究方法[M].北京:高等教育出版社,2016:145.

九、教育比较研究

教育比较研究作为一种思维方法,贯穿于教育研究的全过程。无论是在科学实验的过程中,还是在理论研究中,比较研究都是不可或缺的基本方法。以下从教育比较研究的概念和程序这两方面来进行说明。

(一)教育比较研究的概念

古罗马著名学者塔西陀曾说:"要想认识自己,就要把自己同别人进行比较。"[1]比较是认识事物的基础,教育比较研究是教育科学研究的一种十分重要的方法。所谓教育比较研究法是根据一定的标准,通过对某类教育现象在不同情况、不同地点和不同时期下的不同表现进行分析比较研究,从中找出教育的普遍规律及其特殊表现和本质,从而力求得出客观实际结论的研究方法。[2]

(二)教育比较研究的程序

进行教育比较研究,需要遵循以下程序:

1. 明确比较研究的问题

与其他教育研究一样,开展教育比较研究需要有明确的研究问题。确定研究问题主要考虑两点:第一,研究问题要明确、聚焦;第二,研究问题要可行,适于操作。

2. 确定比较研究的标准

确定比较标准就是把比较对象的材料,按一定的比较类别和指标,相互比较,使比较研究有逻辑、有层次。

3. 广泛收集和整理资料

综合运用多种收集资料的方法与手段,尽可能客观收集与研究对象和问题相关的材料,并按照一定的类别进行整理。

4. 进行资料的解释和分析

这是运用比较研究法的关键环节,这是对所比较的事实与数据进行充分解释、说明、分析与论证。

5. 做出比较的结论

这是运用比较研究法的价值所在。研究者在归纳研究结论时,应该做到结论明确、精炼、到位。

知识窗:比较研究领域的重要学者、论著和期刊[3]

国外重要的比较教育学者包括朱利安、萨德勒、施奈德、汉斯、康德尔、贝雷迪、诺亚、埃

---

[1] 李秉德.教育科学研究方法[M].北京:人民教育出版社,1986:103.转引自和学新,徐文彬.教育研究方法[M].北京:北京师范大学出版社,2015:121.

[2] 徐红.现代教育研究方法[M].北京:科学出版社,2018:294.

[3] 陈向明.教育研究方法[M].北京:教育科学出版社,2013:396.

德蒙·金、霍姆斯、胡森、黎成彪、卡扎米亚斯、阿特巴赫、施瑞尔、阿诺夫、卡诺依、贝磊、许美德和梅斯曼等。其中，法国学者朱利安(1775—1840)被称为"比较教育之父"。我国重要的比较教育学者有庄泽宣、常导之、滕大春、王承绪、顾明远、朱勃、梁忠义、王英杰、钟启泉、张人杰、周南照等。

国外重要的比较教育研究期刊包括 *Comparative Education Review*（北美比较与国际教育学会会刊）、在英国出版的 *Comparative Education*、*Compare*（兼英国国际与比较教育学会会刊）以及联合国教科文组织主办的三份期刊 *International Journal of Education Development*、*International Review of Education*、*Prospect：Quarterly Review of Education*。国内主要的比较教育研究期刊包括《比较教育研究》（兼中国教育学会比较教育分会会刊）、《全球教育展望》和《外国教育研究》。

本章小结

教育科学研究是指研究教育现象及其规律所采用的方法。中国教育科学研究是以马克思主义为指导，采取多种方法，探求教育内部各要素之间和其他事物之间的关系，揭示教育的质与量之间的变化和规律。它是社会科学研究的一个组成部分。教育科学研究主要包括教育文献研究、教育历史研究、教育观察研究、教育调查研究、教育实验研究、教育个案研究、教育行动研究、教育叙事研究和教育比较研究等多种研究方法。每种研究方法都有自己的特点，研究者要根据不同的研究目的、研究条件等因素灵活多样地选择适合的研究方法，使得教育科学研究取得实效。

思考与练习

1. 教育科学研究的类型是什么？
2. 教育文献研究的类型和程序是什么？
3. 教育历史研究的特点是什么？
4. 教育观察研究的记录方法是什么？
5. 教育调查研究的程序是什么？
6. 教育实验研究的类型和程序是什么？
7. 教育个案研究的具体方法是什么？
8. 教育行动研究的类型是什么？
9. 教育叙事研究的程序是什么？
10. 教育比较研究的程序是什么？
11. 运用教育文献研究的原理和方法，对教育学术期刊发表的某篇文献综述进行分析与评价。
12. 以近年来教育研究的某个热点问题为主题，撰写一篇文献综述。
13. 从中国知网搜集一篇教育历史研究论文，并以此为对象，思考作者是如何搜集资料、鉴别资料和分析资料的。
14. 通过查阅一篇典型的教育个案研究文献，重点思考作者用了哪些教育个案研究的具体方法。

15. 请自定一个研究主题,设计一份调查问卷,并进行调查。

【参考文献】

1. 江芳.教育研究与实践[M].合肥:中国科学技术大学出版社,2017.
2.《教育学原理》编写组.教育学原理[M].北京:高等教育出版社,2019.
3. 郑金洲,陶宝平,孔企平.学校教育研究方法[M].北京:教育科学出版社,2003.
4. 蔡笑岳.教师专业发展与教育科研[M].广州:暨南大学出版社,2007.
5. B.A.苏霍姆林斯基.给教师的建议[M].杜殿坤,编译.北京:教育科学出版社,1984.
6. 郑金洲.教师如何做研究(第2版)[M].上海:华东师范大学出版社,2012.
7. 全国十二所重点师范大学联合编写.教育学基础(第3版)[M].北京:教育科学出版社,2014.
8. 侯怀银.教育研究方法(第2版)[M].北京:高等教育出版社,2018.
9. 和学新,徐文彬.教育研究方法[M].北京:北京师范大学出版社,2015.
10. 胡中锋.教育科学研究方法[M].北京:中国人民大学出版社,2018.
11. 徐红.现代教育研究方法[M].北京:科学出版社,2018.
12. 陈向明.教育研究方法[M].北京:教育科学出版社,2013.
13. 张湘洛.教育科学研究方法[M].北京:国家行政学院出版社,2012.
14. 孙杰远.教育研究方法[M].北京:高等教育出版社,2016.
15. 刘淑杰,刘彩祥.教育研究方法[M].北京:北京大学出版社,2016.
16. 中公教育教师资格考试研究院.教育教学知识与能力·小学[M].北京:世界图书出版公司北京公司,2012.
17. 郑金洲.教师如何做研究[M].上海:华东师范大学出版社,2005.
18. 杨小微.教育研究的理论与方法[M].北京:北京师范大学出版社,2008.